绍兴文化研究工程课题成果文库

琥珀『国酿』的递演与蝶变

绍兴黄酒产业发展简史

刘孟达 潘兴祥 余卫华 著

浙江工商大学出版社

·杭州·

图书在版编目（CIP）数据

琥珀"国酿"的递演与蝶变：绍兴黄酒产业发展简
史 / 刘孟达，潘兴祥，余卫华著．— 杭州：浙江工商
大学出版社，2023.11
ISBN 978-7-5178-5635-1

Ⅰ．①琥… Ⅱ．①刘… ②潘… ③余… Ⅲ．①黄酒—
酿酒工业—工业史—绍兴 Ⅳ．① F426.82

中国国家版本馆CIP数据核字(2023)第149282号

琥珀"国酿"的递演与蝶变：绍兴黄酒产业发展简史

HUPO "GUONIANG" DE DIYAN YU DIEBIAN: SHAOXING HUANGJIU CHANYE FAZHAN JIANSHI

刘孟达　潘兴祥　余卫华　著

责任编辑	吴岳婷
责任校对	李远东
封面设计	浙江越生文化创意有限公司
责任印制	包建辉
出版发行	浙江工商大学出版社
	（杭州市教工路198号　邮政编码310012）
	（E-mail: zjgsupress@163.com）
	（网址: http://www.zjgsupress.com）
	电话: 0571-88904980, 88831806（传真）
排　版	浙江越生文化创意有限公司
印　刷	绍兴市越生彩印有限公司
开　本	787mm×1092mm　1/16
印　张	19.25
字　数	315千
版印次	2023年11月第1版　2023年11月第1次印刷
书　号	ISBN 978-7-5178-5635-1
定　价	98.00元

第一作者近照

序 一

黄酒，王者归来

徐明光

一

世界上有三大古酒：葡萄酒、啤酒、黄酒。

据考古发现推断，9000—7000年前，在黑海和里海间的外高加索地区，就是现在的格鲁吉亚、亚美尼亚等地，人类开始种植葡萄，酿制葡萄酒。然后，葡萄酒由外高加索地区传入土耳其，再传入两河流域和古埃及，公元前2500年左右传到爱琴海沿岸，再传到地中海沿岸。南欧地区最早生产葡萄酒的意大利，生产葡萄酒也只有4000多年历史。

考古发现，在四五千年前的美索不达米亚平原上，苏美尔人已经开始酿造啤酒。美索不达米亚平原的地理位置就在现今的伊拉克、叙利亚一带。苏美尔人是人类已有记载中最早用文字记录人类活动，以及文学艺术的民族之一。所以苏美尔人在人类历史上有崇高的地位，美索不达米亚平原被称为"人类文明的摇篮"。后来啤酒又传到古埃及。在古埃及，人们制作啤酒，是先做面包，将面包用热水浸泡后捣碎，之后静置，面包会自然发酵，即可制成啤酒。那个时候，喝啤酒要站着用管子吸，这在古埃及壁画中可以看到。

中国黄酒以绍兴酒为代表。它的历史可追溯到长江流域新石器时代的河姆渡文化。考古发现，河姆渡遗址中有大量人工栽培的水稻谷粒，还有大量可用于酿酒、饮酒的陶制器皿。根据余姚河姆渡遗址的发现推断，绍兴黄酒的历史已经有 7000 多年了。

要说明的是,余姚虽现在属于宁波,但其与绍兴关系匪浅。其在春秋战国时期属于越国;秦朝时设县,属会稽郡;其后多数时间归属绍兴,1949年 6 月才划给宁波。由此可见,2000 多年来,余姚在许多时候归属绍兴。历史上,余姚是绍兴密不可分的一个重要区域。

绍兴位于神奇的北纬 30 度,环境、气候独特。绍兴黄酒由不可替代的优质的鉴湖水,还有优质的糯米,加上传承千年的酿造技艺酿制而成。酿制绍兴黄酒,要在夏天采割辣蓼草做酒药;在秋天制麦曲;在冬天浸泡糯米,发酵,然后开耙酿造;来年春天压榨、煎酒,然后灌装、封坛。所以,酿造一瓶绍兴黄酒,需要天时、地利、人和,需要酿酒人有良心,用心呵护,一年四季的每个环节都要用心、用情去做。

二

"闻其香、观其色、品其味、看其格",这是品鉴一瓶好黄酒的四个必要步骤。品尝一杯好黄酒,其实也需要有仪式感,才会有成就感、满足感,要用视觉、味觉、嗅觉,甚至所有感官去体会。有客上门,端上一壶好酒,是礼仪之邦的待客之道。绍兴黄酒是绍兴的代名词,是我国的传统文化标识、经典产业代表,是中国的,更是世界的。

黄酒的最大优势是低度、养生。我们不说高度的蒸馏酒,就发酵酒而言,唯有黄酒是单纯用粮食酿制的,绍兴黄酒更是用精品优质的糯米酿制的。它的颜色,是赏心悦目的琥珀色,清澈明亮,引人遐想,仿佛一场视觉上的盛宴,会勾起食欲,更会带来精神上的享受。它的香气甘甜醇厚、馥郁芬芳、优雅清爽,犹如深山里的幽兰,令人闻之难忘。它的味道醇厚、甜润、柔和。喝了优质的绍兴黄酒,则唇齿留香,回味悠长。酿制绍兴黄酒,需要天时、地利、人和相结合,需要糖度、酸度、酒精度相协调。适当饮用高品质的绍兴黄酒,饮用时心情愉悦,饮用后身体舒适。当然,要根据各自的酒量,适可而止,留几分余地。再好的酒,过量了也一定伤身体。

美酒已融入了爱酒人士的生活,古今中外概莫能外。随着人们越来越重视养生,爱酒人士的饮酒选择慢慢从高度烈性酒,转向了优质低度酒。这是黄酒能够流传千年,生生不息,而且会继续传承下去的核心竞争力所在。

三

黄酒历经千年,经久不衰,但为什么它不像白酒、红酒那样,有个爆发性发展期呢? 其中一个原因,可能和我国传统文化"中庸"有关。

最近几十年,都是烈性酒在攻城略地、开疆拓土,发展得风生水起;反观传统黄酒,依然固守一隅,不温不火。主要原因是黄酒产业没有跳出狭隘的地域观念;没有打破固化的"酒缸思维";没有与时俱进,研发新品;没有培育新的消费群体;也没有很好地形成合力,去拓展新的市场。

近年来,在中国酒业协会领导的指导下,特别是在媒体的助力下,中国黄酒人已经醒来,集结出发。我们绍兴市黄酒行业协会,2021年第一次组织 14 家协会授权使用"绍兴黄酒"商标企业的负责人,组团前往泸州参加中国国际酒业博览会,开设黄酒馆,手拉手说出了"越酒行天下,抱团再出发"的共同心声。2022 年,我们又组织产量占总量的 90%、销售占总量的 94%、利润占总量的 96%的 21 家主要黄酒生产企业去参会,表明了"越酒行天下,同心铸品牌"的坚定决心。2021 年,绍兴黄酒在全国黄酒市场的占比为 43.54%,比上一年上升了 8.18 个百分点;利润占全国黄酒产业的 48.74%,比上一年上升了 8.78 个百分点。我们可以自豪地说:绍兴黄酒实现了"破题、破局、破圈",已经历了第二次"发酵",黄酒人转变了观念,拓宽了视野,在提升黄酒品质、品牌价值、品位的路上迈出了坚实的一步。

四

在我国历史上,黄酒曾经是贵族、贵客、贵人喝的酒,是地位和财富的象征。尤其是在清朝和民国时,达官显贵相聚,一度以"讲绍兴话、喝绍兴酒"为荣。

20 世纪中后期,绍兴黄酒曾因响应"节约粮食"号召而封缸减产,改为只逢年过节酿几缸招待客人或自饮,久而久之便故步自封,裹足不前。酒企之间也是"隔墙闻酒香,老死不来往",一度走入低质、低价的恶性竞争,争相压价争夺眼皮底下的小市场;产品和消费者还是"老瓶子、老口味、老年人",价格是几元、十几元一瓶,拿不出手。

可喜的是,今天的绍兴黄酒人,已从沉睡中醒来,深知不能再这样下去,绍兴黄酒不能"倚老卖老、老态龙钟",而必须"顺势而变、守正创新",焕发新的生机和活力。古越龙山、会稽山、塔牌、女儿红等头部企业,围绕"高端化、时尚化、全球化、数字化"的发展理念,经历着脱胎换骨般的蜕变。它们从品质提升着手,改变饮用舒适度;从品牌打磨着手,提升市场知名度;从外观设计着手,提升品牌认知度和美誉度,实现黄酒的价值回归。古越龙山的"国酿"系列、会稽山的"兰亭"系列、塔牌的"本酒"系列、女儿红的"桂花林藏"系列等,让人耳目一新,市场反响很好。

五

任何产品,只有消费者喜欢、市场接受,才有存在的价值,才能得到更好的发展。

黄酒在坚持固有特质和风味的基础上,也要应时而变,特别是要根据当下的消费习惯,去顺应时尚,紧跟消费潮流。尤其要重视年轻人,他们是引领消费风潮的群体,也是消费主体,黄酒一定要去"拥抱"年轻人!

古越龙山的"千年国酿,只此青玉",是一个很好的产品创新案例。老牌酒厂联合春晚舞蹈《只此青绿》打造新品,推出联名款,投放市场后好评如潮,销量直线上升,截至2022年10月,跟2021年同期相比,该厂销量增长113.17%。会稽山的"兰亭"系列,将名景、名亭、名人很好地植入产品中,品牌知名度一下子走高,销量也成倍增长。

消费习惯是可以培养的,也是可以改变的。以白酒市场为例,20世纪八九十年代是汾酒的天下,后来五粮液登顶,茅台"称霸"也就10多年时间。黄酒要紧随消费潮流、培育消费群体,打造消费场景很重要。现在古越龙山、会稽山等头部企业,已开始在全国布局,开设"品鉴馆""慢酒馆",不到2年时间,古越龙山已在全国各地开设了50多家"品鉴馆"。2022年9月9日,古越龙山开设首家"慢酒馆",新华网中相关消息的阅读量达数百万。

"天下黄酒源绍兴,绍兴黄酒行天下",这是绍兴黄酒人的责任和担当。绍兴黄酒也是绍兴沟通世界的桥梁。2021年3月《中欧地理标志协定》生效,绍兴黄酒已成为世界性商品。2022年9月30日,绍兴黄酒业在上海举办了国际友人品鉴会,有来自19个国家的10余位总领事和副总领事参会,他们对绍兴黄酒非常感兴趣,纷纷表示希望绍兴黄酒能够早日出口到他们的国家。我们也相信,代表"国酿"的绍兴黄酒,一定会有更多人了解它、喜欢它。

六

产品同质化严重的当下,已不是"酒香不怕巷子深"的时代。酒再香,味道飘不出去也没有用,所以就有必要想方设法打破"酒坛",使"酒香"飘出来。就绍兴黄酒而言,应当以"四化"(高端化、时尚化、全球化、数字化)激活其品牌生命力,提升其品牌溢价能力,提升客户的忠诚度,进一步擦亮"中华国酿"金名片,提升绍兴黄酒的国际知名度。

前些天,刘孟达、潘兴祥、余卫华等三位老友新朋登门造访。一进门,便递给我一摞厚厚的书稿,邀我审读并作序。书名为《琥珀"国酿"的递演与蝶变》,洋洋洒洒数十万字。细读书稿,作者试图为绍兴黄酒写史,将黄酒产业发展的方向指向"品牌升维",这正是绍兴加快实现"黄酒,王者归来"的必由之路。

闲聊间,又得知这部书稿的撰写历时三年,是他们仨集体智慧的结晶。他们打算先出版这部关于绍兴黄酒产业史的普及性读物,再将其翻译成日文、英文,让更多人读懂绍兴黄酒,品味绍兴黄酒。这是一桩前瞻性与现实性兼备的大好事。

读罢掩卷,收益颇多。作者们坚守严谨的治学精神,立足历史文化的广阔视域,以绍兴黄酒品牌为切入点,对绍兴黄酒产业的历史沿革及其品牌溯源,绍兴黄酒酿造技艺的递演轨迹,绍兴黄酒文化的演进及其传承,绍兴黄酒产业的贡献度、标准化及其品牌生态,以文化创意赋能绍兴黄酒产业提升战略等方面进行阐述和研讨,提出了一些带有探究性、创新性和务实性的观点,这是难能可贵的。得益于作者团队知识结构的互补性,该书突破了以前"酿酒界人士侧重于酿造技艺的阐述,文史界人士热衷于酒文化的探讨"的尴尬状态,以丰富的图文素材、缜密的逻辑架构、平实的语言风格,将悠悠数千年的绍兴黄酒产业兴衰史、绍兴黄酒技艺演进史和绍兴黄酒品牌蝶变史系统而完整地呈献给读者。书中既有严肃的学术分析,又有浓郁的文学气韵,品读此书,犹如品味一杯绍兴黄酒,让人越品越见清澈黄亮,越品越觉馥郁芳香,越品越感醇厚绵长。

　　上述内容,既是我作为本书第一读者的些许感悟,也是我作为绍兴黄酒业内人士对"黄酒,王者归来"的诚挚呼唤。

　　是为序。

　　（作者系绍兴市人民政府原副市长、绍兴市黄酒行业协会会长）

序 二

从飘香的酒缸说开去
——关于绍兴黄酒的前世与今生

刘孟达

在绍兴,酒香沁溢于角角落落,酒的魅力渗透进方方面面;哪里有绍兴人,哪里就有酒缸垒墙,哪里就有美酒飘香。

——题记

虎年除夕,窗外是绵绵的细雨,飒飒晚风吹打着我的窗棂。我闲坐在顶楼阳台上,醉听吕思清演奏的小提琴经典之作《思乡曲》。乡愁犹如一粒浸透的种子,无端地膨胀起来。漂泊了四十余年的梦,就模糊地爬上了老家那条弯弯的小路。

此刻,眼前浮现的便是我老家那飘香的酒缸。

一

我出生在剡溪边的一个小山村。村不大,百来户人家。立冬以后,如诗似画的小山村,总是那么"醉"意盎然,家家都要亲自动手酿米酒。彼时懵懂的蒙童从来意识不到四季如白驹过隙,只有当空气里充满了米酒的馥郁芬芳时,才知道年关将至。母亲常说,过年了,没有酒味飘香的山村是没有年味的。洗缸涮罐、制酒药、做酒娘……冬酿前的那些活儿都是由母亲一手

1

包揽的。而酿一缸醇正的香喷喷的米酒，从割辣蓼草做酒药开始。

母亲把连茎带叶的辣蓼草洗净晾干，装到陶罐里，灌上水，盖上木盖子。两三个月后，将辣蓼草与中草药以及自家攒起来的芝麻花、金银花一起碾碎捣烂，掺和在籼米粉里，揉捏成汤圆似的"米粉团"，是为酒药。母亲总是小心翼翼地将酒药搁在谷壳或者稻草做的窝里，轻轻地盖上泡桐叶，让它们在泡桐叶底下做一场秋天的梦，直到那梦透出颤悠悠的毫儿。

再过两三天取出，晒上十天半月，用麻绳把酒药一摞一摞捆好，拴在木廊柱下，让它们继续做那场有关收获与生命的秋梦。

立冬开酿的那天，母亲麻利地开蒸糯米饭，蒸熟后，把它摊晾在竹匾上，细细密密地撒上事先碾成粉末的酒药。在撒酒药前，她会揉一小团米饭塞到我们兄妹俩手中，给我们解馋。接着，将糯米饭装入七石缸里，用手按实，在中间用镲铲柄掘一个"酒窝"。最后，给酒缸上盖，四周用蓑衣、旧棉褥等捂起来。两天后，屋子里渐渐弥漫起发酵后的酒香。掀开缸盖，"酒窝"里已经蓄满了原酒，这时，我经常会忍不住用竹酒抽将酒滗出，悄悄地偷尝几口。这场景，这味道，竟屡屡穿插在几十年的梦境中。

接着，便可按照"一斤糯米一斤水"的比例，舀进温暾的蒸米水，缓缓地将糯米饭浸没。那些糯米与清泉，一天天地相依相偎、相觑相缠，纠缠着、融合着，直到米骨软了、米心酥了，那一身的精气神散化成浆汤。待酽酽的乳白色米酒溢出来，母亲总会盛出一大碗来，让左邻右舍品尝。品尝完老张家的米酒，李家又送上甜酿来。

此时此刻，总有一种暖意，从心底一直升腾到指尖发际；总有一种醇香，从腹中弥漫到唇齿之间；总有一种耐人品咂的滋味，从酒意里悄然萦绕到眉尖心上，融融的，想抓却抓不住，想说又说不出……这就是蕴含着阳光、清泉、谷物、乡情的味道。至今还依稀记得这股醇香甘洌的味道，那种温馨、醇厚的童年幸福，就像岁月中累积的缕缕酒香，伴随着我所有的成长记忆。

大学毕业留校工作后，逢寒暑假或周末回到小山村，常被几个穿开裆裤时的朋友拉去喝米酒，也会喝得醉眼蒙眬。然后，哼着小调，脚下画着 S 形，踉踉跄跄踏进家门……

于是，那泥砌的石墙、飘香的酒缸，还有盛米酒的蓝边海碗，一直飘荡在光阴里，不但不曾褪色，反而带着时间的包浆，沁着油亮……

二

从米酒的清香到老酒的馥郁,黄酒的酿造工艺从远古一路蹒跚走来,漫漫时空,每一页都浸漫着酒的醉人芳香。

四十多年前的初秋,我怀揣着小山村的酒香,沿着剡溪一路向北,负笈担簦,筚路蓝缕,来到"城中酒垆千百所"的绍兴城。作为我国首批历史文化名城之一、东亚文化之都,绍兴不仅是驰名中外的水乡、桥乡、名士之乡,还是我国黄酒产业传承发展的核心地区。她以得天独厚的自然禀赋、独具匠心的酿造技艺、融合互动的集群生态、生机勃发的品牌活力,成为举世无双的"中国黄酒之都"。在这里,凡是通水的地方,几乎都有酿酒的作坊。在河边,随处可见一排排垒得高高的"酒缸墙"。

如果说在我老家的小山村里,母亲做的米酒是"新酒",那么,绍兴酒厂酿制的黄酒则是"老酒"。因为这种酒是在米酒的基础上加了麦曲,且陈放多日后酿制而成的。

如果徜徉在光相桥边、古运河畔的中国黄酒博物馆里,就会为这块酒香四溢的沃土所陶醉。在那里,我第一次知道了黄酒的来历。晋代江统的《酒诰》中说:"有饭不尽,委余空桑,郁积生味,久蓄气芳。本出于此,不由奇方。"大意就是,把剩余的饭放在空的桑树树洞里,经过一段时间的发酵,就会产生馥郁的香气,酒也就酿造出来了。这就是"空桑偶得"说。

相传,大禹在治水时将这种酿酒技术带到了江南。于是乎,稽山脚下,鉴水湖畔,到处弥漫着老酒的香气,浸润着老酒的醇味。在"无处不酒家"的绍兴,无论官宦之家、缙绅达士,还是市井小民、贫苦百姓,都与酒结缘,与酒为朋。

想探究绍兴老酒的奥秘,品味绍兴酒文化的情趣,还得看看绍兴老酒特有的传统酿制工艺。一般来说,纯手工酿造绍兴老酒要经过浸米蒸饭、摊饭落缸、开耙发酵、压榨澄清、煎酒杀菌等多道工序,最后用酒坛密封盛装,进行贮藏。如果考究一点,酿成三年后才投放入市。

千百年来,绍兴老酒最讲究的是"冬酿"。因为在隆冬时节,天寒地冻,水体清冽,不仅可以有效抑制杂菌繁殖,确保发酵过程的顺利进行,而且能使酒在长时间低温发酵过程中生成独具特色的风味。

对绍兴老酒的色香味,清代童岳荐所著的烹饪书《调鼎集》做了"味甘,色清,气香,力醇之上品,唯陈陈绍兴酒为第一"的概括。绍兴老酒橙黄清亮,赏心悦目;醇厚甘甜,回味无穷;馥郁芳香,越陈越香。酸、甜、苦、辛、鲜、涩六味在酒中彼此融合,相辅相成,使绍兴黄酒独具滋润、丰满、浓厚的内质,无与伦比,令人叹服。

炉火纯青的酿造技艺,让绍兴老酒有了元红酒、加饭酒、善酿酒、香雪酒等四大品种。她们像孪生姐妹那样,除了具有酒色呈琥珀色、酒香馥郁芬芳、酒味甘润醇厚等共同特性以外,均富有个性化特点:元红酒淡黄清亮,爽口微苦;加饭酒橙黄透亮,香郁味醇;善酿酒醇厚浓郁,口味甜美;香雪酒香气幽雅,醇正浓甜。

"汲取门前鉴湖水,酿得绍酒万里香。"在绍兴,人们把糯米称为"酒之肉",把麦曲称为"酒之骨",把酵母称为"酒之魂",把鉴湖水称为"酒之血",把整套酿造技艺称为"酒之经络"。鉴湖水来自有崇山峻岭、茂林修竹的会稽山中,经过砂岩土一层层过滤净化,澄清碧绿。湖水含有丰富的微量矿物质元素,有利于酿酒所需微生物的生长繁殖。正是天下唯一的鉴湖水,使绍兴酒成为中国首个受《原产地域产品保护规定》(现《地理标志产品保护规定》)保护的产品。截至2023年11月,全市共有14家黄酒企业获准使用"绍兴酒"地理标志产品专用标志。数千年来,生活在鉴湖主体水域(现鉴湖水域特别保护区)范围内的古越先民,以优质的糯米、精良的麦曲、传承千年的酒药,运用独树一帜的酿造技艺,酿造出了琥珀流光、醇香四溢、六味和融的正宗绍兴黄酒。这些正是令绍兴黄酒卓尔不群的秘密。这一坛坛琥珀"国酿"经京杭大运河、"一带一路"远销海内外,创下"越酒行天下"的辉煌。

绍兴人喝老酒,也是颇为讲究的。绍兴本土居民有一个很特别的词叫"咪",就是细品慢酌,而并非豪饮海喝。翻开中学课本,看一看鲁迅笔下的孔乙己,即使是穷困潦倒,去酒店喝酒,排出九文大钱,温两碗酒,要一碟茴香豆,与人讲讲茴的四种写法,也是慢慢喝酒的。"春晖名人"如夏丐尊、丰子恺等,每周举办一次"开明酒会",组稿、编辑、出版、展览等事宜都在这酒会中商定。可以想象,这酒也是喝得相当慢的。慢慢品,代表一种对美食的尊重,也是一种生活态度。因为,在细品慢酌中,人们享受了美味的盛宴、醉人的音乐、高雅的氛围、愉悦的面谈;在细品慢酌中,人体对酒精的吸收速度较缓,可以规避类似于撒酒疯的尴尬;在细品慢酌中,人不知不觉进入微醺而陶然的境界，平时因心力劳顿而积淀于潜意识中的睿智奇思、精论灼见、真知挚情就会源源流出。

当我初次踏进这座"中国酒文化名城"时，最想去的当然是鲁迅笔下的咸亨酒店。那时候，多半是冲着在中学课本里读过的《孔乙己》而去的。走进这家"小店名气大，老酒醉人多"的百年老店，坐在长条凳上，靠在荸荠色的八仙桌前，一盘盘地道的"过酒坯"如盐煮花生、茴香豆、糟鸡、醉鱼干、酱爆螺蛳等，会让你的味蕾瞬间活起来。一碗太雕酒，一碟茴香豆，细剥慢饮中，可以慢慢品味出"绿蚁新醅酒，红泥小火炉"的风味。那种情，那种调，并非其他美酒或美景可以代替。那种薄醉微醺的滋味，真的很奇妙。

绍兴老酒，其性情不像糟烧那样的火辣刺喉，也不像米酒那样的温顺暧昧。可是，千万别小觑她的后劲和威力。有时候，她更像一位娇俏的村姑，骨子里充盈着纯朴而桀骜的野性。在冬天，朋友相聚，轻轻"咪"上一口绍兴老酒，酒液缓缓流入心田，像丝绸般缠绵，一层一层温柔地浸润你，暖胃更暖心，不知不觉地，你就会被她缠醉。许多北方人不知其性，往往在领略了酣畅淋漓的快意后烂醉如泥。

记得我平生第一次喝醉酒，喝的就是绍兴老酒。六七岁时，有一次跟小伙伴们玩捉迷藏。我情急之下，急中生智，躲进了隔壁小叔家厢房中的稻草堆里。几个小伙伴不知是确实找不到我，还是忘了找我，抑或是故意捉弄我，我躲了很久都没人来叫。恰巧，厢房里有小婶早晨请灶司用过的半瓶绍兴老酒。闻着那诱人的酒香，又饿又渴的我忍不住偷偷地把它喝了个精光。一会儿，就感觉心窝里暖和起来，慢慢地就有点飘飘欲仙了。直到天黑，母亲才在稻草堆里找到醉卧着的我。念初中时，我读《红楼梦》，看人家史湘云醉卧花丛，回想起自己曾醉卧草堆，不禁莞尔。

我最喜欢在暖暖的午后，闻着酒香，透过文字沉浸在闲雅舒适的文人嗜酒的意境中。于是，李太白的飘逸豪饮、杜子美的悲壮独醉、李清照的忧郁独酌……无不带着风雅呈现出一种穿越千年的美丽，美丽得让我也很想醉上一回。在醉眼蒙眬中，看那浓浓淡淡、高高低低的村居农舍，在杨柳春风里风情万种，看那烟雨笼罩的小桥流水，在牧童遥指的杏花梦里，仰望唐宋的月亮。

细细回味，绍兴老酒那醇厚绵甜的芳香，存留在我的齿颊之间，浸润着我的肺腑，使我有一种脱离尘俗烦恼、轻松洒脱的美妙感觉。南风徐来，酒意盈怀。精致婉约、灵秀温润的酒力，激发出我的胆魄和豪气。那沁人心脾的酒香，使我觉得自己仿佛进入了一个天苍苍野茫茫的战场，又像进入了一片缥缈悠远的云端。

可是，这年头，杖乡之年的我已经不太喜欢喝绍兴老酒了。不为别的，只是因为绍兴老酒醇厚甜润，酒质黏稠，营养价值较高。有人说，倘若把啤酒比作"液体面包"，那么绍兴老酒就堪称"液体蛋糕"。对于已有多年"富贵病"病史的我来说，不得不"口"下留情，继而敬而远之矣。

有人说，风筝飞得再高，都离不开牵线的手。说实在的，这辈子最让我念念不忘的，还是那遥远的小山村里我母亲亲手酿制的糯米酒。每次回家，酒味浓，情味更浓。走在家门前深深浅浅的石板路上，我才明白，这米酒的醇香，一旦钻进了游子的五脏六腑，便会与人惬意相拥，让人心神舒爽。无论是品味，还是沉醉，总觉得酒香是那么的隽永、醇厚和绵长。哪怕这辈子走得再远，也走不出对她无限的深情和眷恋。

三

绍兴黄酒，天下一绝。被誉为"东方名酒之冠"的绍兴黄酒，是首批"浙江文化印记"之一，堪称中华民族的瑰宝。"酒因城而闻名遐迩，城因酒而风望倍增。"黄酒作为经典产业，也是绍兴的一张响亮的金名片。

回眸绍兴黄酒发展史，它既是一部黄酒产业的兴衰史，也是一部黄酒技艺的演进史，更是一部黄酒品牌的蝶变史。

考古发现，宁绍平原是中国稻米酒的起源地之一。以此为发端，从夏禹时期（黄酒萌芽期）的"禹绝旨酒"，到商朝西周时期（黄酒初成期）的宫廷酏醴，到春秋末期（黄酒形成期）越王勾践的"箪醪劳师"、以酒励生，到秦汉魏晋时期（黄酒成熟期）秦始皇东巡越地留下的"酒缸山""秦皇酒瓮"，东汉郑弘在若耶溪畔告别越中父老时立足的沉酿埭，竹林七贤中"两阮"（阮籍、阮咸叔侄俩）避祸于阮社时留下的村酤坊，以及王羲之的兰亭"曲水流觞"、梁元帝萧绎的"山阴甜酒"，再到隋唐两宋时期（黄酒繁荣期）辩才和尚款待御史萧翼的"缸面酒"、陆游《钗头凤》中的"黄滕酒"、姚宽《西溪丛语》卷上中的"和旨楼"……众多历史瞬间汇聚一处，犹如一条酒坊栉比、酒旗临风、酒香洋溢的越地酒文化长河，悠悠然，透迤而来，蜿蜒而去。明清以降，绍兴黄酒进入了"越酒行天下"的鼎盛期。绍兴黄酒以其独特的色、香、味、体（酒格）而风靡大江南北，"十里壶觞"熙熙攘攘,千年沉酿埭蔚为壮观。袁枚的《随园食单》、童岳荐的《调鼎集》等饮食名著中对绍兴黄酒的赞誉之辞,可谓俯拾即是。

在这条浩浩汤汤的越地酒文化长河中,不乏一些有口皆碑的名酒佳酿,她们犹如一颗颗熠熠生辉的夜明珠镶嵌其间,最著名的有东汉的"会稽稻米清",南北朝的"山阴醇醪""山阴甜酒",唐朝的"缸面酒",宋朝的"越州蓬莱春""黄䣺酒",明朝的绍兴"豆酒""三白酒",清朝的绍兴"薏苡酒""地黄酒""鲫鱼酒""福橘酒""桂花酒",以及绍兴"周清酒"、马氏"谷粹酒"等。明代中期,酒坊与名酒并蒂而生,东浦的"孝贞",湖塘的"叶万源""田德润""章万润"等均是闻名遐迩的酒坊。清代康乾年间,城区的"沈永和",东浦的"王宝和""云集",阮社的"章东明""高长兴",马山的"谦豫萃"等,都是盛产名酒的著名酒坊。其中,绍兴东浦的"孝贞"酒还被乾隆帝御赐"金爵"商标。这是绍兴黄酒在古代获得的最高荣誉。清末民初,"沈永和"善酿酒和"谦豫萃"加饭酒分别荣获清政府颁发的南洋劝业会"超等文凭"和"优等文凭"奖。1915年,绍兴东浦"云集"酒坊的加饭酒,在巴拿马太平洋万国博览会上荣获金奖。中华人民共和国成立后,绍兴黄酒浴火重生。在历届全国酒评会上,绍兴黄酒频频问鼎金奖,美誉度日益提升。20世纪八九十年代,"古越龙山"和"会稽山"绍兴加饭酒先后被列为国宴专用酒。自此,绍兴黄酒在海内外酿造界确立了不可撼动的巅峰地位。

所有这些,都仰仗于绍兴黄酒酿制技艺的迭代演进。中国酿酒史表明,绍兴黄酒酿制技艺肇始于远古,形成于春秋,定型于宋代,臻善于明清。黄酒酿制技艺的发展是一个不断改进的渐变过程,在漫长的历史时期,绍兴黄酒是以"浊醪""米酒"形态出现的,其酒精度、浑浊度逐渐改变。两宋时期,绍兴黄酒的酿制技艺已基本定型,完成了从"浊醪""米酒"向现代黄酒的过渡。明清时期,绍兴黄酒的酿制技艺更加精湛,从选米、制曲、投料、酝酿,到出酒、杀菌、装坛,形成了一套无与伦比的"独门绝技",迄今尚未改变。如今,这套绍兴黄酒酿制技艺已被国务院列入首批国家级非物质文化遗产名录,跻身中华民族"文化记忆"宝库。

四

岁月就像一把雕刀,用力地刻写着过去,也默默地雕琢着未来。正如古罗马喜剧作家泰伦提乌斯所说:"真正的智慧不仅在于能明察眼前,而且还能预见未来。"

东风好借力,正是扬帆时。沐浴着改革开放的春风,绍兴黄酒涅槃重生,生机盎然。近年来,绍兴市大力弘扬黄酒文化、着力振兴黄酒产业,出台了一系列推动黄酒产业高质量发展的"组合拳"。在发展战略上,着力开启"四化"新征程:一是坚持品质至上,推进产品高端化。强化源头管理,确保酿酒原料的安全性和可追溯性。坚持崇本守艺,严格标准管控,围绕黄酒传统酿造法的核心环节和核心工序,加强酒体质量安全控制等新工艺研发,全面提升黄酒品质。讲好以"生态、康养、文化"为主题的绍兴黄酒故事,持续为绍兴黄酒文化赋能,永葆黄酒品牌的客户忠诚度。二是坚持守正创新,推进营销时尚化。顺应"新国货"浪潮,按照"既守得住经典,又当得了网红"的思路,拥抱年轻消费群体。通过新锐的设计语言、时尚的"酒设"体系,与年轻消费群体建立情感联结,不断丰富时尚类酒品矩阵,满足他们的多元化需求。三是坚持品牌效应,推进市场全球化。擦亮"中华国酿"金名片,扩大绍兴黄酒的国际知名度。以"越酒行天下"活动为载体,持续优化和维护成熟市场,不断拓展新兴市场,开发顺应国际化消费需求的新型产品。利用《区域全面经济伙伴关系协定》(RCEP)提供的便利,整合产业链上下游,推动多元化合作,有针对性地进行项目推介与对接,让绍兴黄酒走向更广阔的世界舞台。四是坚持绿色智造,推进管理数字化。按照"绿色工厂""未来工厂"和"数智化园区"的要求,将数字技术应用到智能化酿酒系统中,实现从酿造、灌装、包装到物流的一体化全自动生产运输,研发智能化酿酒车间,用智能制造提升酿酒水平。以数字化思维增强绍兴黄酒的品牌辨识度,通过数字博物馆、线上品鉴馆以及抖音、淘宝直播带货等方式引流,开拓营销传播的新范式,再造"越酒行天下"的辉煌。

行而不辍,未来可期。我延颈鹤望,纵情畅想:有朝一日,绍兴黄酒以"中华国酿"金名片,诠释其独一无二的自然禀赋、酿造技艺、历史文化所赋予的高价值基因,致力于做大、做响、做强;借助基于共同价值理念的品牌诉求,打破国际化品牌传播中的文化藩篱。届时,绍兴黄酒必将成为"全球最好的酿造酒",黄酒小镇必将成为"中国国酿之心",绍兴市也必将成为"中国国酿文化之都"。

壬寅年除夕前夜于半樵芳舍

目录

第四章 绍兴黄酒文化的演进及其传承

第五章 绍兴黄酒产业的贡献度、标准化及其品牌生态

第六章 以文化创意赋能绍兴黄酒产业品牌提升

参考文献

后 记

第一章 绍兴黄酒概述

黄酒是唯一起源于中国的民族特产酿造酒。在世界三大酿造酒（黄酒、葡萄酒和啤酒）中，黄酒占有重要一席。其酿制技艺独树一帜，堪称『东方酿造界的典范』。绍兴是中国黄酒的故乡，风味独特、品质上乘的绍兴黄酒，堪称中国黄酒行业的一面旗帜。

第一节　黄酒的定义与分类

　　酒,在《汉书·食货志》中被称为"天之美禄",这种源于食物的饮品,是大自然赐予人们的珍贵礼物。黄酒是我国最具有民族特色的最古老的酒种,其卓绝精湛的酿制工艺,幽雅馥郁的醇厚口味,得到了中外友人、名流学士的普遍赞赏。绍兴是中国黄酒制造业的发祥地和名酒产区,黄酒制造是绍兴最具特色的传统产业之一。诚如陈桥驿先生所说:"(绍兴)酒因城而闻名遐迩,城因酒而风望倍增。"[①] 千百年来,随着黄酒家族的日益扩大,产品名称不胜枚举,品种琳琅满目,其分类也是丰富多彩的。

一、"黄酒"名称的历史沿革

　　黄酒也叫"老酒",是中国最早的酿造酒。黄酒是以谷物为原料,用麦曲做糖化发酵剂酿制而成的酿造酒。它穿行在滚滚向前的历史车轮下,出没在更朝迭代的变革传承中,飘忽在文人墨客的笔尖神韵上。从商纣王"酒池肉林",勾践"投醪劳师",曹操"青梅煮酒论英雄",王羲之"曲水流觞",到李白"斗酒诗百篇",到宋太祖"杯酒释兵权",到苏东坡"把酒问青天",再到徐渭"取酒聊自慰",秋瑾"貂裘换酒也堪豪",蔡元培"每饭必酒"……在我国悠悠 5000 年文明史中,黄酒与无数文人雅士、枭雄霸主形影相随,渊源深厚。黄酒是代表中国传统文化的"国酒",是中华民族的国粹。

　　关于"黄酒"名称的由来,民间有一种说法:五千多年前,炎帝、黄帝在中原逐鹿,炎帝战败,俯首称臣,并改行从事医药、稻作研究。这期间,他无意中将五谷种子存放于山洞,后经雨水浸泡自然发酵而形成最初的酒。炎帝将酒进献给

---

　　① 陈桥驿:《〈绍兴黄酒文化〉序》,《吴越文化论丛》,中华书局,1999 年版,第 481 页。

黄帝,并恳请给酒赐名。黄帝把黄帝的"黄"字、酒液的黄色、谷粒的金黄以及神州的黄土、中原人的黄皮肤等"五黄"元素综合在一起,将这种黄色的汁液命名为"黄酒"。显然,这也许只是一种美丽的传说而已。

黄酒,顾名思义,是颜色黄亮的酒。其实,这并不恰当。酒的黄色(或橙黄色)主要是在煮酒和贮藏过程中,酒中的糖分与氨基酸进行美拉德反应[①]产生的。也有的是因加入焦糖制成的色素(俗称"糖色")而加深了颜色。当然,黄酒的颜色并不总是黄色的,在古代,由于酒的过滤技术并不成熟,酒往往是呈浑浊状态的,当时称为"白酒"或浊酒。即便现在,黄酒的颜色也很多,有黑色、褐色、橙色、红色,可谓色彩缤纷,所以不能光从字面上来理解。黄酒是谷物酿成的,可以用"米"代表谷物粮食,故称为"米酒"较为恰当。因此,有人将黄酒的英文翻译成"yellow wine"是有失其本意的,而应该翻译为"rice wine"(米酒)或"millet wine"(小米酒),比较确切。在 2008 年版的《黄酒》国家标准中,黄酒的英译名为"Chinese rice wine",即"用稻米做的发酵酒",但许多外国人对此很难理解。为了更加科学地体现黄酒是中国特有的酒种,是中国的国粹,从一个侧面彰显中华民族的文化自信,更有利于黄酒产品与国际接轨,走向全球市场,自 2019 年 4 月 1 日开始实施的最新版《黄酒》国家标准中,黄酒的英译名正式确定为黄酒的拼音"Huang jiu"。

当然,黄酒的"黄",不仅仅是指酒的颜色,其文化内涵也是相当广泛的。比如,黄河、黄土地的"黄",中国人黄肤色的"黄"……所有这些,都在"黄酒"的名称里深深地烙上了中华民族的印记。

黄酒是谷物酿造酒的统称,以粮食为原料的酿造酒(不包括蒸馏的烧酒),都可归于黄酒类。但是,由于浓厚的恋土情结或风俗习惯,有些地区对本地酿造且仅局限于本地销售的酒,仍保留了一些传统的称谓,比如湖南的"水酒",陕西的"稠酒",西藏的"青稞酒",等等。假如硬要改名称把它们都叫黄酒,那当地人不一定能接受,当然也没这个必要。

在古代,"酒"是各种各样酒的统称。在众多历史典籍中,"酒"指的就是谷物酿造酒。比如,在明代,"黄酒"是专指酿造时间较长、颜色较深的米酒,而"白酒"则是指酿造时间较短的米酒(一般用白曲做糖化发酵剂)。那时的"三白酒",也不是现在的蒸馏烧酒,而是用白米、白曲和白水酿造而成的,酿造时间较短的酒,酒色浑浊,呈白色。在明末与徐光启差不多时代的戴羲所编辑的《养余月令》

---

① 美拉德反应,是指羰基化合物(还原糖类)和氨基化合物(氨基酸和蛋白质)间的反应,经过复杂的历程最终生成棕色甚至是黑色的大分子物质类黑精,或称拟黑素。

卷十一中有:"凡黄酒白酒,少入烧酒,则经宿不酸。"可见,宋末元初之前的白酒 = 米酒≠烧酒。

清代以降,各地酿造酒的生产工艺大多数被传承下来。但是,最著名、最风靡全国的,当数绍兴黄酒。它以选料上乘,工艺独特,醇厚幽香,味感谐和,风味可人,并具有多种养身健体之功效而著称于世。绍兴黄酒的颜色一般是较纯的琥珀色或橙黄色,因此,绍兴黄酒又被称为"琥珀国酿"。有人推测,这种颜色可能与"黄酒"这一名称的最终确立有一定的关联性。因为清朝皇帝对绍兴黄酒有特殊的爱好,而在江浙一带,"黄"与"皇"的发音是一样的,以致清代时,有所谓"禁烧(酒)而不禁黄(酒)"的说法。到了民国时期,黄酒作为谷物酿造酒的统称已基本确定下来。

二、黄酒的别称、雅称和代称

自古以来,人们对黄酒的称呼有许多别称或雅称,也挺有意思。宋代窦苹在《酒谱》中列举了酒的一些带"酉"字的别称。如:①酴(tú)。本意是指酒曲、酒母,后来有酒名为酴酥(也写作"屠苏"),"爆竹声中一岁除,春风送暖入屠苏"(王安石),就是展现人们在正月初一喝屠苏酒的习俗。②醴(lǐ)。意即短时间内酿成的甜酒。③醨(lí)。本意是指味道单薄的酒。《楚辞·渔父》中有"众人皆醉,何不哺其糟而歠其醨?",后来演化为成语"哺糟歠(chuò)醨",意思是,即便吃酒糟、饮薄酒,也要一醉方休,引申为屈志从俗、随波逐流之意。④醑(xǔ)。本意为滤酒去滓,引申为"美酒"。李白有"惜别倾壶醑,临分赠马鞭"的诗句。

除了别称外,黄酒还有许多风趣的雅称。古代的文人墨客在饮酒赞酒时,时常会给所饮的酒起个雅号。这些雅号,由一些典故演绎而成,或者根据酒的味道、颜色、功能、感受、浓淡,以及盛酒的容器等而定。如:①欢伯或忘忧物。因为酒能消忧解愁,能给人们带来欢乐,故称。晋陶渊明在《饮酒》诗之七中写道:"泛此忘忧物,远我遗世情。一觞虽犹进,杯尽壶自倾。"西汉焦延寿在《焦氏易林·坎之兑》中说:"酒为欢伯,除忧来乐。"南宋杨万里在《和仲良春晚即事》有"贫难聘欢伯,病敢跨连钱"的诗句。金代元好问在《留月轩》中写道:"三人成邂逅,又复得欢伯。欢伯属我歌,蟾兔为动色。"②冻醪。即寒冬酿造,准备春天饮用的酒。宋代朱翼中在《酒经》中写道:"抱瓮冬醪,言冬月酿酒,令人抱瓮速成而味薄。"杜牧在《寄内兄和州崔员外十二韵》中写道:"雨侵寒牖梦,梅引冻醪倾。"③黄封。即皇帝所赐的酒,也叫宫酒,因用黄罗帕或黄纸封口,故名。宋代胡继宗所撰《书言故事·酒类》中记载，"御赐酒曰黄封"。苏东坡在《与欧育等六人饮酒》诗中有"苦战知君便白羽，倦游怜我忆黄封"句，在《岐亭》诗之三中也有"为我取黄封，亲拆官泥赤"。④绿蚁。原指新酿的酒还未滤清时，酒面浮起微绿的酒渣（泡沫），后来泛指酒。白居易在《问刘十九》诗中写道："绿蚁新醅酒，红泥小火炉。"陆游在《春晴泛湖入城》中写道："鱼跃银刀论网买，酒倾绿蚁满杯浮。"⑤杯中物或壶中物。因在饮酒时，大都用杯（或壶）盛酒而得名。陶渊明在《责子·白发被两鬓》诗中写道："天运苟如此，且进杯中物。"杜甫在《戏题寄上汉中王三首》诗中写道："忍断杯中物，祗看座右铭。"张祜在《题上饶亭》诗中写道："唯是壶中物，忧来且自斟。"⑥金波或黄流。因酒色如金，在杯中浮动如波而得名。元代张养浩在《普天乐·大明湖泛舟》中写道："杯斟的金波滟滟，诗吟的青霄惨惨。"陆游《题斋壁》诗："昼存真火温枵腹，夜挽黄流灌病骸。"⑦壶觞。本意是盛酒的器皿，后来引申为"酒"的代称。陶渊明在《归去来辞》中写道："引壶觞以自酌，眄庭柯以怡颜。"白居易在《将至东都先寄令狐留守》诗中写道："东都添个狂宾客，先报壶觞风月知。"⑧醍醐。特指美酒，白居易在《将归一绝》诗中写道："更怜家酝迎春熟，一瓮醍醐迎我归。"⑨曲生或曲秀才。明代清雪居士有"曲生真吾友，相伴素琴前"的诗句。清代北轩主人写有"春林剩有山和尚，旅馆难忘曲秀才"的诗句。⑩般若汤。这是和尚称呼酒的隐语。佛家禁止僧人饮酒，但有的僧人却偷饮，故以此称呼避讳。苏东坡在《东坡志林·道释》中有"僧谓酒为般若汤"的记载。

还有，古人用善酿者名字代替酒名。如：①杜康。相传，杜康发明了酿酒术，被誉为中国的酒祖。曹操《短歌行》中有"何以解忧，唯有杜康"句。②白堕。北魏杨衒之《洛阳伽蓝记·法云寺》中有"不畏张弓拔刀，唯畏白堕春醪"的记载，据说，河东人刘白堕擅长酿酒，后人便以"白堕"代称酒。苏辙在《次韵子瞻病中大雪》中写道："殷勤赋黄竹，自劝饮白堕。"另外，还有天禄、狂药、酒兵、柤巴、清圣、浊贤等数十种代称，不胜枚举。

在绍兴民间，还有几种俗称很有特色：①老酒。绍兴黄酒的品性是越陈越香，越陈越醇，"陈"就是"老"，绍兴黄酒普遍存放时间久、酒龄长，因而叫"老酒"。宋范成大《食罢书字》云："扪腹蛮茶快，扶头老酒中。"（自注："老酒，数年酒南人珍之。"）另一说是与豆酒相对的酒。老酒以糯米为原料，是贮藏时间较长的酒，《北山酒经》引《说文》："酒白谓之者，坏饭也；馊者，老也；饭老即坏，饭不坏则酒甜。"故"老"有陈的意思，即年月长。《嘉庆山阴县志》卷八"货之属"引《会稽县志》

云:"其质尤厚,其香尤醇,故称老酒。"②名士。清代袁枚自称性不近酒但深知酒味,他将绍兴酒与烧酒相比,认为绍兴酒堪称"名士",而烧酒像个"光棍"。他说:"绍兴酒,如清官廉吏,不参一毫假,而其味方真。又如名士耆英,长留人间,阅尽世故,而其质愈厚……余常称绍兴为名士,烧酒为光棍。"③福水。绍兴黄酒营养丰富,具有舒筋活血、强身健体之功效,因此绍兴民间认为有酒喝就是福气,绍兴黄酒就被称为"福水"。鲁迅作品中提到"福人饮福水",意即家中藏老酒,寓意富足有福。④黄汤。对黄酒的贬称。《水浒传》第十四回晁盖假意怒斥刘唐说:"你却不径来见我,且在路上贪嚼这口黄汤,我家中没得与你吃?辱没杀人!"《红楼梦》第四十四回贾母啐道:"下流东西,灌了黄汤,不说安分守己的挺尸去,倒打起老婆来了。"

三、黄酒行业的传统分类

1. 按黄酒产地分类

最为常见的是以原产地命名,如绍兴黄酒、金华酒、丹阳酒、上海老酒、福建老酒、九江封缸酒、山东兰陵酒、即墨老酒等。这种分类法在古代尤其是民间较为普遍。绍兴黄酒是麦曲稻米酒的典型代表,山东即墨老酒是北方黍米黄酒的典型代表,福建龙岩沉缸酒、福建老酒是红曲稻米黄酒的典型代表。

2. 按黄酒外观分类

以颜色、浊度等外观特征命名,除了黄酒之外,还有清酒、浊酒、白酒、红酒等。①清酒。最早起源于中国,后经江浙地区辗转传入日本,成为日本的"国酒"

琳琅满目的绍兴黄酒　　　　　即墨老酒、沉缸酒、福建老酒

和文化标签。清酒色泽呈淡黄色或无色,清亮透明,芳香宜人,口味纯正,绵柔爽口,是营养丰富的饮料酒。②浊酒。这是相对于"清酒"而言的。因其压榨时,采用相对稀疏的过滤袋过滤,酒醪中相对细微的白色发酵物随其酒液渗透下来,从而使酒呈浑浊状。嵇康《与山巨源绝交书》中"浊酒一杯,弹琴一曲",刘禹锡《乐天是月长斋鄙夫此时愁卧里间非远云雾难披因以寄怀遂为联句所期解闷焉敢惊禅》中"浊酒销残漏",张孝祥《浣溪沙》中"一尊浊酒戍楼东",范仲淹《渔家傲》中"浊酒一杯家万里",杨慎《临江仙》中"一壶浊酒喜相逢",李景福《暮春遣意》中"残灯和梦断,浊酒带愁倾"等诗句,均提到浊酒。③红酒。不是指红葡萄酒,而是用红曲酿造的黄酒。福建、浙江、台湾等地的红曲黄酒,有消食活血,健脾燥胃,降低胆固醇、血糖血压等功效。现在,金华东阳、义乌一带仍是红曲酒的重要产地。

清酒　　　　　　　　　浊酒　　　　　　　　　红酒

3. 按黄酒的原料分类

比如:①糯米酒。又称甜酒、酒酿、醪糟等,甘甜芳醇,酒性温和。这种黄酒除了能增进食欲,有助消化之外,还有提神解乏、解渴消暑、保湿润肤的功效。②黑米酒。这是以黑米为原料制作的黄酒。先将黑糯米脱糠皮处理,从糠皮中提取黑色素液,然后对已脱掉糠皮的白色精黑米进行发酵酿制,在制出的黄酒中加入适量的黑色素液。最著名的有陕西省洋县的"朱鹮牌"珍稀黑米酒等。③青稞酒。这是用青藏高原出产的青稞制成的黄酒,清香醇厚,绵甜爽净,被誉为"高原明珠,酒林奇葩"。此外,还有玉米酒、黍米酒、紫薯酒等。

糯米酒　　　　　　　　黑米酒　　　　　　　　青稞酒

4. 按黄酒的习惯称呼分类

①"水酒"。这类酒，在少数民族比较盛行，水酒的品种也最多，如朝鲜族的"三亥酒"、壮族的"甜酒"、高山族的"姑待酒"、瑶族的"糖酒"、纳西族的"窨酒"、普米族的"苏理玛"等。水酒是一种发酵酒，其原料有黍、稷、麦、稻等，经酒化直接发酵而成，汁和糟同时食用，即古人所说的"醪"。水酒与米酒很相似，都是用粮食做成的发酵酒。二者区别：水酒颜色清澈透明，而米酒为略浑浊的米白色；水酒酒精度比米酒高；水酒口感比米酒略为辛辣。②"稠酒"。也叫"糕酒"，呈米糊状，浑浊黄稠，主要产地在陕北一带，我国最早的医学文献《黄帝内经》里曾多次提到"醪醴"，就是稠酒的前身。③"老白酒"。古典文学名著《三国演义》中的"煮酒论英雄"，《水浒传》中的"三碗不过冈"，以及杜甫的"李白斗酒诗百篇"等，说的都是这类低度酒。

水酒　　　　　　　　　稠酒　　　　　　　　　老白酒

四、黄酒行业的现代分类

在最新的国家标准中,黄酒的定义是:以稻米、黍米、黑米、玉米、小麦等为原料,经过蒸料,拌以麦曲、米曲或酒药,进行糖化、发酵、压榨、过滤、煎煮、贮存、勾兑而成的各类酿造酒。绍兴黄酒为黄酒的一种,是地理标志产品。根据 GB/T 17946—2008《地理标志产品绍兴酒(绍兴黄酒)》的定义,绍兴黄酒是"以优质糯米、小麦和在特定保护范围内的鉴湖水为主要原料,经过独特工艺发酵酿造而成的优质黄酒"。在争奇斗艳的酒苑中,绍兴黄酒犹如一枝出类拔萃的鲜葩,色泽橙黄清亮,口感醇厚甘顺,风味独特,被誉为"黄酒中的极品"。

(一)按黄酒标准分

按黄酒标准分,可以分为绍兴黄酒(执行 GB/T 17946《绍兴黄酒》)和黄酒(执行 GB/T 13662《黄酒》);按生产工艺分类,可分为传统(手工)酿造黄酒和机械化酿造黄酒;根据 GB/T 13662《黄酒》,按产品风格分类,可分为传统型黄酒、清爽型黄酒和特型黄酒。

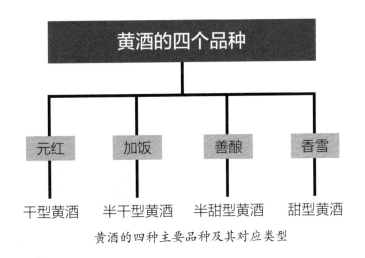

黄酒的四种主要品种及其对应类型

根据黄酒的含糖量高低,可分为干型黄酒、半干型黄酒、半甜型黄酒和甜型黄酒等四大类。而黄酒年份酒一般专指半干型黄酒的年份酒,且酒龄严格以勾兑酒的酒龄加权平均计算。经科学分析鉴定,这四大类的黄酒恰好是绍兴黄酒的四个著名品类,即元红酒、加饭酒、善酿酒和香雪酒等四类(如下图所示)。

1. 干型黄酒

"干型"表示酒中的含糖量少,糖分充分发酵转化为酒精,酒精含量较高。

这种酒属稀醪发酵,总加水量为原料米的 3 倍左右。发酵温度控制得较低,开耙搅拌的时间间隔较短。酵母生长较为旺盛,故发酵彻底,残糖很低,最新的国家标准中规定,总糖含量应低于或等于 15.0g/L。口味醇和、鲜爽,无异味。其代表酒品是绍兴黄酒中的元红酒。

2. 半干型黄酒

"半干型"表示酒中的糖分还没有全部发酵成酒精,还保留了一些糖分。生产上,在配料时增加了饭量,成品酒总糖含量在 15.1 ~ 40.0g/L。传统手工酿造的半干型黄酒,其后发酵采用自然的露天冬酿发酵方式,没有人工干预,其呈味成分也比其他种类的黄酒要高很多。绍兴加饭酒是这类黄酒的典型代表。与元红酒相比,加饭酒在原料配比中,加水量减少,而饭量增加。由于醪液浓度大,成品酒度高,酒中浸出物含量亦高,所以酒质特醇,酒液像琥珀那样橙黄,透明晶莹,郁香异常,味醇甘鲜。

3. 半甜型黄酒

这种黄酒采用的工艺独特,是用陈年元红酒代水,加入发酵醪中,使糖化发酵开始之际,发酵醪中的酒精浓度就达到较高水平,一定程度上抑制了酵母菌的生长速度,由于酵母菌数量较少,发酵醪中产生的糖分不能全部转化成酒精,故成品酒中的糖分较高,总糖含量在 40.1 ~ 100g/L。该黄酒贮藏陈年后,色泽褐黄带红,焦香浓郁,口味醇厚、鲜甜爽口,酒体协调平衡。其代表酒品是绍兴黄酒中的善酿酒等。善酿酒为绍兴黄酒之高档品种,在清代由沈永和酿坊创始。该坊在酿酒的同时酿制酱油,酿酒师傅从酱油酿制中得到启发,以酱油代水做母子酱油的原理来酿制绍兴黄酒,得到成功。

4. 甜型黄酒

这种黄酒一般是采用淋饭操作法,拌入酒药,搭窝先酿成甜酒酿,当糖化至一定程度时,加入 45% ~ 50% 浓度的米白酒或糟烧酒,抑制酵母的活性,整个酿造过程以糖化为主,发酵作用较弱,故酒中总糖含量高于 100.0g/L。其口味鲜甜、醇厚,酒体协调,无异味。其代表酒品是绍兴黄酒中

绍兴黄酒的"风味四品"

的香雪酒、福建龙岩沉缸酒等。据陈学本《绍兴加工技术史》记述，1912年，东浦乡云集周信记酒坊的吴阿惠师傅等，用糯米饭、酒药和糟烧，试酿了一缸绍兴黄酒，得酒12大坛。其酒淡黄清亮，芳香幽雅，味醇浓甜，深受消费者喜爱。酿酒师傅认为这种酒由于加用了糟烧，味特浓，又因酿制时不加促使酒色变深的麦曲，只用白色的酒药，所以酒糟色如白雪，故称香雪酒。

我国黄酒的现代分类

类别	总含糖量	主要特征	代表产品
干型 （黄酒）	≤ 15.0g/L	这种酒属稀醪发酵，总加水量为原料米的三倍左右，酒中的糖分含量低。	绍兴元红酒、吉山老酒
半干型 （黄酒）	15.1 ~ 40g/L	"半干"表示酒中的糖分还未全部发酵成酒精，还保留了一些糖分。这种酒酒质厚浓，风味优良，可以长久贮藏，是黄酒中的上品。我国大多数的出口酒，均属此种类型。	绍兴加饭酒、吉山老酒、上海老酒
半甜型 （黄酒）	40.1 ~ 100.0g/L	这种酒在生产过程中加入了米白酒，酒度也较高，可常年生产。	龙岩沉缸酒、庐陵王酒、绍兴善酿酒、山东即墨老酒、福建老酒、无锡惠泉酒
甜型 （黄酒）	>100g/L	这种酒，成品酒中的糖分较高；酒香浓郁，酒度适中，味甘甜醇厚，是黄酒中的珍品。但这种酒不宜久存。贮藏时间越长，色泽越深。	龙岩沉缸酒、山东即墨老酒、绍兴香雪酒、丹阳封缸酒

资料来源：据公开资料整理。

（二）根据酿造方法分

根据黄酒的酿造方法，可分为淋饭酒、摊饭酒和喂饭酒等三类。

1. 淋饭酒

淋饭酒是指蒸熟的米饭用冷水淋凉，然后拌入酒药粉末，搭窝，糖化，最后加水发酵成酒，口味较淡薄。这样酿成的淋饭酒，有的工厂是用来作为酒母的，即所谓的"淋饭酒母"。

2. 摊饭酒

是指将蒸熟的米饭摊在竹簟上，使米饭在空气中冷却，然后再加入麦曲、酒母（淋饭酒母）、水、浸米浆水等，混合后直接进行发酵。

摊饭酒

3. 喂饭酒

俗称"浆饭""脚饭"，按这种方法酿酒时，米饭不是一次性加入，而是分批加入。这种方法是先按淋饭法酿得酒醅，然后分次加入水和米饭进行发酵。一般加 1 ~ 2 次，古时也有加 9 次的，故也称九酝酒。

（三）根据用曲种类分

根据黄酒的酿酒用曲种类，可分为生（熟）麦曲黄酒、小曲黄酒、红曲黄酒、乌衣红曲黄酒等四类。

1. 麦曲黄酒

指以传统典型小麦麦曲为糖化发酵剂生产的黄酒，包括自然发酵生麦曲和纯种熟麦曲。

2. 小曲黄酒

相对于大曲原料小麦和豌豆而言，小曲原料主要是稻米（粉）和麸皮，因曲坯为小卵形状或粉末状而取名为小曲。经半固态发酵后，所酿造的黄酒称为小曲黄酒。

3. 红曲黄酒

红曲黄酒是以糯米为原料，以红曲为糖化发酵剂酿造而成的黄酒。与其他黄酒相比，其口感要更加新鲜淡爽，香气也更为柔和，且具有多种保健功能。

4. 乌衣红曲黄酒

乌衣红曲外观呈黑褐色,它是使黑曲霉、红曲霉和酵母等发酵微生物混杂生长在米粒上而制成的一种糖化发酵剂。以此为糖化发酵剂酿造的黄酒,即为乌衣红曲黄酒。

五、黄酒行业的派别分析

目前,我国黄酒市场较为分散,各地生产的黄酒在酿造方法、口感、外观上具有差异性,其主要流派可分为浙派黄酒、海派黄酒和苏派黄酒(如下表所示)。浙派黄酒的代表酒品为"古越龙山""会稽山""塔牌""女儿红""鉴湖"等绍兴黄酒,以琥珀色、口味醇厚、香气浓郁为主要特征。苏派黄酒的代表酒品为桃源黄酒(吴江)、沙洲优黄(张家港)、白蒲黄酒(水明楼黄酒)、锡山黄酒(无锡),以清爽型为主要特色。其与浙派黄酒的区别主要在于凉饭的工艺和曲的不同:浙派采用摊饭法自然冷却,苏派采用淋水法冷却;浙派采用生麦曲,苏派采用熟曲及酶制剂。海派黄酒即上海产的营养黄酒,以石库门、和酒为代表。另外,还有北派黄酒,如山东即墨老酒、张家口北宗黄酒和河南双黄酒,是北方黍米黄酒的典型代表;闽派黄酒,如福建龙岩沉缸酒、闽安老酒和福建老酒,是南方红曲稻米黄酒的典型代表。

我国黄酒的主要派别

区域派别	代表品牌	酿造工艺特色	外观与口感
浙派黄酒	古越龙山、会稽山、塔牌	传统工艺,以糯米和小麦发酵	琥珀色,醇厚,香气浓郁
海派黄酒	石库门、和酒	引入现代工艺,如发酵罐、过滤、澄清设备;添加蜂蜜、枸杞等	晶莹剔透,清爽淡雅
苏派黄酒	沙洲优黄、惠泉、白蒲	大米发酵	绵甜温润,不腻人
闽派黄酒	龙岩沉缸酒、福建老酒	以红曲作为糖化发酵剂	醇香顺滑,令人神清气爽
徽派黄酒	古南丰、海神	糯米和小麦发酵	酒精度较低,醇香怡人
北派黄酒	即墨老酒	大黄米发酵,古法酿制	深棕红色,香气馥郁,质地醇厚
湘派黄酒	古越楼台	糯米发酵,加以湘莲、桂圆	丰满圆润,香气优雅

资料来源:据公开资料整理。

六、黄酒的主要特点

与其他酒类相比,黄酒具有"一高二低"的特点,即高营养、低酒精度、低粮耗。一是高营养。黄酒含有丰富的营养,被誉为"液体蛋糕"。酿造黄酒的原料大米、小麦中的蛋白质经微生物酶降解,绝大部分以肽和氨基酸的形式存在,极易为人体吸收利用。研究表明,黄酒含有 20 种氨基酸,其中包括人体自身不能合成必须依靠食物摄取的 8 种必需氨基酸。此外,黄酒还含有蛋白质、功能性低聚糖、维生素等多种营养物质。二是低酒精度。由于黄酒没有经过蒸馏,在酒类行业中属于低度酿造酒,一般酒精含量为 12% ~ 18%。三是低粮耗。黄酒用粮较少,出酒率高。研究表明,每 1 千升粮食可酿制成黄酒约 2 千升,而同样的 1千升粮食仅能生产普通白酒约 0.6 千升。可见,黄酒是一种生态酒、健康酒、节能酒。当然,黄酒除饮用外,也可用作烹饪料酒、制作其他药酒或补酒的原酒、中药辅料等。

第二节 人工酿造酒探源

在我国,啤酒和葡萄酒是外来酒种,只有一百余年的酿造历史,果酒所占的份额也很小,白酒问世并普及相对比较晚(萌芽于宋,完善于元,至今尚不到一千年),而且白酒采用的蒸馏技术,是在黄酒酿造工艺的基础上逐步发展起来的。在此之前,酿造酒一直是中国的主流酒种。诸多文献或文学名著中提到的"酒",就是黄酒及其初始形态。因此,探讨酿造酒的起源,主要是探讨谷物酿酒即黄酒的起源。

酿造酒究竟起源于何时,可谓众说纷纭,确切的时间已很难查考。目前,一般从神话传说、文物考古、科学考证这三个层面对黄酒的起源进行探究。

一、神话传说的蠡测

在古代,科学技术尚未发达,人们将酿酒的起源归于某一个人或神仙的发明,把他们说成是酿酒的祖宗。对此,成书于宋仁宗天圣二年(1024)的《酒谱》曾提出过质疑。作者窦苹认为这些说法"皆不足以考据,而多其赘说也"。诚然,这些神话与传说无从考据,但作为一种文化认同现象,还是带给人们以某些启迪。

1. 上天造酒说

在原始社会,某些自然现象(如野果子发酵成果酒)的变化,激起人类对自然的崇拜,人们认为世间万物均由上天所造。《酒谱》中说"天有酒星,酒之作也,与天地并矣",认为天地与酒同龄,酒是天上的"酒星"所造的。关于"酒旗星"的说法,最早见于《周礼》一书中,但在《晋书》中记载较详:"轩辕右角南三星,曰酒旗,酒官之旗也,主宴飨饮食。"这里的"轩辕",是指古星宿名,共十七颗星,其中十二颗属于狮子星座。酒旗三星,是指狮子座的¥、£和~三颗星,呈"1"形排列,南边紧傍有二十八宿。在《唐逸史》中也记载有:"(太白酒)星仙格绝高,每游人间饮酒,处处皆至。"至于太白金星到底是不是酒星,那就不为人知了。

"酒星"和"酒旗"这两个词在古诗词中也屡见不鲜。李白在《月下独酌》中有"天若不爱酒,酒星不在天"的诗句,李贺在《秦王饮酒》中有"龙头泻酒邀酒星"的诗句,皮日休有"吾爱李太白,身是酒星魄"的诗句,孔融也有"天垂酒星之耀,地列酒泉之郡"的语句,陆龟蒙在《奉和袭美酒中十咏·酒星》中有"不独祭天庙,亦应邀客星"的语句,等等。这些也许仅仅是诗人的形象思维而已。他们所处的年代不同,个性不同,却都个个嗜酒如命。在他们的头脑中,上天作为能降福于人的万物主宰者已经根深蒂固,而"酒星造酒"便是上天造物的一部分。

"酒旗星"的发现也颇为奇怪。因为,在当时,我们的祖先根本没有任何的科学仪器,那是怎么发现的这几颗不太明亮的星星呢?答案无从考证,但这至少表明酒在当时就已经出现,而古人认为它"主宴飨饮食",说明酒在当时的日常生活和社会活动中占有相当重要的位置。可见,自古以来,我国就有酒是由天上"酒星"或"酒旗"所造的说法。但是,这毕竟是科学无法解释的,纯粹是民间流传的传说而已,其可信程度也可想而知。

2. 黄帝造酒说

相传,酒的创始人是中华民族始祖黄帝。因为黄帝发明了"酒泉"之法,并且曾经有"汤液酒醪"之论。《黄帝内经·素问》中记载了黄帝与岐伯一起讨论酿酒的情景。黄帝问道:"为五谷汤液及醪醴奈何?"岐伯答曰:"必以稻米,炊之稻薪,稻米者完,稻薪者坚。"这里提到的古酒"醪醴",是用动物乳汁酿成的甜酒。假如果真这样,那么酒的酿造就比杜康、仪狄时代早得多。据说,《神农本草》已著有酒之性味,也就是说,酒在神农时代就已经发明了。东晋人葛洪的《抱朴子》中也说黄帝曾经发明过"酒泉法"造酒。

3. 古猿造酒说

古时,酒的起源还有另一种说法流传——酒由古猿所造。这种说法在诸多历史典籍上都有记载。明代李日华的《紫桃轩杂缀·蓬栊夜话》提到黄山猿猴造酒的故事。清代李调元在《粤东笔记》中写道:"琼州多猿,……尝于石岩深处得猿酒,盖猿以稻米杂百花所造,一石米辄有五六升许,味最辣,然极难得。"古猿是怎样造出"酒"的呢?原来,在水果成熟的季节,猿猴收贮大量水果于"石洼中",堆积的水果受自然界中野生酵母菌的作用,慢慢发酵成香气扑鼻、酸甜爽口的酒浆。据考证,大约在一万年前,在江苏泗洪双沟生活的猿人,将水果采集堆积在山洞中自然发酵,产生出含有酒精的液体。其实,这种"猿酒"，只能算是天然形成的原始果酒，而不是谷物粮食酿成的真正的酒，所以酒的起源也不能归于猿猴所造。以此推测，早在旧石器时代，我们的祖先已经注意到了"猿酒"现象。

稻米酿酒

古猿造酒说

4. 仪狄造酒说

相传，黄酒是夏禹时期的仪狄发明的。秦相吕不韦主持编纂的《吕氏春秋》中记载了"仪狄作酒"。西汉刘向的《战国策·魏策》则进一步说明："昔者，帝女令仪狄作酒而美，进之禹，禹饮而甘之。遂疏仪狄，而绝旨酒曰：'后世必有以酒亡其国者。'"意思是说，夏禹之女（一说后妃或公主），令仪狄去监造酿酒，仪狄做出来的酒味道很好，奉献给夏禹品尝。夏禹喝了后，觉得的确很美好。可是，夏禹从此疏远了她，并且与美酒绝了缘，还说：后世必定会有因为饮酒无度而误国的君王。据此，后世认为仪狄乃制酒之始祖。

然而，多数史学家认为，仪狄是夏禹时代司掌造酒的官员，是一位女性酿酒大师。秦末儒生、孔子八世孙孔鲋说，夏禹之前的神农、黄帝、帝尧、帝舜都善饮酒，且酒量都很大。那么，他们饮的酒从何而来呢？可见，说仪狄"始作酒醪"是不确切的。况且，在当时用粮食酿酒是一桩程序与工艺都很复杂的事，单凭她个人的力量是难以完成的。仪狄发明造酒，似乎不大可能。其实，有一种说法倒很有道理："酒之所兴，肇自上皇，成于仪狄。"在上古三皇五帝的时候，就有各种各样的造酒方法流行于民间，仪狄只是将这些造酒方法加以归纳总结，让其流传后世。据此推测，仪狄可能是夏禹时代负责监督酿酒的官员，她总结前人经验，完善酿造方法，终于酿出了质地优良的酒醪。这种说法似乎更可信。

5. 杜康造酒说

杜康，被后人尊为"酒神"。曹操《短歌行》中的"何以解忧，唯有杜康"让"杜康"成为酒的代称。《酒诰》曾记载，杜康"有饭不尽，委之空桑，郁积成味，久蓄气芳；本出于此,不由奇方"。杜康将剩饭放置在桑树洞里,秫(高粱)米饭在洞中发酵后,就有芳香的气味传出。据传,这种芳香液体是杜康根据当时正从头上飞过的鸟声命名的。杜康饮了"酒",才发现它能为他解忧助兴。于是,杜康认真总结了"空桑积饭"和"加曲发酵"的道理,开始了酿酒。从此,杜康便成了酒的发明者,并被尊为酒业祖师。历史上,杜康确有其人,据东汉许慎《说文解字·巾部》释:"古者少康初作箕、帚、秫酒。少康,杜康也。"《吴越春秋》云,少康是"禹六世孙",他封庶子无余于越,以祀奉祖先大禹陵墓,这就是越国的始端。那么问题来了,既然黄帝、尧舜时代就有酒,那说少康(杜康)发明了酒,便是无稽之谈。

另外,还有一种说法:"仪狄作酒醪,杜康作秫酒。"[1] 醪,是一种糯米经过发酵加工而成的"醪糟儿"(俗称"甜酒酿"),性温软,其味甜,多产于江浙及皖南一带。现在这一带的农村还有自制醪糟儿的习惯。醪糟儿制成洁白细腻黏稠的糟糊可当主食,上面的清亮汁液颇近于酒。而"秫"是高粱的别称。杜康作秫酒,说明杜康造酒所使用的原料是高粱。所以,如果说仪狄是糯米酒的创始人,那么杜康则是高粱酒的发明者,他的历史贡献在于创造了秫酒的酿造方法,就是用黏性高粱为原料制成清酒,即粮食造酒。

综上所述,关于酒之源的传说,可谓众说纷纭,妙趣横生。这些传说大致可说明酿酒早在夏朝(4000多年前)或者夏朝以前就存在了。1987年考古学家在山东营县发现了5000多年前的酿酒器具,这表明,在此之前,我国就已经开始酿酒,而酿酒的起源则可能还要在此之前很久。

二、文物考古的佐证

人工酿造酒必须具备两个先决条件:酿酒原料和酿酒容器。一些考古资料佐证"黄酒是史前产物"。如果说,"上天""黄帝""古猿"也好,"仪狄""杜康"也罢,这些形形色色的"造酒说"都仅仅是传说或推测而已,那么,江浙一带的考古发现,足可证明该地方的酿酒史或酒的起源。1973年,地处浙江宁绍平原的余姚河姆渡(曾为绍兴府下辖)发掘了一座距今7000多年的原始氏族社会遗址。在那里,距今约六七千年的第四文化层(稻作文化层)中出土了大量稻谷堆积层,平均厚度在40～60厘米之间,有的达一米以上,贮藏量有100千升左右,足可

① [汉]许慎著,[宋]徐铉校:《说文解字》,中华书局影印,2004年版,第76页。

供 400 ～ 500 人一年的口粮。经专家鉴定：这些稻谷已属早期人工栽培稻谷。这说明，当时稻谷生产从原始的野生稻谷采撷阶段发展到了原始农业规模生产阶段，粮食生产中已有人为因素，谷物已成为氏族居民的主粮。富余的粮食，以及相对于野生的、自生自灭的生产方式的改良，为该区域酿酒提供了可能的物质条件。

由此可见，河姆渡"稻作文化层"是绍兴黄酒的重要源头之一。酿酒最早肇始于谷物酿酒。但是，有了谷物仅仅是有了原料，酿酒还需要设备与技术。如前所述，从河姆渡遗址中大量出土的稻壳遗存以及河姆渡人所用陶釜上粘着的焦米饭粒看，河姆渡人是用米煮饭的，说明把生米变成加热膨胀后的米饭，极易被酿酒微生物所利用。从稻谷保存的方式来看，由于濒临海边，自然湿度大，干透的谷物以泥窖来储存，依然免不了受潮而发芽、发霉，也极易被自然界中的酵母发酵而成为酒。从出土的陶罐（酿酒用）、陶盉（温酒用）和陶杯（饮酒用）、木制红漆碗（饮酒用）等来看，在当时的原始部族社会里，出现了配套性极强的酿酒、饮酒所必备的"设备"——陶瓷器皿。这些考古实物都证明，在距今 7000 多年的新石器时代，宁绍地区人工酿酒技术已比较成熟。可能在此之前，生活在这个区域的先民已经掌握了酿酒技术，酿酒业也初现端倪。显然，这是迄今为止绍兴黄酒"有证据"的毋庸置疑的重要源头之一。

不仅如此，该时期已经有了使粮食熟化的技术和存贮、饮用酒的器皿，余姚河姆渡遗址出土的大量陶器，完整器具和复原器具多达千件以上，而陶片达数十万片，这些陶器用途很多，有生产工具、生活器具和艺术品三大类，而作为生活用具的陶釜、陶甑则占第一位，说明当时河姆渡人极有可能已用蒸气热能来煮熟食物。这里应该特别提及陶盉，余姚学者陈忠来在《河姆渡文化探原》中介绍了陶盉的造型：陶盉敞口、束颈，前有一粗短的冲天嘴，圆腹、小平底；在器口与冲天嘴之间连接着一个半环形的带状钮。陶盉的外形与后来商代青铜器几乎如出一辙，而青铜器盉是一种素有定论的酒器。商周时代的许多青铜器，都可以在河姆渡遗存中找到原型，由此推测河姆渡的陶盉也是当时的一种酒器。另外，从河姆渡发达的船作文化和陶器制作技术看，当时酿酒的客观条件已经具备。由此推断，早在 7000 多年前，宁绍地区已有最初的米酒或谷物酒的酿造。可见，绍兴酒最起码起源于河姆渡文化中期。

另外，在近些年的考古发现中，可以继续看到距今 4000 —6000 多年前江浙一带发达的农业和陶器制造业。1985 年发掘的柯桥区马鞍古文化遗址，是一处越族先民聚居的村落,距今四五千年,那里发掘出土的许多陶器主要是用作饮器、容器的壶、杯等。在1991—1993年三次发掘的柯桥区齐贤壶瓶山古文化遗址中,有商代、西周文化层。那里有许多泥质灰黑陶罐、壶等。在柯桥区安昌后白洋一处西周至春秋时的古文化遗址中,发掘出了夹砂红陶、灰陶的高足杯等。所有这些陶制的壶、杯、碗,也都可以视作当时可能已有酒的实物佐证。在被评为2005年"中国十大考古发现"之一的嵊州小黄山文化遗址的发掘过程中,也发现有大量的粮食谷物留存,证明在一万年前人工种植粮食谷物已有可能。那时,以富余的粮食来做酒也具备了物质条件。

上述考古发现,都从一个侧面证实了绍兴黄酒(醪酒)源远流长。当然,真正有文字记载的绍兴黄酒,出现在越王勾践时期。《国语·越语》《吕氏春秋·顺民》《越中杂说》等都有"壶酒奖生""投醪劳师"等记载。

三、现代科学的阐述

"酒之源"(包括时间、地点、人物)确实甚难稽考。从现代科学的角度来审视,归纳起来,比较靠谱且能让大众认同的说法有这样四种。

1. 酒是一种天然产物,人类不是酒的发明者,而只是酒的发现者、利用者

科学家最新发现,在浩瀚的宇宙中,存在着一些由酒精组成的天体,它所贮藏的酒精如果制成啤酒,可供人类饮用几亿年。这也正好呼应了"上天造酒"说。只不过,这个"天"就是自然界。这也表明:酒是自然界的天然产物。或者说,在人类发现酒之前,酒在自然界早已存在。酒的主要成分是酒精(乙醇),而自然界中许多物质可以通过多种方式转化成酒精。比如,葡萄糖可在微生物所分泌的酶的作用下转化成酒精。如"古猿造酒说"中所述,自然界中的水果或其他食物中的葡萄糖都可在酵母的作用下转化成酒精。西晋时曾任山阴县令的江统在《酒诰》中写道:"有饭不尽,委余空桑。郁积成味,久蓄气芳。本出于此,不由奇方。"在这里,古人提出"剩饭自然发酵成酒"的观点,是符合科学道理及实际情况的。

现代科学表明,剩饭中的淀粉在自然界存在的微生物所分泌的酶的作用下,逐步分解成糖分和酒精,自然转化成了酒香浓郁的酒。在远古时代,人们采集的野果含糖分高,无须经过液化和糖化,最易发酵成酒。中国科学院院士方心芳对此做了详尽的描述:进入农耕社会前后,贮藏谷物的方法简单。天然谷物受潮或雨淋后会发芽长霉,吃剩下的煮熟的谷物用树叶等包盖起来,存放在树洞中会发霉,这些发霉发芽的谷粒,就是上古时期的天然曲蘖,将之浸入水中,便会糖化、发酵成酒,即天然酒。人们不断接触天然曲蘖和天然酒,并逐渐接受了天然酒这种饮料,久而久之,就发明了人工曲蘖和人工酒。

据考古学家推测,这一阶段大概在 8000—10000 年前。那时,"天然酒"已逐步被人类所发现和认识,但还没有去自觉模仿或有目的、有意识地去利用它来酿酒。

2. 发现"天然酒"的存在,并有意识地掌握酿酒技术且发扬光大,并非出于某个人的功劳,而是世代相袭的群体智慧

北宋时期的窦苹在《酒谱·内篇上》的《酒之源》中说:"予谓智者作之,天下后世循之,而莫能废。"先辈们在经年累月的生活实践中,发现了酒,并积累了造酒的心得,经过有知识、有远见的"智者"归纳总结,从而做出了美酒。后辈们按照从先祖处承袭下来的办法一代一代地相袭相循,令酿酒技术流传至今。如同火的发明那样,酒的发明也绝不是某个伟人的功劳,而是经过世代相继的群体协同合作酿造而成的。

3. 果酒和乳酒是人类祖先从"天然酒"中得到启发之后有意识酿造的最为原始的酒类品种

人类有意识地酿酒,肇始于模仿大自然的"杰作"。远在旧石器时代,人们以采集和狩猎为生,水果自然是主食之一。水果中含有较多糖分,极易自然发酵成酒。古代文献中就有不少这方面的记载。如宋代周密在《癸辛杂识》中曾记载山梨被人们贮藏在陶缸中后竟变成了清香扑鼻的梨酒。元代诗人元好问在《蒲桃酒赋》中也曾记述过葡萄天然成酒的情况。另外,动物的乳汁中含有乳糖,极易发酵成酒,以狩猎为生的先辈们也有可能意外地从留存的乳汁中得到乳酒。"乳酒"的最早记载是在《黄帝内经》中,叫"醴酪"。人类有意识酿造的最原始的"人工酒"应是果酒和乳酒。当时,由于贮藏手段原始,果实和动物的乳汁极易发酵成酒,其酿造技术也非常简陋。

4. 谷物酿酒(黄酒)的历史源远流长,其源头至少可以追溯到"三皇五帝"时期

关于谷物酿酒的源头,有两种截然相反的观点。一种观点认为,酿酒是在农耕技术提升之后才发展起来的。西汉淮南王刘安在《淮南子》中说:"清醴之美,始于耒耜。"现代许多学者也持类似的看法,认为当农业发展到有了剩余粮食后,才有酿酒的可能。相反,另一种观点则认为,谷物酿酒的产生先于农耕时代。

1937 年,我国考古学家吴其昌曾提出,我们祖先最早种稻种黍的目的是酿酒而非吃饭,吃饭是从饮酒中带出来的。20 世纪 80 年代,美国宾夕法尼亚大学人类学家索罗门·卡茨博士也提出与之不谋而合的观点,认为人们最初种粮食的目的是酿制啤酒,先是发现采集而来的谷物可以酿造成酒,以作饮料之用;尔后,便开始有意识地种植谷物,以便保证酿酒原料的供应。这是因为,在远古时代,人类赖以生存的主食是肉类而不是谷物。从人类种植谷物的目的性来解释酿酒,角度新颖,也有相当多的合理因素。

由此可见,谷物酿造黄酒的发明,不是某个时间节点,而是一个循序渐进的动态过程。洪光住在《中国酿酒科技发展史》中的说法,比较合理:"我国以谷物酿造黄酒的起源,大约始于新石器时代初期,到了夏朝已有较大的发展,但是真正蓬勃发展的时代,应当是始于发明酒曲块曲之时,即大约始于春秋战国、秦汉时期。"[1]

当然,谷物酿酒的确切"始源",还是一个世界性的"哥德巴赫猜想"。如果要想获得可信度较高的最终答案,那还需有更多的考古新发现来支持。不过,综合考古发现,并根据古代传说及酿酒原理推测,黄酒之源至少可以追溯到三皇五帝时期。据历史学家推测,三皇五帝时代跨越了良渚、仰韶、龙山等文化时期,时间跨度长达 7600 多年,是古代中国从城邦时代至中央集权化奴隶制国家时代的过渡时期,酒的起源起码在公元前 8000 —前 6000 年之间。

通过上述对谷物酿酒即黄酒起源的探析,可以得出结论:在宋末元初出现蒸馏酒(白酒)之前,我国各种文献提及的"酒",就是泛指人工的粮食酿造酒,即黄酒及其前身。

---

[1]　洪光住编著:《中国酿酒科技发展史》,中国轻工业出版社,2018 年版,第 12 页。

第三节　绍兴黄酒酿造的自然禀赋

　　绍兴,地处浙江省中北部,杭州湾南翼,是长江三角洲一体化发展的中心区,东接宁波市,西临杭州市,南临台州市和金华市,北隔钱塘江与嘉兴市相望。绍兴是我国首批公布的历史文化名城、东亚文化之都,具有 2500 多年建城史。作为千年古城、东方水城和时尚之城、智造之城,绍兴还是中华文明的发源地之一。绍兴全境域东西长 130.4 千米,南北宽 118.1 千米,海岸线长 40 千米,陆域总面积为 8273.3 平方千米,市区(越城区、柯桥区、上虞区)面积 2959.3 平方千米。

　　一个地区经济社会的发展,往往会受到诸多因素的制约和影响,其中包括地形地貌、水文气候、物产资源、风俗习惯等客观条件。在绍兴民间有"米为酒之肉,曲为酒之骨,水为酒之血"的说法。这说明,黄酒酿造以生态为基础,没有良好适宜的酿酒生态环境,黄酒将失去赖以存在的基本前提,更不可能衍生出卓尔不群的酿造工艺与风格形态。绍兴黄酒以糯米为"肉",麦曲为"骨",酵母为"魂",鉴湖水为"血",正是得益于天时、地利的自然条件及"长于斯"的物产禀赋。也就是说,除了精良的优质稻米、精湛的酿制技艺和精当的储藏方法之外,绍兴黄酒还与当地独特的环境、气候、水质、人文等都有着极大的关联性。

一、地形地貌

　　地形地貌是指地表高低起伏的自然形态,如高山、丘陵、平原、河流等。绍兴市全境处于浙西山地丘陵、浙东丘陵山地和浙北平原三大地貌单元的交接地带。地形骨架略呈"山"字形:龙门山绵延于市境西部,会稽山耸峙于中部的绍兴、诸暨、嵊州之间,四明山、天台山蜿蜒于市境东部、东南部;境内两大河流浦阳江和曹娥江,以会稽山脉为分水岭,自南而北分别流入钱塘江。浦阳江流经的诸暨盆地错落于龙门山、会稽山之间;曹娥江流经的新嵊盆地和三界章镇盆地处于会稽山与四明山、天台山之间；市境北部为绍虞平原。因此，全市地貌大势可概括为"四山三盆二江一平原"，而在面积分配上，则表现为"六山一水三分田"。"四山"主脉平均海拔在 500 米以上，主要山峰海拔多在 1000 米以上。最高点为位于诸暨境内海拔 1194.6 米的会稽山脉主峰东白山，最低点为海拔仅 3.1 米的诸暨湖田地区。

绍兴市境内有平原、盆地、丘陵、山地、台地五种地表地貌。地势由西南向东北倾斜。在地质构造上，市境西侧为"绍兴—江山"大断裂，中部为"上虞—龙泉"隆起带，在内外营力的相互作用下，形成了群山环绕、盆地内涵、平原集中的地貌特征。境内中部多为海拔 500 米以下的丘陵地和台地，以及错落分布、大小不等的河谷盆地，地貌显得低矮而破碎。三大河谷盆地的底部海拔多在 10 至 50 米之间。北部的绍虞平原和曹娥、浦阳两江下游地区，海拔不足 10 米。

绍兴境内的山水系统示意图

二、土壤生态

民以食为天，食以土为本。没有健康的土壤，便没有优质的稻米。绍兴市境内的土壤类型多样，除了有地带性的红（黄）壤之外，最为典型的还有水稻土、滨海盐（潮）土、石灰土等四大类，其中以红（黄）壤为主，约占全市面积 70% 以上。红（黄）壤主要适宜种植茶、果等经济作物，以及玉米、甘薯等旱粮作物。黄壤以多种经营为宜，丘陵下部缓坡和谷地可种水稻、玉米和麦类；丘陵中、上部可以发展果树、茶和油菜等经济作物。水稻土主要分布在绍虞平原，以及曹娥江、浦阳江下游河谷地带，是绍兴市粮、油作物主要生产基地。可见，境内的绍虞平原和三大河谷盆地，适宜种植水稻等粮食作物。而且，该区域的土壤比较肥沃，土壤供氮能力都表现为随土壤有机质含量上升而上升,成片农田具备能控制土壤水分的灌排条件。

在绍兴,作为"酒之肉"(稻米)、"酒之骨"(麦曲)的主产区主要分布在绍虞平原。这一地区地势低平、江河密布、土地肥沃,是黄酒酿造原料——水稻、小麦的高产区。与此相应,具有一定品牌或知名度的绍兴黄酒也基本上分布在这些区域。近年来,市政府已经将越城区皋埠、陶堰一带的农田划出一部分,创立糯稻、小麦种植基地,培育绍兴酒优质粮食基地。

三、气候条件

作家周作人、柯灵都曾提到他们家乡绍兴的一句童谣:"老酒糯米做,吃了变Nio Nio(绍兴方言,音似"獳獳",猪的爱称或俗语)。"这说明,绍兴酒是用上等的糯米酿造的。优质的糯米是酿好酒的关键。《本草纲目》载:"汉赐丞相上尊酒,糯为上,稷为次,粟为下。"绍兴市域的气候特点与水稻种植所需的自然条件,具有很高的契合度。该区域属亚热带季风气候,其显著特点是:季风显著,四季分明,年气温适中,光照较多,雨量丰沛,空气湿润,雨热季节变化同步。有三个独特优势:热量资源丰富,光能资源优越,光、热、水同季。由于受副热带高压控制,夏季的气温比同纬度的许多地区要高,最热月平均气温一般都在20℃以上,恰好与水稻所需要的高温期一致。在水稻生长季,太阳辐射总量比日本同纬度地区要高18%。而且,光、热、水三种最重要的气候资源绝大部分集中在水稻生长季。这样的气候资源,特别是较强的热量辐射、适宜的温度条件以及较低的大气湿度,都非常适合稻谷尤其是酿制绍兴黄酒的重要原料之一——糯稻的生长。

古越龙山绍兴酒鉴湖糯稻基地　　　　绍兴酒制曲原料:黄皮小麦

研究表明,糯稻生长环境(温度、光照、湿度)对糯米品质尤其是蛋白质和支链淀粉含量有着明显影响,而这两者是决定黄酒独特品质的关键成分。糯稻成熟期的高气温(30℃左右)能提高5.6%～16.5%的蛋白质含量,而较低的气温(11℃)则会使蛋白质降低;灌浆期的高水温(30℃左右)能明显提高蛋白质含量。在日温28℃、夜温21℃左右的温度下,有利于提高糯稻米粒中蛋白质的合成率和支链淀粉含量。因此,米粒饱满、质地精良的优质糯谷成为当地黄酒生产企业的首选原料。

为了酿出优质黄酒,绍兴的酿酒师傅在原料选择与作物培植方面又格外费心。《会稽志》卷一七记载:"稗米,拷取炊食之,不减粱米,又可酿作酒,酒势美酽,尤逾黍秫。"又载:"晚大麦,穗长而子多……日红粘软麦,堪作酒。"明代郭完有诗云:"每种秫田秋酿酒。"[1]便是当时为酿酒而耕种谷物的现实反映。

千百年来,绍兴酒一直被誉为"上尊酒"。根据粮食种类不同,以粮食为原料酿制的黄酒,分上、中、下三等酒。据《汉书·平当传》中记载:"稻米一斗得酒一斗为上尊,稷米一斗得酒一斗为中尊,粟米一斗得酒为下尊。"这说明用稻米酿造的酒质量最好,而稻米之中又以糯米为佳。史载,东晋陶渊明任江西彭泽县令时,为了酿出好酒,将县里3/4的公田种糯米。相传,陶渊明当年在绍兴下方桥的陶里留居时,也曾在这里广种糯米以酿酒。绍兴酒作为中国黄酒的杰出代表,一直以来在原料上都是严格把关,特别重视对糯米品种和质量的选择。一般选用上等优质糯米,要求精白度高,颗粒饱满,黏性好,含杂质少,气味良好,并尽量选用当年产的上等精白糯米为原料。这是因为,糯米的品种和质量极大地决定了酒的品质,精白度越高,米的耗损就越严重。而米中的蛋白质和脂肪主要集中在外层,精白度高的糯米,由于外层部分被磨除,米中的蛋白质、脂肪含量大大降低,淀粉含量相对提高,用这种糯米酿酒,产酒多、香气足、杂味少,有利于长期贮存。同时,糯米中支链淀粉含量高达98%以上,易蒸煮糊化、糖化、发酵效果好,酒液清,残糟少,发酵后,酒中残留较多的多糖和功能性低聚糖,使酒质醇厚甘润。不仅如此,还要选用当年产的新糯米。因为,新糯米能够在浸渍工序中大量繁殖乳酸菌以产生"微酸"环境,从而有效抑制杂菌繁殖,确保发酵顺利进行;反之,陈糯米因贮存时间较长,米质内部发生了化学变化,极易引起脂肪变性,从而产生"油耗"味,使所酿酒质变劣。总之,酿制绍兴酒所需的糯米遵循"精""新""糯""纯"四字"要诀"。

---

① 王赛时:《古代浙江酿酒简述》,选自李永鑫主编《酒文化研究文集》,中华书局,2001年版,第64页。

四、微生物圈

想要酿造出闻名遐迩的"一坛好酒",必须具备一个适合酿酒微生物协调生长的综合系统。这是既定的地理环境、气候及湿度等因素交互作用的结果。

在气候划分上,素有典型"江南水乡"之称的绍兴处于亚热带的北缘,在生物分布上处于靠近古北界的东洋界,产于古北界和东洋界的生物,都有可能生存。绍兴地质结构的高度碎片化和多样性,造成了较为复杂的生态多样性背景。此外,绍兴受冷暖气流的交替影响,四季分明,冬夏长,春秋短。雨量充沛,日照丰富,湿润温和。而绍兴黄酒是开放式自然发酵的酿造酒,其酿造历经浸米、蒸饭、发酵、压榨、杀菌、陈贮等传统工艺,也是按季节的变化而进行季节性生产的,与整个自然环境、气候等要素密不可分。特别是在发酵过程中,麦曲与酒药的生产都是靠自然培育的,原料本身与大自然中的菌体融为一体,菌种估计不少于400 种,这些复杂的菌体成分酿就了丰满而独特的黄酒。几千年的酿造历史沉积,使这一带的土壤和空气中,含有多种有利于酿酒的微生物。

从地理位置上看,绍兴地处浙江省的东北部,南靠会稽山,北临绍虞平原,离钱塘江口杭州湾约 20 千米,就像一只面朝东海的"大簸箕"。一方面,这个区域的外围受海洋气流影响,又有四明山、会稽山脉作为屏障,形成一个外海内山的相当稳定而湿润的环境;另一方面,绍虞平原由钱塘江、浦阳江和曹娥江三江冲积而成,属河流冲积平原,整个平原开阔平坦,空气新鲜、湿度较大,空气中霉菌等微生物菌体较多。另外,宁绍平原背山面海,开阔平坦,气候暖热,水土丰美,北部四明山、会稽山地又是山林富饶,多马尾松等树木。南部山林中产生的有益菌体(如树花粉)也会时时进入绍虞平原上空。酿制黄酒用的菌体都是由空气和原料中的微生物接种而来的,环境与气候的差异造成了菌体的不同。这也是各地酿造的黄酒口味各不相同的主要原因。绍兴所处的地理位置、气候、湿度都十分适宜酿酒微生.物的生长,绍兴空气中也蕴含有利于酿酒的微生物圈,并且相当稳定。与其他地区相比,这些得天独厚的区域优势造就了绍兴黄酒风味无可替代的独特性。

五、水源水质

黄酒酿造中,把水称为"酒之血",足见水源及水质对黄酒酿造的重要性。任何酒类大部分成分都是水。水分约占黄酒的 80%。酒在糖化发酵等过程中都需要加入大量含有多种矿物质的自然水,水质的优劣直接影响着酒的品质。俗语说:"名酒出处必有佳泉。"说明酿酒用水是非常讲究的。如果想酿造出品质优良、香浓的酒,更需要选取优质的水。这些优质自然水所含的矿物质,与酿造过程中的酶活性、pH 值、微生物生长都有很大的关联性。另外,酿酒生产用水的水质,也会造成产品风格的差异,不同水质含有不同的成分,而这些成分对微生物的生长和繁殖,发酵时的酒味、酒香,以及贮存过程中的酒体变化都有重要的正面影响。

古往今来,但凡名酒佳酿都与当地优质的自然水密切相关。在绍兴城南有个地方叫"沉酿埭",那里有一条用来酿酒的溪水,人称"沉酿川"。《嘉泰会稽志》卷十云:"沉酿埭,在县南二十五里,若耶溪东。"据《后汉书·郑弘传》记载,会稽山阴人郑弘,东汉章帝时任太尉。一次,远在洛阳做官的他病了,想起家乡之水,就派人去取沉酿川水,郑弘喝了后,病居然痊愈了。《嘉泰会稽志》云:"弘虽居台辅,常思故居,曾病困,思得泉水,家人驰取,饮少许便差。"《水经注》云:"(若耶)溪之北有郑公泉,泉方数丈,冬温夏凉,汉太尉郑弘宿居潭侧,因以名泉。"[1]

"汲取门前鉴湖水,酿得绍酒万里香。"绍兴黄酒之所以酒液澄澈、酒香馥郁、酒味甘醇,成为享誉海内外的酒中珍品,除了酿造的选料精良、技艺精湛以外,还因为它是以得天独厚的鉴湖水酿制的。《调鼎集·酒谱》记述了绍兴黄酒得天独厚的条件:"独山、会之酒,遍行天下,名之曰'绍兴',水使然也。"

据科学检测,鉴湖水的独特品质就在于三个方面。一是水质清澄。"山阴道上行,如在镜中游"(王羲之)、"鉴湖俯仰两青天"(陆游),都是说鉴湖水体清澈甘洌,水清如镜,很少有污浊物。二是软硬度适中。水质过硬,发酵困难,而且所酿之酒容易产生杂异味;水质过软,发酵滞缓,酒味淡薄,而鉴湖水软硬度适中,具有口感鲜嫩、略带甘味的特点,最适宜酿酒。早在 1934 年就有人科学地分析了鉴湖水质。据当时《东南日报》记载:"(鉴湖水)硬度约为 2.1 至 2.7。"一般来说,硬度 10 度以下的水就能用于酿造,5 度左右的就算优秀,而平均硬度 2.5 度、味净微甘的鉴湖水则是酿造水中的极品。三是含有丰富的矿物质和微量元素(如钼)、盐分、重金属含量较少。鉴湖水中的各种微量元素,既是微生物生长繁殖的基础,也是调节水中 pH 浓度的重要因素,它们直接影响着绍兴黄酒的质量。再则,绍兴黄酒在陈贮过程中又与酒中的多种氨基酸产生美拉德反应形成

---

[1] [北魏] 郦道元:《水经注·渐江水》,浙江古籍出版社,1990 年版,第 754 页。

独特的淡金蜜珀之色,使酒质结构更加丰满,口味更加芬芳浓郁、醇厚绵长。

鉴湖是绍兴乃至浙江治水史上的经典杰作。上古时代,古越大地是一片沼泽地。南有会稽山溪水的径流,北受杭州湾海潮的冲刷。大禹治水后,"西则通江,东则薄海,水属苍天,不知所止"的越地免除了水患。春秋时,越国大夫范蠡修建山阴故水道,贯通了越国境内的诸多河流。更具里程碑意义的是,东汉永和年间会稽太守马臻汇集会稽山脉三十六源之溪水,主持修筑了规模宏大的人工湖——鉴湖,其面积相当于当今32个西湖。明代嘉靖十六年(1537)绍兴知府汤绍恩在原鉴湖的基础上,对水域进行了科学的规划和修缮,使"湖蓄之有道,泄之有方",成就了巧夺天工之名湖。

"天下灵泉汇鉴湖,制成佳酿色香殊。"据科学测定,鉴湖水体自净能力比较强,湖水无机氮硝化速率约比一般河流快3倍。所以,鉴湖水具有清澈透明、水色低(色度10)、透明度高(平均透明度0.86米,最高达1.40米)、溶解氧高(平均8.75毫克/升)、耗氧量少(平均BOD为2.53毫克/升)等优点。又因上游集雨面积较大,雨量充沛,山水补给量较大,水体常年更换频繁。据估算,每年平均更换次数为47.5次,平均7.5天更换一次。1973年达57.5次,最少的1978年也达到39.2次。每次更换,水体中留存的污染也就随之排出换成新鲜的山泉,这使鉴湖水能保持长年常新常清。更为独特的是,鉴湖湖区还埋藏着上下两层泥煤。下层泥煤埋在湖底4米深处,分布比较零散,对湖水仅有间接作用。上层泥煤分布在湖岸或裸露在湖底,直接与水体相接触,其长度约占鉴湖水域的78%,湖底覆盖面积达30%。这些泥煤含有多种含氧官能团,能吸附湖水中的金属离子和有害物质等污染物。研究表明,岸边泥煤层所吸附的污染物高于上下土层,说明它的吸污能力远胜于一般土壤。而实测的结果又表明,至今这些泥煤层所吸附的污染物的含量还很低,仍有巨大吸污容量。这是由特殊的地质条件所形成的,是其他湖泊水体所没有的。

绍兴古鉴湖风光(局部)

一年之中,鉴湖水酿酒的最佳季节在当年 10 月至翌年 3 月之间。这时,正值冬春季,鉴湖水温低,含杂菌少,也是酿酒发酵最佳季节,故绍兴黄酒重"冬酿"。这是千百年来酿酒人从实践中得出的宝贵经验,也被证实是非常科学和合理的。

事实证明,即使在酿造原料与技艺完全相同的情况下,如果离开了鉴湖水,就无法酿造出色香味诸方面与绍兴黄酒相匹敌的黄酒,至多也只能算是"仿绍酒"。清代梁章钜曾说过:"盖山阴、会稽之间,水最宜酒,易地则不能为良,故他府皆有绍兴如法制酿,而水既不同,味即远逊。"[1] 民国十七年(1928),阮社章鸿记酒坊有张坊单,经历了 50 多年后,在 20 世纪 70 年代末与这坛酒一起开封。在坊单中有如下陈述:"浙江绍兴自汤(绍恩)、马(臻)二先贤续大禹未竟之功,建堤、塘、堰、坝,壅海水在三江大闸之外,导青田鉴湖于五湖三经之内,用斯水而酿黄酒,世称独步,实赖水利之功。"也就是说,鉴湖水是其他地方无法获取、无法炮制的得天独厚的酿酒条件。1945 年日本投降后,作为台湾地区行政长官的陈仪(1883—1950)是绍兴人,他的家乡便是绍兴黄酒的发祥地东浦。在主政台湾期间,他曾带了一批绍兴酿酒师傅到台湾,在当地按照绍兴传统工艺酿酒,连地道的酒药也带过去了。然而,由于没有鉴湖水,始终酿不出正宗的绍兴黄酒来,所得的酒还带有一股苦味。这也是台湾同胞喝绍兴黄酒喜欢加话梅的缘由。改革开放初期,个别投机取巧的外地厂商想方设法试图引进绍酒曲种,把绍兴黄酒的生产流程全部拍成照片,回去仿制,但仍然酿不出堪与绍兴黄酒媲美的黄酒来。中华人民共和国成立前夕,丰子恺的好友、著名女兵作家谢冰莹曾劝丰子恺(1898—1975)在台湾定居,他打趣道:"宝岛处处好,四季如春,人情味浓,独缺一个条件,无绍兴老酒。"著名作家柯灵曾说:"绍兴老酒虽然各处都可以买到,但是要喝真的好酒还是非到绍兴不可。"[2]

---

① [清]梁章钜:《浪迹丛谈 续谈 三谈》,中华书局,1981 年版,第 317 页。
② 柯灵:《酒》,《柯灵散文》(戏外看戏),浙江文艺出版社,2015 年版,第 54 页。

第四节　现代黄酒的价值与功效

黄酒是以糯米等优质谷物为原料,经过独特的技艺加工酿造,使原料受到酒药、酒曲、浆水中的多种霉菌、酵母菌等的共同作用酿制而成的低度原汁酒。研究表明,现代黄酒的营养价值超过啤酒和葡萄酒。

一、黄酒的主要成分

黄酒的酒精度较低,一般为 14% ~ 20%,属于低度酿造酒。其主要成分除乙醇和水外,还有麦芽糖、葡萄糖、糊精、甘油、含氮物、琥珀酸、无机盐及少量醛、酸与蛋白质分解的氨基酸、肽类等营养物质。黄酒中的糯米发酵而产生

色香味俱佳的绍兴黄酒

的醇香,更是余香绕梁、沁人肺腑。它色泽清亮,香气浓郁,口感清爽,风味醇厚,形成特有的色、香、味、体。

二、黄酒的营养价值

黄酒是以谷物为原料,由多种微生物参与酿制而成的一种低酒精度发酵原酒,保留了发酵过程中产生的各种营养成分和活性物质。因此,在啤酒、葡萄酒、黄酒、白酒组成的"四大家族"中,黄酒中的营养价值是最高的。

黄酒的热量较高。绍兴元红酒、加饭酒、善酿酒和香雪酒所含的热量,分

别为 4249 千焦耳 / 每升、5024 千焦耳 / 每升、4989 千焦耳 / 每升和 8415 千焦耳 / 每升,是啤酒的 2.8 ~ 5.6 倍,葡萄酒的 1.2 ~ 2.3 倍。

黄酒在生产过程中几乎保留了发酵所产生的全部有益成分,如糖、糊精、有机酸、氨基酸、酯类和维生素等。据对"古越龙山"黄酒的科学分析,绍兴黄酒内含 20 种氨基酸和多种维生素,总含量每升高达 6770.9 毫克,尤其是内含人体必需的,而人体本身又不能合成,只能依靠从食物中摄取的 8 种氨基酸每升高达 2550 毫克,是啤酒的 11 倍,葡萄酒的 12 倍,其中人体发育不可缺的赖氨酸含量达 1.25 毫克,还有以琥珀酸为主的有机酸近 10 种、维生素多种。如果把啤酒比成"液体面包",那么绍兴黄酒就堪称"液体蛋糕"。此外,黄酒还含有丰富的蛋白质,每升绍兴加饭酒的蛋白质含量为 16 克,是啤酒的 4 倍多。而且黄酒中的蛋白质经微生物酶的降解,多以肽和氨基酸的形态存在,极易被人体吸收。活性肽能提供机体生长、发育所需的营养物质与能量,具有营养功能、生物学功能和调节功能,易被肠道直接吸收。因此,黄酒是最健康的酿造酒。绍兴民间有首打油诗写道:"黄酒不伤身,微醺如酒神。品自香中来,天地皆入樽。"其出处不可考,但从中喝黄酒的益处可见一斑。黄酒养胃健肾、和血行气的功用,是其他酒品不能媲美的。黄酒中的糯米发酵而产生的醇香,更是余香绕梁、沁人肺腑。黄酒甘甜不辣,入口最适,能者海量自有一决雌雄之地,妇孺老人也能浅酌助兴,因此,黄酒"人缘"极佳,比下肚伤身的烈酒"友善"多了。

三、黄酒的保健功效

中医认为,黄酒气味苦、甘、辛、大热,主行药势,有通经络、行血脉、健脾胃、养皮肤、散湿气、扶肝、除风下气、活血、利小便等功效。饮用黄酒不仅可以增加食欲,使人心情愉悦,身体舒畅,而且可起到保健作用。适量常饮有助于血液循环,促进新陈代谢,并有补血养颜、舒筋活血、健身强体、延年益寿之功效。比如,绍兴大补酒具有益气补血的功效,中医常用于调理气血两亏、倦怠乏力。

现代科学研究表明,黄酒具有非常突出的保健功能。根据浙江大学生命科学院史锋、倪赞等专家对黄酒及黄酒浓缩物进行的抗氧化性、免疫功能、代谢功能以及机体功能等方面的研究表明,黄酒及黄酒浓缩物具有抗衰老、抗氧化、抗骨质疏松、提高机体免疫力、提高耐缺氧能力、提高学习记忆能力、促进排铅等作用,并对老年痴呆等疾病具有治疗效果。[①] 这是因为,黄酒是 B 族维生素的良好来源,维生素 B₁、B₂、尼克酸、维生素 E 含量都较高,长期饮用有利于美容、抗衰老。黄酒含有许多易被人体消化的营养物质,如糊精、麦芽糖、葡萄糖、脂类、甘油、高级醇、维生素及有机酸等。这些成分经贮存,最终使黄酒成为营养价值极高的低酒精度饮品。锌是能量代谢及蛋白质合成的重要成分,缺锌时,食欲、味觉都会减退,性功能也会下降。而黄酒中锌含量不少,如每 100 毫升绍兴元红酒含锌 0.85 毫克。绍兴黄酒还富含功能性低聚糖,可促进肠道内有益微生物双歧杆菌的生长发育,改善肠道功能,增强免疫力。

黄酒中内含 18 种无机盐及微量元素,包括钙、镁、钾、磷等常量元素和铁、铜、锌、硒等微量元素,主要来自原料和酵母自溶物。其中,镁既是人体内糖、脂肪、蛋白质代谢和细胞呼吸酶系统不可缺少的辅助因子,也是维护肌肉神经兴奋性和心脏正常功能的必要元素。比如,每 100 毫升黄酒含镁量为 20 ~ 30 毫克,比白葡萄酒高 10 倍,比红葡萄酒高 5 倍;每 100 毫升黄酒含硒量为 1 ~ 1.2 微克,比白葡萄酒高约 20 倍,比红葡萄酒高约 12 倍。这些微量元素均有防止血压升高和血栓形成的作用。正因如此,千百年来,绍兴黄酒被世人公认为养生之酒。邓榕在《我的父亲邓小平》首发式上讲到,邓小平同志在 85 岁那年遵医嘱戒烟后,每天要喝一杯绍兴加饭酒。退休前,他也喜欢用绍兴酒来款待客人、馈赠友人。1985 年,邓小平与美国前总统尼克松共进午餐时,席间上了绍兴加饭酒。午餐后,他又送给尼克松绍兴加饭酒作为礼品。江泽民同志在绍兴视察中国黄酒集团,品尝过绍兴黄酒后对随行人员说:“记住,这种酒是最好的酒!”并嘱咐集团公司领导说,“中国黄酒,天下一绝,这种酿造技术是前辈留下来的宝贵财富,要好好保护,防止被窃取仿制。”

随着人们生活水平的提高和保健意识的增强,黄酒特有的绿色、营养、保健功效受到越来越多的消费者的青睐。平时常温下喝黄酒,有消食化积、镇静的作用,对消化不良、厌食、心跳过速、烦躁等有显著的疗效。另外,在酒类中,御寒效果最佳的是黄酒,尤其是温饮黄酒可帮助血液循环,促进新陈代谢,具有补血养颜、活血祛寒、通经活络的作用,能有效抵御寒冷刺激,预防感冒。对腰酸背痛、手足麻木、心腹冷痛和震颤、胸痹、风湿性关节炎及跌打损伤患者有益。[②]

---

① 倪赞:《中国黄酒保健功能的研究》浙江大学硕士学位论文,2006 年。
② 叶红、鄢连和、徐美华:《酒制中药操作方法及其注意事项》,《中国药业》2002 年第 11 期。

四、黄酒的药用价值

古汉字"醫",从殹,从酉。"殹"的本意,是治病调药时运用木棒或者手拍打、敲击、推拿、按摩等手法时发出的叩击声。"酉"的本意,是用以医疗的酒。

《汉书·食货志》曰:"酒,百药之长。"也就是说,"酒"是可以用来治病的。早在战国时期,黄酒已被应用于疾病治疗。《黄帝内经》有"汤液醪醴论篇",专门讨论用药之道,"醪醴"即药酒。据《史记》卷五《秦本纪》记载:"初,(秦)穆公亡善马,歧下野人共得而食之者三百余人。吏逐得,欲法之。穆公曰:'君子不以畜产害人,吾闻食善马肉不饮酒,伤人。'乃皆赐酒而赦之。"[1] 这说明,人们已意识到酒有解毒的功效。《史记·扁鹊仓公列传》也有记载:"疾之居腠理也,汤熨之所及也……其在肠胃,酒醪之所及也。"[2] 意思是说,如果病在脏腑,酒能使药物发挥效果。可见,古人很早就已经知道酒有活血以及辅助治疗疾病之功效。东汉医圣张仲景在《金匮要略》杂症篇方剂中,用黄酒做药引的约占 1 / 3。明代著名医药学家李时珍(1518—1593)在《本草纲目》也提到:"东阳酒,常饮、入药俱良。"1935 年由世界书局出版的《中国药学大辞典》关于"东阳酒"条称:"东阳酒,原名金华酒。……甘辛无毒。用制诸良药。"

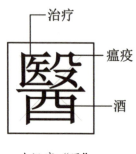

古汉字"医"

药借酒力,酒借药势

现代科学也证明,酒是良好的有机溶剂,中药中的有效成分脂类、挥发油、甙类及部分生物碱在水中微溶或不溶,在乙醇中却易溶解。与白酒或啤酒相比,黄酒的酒精浓度适中,是较为理想的天然药引子。因为,白酒虽对中药

---

① [汉]司马迁:《史记》,岳麓书社,1988 年版,第 41 页。
② [汉]司马迁:《史记》,岳麓书社,1988 年版,第 749 页。

溶解效果较好,但饮用时刺激较大,身体虚弱、不善饮酒者易出现腹泻、瘙痒等现象。啤酒则酒精浓度太低,不利于中药有效成分的溶解。因此,在治疗某些疾病时,药与黄酒同服能增强药剂的稳定性,使治疗更加有的放矢。可见,用黄酒做药引不仅能引药归经,而且对身体具有一定的补益、除湿、通络、活血等功效。

用黄酒入药,一方面可以降低毒性,如何首乌等苦寒药物,与黄酒进行配制后药性更温和;另一方面能够改变药性,如云南白药、三七等活血药物,以黄酒送服,能够更大程度地发挥药效,起到活血化瘀的作用。在一些乡村地区,不少风湿性关节炎患者,在冬季直接用黄酒的酒浓敷在膝盖上,用炭火烘烤,可活血止疼。对一些因寒湿攻脾而引起的胃肠不适,用温黄酒做药引,治疗效果更佳。

在中医处方中,常用黄酒来浸泡、烧煮中药草调制药丸及各种药酒。在北方,许多大城市的中药铺都向绍兴批量订购黄酒做药引。比如,北京同仁堂药铺就专门向绍兴阮社"章东明酒坊"订购制药用酒,酒坊特意为同仁堂酿制名为"石八六桶"的药酒,存放 3 年以上再运至北京,被称为"同仁堂酒"。明代李时珍在《本草纲目》上说:"诸酒醇醨不同,惟米酒入药用。"米酒即是黄酒,有"开佛郁而消沉积,通膈噎而散寒饮,治泄疟而止冷痛"[1]等功效,即具有通曲脉、厚肠胃、润皮肤、养脾扶肝、散湿理气等作用。书中还详细记载了69种以黄酒制成的可治病的药酒,其中就提到浙江处州(缙云郡)"金盘露"酒的药用价值,"(红曲)酿酒破血行药势,杀山岚瘴气,治打扑伤损,治女人血气痛及产后恶血不尽"[2]。

药酒除了用以治病之外,还有预防疾病、延年益寿的功效。比如,用黄酒浸泡大黄、白术、桂枝、桔梗、防风、山椒、乌头、附子等中草药而成的屠苏酒,可预防瘟疫。老年人如能适时适量饮用,可祛风散寒、除湿通络、滋阴壮阳。百岁老人、唐代药王孙思邈在《千金要方》中提出:"冬服药酒两三剂,立春则止,此法终身常尔,则百病不生。"

① 转引自王永兴:《试论黄酒的药用》,《浙江中医学院学报》,1995 年第 12 期。
② [明] 李时珍:《本草纲目》谷部第二十五卷"谷"之"四红曲酒"。

五、黄酒的调味功用

研究表明,黄酒具有祛腥、去膻、增香、添味等调味功用。在烹饪时,黄酒中的醇和酸可生成酯类,为菜肴带来芳香;糖分能增加菜肴的鲜味。同时,乙醇能除去鱼的腥味、肉的荤味。死鱼体内含有三甲胺,是有腥味的物质,它能溶解于乙醇等有机溶剂中,乙醇的沸点为78.3℃,会在烹调过程中蒸发,三甲胺也随之蒸发,可达到去腥的目的。肉中含有脂肪滴,有腻人的膻味,脂肪滴能溶解于加热的乙醇,也随着乙醇的蒸发而蒸发,可达到去膻的目的。相对于黄酒而言,白酒含乙醇量过高,容易破坏菜肴的风味;啤酒含乙醇量过低,起不到调味的作用;两者的含酸量也甚少,生成的酯类微乎其微。

因此,黄酒是十分理想的调味作料。在闻名世界的"中国菜谱"中,许多名菜是用绍兴黄酒做料酒的。江浙名菜"东坡肉",就是直接用绍兴黄酒代替水文火慢煮而成的,吃起来肉质酥软,肥而不腻。上海名菜"盐烤花雕童鸽",江苏名菜"花雕熏鱼",广东名菜"花雕醉鸡""花雕芹菜水煮鱼",江西名菜"酒糟鱼",以及温州名菜"榴莲黄酒炖猪心"等等,都是用绍兴花雕酒烹调而成的美味佳肴。

当然,无论黄酒有何种功效,都要注意适时、适量、适当饮用。尤其是饮用黄酒不仅要适量,也要略带微温最为适宜。而且,要细酌慢品,放缓节奏,心境从容,充分享受酒味。这样,不仅营养物质容易被吸收,也是一种更为优雅、更为文明的餐饮方式。

第二章

绍兴黄酒产业的历史沿革及其品牌溯源

一般来说,北方以粟、南方以稻米(糯米为最佳)为原料酿造黄酒。宋室南渡之后,随着政治、文化、经济中心逐步南移,黄酒的主要产地集中到南方数省。宋末元初,在北方,蒸馏烧酒技术开始成熟普及,黄酒生产逐渐萎缩;而在南方,黄酒生产则持续发展。明清时期,『越酒行天下』,绍兴黄酒迅速崛起并称雄国内外。

第一节　先秦及秦汉时期的绍兴黄酒产业

黄酒是从商周时期的米酒（醪糟）为雏形发展而来的,从米酒到黄酒,几乎演绎了中国数千年的美酒发展史。自秦汉以来,绍兴生产的酒都具有较高的知名度,有些酒品还代表了当时全国酿酒业的最高水平,成为人们翘首企盼的名品佳饮。

一、先秦时期的绍兴酿酒业

如果说,从新石器时代的河姆渡文化到夏朝初年,是绍兴传统酿造酒的萌芽期,那么,从夏朝到秦朝,则是绍兴传统酿造酒的成长期。

史前时期的酿造业,只能通过黄酒（米酒）的酿造器具来加以分析。考古发现,原属绍兴府的余姚河姆渡遗址中,稻作文化与酒文化相映成趣,水乳交融。从该遗址中发掘的陶器看,当时已经有了发酵用的陶罐、陶鼎和陶甑,温酒用的陶盉,盛酒用的陶釜以及饮酒用的小型陶钵、陶杯和木制红漆

余姚河姆渡遗址及其出土的陶盉、陶釜、陶罐、陶杯、木制红漆碗

碗。这是远古时期古越先民酿酒、饮酒的遗物。经鉴定,距今约有 7000 年的历史。郭沫若认为,"盉"意为以手持禾秆吸酒。在上虞牛头山也有陶盉出土。这些陶盉的共同特征是垂囊式平底,上部有入酒液的喇叭口和出酒的冲天嘴,嘴与口之间有可供手提的"鋬",形状相当于现代的酒壶。在柯桥马鞍古文化遗址中,也发掘出盛酒用的黑陶壶,饮酒用的灰陶高足杯等。由此可见,以余姚河姆渡为中心的宁绍平原是中国稻米酒的起源地。

夏禹时代,无论是《世本·作篇》提到的"仪狄造酒""杜康造酒"或者"少康作秫酒",还是《战国策·魏策二》阐述的"昔者帝女令仪狄作酒而美,进之禹",以及《纲鉴易知录》记载的"古有醴酪,禹时仪狄作酒"等,都是夏禹王朝酿酒习俗的具体反映,说明在当时已经能够酿造出味道醇美的酒。但夏代青铜酒器出土的数量不多,表明夏代酿酒业的规模与产量较小,因此还未曾出现所谓的"饮酒"之风[1]。

从商周到春秋战国时期,是中国传统酒的形成时期。考古发掘表明,商代从王公贵族到黎民百姓,饮酒已极为盛行。酒代表礼,礼通过酒来表现,是商代社会一个明显的时代标志。在周代,朝廷内皇家贵族需要祭祀敬祖,需要大量的礼酒,故在宫内不仅专门设立酿酒生产作坊,还设立了酿酒管理的人事组织机构,制定以酒成礼的一整套封建等级礼节、礼俗、礼仪制度,把酒按礼的要求实行分类酿制和应用,并制定了严格的礼俗分类规范。酒礼器制作成为商代手工业中最重要的行业,酒成了奴隶主的享用品,加之民间也有饮酒的爱好,促进了酿酒业的发展。当时,酒饮料有酒、醴(甜酒)和鬯(祭祀时专用)。醴是西周时的主要酒类,人们用以祭祀祖先,款待宾客。"以御宾客,且以酌醴。"《尚书·说命》载"若做酒醴,尔惟曲糵",说明商代已开始使用曲糵(酵母曲)酿酒。从殷墟遗址看,酿酒已从农业中分离出来,成为独立的手工业。

《周礼》记载的"五齐""三酒",说明西周王朝已经有固定的酿酒方法,有酒的质量标准。"五齐"(亦作"五齑",即泛齐、醴齐、盎齐、缇齐、沉齐)是指在酿酒过程的五个阶段,或者是因发酵程度不同而形成的五种不同形态、成色的浊酒。其中,泛齐为酒糟浮在酒中,醴齐是滓、液混合,盎齐是乳白色之酒,缇齐是丹黄色之酒,沉齐是酒的糟、渣下沉,发酵熟成。"三酒"(事酒、

① 蔡锋:《中国手工业经济通史》(先秦秦汉卷),福建人民出版社,2005 年版,第 163 页。

昔酒、清酒）是西周时期王宫内酒的分类，事酒为因事之酿，时间很短，为临时用酒；昔酒是可以短时储藏之酒，稍醇厚一些，为消遣或待客用酒；清酒则冬酿夏熟，是当时酒中之冠，为祭祀用酒。宋代朱熹给这些酒做了注解："事酒有事而饮也，昔酒无事而饮也，清酒祭祀之酒。"《礼记》所说的"六必"（秫稻必齐，曲蘖必时，湛炽必洁，水泉必香，陶器必良，火齐必得）是酿酒时必须掌握的六大原则。这实际上是对酿酒工艺的经验总结，说明当时已有一套比较完善和合乎科学的酿酒技艺。《礼记·月令》载："孟秋之月，天子饮酎。"按《说文解字》的解释，"酎"是三重酒，即在酒醪中再加二次米曲，或者再加二次已酿好的酒，使所酿之酒更为醇厚。在离绍兴不远的衢县（现衢江区）云溪乡庙山尖土墩墓的考古发现中，出土了西周时期的一些原始青瓷酒器。

据文献记载，周代，国家设有酿酒专门机构，为早期之宫廷酒坊，并设"酒正""酒人"等酒官；《周礼》谓天官所属有酒正，为酒官之长，有中士四人、下士八人及府、史、胥、徒等，掌管酒的生产与供给。所属酒官，《周礼》谓有酒人（掌造酒）、浆人（掌供应水、浆、醴等六种饮料）。《周礼·天官·酒正》："（酒正）掌酒之政令，以式法授酒材。"郑玄注："酒正，酒官之长。"后用以称朝廷的酒官。

春秋战国时期，酿酒业不再为官府所垄断，民间的酿酒小作坊普遍存在，其产品逐步推向市场，在消费群体中争取发展的机会，其标志便是酒肆的兴起。最早的酒肆是集酿酒与售酒于一体的酒业单位，以个体劳动为基点，但也有较大规模的业主。私家酿造的酒，可以在酒肆上出卖。《韩非子·外储说右上》记述："宋人有酤酒者，升概甚平，遇客甚谨，为酒甚美，悬帜甚高。著然不售，酒酸。"[①]可见，春秋战国时期的酒肆行业能够在计量标准、顾客意识、产品质量和宣传广告上有着很好的表现。市场上售卖的酒，当时还没有统一的产品标准，人们只能依据自己的酿酒技术而去生产产品，因而这个时期的酒产品优劣混杂，良莠不齐。孔子曾说"酤酒市脯不食"[②]，恐怕是对市面上售卖的酒类产品不太放心。为了控制酿酒业规模，减少粮食消耗，限制酿酒业的利润空间，当时各国对酿酒及卖酒都相继制定了一些重税政策。在《商君书·垦令》中有"贵酒肉之价，重其租，令十倍其朴"的记载。

---

① ［战国］韩非子：《韩非子·外储说右上第三十四·经三》，《传世藏书文库》（子部）第22卷，三秦出版社，1999年版，第204—205页。

② 同上。

春秋末期，以会稽（今绍兴）为中心的越国到了越王勾践时期，在范蠡、文种等谋士的辅佐下，勾践迁都平原，励精图治，通过兴修水利、奖励耕织、鼓励生育等举措，使越国经济迅速崛起，其中，水稻种植业和制陶业的发展，为酿酒业提供了最基本的物质条件。关于越国酿酒业以及饮酒的场景，散见于《国语》《吕氏春秋》《吴越春秋》《越绝书》等先秦文献。当时，越人就有"以酒饯行"的习俗。前492年，越国败北，越王勾践入质于吴。群臣以酒饯行，大夫文种的祝词便是："臣请荐脯，行酒二觞。""觞酒既升，请称万岁。"[1] 两年后，越王勾践自吴返越，为了推行"十年生聚，十年教训"的国策，制定了一系列激励措施，其中"生丈夫，二壶酒，一犬；生女子，二壶酒，一豚"[2]。将酒作为一种特殊奖品，鼓励百姓生育。但是，由于当时越国实力衰弱，酿酒产量受限而不能遍及民饮。这从越王勾践"箪醪劳师"的传说中可窥端倪。据《吕氏春秋》记载："有甘脆不足分，弗敢食；有酒流之江，与民同之。""越王苦会稽之耻，欲深得民心……有酒，流之江，与民同之。"在出兵攻打吴国时，有人献给勾践一壶美酒，勾践上祭苍天，下祭大地之后，将酒洒入河中，让出征军士同饮，极大地鼓舞了越军斗志。后代史籍，对此多有宣扬，如《水经》记载："越王栖会稽，有酒投江，民饮其流，战气百倍。"[3] 宋代徐天佑《箪醪河》云："往事悠悠逝水知，临流尚想报吴时。一壶能遣三军醉，不比商家酒作池。"史称"箪醪劳师""一壶解遣三军醉"。在《浙江通志卷之七·山阴县》记载："箪醪河一名投醪河，又名劳师泽，在雁一百步，华镇考古云：勾践排休霸，与国人丑五仆苦行师，十常有献壶一浆者，跪受之覆水，卜蔬午襄，募水流而钦之，入百其勇一战，逐有吴国。"清代方溶师《蕉轩随录·卷十二·绍兴酒》："山阴县西有投醪河，一名箪醪河，亦名劳师泽。相传勾践栖会稽，有酒投池，民饮其流，战气百倍。今绍兴酒遍天下，殆权

春秋末期越王勾践"箪醪劳师"

① ［汉］赵晔：《吴越春秋·勾践伐吴外传》。
② 《国语·越语上》，中华书局，2013年版，第708页。
③ 王赛时：《绍酒史论》，《中国烹饪研究》1992年第4期。

舆于此。郎北轩(廷极)《胜饮编》记酒之出产甚详,而不及绍兴酿法。"[1]这在宋人施宿《会稽志》卷一〇引华安仁《考古》说得更清晰:"师行之日,有献壶浆,跪受之,覆流水上,士卒承流而饮之,人百其勇。……"姑且不说越王勾践的这个典故是否确凿,作为一份精神财富,其为后世所津津乐道。在当时,古越百姓温饱尚存问题,粮食属于战争年代的紧缺物资,勾践为获得民心,没有一人独享珍品,而是将这壶美酒投入小河之中,与民共饮,充分说明当时酒的价值之高,以粮食酿制的酒弥足珍贵,属于高层次的精神享受。"箪醪劳师"除了"酒壮军威、助越灭吴"之外,也是绍兴黄酒产业史上一个极为重要的标志性事件,它带给绍兴酒更多的是文化层面上的意义。从另一个侧面也说明,当时越国的酿酒业虽已较为发达,但由于吴越两国常年征战,用来酿酒的粮食还是有限的,越国的酿酒业规模不大。

二、秦汉时期的绍兴酿酒业

从文献资料看,从秦朝到北宋,是绍兴黄酒的成熟期。

秦朝时,与当时绍兴酿酒业有关的重大事件是,公元前210年,秦始皇东巡越地的"祭大禹"。因为,祭大禹必然要用大量的酒。《史记·秦始皇本纪》曰:"三十七年十月癸丑,始皇出游……上会稽,祭大禹……望于南海,而立石刻,颂秦德。"[2]秦始皇来越地亲祭大禹是他唯一一次到先代帝王陵寝所在地举行的祭祀,首创了帝王祭禹祀典的先例,规定了祭禹的最高礼仪。当时,上万的南下队伍浩浩荡荡,而"酒以成礼""无酒不成祭",祭大禹耗费的酒是惊人的。在绍兴,一些纪念秦始皇祭大禹的地名(如"秦皇酒瓮")从一个侧面记录了秦时的绍兴黄酒业。据绍兴文理学院徐嘉恩教授的研究,当年,秦始皇祭禹需要大量的酒,这些酒肯定不会从北方带来,而是地地道道的绍兴酒。祭祀对酒的需求,刺激了会稽的酿酒业,因祭祀用酒的要求很高,酒的质量亦有较大提高。会稽大量制酒,酒坛堆积如山形成的酒瓮山,俗称"酒缸山",因其山麓有"秦皇酒瓮"而得名。《越中杂识》载,酒瓮山,在射的山麓,三石品峙,其状如瓮。陆游在《剑南诗稿》(以下简称《诗稿》)中多次提到"酒瓮山",在《诗稿》卷六十六《秦皇酒瓮下垂钓,偶赋》云:"酒瓮

① [清]方濬师:《蕉轩随录》,中华书局,2008年版,第167页。

② [汉]司马迁:《史记》卷六,岳麓书社,1988年版,第63页。

山边古钓矶,沙鸥与我共斜晖。"在《诗稿》卷三十三《野饮》曰:"酒瓮石边孤店晚,樵风溪畔早梅春。"这可能是由于当时秦始皇祭禹用酒很多,需要像山石那样的贮酒巨器即"酒瓮"①。

汉代的酿酒业有官营和私营之分。西汉时,官营酿酒部门由少府掌控,属于国营产业,具体事务由太官和汤官负责,主要是为皇宫及官府提供国事用酒,包括朝廷赏赐给百官甚至平民的酒,一般不对外销售。在官营酿酒场所,聚集了大批酿酒工匠,酒的产量很大,日常开支也可想而知。除了官营酿酒部门,还有部分地方官属酿坊,主要为本地官府提供日常用酒,一部分用来招待过往官员,一部分上交府衙或县衙。东汉王莽时期,官营酿酒业曾一度扩大生产范围,部分官营的酿酒进入商品市场,但绝大部分还是官府自用。私营酿酒则散布在民间,以自酿自销为主。西汉时,家庭自酿作坊比较发达。有个成语叫"载酒问字",表明西汉时私家酿酒已比较普遍。据《汉书·扬雄传下》载:(扬雄)"家素贫,嗜酒,人希至门。时有好事者载酒肴从游学。"扬雄为西汉大儒,他文采焕然,学问渊博,写得一手好辞赋。他曾在王莽时做过官,向来嗜酒如命,日日饮酒,常常处于半醒半醉的状态。辞官后,生活也就捉襟见肘,苦于不能天天喝酒了。有人知道这事后,索性用车载着酒来向他求教,把酒作为"学费"去馈赠。后来,人们用"载酒问字"比喻慕名登门请教。

西汉时,朝廷实施减轻劳役赋税、与民休息的政策,百姓生活得以改善,酒的消耗量增加。朝廷为防止私人垄断酒业,增加国库收入,于汉武帝天汉三年(前98)初"榷酒酤",即与盐、铁一样,对酿酒卖酒实行专卖,促进了酿酒业发展。这是后来历代酒类专卖和征收酒税的起源。官府控制酒的生产和流通,独占酒利,不许私人自由酿酤。武帝死后,榷酒酤在昭帝始元六年(前81)的盐铁会议上遭人反对,遂被取消,改征酒税。这在《史记》《汉书》等文献中均有记载。

东汉时期是绍兴黄酒在酿造用水、用料上的重要转折点,对提高黄酒质量意义重大。越地镜湖围堤成功,极大地促进了会稽水稻种植业的发展,900余顷良田所产糯米及所蓄镜湖水,为会稽酿酒业的发展提供了优越条

---

① 徐嘉恩:《秦皇祭禹和传说中的秦皇酒瓮》,引自傅建伟主编《绍兴黄酒文化研究文集》(第3辑)。

件①。王充在《论衡》中多次提到当时越地酿酒及饮酒状况。他说:"酒暴熟者易酸,醢暴酸者易臭。"②酿出的酒有好有坏,与酿酒者的手艺有很大关系。好的酒也要用不同的器皿来存放。"蒸谷为饭,酿饭为酒。酒之成也,甘苦异味;饭之熟也,则柔殊和。非庖厨酒人有意异也,手指之调有偶适也。调饭也殊筐而居,甘酒者异器而处。"③这里,"手指之调"是指酿酒师傅在酿酒操作工序中的一道手工操作,是酿酒过程中在糖化发酵时调和温度的关键要领。为了掌握酒醪发酵的温度高低,酿酒师傅靠手指的"手感"去体验和感知"醪温"。没有手调技艺,就酿不出好酒。可见,王充将酿酒的人为因素提高到了"和谐""平衡"的自然主义哲学高度。"酿酒于罂,烹肉于鼎,皆欲其气味调得也。时或咸苦酸不应口者,犹人勺药失其和也。"④这说明当时已掌握了一套比较成熟的酿造技术,也反映出当时会稽越地酿酒风气盛行。王充对酒有嗜好,但并不过量。他在《论衡·自纪篇》中说:"酒异气,饮之皆醉;百谷殊味,食之皆饱。"说明了他对当时会稽越酿的酒味了解至深。"醴"是甜酒,说明当时会稽已酿造甜酒,也说明了由于甜酒气味与醇酒不同,稍不留神就会"饮之皆醉"。

汉末至三国,北方战乱,西蜀灾荒,均先后禁酒,会稽属东吴,局势较稳,吴主孙权常以米酒联络下属,激励将士,酿酒业有所发展。当时,会稽已产糯稻酿酒。汉朝时,越地最负盛名的酒是会稽酿造的"稻米清"。东汉太尉郑弘是山阴平水人。年轻时为乡里的小吏——啬夫,后来受到会稽太守第五伦的器重,被召为府督邮,又举为孝廉。他在若耶溪畔沉酿埭告别越中父老,以泉水代酒,成为美谈。据《嘉泰会稽志》载:"沉酿埭,在县南二十五里,若耶溪东。《十道志》云:郑弘举送赴洛,亲友饯于此,以钱投水,依价量水饮之,各醉而去,一名沉酿川。"⑤说明当时的绍兴酒虽然不多,但已成名。当然,那时的绍兴酒还是未经过滤、汁滓并存的"醪",酒渣浮在酒液上。东汉郑玄在《周礼·天官·酒正》注说:"泛者,成而滓浮,泛泛然如今宜城醪矣。"他的老师马融,也在其著作中称赞过"宜城、会稽稻米清"。马融、郑玄都是历史

---

① 任桂全总纂:《绍兴市志》(第二册),浙江人民出版社,1997年版,第690页。

② [汉]王充:《论衡·状留篇》,上海人民出版社,1997年版,第866页。

③ [汉]王充:《论衡·幸偶篇》,上海人民出版社,1997年版,第69页。

④ [汉]王充:《论衡·谴告篇》,上海人民出版社,1997年版,第886页。

⑤ [宋]《嘉泰会稽志》,《绍兴丛书》(第一辑)《地方志丛编》,中华书局,2007年版,第170页。

上著名的儒家学者,从一个侧面说明在 1800 多年前,"会稽稻米清"已享誉全国,它与邹阳《酒赋》中提到的"齐公之清"、扬雄在《蜀都赋》中提到的"酴清",都属于汉代的名酒品牌。

在汉代,随着酿酒规模的扩大和酿酒技术的进步,酒也成为人们感情沟通的媒介。从献神到敬宾,从娱神到娱人,人们逐渐以酒为乐事。在节日庆祝、祭祀祖先、婚丧嫁娶等活动中,饮酒成为各阶层普遍参与的活动,并逐步呈现出世俗化、平民化趋势。这也是东汉时期越地饮酒之风的重要特点。

第二节　魏晋南北朝时期的绍兴黄酒产业

魏晋南北朝时期,是中国历史上政权更迭最频繁的时期。在三十余个大小王朝交替兴灭过程中,上至达官显贵,下至平民百姓都嗜酒成风,他们生活在悲观堕落的世态格局中,一边是不得志者醉死酒场、悲观沉沦,一边是文人骚客们寄情山水、纵情美酒。当时,会稽酒已由浊酒演变成山阴甜酒。东晋,会稽有庄园酒坊;会稽糯稻连片,供庄园酿酒之用。这个时期,无论在酿酒规模、酿造技术,还是在酒政、酒令、酒宴等方面都有了新的发展,并对后世产生了深远的影响。

一、肆意酣畅的饮酒之风

魏晋南北朝时期,是一个思想活跃、崇尚超脱的时期。那时,自秦汉以来的"禁酒令"被解除,酒开始有了合法的地位,允许民间自由酿酒,酒业市场兴盛发达,民间饮酒之风盛行。一些有学问的名士纵情山水,借酒发牢骚,以酒会友赋诗,抒发着对人生的感悟、对社会的忧思、对历史的慨叹。最有代表性的是阮籍、嵇康、山涛、刘伶、阮咸、向秀、王戎七人,最有名的是阮籍、嵇康,他们在生活上不拘礼法,洒脱倜傥,因常聚于林中喝酒纵歌,谈笄抚琴,肆意酣畅,史称"竹林七贤"。他们在酒中寻觅着渴望的自由、美好的追求,在醉意朦胧中,借酒抒怀,饮酒消愁。一些官员也好酒贪杯。在旧时绍兴民间,酒坊里常贴一副"瓮边醉倒毕吏部,马上扶归李太白"的酒联,上联说的是东晋时期有个官员叫毕卓,少年时豁达豪放,很有才华,曾为吏部郎。他嗜酒成瘾,经常饮酒而废弃公事。有一天,邻居有人把酒酿熟了,毕卓垂涎欲滴,夜里来了酒性,跑入酒舍,抱瓮而饮,被看管酒的人捉住。第二天天亮一看,邻居发现是吏部毕郎官,大惊,赶紧给毕卓解开绑绳,而毕卓却大笑:"让我闻一夜的酒香,多谢了。"酒主人在酒瓮旁设下酒宴,向毕卓赔情致意,直到毕卓喝得大醉,才把他送回。毕卓常对人说:"要是能得到装满一船的好几百斛酒,一年四季有甘甜可口的食物放在船的两端,右手端着酒杯,左手拿着蟹螯,吟咏在酒船中,便足以了此一生了。"其实,名士也好,官员也罢,他们看似玩世不恭、放荡不羁,实则都在以酒表达对现实、对当政者的失望。他们将满腔的壮志无奈地投掷于美酒中,或许是一种心理疗法。

值得一提的是,当时的会稽郡是"竹林七贤"重要的活动区域之一。嵇康的先祖是上虞人,"其先姓奚,会稽上虞人,以避怨,徙焉"①。现在,上虞长塘镇还有他隐居过的广陵村。包括阮籍、阮咸叔侄两人在内的阮氏家族跟会稽郡的关系也很密切。据《绍兴县地名志》载,阮社原名竹村,相传晋时"竹林七贤"之一的阮籍及侄儿阮咸曾在村居住,故改名阮社。至今阮社还保留了乾隆四十二年(1777)一月中仵立的两块石碑,一曰前阮会,一曰晋阮会。其《前阮会碑》曰:"里中向分前后两庄,因立南北两社,北祀大阮,南祀小阮,由来旧矣。""两阮"嗜酒,阮社又是酒乡酒国。另外,阮社还有一桥叫荫毓桥,有桥联云:"一声渔笛忆中郎,几处村酟祭两阮。""中郎"为东汉"旷世逸才"蔡邕,官居中郎,因得罪权要,蔡中郎曾避难江南十余年,曾"宿柯亭之馆,取屋椽为笛"。"两阮"即阮籍与阮咸。阮咸自小受阮籍影响,与籍一起,避祸于会稽。他不解人事,唯弦歌、酣宴而已。因常年以酒为乐,失去了当官的机会。他的儿子阮孚、从子阮脩避乱渡江后,也常居会稽,且嗜酒如命,"……至酒店,便独酣畅。……与兄弟同志,常自得于林皋之间"②。《晋书·阮咸传》:"诸阮皆饮酒,咸至,宗人间共集,不复用杯觞斟酌,以大盆盛酒,圆坐相向,大酌更饮。"诸阮嗜酒畅饮既是时代风气之所使,也是一种避祸的手段。比如,阮籍族弟阮裕,曾长期隐居在会稽剡县,与王导、王羲之、谢安等相友善。他不愿居官,却嗜酒,且以酒躲过了一场"政治厮杀"。可见,魏晋南北朝名士几乎都嗜酒酣饮,他们有的是会稽人(如孔稚珪),有的曾在越地任职,或较长时间蛰居在会稽。他们的事业、才华、名声因酒而得升华与远播。这些富有才情、勇于革新的士人群体,生不逢时,便以酒为伴,酒成了他们患难与共、形影不离的伴侣和兄弟。他们的酒诗、酒趣、酒事,与越酒的熏陶是分不开的。

当然,尽管饮酒让"竹林七贤"等名士们变得率真、洒脱,跳脱于世俗礼教,但事实上每一滴酒里,都藏着辛酸、郁闷与无可奈何。可以说,酒是"竹林七贤"等名士们与现实抗争的武器,也是他们自我麻醉追求心灵舒适的良药。与"竹

---

① 《晋书·嵇康传》,《晋书》第 5 册,中华书局,1974 年版,第 1396 页。

② 《晋书·阮籍传》,《晋书》第 5 册,中华书局,1974 年版,第 1366 页。

林七贤"心情迥异的建安名士们,却以积极的姿态出世,他们积极进取,摧毁了昏庸的没落政权,赋予酒开拓世界、笑对人生的阳刚之气。无论处于魏晋南北朝的哪个时期,也不管好酒的名士们是何心态,豪饮之风让"酒"成为潇洒风流的代言人。喝下酒,沾上酒气,让名士们更显得飘逸洒脱。避世、避祸、追求自由的心态,使名士间的饮酒之风趋于疯狂。

不管什么地方,只要有酒,就是名士们潇洒的好去处。灵堂上、山水间、车马旁,无论何时何地,他们都可以开怀畅饮。阮籍的母亲死了,他以酒迎接那些前来吊唁的客人。王羲之以"曲水流觞"、饮酒赋诗演绎出"一觞一咏"的兰亭故事。事实上,这些名士并非真的醉了,而是在真真假假、醉意朦胧的世界中,坚守着自己的理想、操守与尊严。

魏晋时期,会稽郡一带名士云集,才俊辈出,而这些名士才俊又多喜酒善饮,因此当地酿酒、饮酒之风盛行。史载,当时有一户人家一年收了700石的糯米,还不够酿酒,酒风之盛可见一斑。当时,酒道(即饮酒的门道)开始流行坐床,酒具开始变得较为瘦长。"曲水流觞"的传统习俗把酒道向前推进了一步。

"曲水流觞"、饮酒赋诗的内容大致是:客人到齐之后,主人将他们安排到蜿蜒曲折的溪水两旁,席地而坐,由书童或仕女将斟上酒的觞,用捞兜轻轻放入溪水当中,让其顺流而下。觞在谁的面前停滞不动,就由书童或仕女用捞兜轻轻将觞捞起,送到谁的手中,谁就得痛快地将酒一饮而尽,然后赋诗一首。当然,即席赋诗是自由式的,即吟什么、怎么吟都由吟诗者自己决定。但如果才思不敏,不能立即赋出诗来的话,就要被罚酒。

最著名的一次"曲水流觞"要数发生在山阴(今绍兴)的兰亭雅集。晋穆帝永和九年(353),时任会稽内史的王羲之偕同谢安、孙绰、许询、支遁等一批名士和家族子弟共42人,在兰亭举办了一场"曲水流觞"修禊盛会。他们置身于崇山峻岭、茂林修竹之中,众皆列坐曲水两侧,将酒觞置于清流之上,任其漂流,停在谁的面前,谁就即兴赋诗,否则罚酒。据《嘉泰会稽志》引《天章寺碑记》记载,王羲之等11人,各赋诗2首,郗昙等15人,各赋诗1首,9岁的王献之等16人作诗不成,各罚酒3觞。这次修禊盛会共得诗37首。更为重要的是,盛会将近尾声时,王羲之应众人之邀,在酒酣意畅、神采飞扬之时,当即用蚕茧纸、鼠须笔为诗集作序,写就了《兰亭集序》,其书法之美,登峰造极,可谓龙飞凤舞,遒媚劲健,字字玲珑,被称作"天下第一行书"。

"曲水流觞"的酒道,得到了后世文人雅士的响应和传承,从南北朝开始,历经唐宋元明清直至近现代,传承有序,绵延不绝。每隔一段时间,就会有一批文人雅士相聚兰亭举行各类雅集活动,已形成一道独特的中国传统文化景观。

二、绍兴酒由浊醪演变为"山阴甜酒"

魏晋时期,饮酒之风盛行,酒的产销量远大于秦汉时期。不仅达官显贵中酒鬼成群,民间私人自酿自饮的现象也相当普遍。尤其是文人中酒风更炽,他们或饮酒消愁,或以酒避世,也有的借酒放纵。此时,出现了酒税,并且成为国家的财源之一。东晋政治家谢安《兰亭诗》有"醇醪陶丹府,兀若游羲唐"句,说明当年在"兰亭修禊"时,流觞中盛的是"醇醪"即醇香可口的醪酒。到南朝时,绍兴的酒业逐渐兴旺起来,酒类产品也有了一定的知名度。而此时的绍兴酒已从浊醪发展为"山阴甜酒"。这是绍兴酒业发展史上的一个里程碑。南朝梁元帝萧绎在《金楼子》卷六记载:"吾小时,夏日夕中绛纱蚊绹,中有银瓯一枚,贮山阴甜酒,卧读有时至晓,率以为常。"① 其实,萧绎并不嗜酒,他在文中说:"余不饮酒,而又不憎人饮。每遇醉者,辄欣欣然而已。"但他终日读书不倦,甚至在疲倦缠身,"肘膝烂尽",14 岁时又一目失明的情况下,还是好学不辍。30 余年,"泛玩众书万余",如此充沛之精力其即得益于"山阴甜酒"。梁元帝萧绎小时饮"山阴甜酒"事,著名学者,也是其好友兼幕僚颜之推在《颜氏家训·勉学篇》中也有明确记述:"梁元帝尝为吾说:昔在会稽,始年十二,便已好学,时又患疥,手不得拳,膝不得屈,闲斋张葛幔,避蝇独坐。银瓯贮山阴甜酒,时复进之,以时宽痛,率意自读史书,一日二十卷。"② 可见,梁元帝饮产自山阴的"甜酒",并不是他的嗜好,而是为了缓解疥疮之痛痒,提振读书之精神。这说明,绍兴酒的基本特征在魏晋南北朝时就形成了。诚如陈桥驿所说:"绍兴酒是一种以糯米和鉴湖水酿造的略带酸甜之味含酒精率较低的醇美黄酒。绍兴地区古代酿造业的这种特色,最晚在南北朝时已经存在,这就是六世纪中期梁元帝萧绎所说的'山阴甜酒'。"③ 南朝宋孔欣在《置酒高堂上》诗开篇即曰:"置酒宴友生,高会临疏檐。"孔欣是会稽山阴人,时会稽太守褚淡之以为参军。齐孔稚珪在《旦发青林诗》曰:"寄怀中山旧,举酒莫相忘。"孔稚珪也是会稽山阴人,他"风韵清疏,好文咏,饮酒七八斗"④。陈江总

---

① [梁] 萧绎:《金楼子·自序篇》,《百子全书》第 5 册,浙江人民出版社,1984 年版,第 623 页。
② [梁] 颜之推:《颜氏家训·勉学篇》,《百子全书》第 6 册,浙江人民出版社,1984 年版。
③ 陈桥驿:《绍兴史话》,上海人民出版社,1982 年版,第 82 页。
④ 《南齐书·孔稚珪传》。

一度寓越,在《妇病行》中赋曰:"羞开翡翠帷,懒对葡萄酒。"说明在南北朝时,绍兴酒已基本成熟。清代梁章钜也认为,今日绍兴酒即六朝时的山阴甜酒。他在《浪迹三谈》卷五"绍兴酒"中云:"昨魏默深州牧询余,绍兴酒始于何时,余无以应,惟记得梁元帝《金楼子》云'银瓶贮山阴甜酒',时复进之。则知元代以前,此酒已盛行矣。彼时即名为甜酒,其醇美可知。"①

清代经学家、文学家洪亮吉在《北江诗话》中,对山阴酒就有过很高的评价:"山阴酒始见于梁元帝《金楼子》,并呼之为甜酒。考前代酒最著名者,曰:宜城醪、苍梧酒、京口酒、兰陵酒、雪下酒及酒泉郡,本以酒得名。余曾历品之,究以山阴酒为第一。"他在《晓读书斋初录上》又说:"今世盛行绍兴酒,或以为不知起于何时。今考梁元帝《金楼子》云'银瓯贮山阴甜酒',时复进之。则绍兴酒梁时已有名。《颜氏家训·勉学篇》亦引之。"这些酒经过数千年承继,如今仍有面市,它们大都沿用了当时的古法秘方,保持了酒在酿造技艺上的传统特征。

---

① [清] 梁章钜:《浪迹丛谈 续谈 三谈》,中华书局,1981年版,第481页。

第三节　隋唐两宋时期的绍兴黄酒产业

唐宋时期是我国古代经济重心南移的重要时期,也是江南社会经济迅速发展的关键时期。这个时期,绍兴酿酒业进一步兴盛,各地名酒迭出。唐代时,越州是浙东道道治所在,酿酒业十分发达。唐朝流传下来完整的酿酒技术文献资料不多,但散见于其他史籍中的零星资料则极为丰富。到了宋朝,经过数千年的实践之后,绍兴酒的传统酿造经验得到了升华,无论是酿造工艺流程、技术措施,还是工艺设备都已经基本定型。南宋建炎三年(1129)定都临安(今杭州)以后,作为近在咫尺的"陪都",绍兴的酿酒业进入了鼎盛时期。

一、隋唐时期的绍兴酿酒产业

隋唐时期,朝廷对酒的质量要求颇严。据《旧唐书》载,凡有酿造出卖劣酒者,一经发现,即予定罪。越州所产之酒,以郁香醉人闻名。那时的绍兴黄酒是用酒曲加酿酒的原料和水自然发酵而成的。酒熟后,酒瓮上面有一层无渣滓的酒液,杭绍一带称为"缸面酒",可以直接饮用。但大量的酒液和酒糟混在一起,饮酒时必须用滤酒器具插在酒瓮中压取。初熟酒压取饮用时,酒液中浮着一些"酒蚁",饮用时,常常还要用葛巾(葛布制成的头巾)再过滤一遍。

当时,越地最负盛名的黄酒是会稽酿造的"缸面酒",也叫"越酒",被列为贡品载入《酒经》。说起"缸面酒",与唐太宗监察御史萧翼从云门寺辩才和尚手中赚取《兰亭集序》真迹的故事有关。辩才和尚是王羲之七世孙智永(王徽之后代)的弟子,俗姓袁氏,是梁代司空袁昂(《梁书》卷三一有其传)的玄孙,出家居越州永欣寺,擅琴棋书画。而萧翼是梁元帝萧绎的曾孙,为人足智多谋,狡黠多诈。史载,贞观十八年(644)萧翼受唐太宗之命,装扮成山东书生来到永欣寺,辩才以自酿的缸面酒款待他。结果,萧翼略施小计,辩才因酒误事,

《兰亭集序》被萧翼成功窃取,献给当朝皇帝唐太宗。据唐何延之所撰《兰亭记》言:"……便留夜宿。设缸面、药酒、茶果等。江东云'缸面',犹河北称'瓮头'。谓初熟酒也。"[1] 也就是说,缸面酒就是民间所说的"新酒汤"(刚酿出的第一道酒)。当时,辩才还赋诗云:"初酝一缸开,新知万里来。"在唐诗中,可见当时这类酒销售的情况。唐代"大历十才子"之一的韩翃在《送客还江东》诗云:"还家不落春风后,数日应沽越人酒。"说明当时越人已在吴地开店销售越州的黄酒(缸面酒)了。

唐代,越州的酿酒业相当发达,因而被文人墨客誉为"醉乡"。唐开元年间,越州粮食充裕,普遍酿酒,沿湖官道、旗亭店肆,均供应酒食。唐代诗人元稹在《酬乐天喜邻郡》诗中写道:"老大那能更争竞,任君投募醉乡人。"白居易也有诗云:"醉乡虽咫尺,乐事亦须臾。"越州始以"醉乡"之名传颂遐迩。政府把酒税作为重要的财政来源,竭力鼓励酿酒,进一步促进了绍兴酿酒业的发展。

二、两宋时期的绍兴酿酒产业

从一些历史文献资料分析,从北宋到晚清时期,是绍兴酒的提高期。

与唐朝相比,两宋时期的绍兴酿酒业获得进一步发展,各地酿酒业蒸蒸日上,形成了千家酝造、各处争辉的酿酒群体。一方面,手工业和商贸业的发展,使得汴京和临安等大都市空前繁荣,人们对酒的消费、需求量也随之大增;另一方面,粮食的丰足,酿酒业技术的成熟,使绍兴酿酒工坊如雨后春笋遍布各州县,从北向南形成了庞大的酿酒阵容。宋朝时,绍兴黄酒酒类品种不断增多,质量有所提高,黄酒的生产范围进一步扩大。上至宫廷,下至村寨,全国各地的酿酒作坊分布之广、数量之众,都是空前的。

两宋时期酿酒业的繁荣,首先表现在一些城镇和商品集散地的酿酒作坊有较大的发展。各州府的酒务亦多设在治所所在地,以及市镇、银场、钱监所在地。无论从酒务的分布数还是酒课的课额数来看,大多都在当时最发达的区域。在浙江,以杭州、绍兴为中心的东南酒业市场,是宋代酒类四大区域市场之一。即使在一些比较落后的边缘地区,酿酒业也获得了较快的发展。

两宋时期,除了杭州以外,绍兴成为全国最主要的酒产地之一,绍兴黄酒

---

① 转引自 [宋] 李昉:《太平广记·购兰亭序》,《传世藏书文库》(子部)第28卷,三秦出版社,1999年版,第330页。

也逐渐得到全面的发展。北宋初年,绍兴酒就已名声渐起,张能臣在《名酒记》中便提到越州所产的蓬莱春。到了南宋,绍兴的酿酒业更为繁荣。这是绍兴酒的全盛时期。陆游居住山阴时,曾咏及当地酿酒业,所著《剑南诗稿》卷四二载其《上元雨》诗云:"城中酒垆千百所,不忧不售惟忧雨。"在《村饮》中写道:"雪前雪后梅初动,街南街北酒易赊。身健不妨随处醉,有家未必胜无家。"诗中透露了绍兴酒肆全面铺开的繁华景象。陆游名作《钗头凤》也是在绍兴沈园所作,其中"红酥手,黄縢酒,满城春色宫墙柳"之句,至今为人们所传诵。"黄縢酒"即"黄封酒",就是当年给朝廷进贡(贴上黄色封条)的绍兴酒,是一种官酿的米酒。陆游在另外一首诗《病中偶得名酒小醉作此篇是夕极寒》中云:"一壶花露拆黄縢,醉梦醺醺唤不应。"宋代时,环古鉴湖一带是绍兴酿酒作坊的集聚区,汇集着一大批酒界精英。《绍兴通志》卷二七四引宋人赵抃《寄酬前人上巳日鉴湖即事三首(其二)》诗云:"厨酝旋蒭浮蚁酽,府茶深点卧龙珍。"酿酒作坊遍及全市域范围,酒中名牌的数量远远多于前朝,遍布城乡的酒肆(店)都有好酒售卖,几乎处处散发着酒的芳香。著名品牌有"蓬莱春""竹叶青""瑞露酒"等,尤以"蓬莱春"名声最显。据南宋诗人张端义在《贵耳集》中记载:寿皇(南宋孝宗)忽问王丞相淮及执政们,近日曾得李彦颖信否?李当时为绍兴知府。王丞相与执政们回答:"臣等方得李彦颖书,绍兴新造蓬莱春酒甚佳,各厅送三十樽。"可见当时绍兴名酒"蓬莱春"受到帝王大臣的垂青,名扬京师。

宋室南迁之后,许多移居江南的北方人仍然喝不惯绍兴酒。据《建炎以来系年要录》卷三六记载,宋朝裕隆太后住在绍兴,不喜欢喝绍兴酒,下令北方酒工开瓮自酿。北方人在绍兴酿酒,自然会把中原地区的先进酿酒技术传授到绍兴本土,这对绍兴酿酒业发展的促进作用是显而易见的。到南宋中期,绍兴酿酒业已经显示出行业领先的趋势,所以孙因会有"斯越酒之酝藉兮,非宜城中山之比"①的诗咏自誉。据《建炎以来朝野杂录》记载,"旧两浙坊场一千三百三十四,岁收净利钱八十四万缗",便是对宋代绍兴酿酒综合能力的概括说明。据《会稽续志》记载,当时绍兴农田种植的用于酿酒的糯米已经占到总产量的五分之三,到了连吃饭的粮食都置于不顾的地步。

据史志记载,南宋时期,绍兴城内的大街小巷酒肆栉比,到处可以看到挂

---

① [宋] 张淏:《宝庆会稽续志》卷八引孙因《越问·越酿》,中华书局,宋元方志丛刊,1990年影印本。

在屋檐下长方形的酒旗,迎风招展。陆游诗中写道:"平时酒价贱如水""街南街北酒易赊"。据《宋史·食货志》记载,当时一般的绍兴酒每斤只售 5～8 文钱,佳酿如上品的"蓬莱春"名酒,每斤也只需 30 文钱。由于竞争激烈,各类酒肆不仅低价竞争,而且现钱付不出还可以赊账,于是喝酒的人越来越多。陆游在《夜雨》中写道:"市楼卖酒日千斛,众人皆乐君胡忧。"这个量酒器的"斛",陆游生活时一斛为十斗。每天卖出一万斗酒,诗中虽有夸张、浪漫的成分,但营业量之大,可见当时绍兴城里黄酒销量之大。不仅如此,陆游在《与儿孙同舟泛湖西山旁憩酒家遂游任氏茅庵而归》诗中写道:"酒保殷勤邀瀹茗,道翁伛偻出迎门。"迎客于道、邀坐奉茶,足见这些酒店的服务也非常到位。

据绍兴文史专家任桂全考证,南宋绍兴九年(1139)官酒务的酒价为每升 180 文;如果按酒价的 30% 计税,税率就应当是每升 54 文;而当时的 1 升酒,大约相当于 1.067 斤[1],如果按 143431.087 贯税金推算,酒的总产量应当为 283.4 万斤。如果按建炎初年每升 100 文的酒价,仍以 30% 计税,则越州酒总产量为 510.1 万斤,这在当时显然是十分可观的。尽管宋代酒价、酒税率常常受到时间、地点以及酒质等多种动态因素的左右,可能会有所变动。但征得的税额,却是不变的事实,而且非常接近当时酒的实际销售量。

三、酿酒工艺理论之精华——《北山酒经》

北宋时期,最能完整体现宋代黄酒酿造技术,并对酿酒实践最有指导价值的专著,是浙江乌程(今湖州吴兴)人朱肱编撰的《北山酒经》。朱肱,字翼中,号无求子,晚号大隐翁。元祐三年(1088)进士,历任雄州(今属河北)防御推官、知邓州(今河南邓县)录事、奉议郎等。在朱肱之后,李保曾经在 1117 年作《续北山酒经》。以此推断,《北山酒经》当在此之前。李保在《续北山酒经》中写道:"朱肱先生壮年勇退,著书酿酒,侨居西湖而老焉。"北山,即杭州西湖旁的北山,说明《北山酒经》取材于当时杭州一带的酿酒业,是朱肱寓居杭州时所作,刻成于大隐坊(在今河坊街一带)。朱肱曾在杭州官方机构都酒务酿酒,有丰富的酿酒经验。书中记载的宋代黄酒生产的 13 道工序在江南得到很好的传承。由于当时朝廷对酿酒极为重视,杭州等地的酿酒业空前繁荣,成为我国黄酒酿造的主要产地,酿酒作坊比比皆是。尤其是南宋定都临安(杭

---

[1] 李华瑞:《宋代酒的生产和征榷》,河北大学出版社,2001 年版,第 309 页。

州）后，临安及其毗邻的越州成为全国酿酒业最为发达两座城市。在临安，达官贵人云集，"直把杭州作汴州"，酒的消费量巨大。在绍兴，"城中酒垆千百所""倾家酿酒三千石"（陆游），足见其产量十分可观。在宋代如此兴旺发达的酿酒业背景下，当年在杭州开设酒坊的朱翼中根据实地观察和亲身经验，写成了《北山酒经》。有关"制曲酿酒"的内容，与北魏贾思勰的《齐民要术》相比，《北山酒经》显然有了诸多方面的进步。该书不仅罗列了制曲酿酒的方法，还对个中道理进行了深入浅出的分析，更具理论指导作用。

第四节　元明清时期的绍兴黄酒产业

　　元明清时期,绍兴酿酒产业得到进一步发展,各地民间酿酒工坊如雨后春笋,层出不穷。李时珍在《本草纲目》中仅单列用原粮和药材一起酿造的药酒配方就有 68 种,而非今天用白酒浸泡的药酒。清代袁枚在《随园食单》中说:"今海内动行绍兴,然沧酒之清,浔酒之洌,川酒之鲜,岂在绍兴下哉!"当时,绍兴酿酒业以名牌效应为凝聚力,形成了以"沈永和"、东浦"孝贞"、湖塘"叶万源"等著名酒坊为代表的黄酒"块状经济"。从此,绍兴黄酒进入了"越酒行天下"的鼎盛时期。

一、元朝时期的绍兴酿酒产业

　　元朝建立后,绍兴作为两宋时期经济相当发达的地区,在元军攻占绍兴的过程中也曾遭到了一定程度的破坏,但并不严重。由于元世祖忽必烈重农政策的推动,以种植水稻为主的绍兴地区逐渐形成了精耕细作的治田特色,成为东南富庶之乡。同时,绍兴地区的纺织业、制陶业、造船业、酿酒业等在全国具有举足轻重的地位。当时任绍兴路总管的戴不华,曾多次到绍兴酒业最盛的东浦一带,推犁执锄,不忘农时。他又曾在薛渎等地和村民"饮乡酒、观赛龙舟",与村民同乐。对此,越人世代传为佳话。

　　元代 90 多年间,是绍兴黄酒发展的重要时期。它承袭两宋时期酒业兴旺发达的态势,在多个方面有自己的时代特色。当时,社会上饮酒之风盛于前朝。而从总体看,绍兴黄酒产业仍处于平稳上升阶段,酿酒技术和设备都有所改进。根据《元史》的记载,当时江浙行省每年的酒课收入高达 196654 锭 21 两 3 钱①,

---

① 《元史》卷九四《食货志二·酒醋课》,中华书局点校本,第 2396 页。

约占全国酒课总收入的 1/3。绍兴作为当时黄酒的主要产地,自然占了相当的分量。在元代,黄酒是官府绅士们不可或缺的饮料,也是一般百姓家庭喜好的饮品。在《草木子》卷之四下"杂俎篇"中有"饮酒者,肝气微则面青,心气微则面赤"的记述,可见人们已认识到了适量饮酒有利于身体健康。另据万历《绍兴府志》卷一一《物产志》记载,(绍兴)府城酿者甚多,而豆酒特佳,京师盛行,近省城亦多用之。这里所说的豆酒,盛行于京师和省城,显然属于传统佳品,很可能在元代就已有之。至于"味稍次而特多"的老酒,属于大众化的酒品,也应该早已流行于民间。

关于元朝酿酒业的繁荣状况,在曾任绍兴路吏的元朝散曲家张可久散曲中描写的"孤村酒市"中可见一斑。他曾经登上越王台眺望,但见"孤村酒市野花开,长吟去来"(《登卧龙山》)。在绍兴城郊一个个村落之中,有许多酒店集市,当野花盛开时,人们熙熙攘攘,沽酒往来。他与友人诗酒酬唱,分别时常常以酒饯行,"载酒人何处。……还不了五年诗债"(《别会稽胡使君》)。《酒友》中写了他与友人沿路赏梅沽酒,但见酒旗猎猎,飘在竹篱之外的情景。"刘伶不戒,灵均休怪。沿树沽酒寻常债,看梅开。过桥来,青旗正在疏篱外。醉和古人安在哉!窄,不够酾。哎,我再买"(《【中吕·山坡羊】酒友》),写出了他与友人们"喝了醉了、再买再醉"的欢快情景。

在元代,人们已经比较讲究温酒技巧了。在陶宗仪的笔记《南村辍耕录》卷七中有一则"奚奴温酒"的故事,说的是一个官员来杭州求妾,旬日未有中意者。忽一日有一"奚奴至,姿色固美,问其艺,则曰'能温酒',左右皆失笑"。后留下试用,第一次太热,第二次略寒,到第三次微温,刚刚好。从此,每日温酒都温得不热不凉。于是"公喜,遂纳焉"。官员把奚奴纳为小妾,死后把大量遗产留给奚奴。这个故事从一个侧面说明,当时官宦人家饮酒已非常讲究温度。

二、明朝时期的绍兴酿酒产业

在明代,随着资本主义开始萌芽,以及农业和手工业的快速发展,绍兴酿酒业也呈现出高度繁荣的景象,黄酒畅销全国各地,成为酒类市场的行业巨头。黄酒是江南地区非常流行的饮料之一。官场酒宴固然是一种时尚,一般庶民家庭,每逢岁时节日、婚丧喜事和农忙季节,也都要消费一定数量的酒。在绍兴,民间流行自家酿酒的习俗,那些不懂酿酒技术的,往往雇人酿上几缸黄酒,以供自家饮用。《补农书》说,明末宁绍平原一带"造酒每石工银七分"。酒作为商品投放市场主要在城市,特别是那些商业繁荣的城镇,酒馆饭店林立,商旅云集,酒的销售量尤为可观。在商品经济发达的时代,有需求就会有生产,酿酒业自然成了明代绍兴颇具规模的一大产业。

当时,绍兴酒业继续保持宋代盛况,并更趋繁荣,花色品种也很丰富。最负盛名的是绍兴豆酒。那是一款标准极高的正宗黄酒,以绿豆制曲所酿而成,很有名气,(绍兴)"府城酿酒甚多,而豆酒特佳"[①]。酿酒作坊的规模逐渐扩大。山阴、会稽两县农村普遍种植糯稻,置食粮于不顾,使"除却樽罍事事慵"的徐渭也发出"酿日行而炊日阻"的感叹。环古鉴湖一带,酿酒业已全面铺开。袁宏道《解脱集》卷一《初至绍兴》诗云:"家家开老酒,只少唱吴歌。"徐渭《徐文长文集》卷五也有"陈家豆酒名天下,朱家之酒亦其亚"的说法。陈家、朱家均为明代绍兴酿酒世家。绍兴的酿酒业以府城最为发达,以绿豆制曲所酿制的豆酒最有名气。"豆酒者,以绿豆为曲也。近又有薏苡酒、地黄酒、鲫鱼酒,造法大约同豆酒,而间出新意,味俱佳。其名老酒者,味稍次而特多。"[②](绍兴酒)"京师盛行,近省城也多用之。"[③]说明当时绍兴酒在京城及省府的销售盛况。另外,自明代开始,绍兴黄酒正式步入商业化时代,一些大的酿酒作坊开始陆续出现。如东浦的"孝贞"、湖塘的"叶万源""田德润""章万润"等。此时,绍兴酒依据酿造用米和减水加饭的决窍,推出了状元红、加饭酒和善酿酒三大黄酒类别,并根据酿期和包装而推出女儿酒、花雕酒和远年陈绍。《浪迹续谈》卷四记载:"最佳者名女儿酒,相传富家养女,初弥月,即开酿数坛,直至此女出门,即以此酒陪嫁。"同时,黄酒的国内贸易也继续繁荣。明末,绍兴酒已远销京师,万历《会稽县志》卷三有"越酒行天下"之说。其时,有一批酒坊如东浦"孝贞",湖塘"叶万源""田德润""章万润"等,开始闻名遐迩。这些酒坊资金雄厚,技术力量较强,而且还有专门负责推销的业务员。

三、清朝时期的绍兴酿酒产业

清朝作为中国最后一个封建王朝,其酿酒业高度兴盛,黄酒名品空前齐

---

① 万历《绍兴府志》卷十一《物产志》,《绍兴丛书》第一辑,中华书局,2007 年版,第 728 页。
② 同上。
③ 同上。

备。随着人口增长,清代黄酒的生产与消费也大量增加,"用酒之人比户皆然"①,从而加重了日益突出的粮食问题。因此,从康熙朝起,政府就采取了禁酒政策,终清之世,禁酒禁曲政策始终没有改变。②但官员们对这项政策一直有所争议,执行起来也时紧时松。而且,只禁止曲坊或烧坊大量踩曲烧造白酒,却不禁止黄酒,不禁家户自造自用,这就给投机钻营者带来可乘之隙。因此,一方面,清代实行的禁酒政策,尽管在某些时候起到了一定限制作用,但禁酒效果并不理想,商人富户的大量踩造从未停止。清前期,绍兴地区的酿酒业虽然总体上还停留在分散的小生产状态,但在官方禁酒政策的夹缝中得到了较快发展。另一方面,民间酿酒业也多少冲破了这种限制,在曲坊中出现了资本主义萌芽。当时,绍兴酿酒业在全省乃至全国继续占据举足轻重的地位。

进入清朝之后,绍兴酒出现了高速增长的态势,其产量与品质均称雄于中国酒界。绍兴酿酒以山阴和会稽两县为主体,形成了强大的造酝能力。清初,各大酿坊如雨后春笋般出现,酿酒作坊遍布山阴、会稽城乡。大江南北,到处可以见到绍兴酒的踪迹。这个时期,东南地区文人墨客大量出现,而他们追求酒精含量较低、口味比较和缓的黄酒,很少饮用高度的烧酒。清代梁绍壬的《两般秋雨庵随笔》中说:"……此外不得不推山西之汾酒、潞酒,然禀性刚烈,弱者恶焉,故南人勿尚也。于是乎不得不推绍兴之女儿酒。"③《清稗类钞·饮食类》说:"越酿著称于通国,出绍兴,脍炙人口矣。故称之者不曰绍兴酒,而曰绍兴。"足见绍兴酒名气之大,以至于不直呼酒名而以地名代之。较有名气的有东浦"王宝和""越明""贤良""诚实""汤元元""陈忠义""中山""云集",阮社"章东明""高长兴""善元泰""茅万茂",双梅"萧忠义""潘大兴",马山"谦豫萃",马鞍"言茂元",城区"沈永和"(创办于康熙三年,即1664年)等。方濬颐《梦园丛说》云:"京师酒肆中,亦以越酿为重,朋友轰饮,日在醉乡。"《燕京杂记》亦云:"高粱酒谓之干酒,绍兴酒谓之黄酒,高粱饮少辄醉,黄酒不然,故京师尚之,宴客必需。"据《滇海虞衡志》卷四记载,云南各地皆以绍酒为佳饮,"滇南之有绍兴酒……是知绍兴已遍行天下""酒

---

① 乾隆三年八月十三日,孙国玺奏,载《历史档案》1987年第1期。

② 参见范全民:《清代禁酒禁曲的考察》,载《中国经济史研究》1992年第3期。

③ [清]梁绍壬著,常振国等校点,刘叶秋注释:《两般秋雨庵随笔》,河北教育出版社,1994年版,第223页。

之自绍兴来者,每坛十斤,值四、五、六金"。纵是远乡僻壤,也可以看到绍酒的光泽,《金川琐记》卷四记载四川西北雪山地带,"若绍兴酒,其价较省垣数倍",乃"长途背运"而至。当时,很多品酒行家都把绍兴酒列为中华美酒的第一品牌,如《调鼎集》卷八说:"求其味甘、色清、气香、力醇之上品,唯陈陈绍兴酒为第一。"清代梁章钜在《浪迹三谈》卷五记载绍兴酒"有豆酒、薏苡酒、地黄酒、鲫鱼酒诸名"。

康熙《会稽县志》曾有"越酒行天下"之说。据童岳荐编撰的《调鼎集·酒谱》卷八记载:"越州所属八县,山、会、萧、诸、馀、上、新、嵊。独山、会之酒遍行天下,名之曰绍兴,水使然也。如山阴之东浦、潞庄,会稽之吴融、孙端,皆出酒之数,其味清淡而兼重,而不温不冷,推为第一。"该书还对绍兴酒的历史演变、品种和优良品质进行了较为全面的阐述,指出:"缘天下之酒,有灰者甚多,饮之令人发渴,而绍酒独无;天下之酒甜者居多,饮之令人体中满闷,而绍酒之性芳香醇烈,走而不守,故嗜之者以为上品,非私评也。""吾乡绍酒,明以上未之前闻,此时不特不胫而走,几遍天下矣。"该书还对绍兴酒的品质做出了"味甘、色清、气香、力醇之上品,唯陈陈绍兴酒为第一"的概括。清梁章钜在《浪迹续谈》中也说:"今绍兴酒通行海内,可谓酒之正宗,……至酒之通行,则实无他酒足以相抗。"清乾隆皇帝下江南时也曾多次品饮绍兴酒。袁枚在《随园食单》中赞美:"绍兴酒,如清官廉吏,不参一毫假,而其味方真。又如名士耆英,长留人间,阅尽世故,而其质愈厚。"把绍兴酒比作品行高洁、超凡轶群的清官、名士,可谓推崇备至。清乾隆年间山阴进士吴寿昌的《乡咏十物·东浦酒》说:"郡号黄封坛,流行遍域中。地迁方不验,市倍榷逾充。润得无灰妙,清关制曲工。醉乡宁在远,占住浦西东。"说明绍兴的东浦酒早在乾隆年间已遍及域中。当时,始创于乾隆年间的阮社章东明酒坊是绍兴诸多酒坊中出类拔萃的,产量大,酒质优。到五口通商(即1842年《南京条约》签订后)时,章东明酒坊每年大约酿五六千缸酒,每缸五六百斤,足见其有相当的经营规模了。[①]清代梁绍壬在《两般秋雨庵随笔》中提到的"绍兴酒各省通行,吾乡之呼之者,直曰'绍兴',而不系酒字。"说明在当时绍兴酒已经享有盛名。

清代的绍兴酒不仅产量大、品种多,而且品质始终走在绍兴乃至全国同

---

① 章其敏:《绍兴阮社章东明酒坊》,《浙江文史集粹·经济卷上》,浙江人民出版社,1996年版,第297页。

类黄酒中的前列。在乾隆年间,绍兴东浦的孝贞酒就被乾隆帝御赐为"金爵"商标。据丙戌年(1946)东浦余孝贞景记的坊单中有以下记述:"本坊向在浙绍东浦开设三百数十年,佳酿加重等酒各省驰名。前清乾隆皇帝御赞钦赐金爵商标。荷蒙赐□认明内招庶不致误。"这是绍兴酒在古代获得的最高荣誉。据传,康熙皇帝还专门请绍兴酿酒师去宫廷酿酒[1]。

清代乾嘉年间,"绍酒"酒坊、酒肆遍布城乡。童岳荐选编撰著的《调鼎集·酒谱》中将"绍酒"与"沧酒""浔酒""川酒"等列为四大名酒。其中,以"绍酒"最为风靡。光绪年间,绍兴城乡1300多户酿坊向官府报捐数为18万缸,农户家酿酒数约为6万缸,合计年产绍酒74400千升。其时,各酿坊均有专人负责推销,称之为水客,行销范围已遍及全国,远销海外。

清代中期开始,为了进一步扩大销售,一些有远见的绍兴酿坊开始在外地开设酒店、酒馆或酒庄,经营零售与批发业务。早在乾隆九年(1744),"王宝和"酒坊就在上海小东门开设酒店,在上海市场备受瞩目。当时资金为1万银圆,仓房常贮3年以上陈酒数千坛,自产自销,批零兼营。据《齐贤镇志》载:"旧时,林头村王宝和老酒,在上海享有很高知名度,有'上海酒祖宗'之称。""就创办时间、酿造质地及经营信誉而言,则首推王宝和。"其品种有元红、加饭、善酿、竹叶青等。其酒香味浓郁,赢得良好声誉。抗战胜利后,"王宝和"后裔楚记、德记在林头继续开业酿酒,每年有400～500缸酒运往上海等地,至新中国成立前夕才停产。[2]道光二十八年(1848),阮社章东明酒坊在上海小东门开设酒行,随后又在闸北开一酒行,分别称章东明南号、北号,批零兼营。道光末年,又在天津侯家后开设"全城明记酒庄",专营北方地区绍兴酒的批发业务,并酿制一种"石八六桶"酒,专门供应北京同仁堂药店制药使用,年销量达万坛以上。咸丰末至同治初年,又在上海设章东明5家酒行,均以批发业务为主。后来,"高长兴"酒坊分别在杭州、上海开设酒馆。光绪初年,湖塘等地的绍酒客商在更大范围内设行栈,光绪二十六年(1900),东浦云集周信记在上海设立"德信昌酒栈"为南方分售所,在广州设立"大兴号寄售所",在天津设立"德顺培酒局寄售所",在北京设立"京兆荣酒局北京分售所"和玉盛酒栈、复生酒栈、源利酒栈等。当时,京津一带酒

---

① 钱茂竹:《越酒文化》,浙江人民出版社,2013年版,第192页。
② 钱茂竹:《越酒文化》,浙江人民出版社,2013年版,第194页。

店、菜馆、饭铺多寄售以云集酒坊为主的绍酒。徐珂《清稗类钞》云:"京师酒肆有三种,酒品亦最繁。一种为南酒店,所售者女贞、花雕、绍兴及竹叶青之属,肴品则火腿、糟鱼、蟹、松花蛋、蜜糕之属。"[1]清末民国初,湖塘叶万源酒坊将酒运销闽广各地及东南亚,又在宁波设馥生酒栈,专营批发,尔后又设恒丰酒点,专营零售。这样,不仅"绍"字号的酒栈、寄售所、酒店遍布南北各大城市,而且,这些酒坊的主体得到了迅速发展,云集酒坊、沈永和酒坊等一些规模较大的酒坊逐步发展成为国内知名的酿酒企业。

---

[1] 徐珂:《清稗类钞》"饮食类",第13册,中华书局,1984年版,第6321页。

第五节　近代绍兴黄酒产业

近代是从鸦片战争（1840年）到新中国成立（1949年）前，包含清王朝晚期、中华民国临时政府时期、北洋军阀时期和国民政府时期，是中国半殖民地半封建社会时期。从历史文献资料来看，绍兴传统酒的变革期历经整个近代。在此期间，西方先进的酿酒技术与绍兴传统的酿造技艺交相辉映，争放异彩。

一、晚清时期（1840—1911）的绍兴酿酒产业

清末民初，绍兴酿酒业更为兴盛，酿酒作坊遍布山阴、会稽城乡，且向周边县域拓展。咸丰年间（1851—1861），会稽人马景贤、马棣生（马寅初之父）等人，相继在嵊县浦口镇开设"茂记""钰记"酿坊，马庚良"树记"酒酱店，前店后坊酿制的"谷粹酒"运销上海等地，名享一时。咸丰七年（1857），会稽人女婿、徽商鲍氏在诸暨县城关江东开设鲍同顺酱园，兼产黄酒。上述酒坊比之一家一户家酿或零星小作坊，则资金雄厚，作场广阔，技术力量集中。光绪年间（1875—1908），山阴、会稽有酿坊1300余家，向官府报捐数为18万缸，农户家酿约6万缸，以1缸310公斤计算，合计年产约74400千升。其时，名酿坊雇有专业推销人员，称为"水客"，向全国各地推销，"今绍兴酒通行海内，可谓酒之正宗"，"至酒之通行，则实无他酒足以相抗"。[1] 有"越酒行天下"[2] 和"东浦之酝，沉酣遍于九垓"[3] 之说。品种基本定型为状元红、竹叶青加饭、善酿等，花色酒有福橘酒、桂花酒、花红酒、鲫鱼酒等。绍兴

---

① ［清］梁章钜《浪迹续谈》。
② 康熙《会稽县志》。
③ ［清］陶元藻《广会稽风俗赋并序》。

酒开始在国内外获奖,据嘉庆《山阴县志》载,绍兴酒被评为全国十大名产品之一。宣统二年(1910),"沈永和"善酿酒和"谦豫萃"加饭酒,作为绍兴酒代表,参加南洋劝业会(南京)展评。在这万商云集、强手如林的大型商贸会上,绍兴酒一鸣惊人,脱颖而出,参赛的两款绍兴酒获清政府颁发的"超等文凭"奖和"优等文凭"奖。当时,黄酒行业选送的黄酒,得奖的还有江苏丹阳酒厂生产的宝塔牌丹阳黄酒获劝业会头等奖,金华酒厂生产的寿生酒获劝业会奖。绍兴酒得了最优等的奖励。

1910年南洋劝业会绍兴酒获金奖　　1915年巴拿马万国博览会绍兴酒获金奖

当年,清政府农工商部颁发"优等文凭"给谦豫萃酿坊,全文如下:

农工商部为发给文凭事:案照南洋第一次劝业会于宣统二年四月二十八日开会,经本部附奏将会场陈列各品,评定甲乙,给予褒奖。奉旨知道了,钦此。钦遵在案。原奏内称最优等者给予超等文凭,次等者给予优等文凭,再次则分别给予金牌、银牌等语。兹查,有在会场陈列之陈酒二种系绍兴会稽县谦豫萃之出品,经审查官共同评议,并呈由审查总长核定,堪以给予优等文凭,以昭奖励。除分行咨照外,合行填发文凭为据,须知文凭者。

右给绍兴会稽县谦豫萃收批

宣统二年十月十四日

钦差南洋劝业会审查总长农工商部在堂杨行[1]

---

[1]　马忠:《中国绍兴黄酒》,中国财政经济出版社,1999年版,第40页。

这无疑是一项很高的荣誉。从此，绍兴酒在国内外各种品评会上，屡获金奖，奠定了绍兴酒在国内酒类特别是黄酒行业中领先的地位。民国三年（1914），当时的绍兴主政者巡按使屈映光为绍兴谦豫萃酿坊题词"饮人以和"。巡按使亲笔题匾奖励，令绍兴酿酒业备感荣耀。①

光绪年间（1875—1908），绍兴的酿酒坊集中在东浦，该镇有3000多住户，酿酒户占1/3。咸丰时，东浦酒达到全盛时期，仅东浦镇北的赏祊村就有酿坊100多家，比较大的有28家，李慈铭的"东浦十里闻酒香"是当时东浦酒业的真实写照。绍兴酿酒业中规模较大的名酿坊，资金雄厚，作场广阔，技术力量集中，雇有"水客"销售员专门向全国各地推销。如阮社章东明酒坊除聘用"把作"（负责生产上具体事务）、"开耙"（掌握发酵的技工）以及财会、业务、总务等人员外，酿酒季节雇用工人多达100多人为酒坊做工。道光二十年（1840）时该作坊每年酿酒已达六七千缸，每缸五六百斤，除本地外，还销售到外省。

清末民初，绍兴酿坊很重视黄酒品质。东浦"王宝和""越明""贤良""诚实""汤元元""陈忠义""中山""云集"，阮社"章东明""高长兴""善元泰""茅万茂"，双梅"萧忠义""潘大兴"，马山"谦豫萃"，马鞍"言茂元"，城区"沈永和"等，嵊县浦口镇"茂记""钰记"酿坊都名享一时。为改良产品，防止掺水着色之弊，致使饮酒者患风湿之病，王绍淇研究化理，改良制造工艺，选用上白橘米，采选九龙甘泉，配合猪苓、泽泻、茯苓、山楂、虎骨、木瓜诸药，每缸以40斤为准，装贮玻璃瓶式，分大小两等，大则2斤，定价龙洋3角，小则1斤，定价龙洋1角5分，层封牢固，名曰"美众卫生酒"。宣统二年（1910），南洋劝业会在江宁（今南京）揭幕，这是我国首次举办的大型博览会。"名虽冠以南洋，实则推行全国。"②

二、民国时期（1912—1949）的绍兴酿酒产业

《绍兴酒酿造法之调查及卫生化学之研究》[系前中国中央研究院化学研究所民国十八年（1929）1月至3月之工作报告]称：自民国元年（1912）至民国五年（1916），全国黄酒共有京兆（今北京）、直隶（今河北）、奉天（今辽

① 钱茂竹：《越酒文化》，浙江人民出版社，2013年版，第209页。

② 绍兴县档案馆编：《绍兴县馆藏商会档案集锦》，中华书局，2005年版，第66—67页。

宁）、山东、江苏、浙江、安徽、江西、福建等 25 个省市生产黄酒，其中，以浙江省的黄酒生产规模最大（如下表所示）。

1912—1916 年浙江省黄酒生产规模占全国的比重

区域	1912	1913	1914	1915	1916
浙江省／万千克	7.9	9.8	0.84	0.87	—
全国／万千克	8.8	10.4	1.3	1.6	0.59
浙江省所占比重／%	89.77	94.23	64.62	54.38	—

资料来源：钱茂竹、杨国军：《绍兴黄酒丛谈》，宁波出版社，2012 年，第 68 页。

自民国以来，绍兴黄酒在国际上也"奖"声不断。以绍兴酒为例。1915年，绍兴东浦云集周信记酒坊和方柏鹿酒坊送展加饭酒，在巴拿马太平洋万国博览会（美国旧金山）上获金奖 1 枚，银奖 2 枚。沈永和墨记酒坊善酿酒获一等奖章。[1] 这是绍兴酒最早在国际上的获奖。除了绍兴酒之外，黄酒类获金牌奖的还有杭州马卤济酒、山东兰陵酒、嘉兴吴式酒、山东金波酒等，绍兴酒占了 3/5；而绍兴周清酒名列第一。万国博览会上获金奖是最高荣誉，从此绍兴酒在国际上的不二地位确定无疑。据史志记载，1922 年，清废帝溥仪大婚时，在纳彩礼中抬 40 坛绍兴酒，作为婚宴用酒。

从 1916 年起，酒税大幅增加，除原有印花捐、附加捐外，新增公卖费、缸照牌照费等，酿户负担日重，成本增高，严重影响生产积极性。至 1922 年，绍兴酒年产量降至 1.74 万千升。1932 年后，年产量回升到 4 万千升。1937 年，年产量上升到近 7 万千升。据统计，20 世纪二三十年代，绍兴城乡以酒业为生者达十万之众，政府年收酒税达百万元。虽然黄酒产量时有波动，但是绍兴酿坊始终致力于提高黄酒质量。在 1929 年 6 月至 10 月的杭州西湖博览会上，绍兴酒荣获金牌奖。1936 年举办"浙赣特产展览会"，绍兴酒又获金牌奖和优等奖状[2]。

民国时期的绍兴酿酒业，可以从绍兴酒销售市场的对外扩张态势中得

---

① 傅立民、贺名仑主编：《中国商业文化大辞典》下册，中国发展出版社，1994 年版，第 1518 页。

② 钱茂竹：《越酒文化》，浙江人民出版社，2013 年版，第 210 页。

到印证。绍兴酒的年产销量，自晚清才有确切的年产量记录，光绪十一年（1885）为 3 万千升。1910—1913 年，绍兴县有酒坊 1300 多家，年产 1.5 万千升[①]。这得益于该地区水质的优良，以"青田湖为最优美，故各处酿户，都来装运水，用以酿酒"。民国初期，绍兴县"大小酒户共有 1800 余家，年产 10800 余缸，价值 4000 余万，为我国黄酒最为集中之地"[②]。20 世纪 20 年代至 30 年代前期，"绍兴城乡酿酒作坊多达 1500 多家，年产商品酒达 4 万多吨"[③]。据《商业月报》的统计，20 世纪 30 年代前期，绍兴境内有酒坊 2246 家，其中东浦 576 家，阮社 435 家，柯桥 414 家，都市区 359 家，皋埠 282 家，东关 85 家，钱清 59 家，安昌 36 家。其总产量以及各地区产量如下列表所示[④]。

1931—1934 年绍兴地区黄酒产量分布情况

单位:斤

地区	1931 年	1932 年	1933 年	1934 年
阮社	21540000	21142400	20200000	16570400
东浦	27400000	17042000	15283000	13598680
皋埠	15100000	14741600	13060000	11555920
都市区	12380000	12122000	11480700	9180820
柯桥	11000000	10700000	9602000	8421600
钱清	4652000	4200000	30120100	1183780
东关	1350000	1250000	911140	520260
安昌	840000	810000	579160	454720
共计	94262000	82009000	74028100	61486180

资料来源:《商业月报》1936 年第 16 卷第 11 期；转引自杜锦凡:《民国时期的酒政研究》，山东师范大学硕士学位论文,2013 年。

---

① 绍兴县地方志编纂委员会:《绍兴县志》(第二册),中华书局,1999 年版,第 999 —1002 页。
② 湖南省国货陈列馆编:《著名的绍兴酿酒业》,《国货月刊》1934 年第 21 期。
③ 马相金:《民国时期我国酒业的发展及其分布特征》,《唐山师范学院学报》2011 年第 3 期。
④ 转引自杜锦凡:《民国时期的酒政研究》,山东师范大学硕士学位论文,2013 年。

当时黄酒产量是以坛为单位计算的,一坛约盛酒 50 斤。从上述材料可以看出,以阮社地区的产量最多。绍兴在 1931 年之前,平均年产酒量达到 8000 万斤,价值约为 600 万元。自 1931 年开始,由于"九一八"事变发生,黄酒失去了东北三省的市场,加之该时期经济不景气,年产量开始缩减,1934 年与 1931 年产量相比,减少了 3000 多万斤。

如前所述,民国时期的绍兴酒已经声名远播。绍兴酒主要分为在本地销售的"本庄"黄酒和销往外地的"路庄"黄酒两种类型。在本地销售的有醺醽、翠涛、百花酒、梨花春、酒汗、善酿酒、夹酒、三重酒、远年、陈绍、女儿酒等等;销售外地的有加大、行使、放样、京庄等,此外还有"彩绘其罍曰花雕者"[1]。绍兴地区"所产的酒,除一小部分在本地贩卖外,大都运销杭州、上海、宁波等处,转运于长江、珠江、黄河各流域,东北各地也有输入,即使远在南洋、新加坡、印度等埠,也销量不少"[2]。从 1910 年的南洋劝业会,到 1915 年的美国巴拿马太平洋万国博览会,到 1929 年的西湖博览会,再到 1936 年的浙赣特产展览会,绍兴酒频频问鼎金奖,使绍兴酒身价百倍,备受青睐,生产与销售不断发展。一些有远见卓识的酒坊不断开拓省外市场,而上海始终是绍兴酒销售的中心地区。在上海,清末民初创立起来的"绍酒业大同行"对促进绍兴酒销售起到了极为重要的作用。中华人民共和国成立前夕,上海有绍兴酒业公会成员 249 家,其中 22 家规模较大。"绍酒业大同行"有以下特点:(1)自产自销,各打招牌,保证质量,吸引顾客。(2)以批发为主,批零兼营。(3)在批发业中,各有一些规模较小、资金较少的酒店与之挂钩。这些酒店有的与在绍兴或在苏州的绍酒作坊订立合同,委托加工,以求质量统一;有的则采购于绍兴酿坊,数量、作坊均不固定;有的还是夫妻小店,向大同行赊购经营,售后付款。(4)因战争原因,从上海到绍兴往返不便,有的就在上海近郊建造酿坊,由绍兴酒师傅把关酿制仿绍酒。仿造者会标明仿造字样,以示与绍兴本地酒之区别,以取信于顾客。(5)大同行的作坊也搞零售业务,叫"堂吃",设有酒座。聘有高级厨师,有的还搞筵席,还可代人温酒,送酒上门,足见其服务热情,让顾客满意,每酒店都有一批"回头客",常年生意兴隆。

---

① 马相金:《民国时期我国酒业的发展及其分布特征》,《唐山师范学院学报》2011 年第 3 期。
② 湖南省国货陈列馆:《著名的绍兴酿酒业》,《国货月刊》1934 年第 21 期。

民国时期绍兴酿酒业的兴衰,还可从制陶业的发展景况窥见一斑。以绍兴制陶业为例。绍兴境内的陶制品以酒坛为主,中心产区在诸暨的安华和洋湖一带。主要有缸、甏、坛、罐、壶钵等,品种繁多,式样新颖,尤以酒坛为大宗。绍兴酒坛按容量不同,分为5、10、15、25公斤装等多种规格,一般称25公斤装为"绍坛",占绝大多数。诸暨酒坛因其质坚通气,盛储黄酒越陈越醇而驰名。1924年,诸暨生产陶缸2500只,陶5000只。"自绍兴有绍兴酒以来,砂窑即应运而起,是业之兴衰与酒业之销量实有直接关系。"[①] "缸坛产成本既轻,制作又无须何高上技能,常为农人副业,备资数十元,即可出货,组织既如是简单,故其活动能力颇大。"[②]据1932年版的《中国窑志》记载,浙江省共有砂窑34座,产值32万元,其中诸暨有19座,产值为2万元,其产量和产值均占全省的55%以上。1933年,诸暨有缸坛窑21座,窑工2000多人,年产酒坛约17万只,大部分销往绍兴,故有"绍兴老酒诸暨坛"之说。1947年,制坛业衰落,至1949年,仅存应家山、天车罗龙窑2座,"砂缸砂坛十分之八供给酒行酿酒盛酒之用,故绍兴一县实可视为全省坛之唯一市场"[③]。绍兴酒坛以晋和坛(甏)行最负盛名。据记载,光绪三十四年(1908),徐兆佳(福祥)兄弟在绍兴西郭门外霞川桥创办晋和坛(甏)行,并在诸暨及金华兰溪等地建立窑厂。由于"晋和坛行"有着过硬的质量和信誉,深受东浦阮社、湖塘等酒乡和绍兴府城"沈永和""沈通美""咸亨"等大酒坊的青睐。1912—1937年为晋和坛行的鼎盛时期,占地面积达30余亩,年产销酒坛高达50万只。另据《诸暨民报五周纪念册·诸暨概观》载:"质粗,利于行远。绍兴酒坛皆出诸暨。"尤其是诸暨王家井洋湖坛,以其盛酒不开裂、不渗漏,所盛黄酒越陈越香而闻名。

抗日战争爆发前,北京还有很多绍兴人开的酒馆,日常饮用绍兴酒是北京人的生活习惯。1937年,日本全面侵华战争爆发,随后绍兴沦陷。日军侵浙期间,绍兴酿酒业元气大伤并逐渐走向衰落。因黄酒远销受到很大影响,专营酒坊大都被迫停酿。当时,绍兴县部分小酿坊已迁到苏州、湖州、无锡、宁波等地经营仿绍酒,本地兼营户仅剩十六七家。1935年,绍兴酒产

---

① 《越铎日报》1920年6月26日。

② 《中国经济调查报告华中编第二种·中国实业志》第4册(浙江省),宗青图书公司,2018年版,第220页。

③ 绍兴市军事管制委员会编:《绍兴概况调查》,1949年刊印,第68页。

量4030万余斤(约合2.02万千升),酿造户数从1934年的2246家减少至1647家,一年间停业或歇业599家。1945年,绍兴酒产量降到2500千升。抗日战争胜利后,外迁酿坊陆续返乡重操酒业,绍兴酒产量出现短暂回升。1946年,产酒1.45万千升,但酒税率和税额不断提高,同年绍酒税率由60%提高到80%,较战前增加50%以上。[1]1947年浙江省生产酒类682496市担。[2]按一市担100斤计算,全省酒类(含绍兴酒)产量6825万斤(约合3.41万千升)。1948年,绍兴酒税率高达100%,导致许多专营酿户倒闭,副业户亦无力酿制。

① 马相金:《民国时期我国酒业的发展及其分布特征》,《唐山师范学院学报》2011年第3期。

② 浙江省银行经济研究室:《浙江经济年鉴》,浙江省银行经济研究室,1948年版,第431页。

第六节　现代绍兴黄酒产业

20世纪三四十年代,由于长年累月征战不断,国内经济非常萧条,百业凋零,民不聊生。绍兴境内的大小酒坊大多奄奄一息,难以为继。

中华人民共和国成立至今,虽然经历了一些波折,但总体上是绍兴传统酒的繁荣发展期。在此期间,党和国家领导人都非常关心和喜爱绍兴酒。1952年,周恩来总理亲自批示拨款,修建绍兴酒中央仓库。在广州召开的制定国家"十二年科技规划"会上,他与陈毅副总理又批准"绍兴酒总结与提高"项目列入规划。他还多次向外国友人介绍推荐绍兴酒,一次他对柬埔寨国家元首诺罗敦·西哈努克亲王说:"有机会你一定去绍兴酒厂,看一看、尝一尝。"邓小平对绍兴酒也情有独钟,特别是晚年遵医嘱戒了烟后,每天都要喝一杯绍兴酒。[①] 改革开放后,绍兴黄酒产业发展进入了空前繁荣的时期,生产技术取得一系列突破,生产规模逐渐壮大,生产方式不断进步,初步实现了从传统工业向现代工业的过渡。

一、中华人民共和国成立以后的绍兴酒产业

中华人民共和国成立以后,党和政府十分重视绍兴酒这一民族工艺和科技遗产的振兴,积极扶持发展黄酒的生产。

1949年冬,绍兴县人民政府指定专业机构——粮油畜牧土产公司(以下简称"土产公司")负责黄酒的经销管理,统一绍兴酒的销价。先把半停半开的200余户小酿坊,由土产公司通过收购、经销的办法,初步稳定生产。一系列的政策措施,使绍兴酒的生产得到了迅猛发展,年产量从1950年的2342千升,扩大到1951年的1.2万千升。

---

① 据1993年9月20日《人民日报》报道。

1950 年冬酿时,大批酿户恢复生产。一系列的政策措施,使绍兴酒的生产得到了迅猛发展,年产量从 1950 年的 1522 千升,扩大到 1951 年的 1.26 万千升。1951 年 10 月,国家投资在城区新建了地方国营绍兴酒厂;12 月,以创办于 1743 年的东浦云集周信记酒坊为基础,组建地方国营云集周信记酒厂,即后来的东风酒厂。国营酒厂的建立,开创了黄酒生产史上的新篇章,再加上政府对私营酿酒业的支持,黄酒生产具备了空前良好的条件。1952 年,周恩来总理亲自拨款兴建"绍兴酒中央仓库"。同年 9 月,绍兴专区酒类专卖事业处成立,行使对酿户及酒类买卖统购包销的管理职能。私私合营和联酿生产,扶植大中型酿厂,限制作坊发展,实行计划生产等一系列措施,把酿酒业的范围集中到城区和柯桥、东浦、阮社 3 个著名酒乡,酒的产量、质量逐年提高,生产纳入了国家计划。1953 年冬,绍兴市酒类专卖事业处组织城区酿酒副业户,发展联酿生产。绍兴县将全县专业酿坊组成东浦、柯桥、皋埠、齐贤、越兴 5 个私私联营酒厂。1955 年冬,农村副业户和联酿厂撤销停酿。同年,有国营酒厂 2 家,私营酒厂 14 家,私私联营酒厂 5 家。

1956 年 1 月,在社会主义改造高潮中,私营酒厂全行业实行了公私合营。8 月,绍兴城区 14 家私营酿坊和 2 家酒店合并,组成"公私合营沈永和酒厂",下设 4 个生产点,酒厂厂址设在鉴湖边的原咸亨新酒厂,并投资 4.7 万元修建和扩大厂房,当年产黄酒 197 千升。同时,将绍兴县乡镇的 5 家私私联营酒厂合并,分别组建公私合营东浦谦豫萃酒厂、湖塘柯桥酒厂、孙端越兴酒厂,当年产黄酒 2740 千升。1958 年 7 月,绍兴县集 2 家国营酒厂、3 家公私合营酒厂(越兴酒厂先期并入柯桥酒厂)组建国营绍兴县鉴湖长春酒厂。翌年 10 月,改名为绍兴鉴湖长春酿酒公司。1960 年 10 月,为扩大绍兴酒生产基地需要,将绍兴酒厂第三车间改建为地方国营青甸湖酒厂。20 世纪 60 年代初,酿酒业贯彻国民经济调整方针。1965 年,绍兴县撤消谦豫萃、柯桥、青甸湖 3 家酒厂,保留绍兴酒厂、云集酒厂、沈永和酒厂。1969 年,云集酒厂改名为绍兴东风酒厂,沈永和酒厂改名为东方红酒厂。这番改造、整顿,极大地激发了广大职工的组织热情和劳动积极性,加强了生产管理,改进了工艺操作,统一了技术标准,产品质量大大提高。同时,恢复和扩大了善酿酒、香雪酒的生产,1957 年黄酒总产量比 1956 年增加了 70%。20 世纪 70 年代初,绍兴、东风、东方红 3 家酒厂组成绍兴酿酒厂。"文化大革命"期间,黄酒产量有所下降,社会供应不足,全地区实行黄酒凭票限量供应。

1960 年黄酒总产量为 66208 千升,分别比 1957 年(19558 千升)、1958 年(34131 千升)、1959 年(56604 千升)增加了 2.39 倍、93.64% 和 16.97%。到了 20 世纪 60 年代中期,"文化大革命"导致刚刚走上复苏之路的绍兴酿酒产业濒临崩溃。其间,受三年困难时期和"文化大革命"影响,绍兴酒年产量徘徊于二三万千升之间。

1950—1980 年绍兴市及各县的黄酒产量

单位:千升

时间	全市	绍兴	上虞	嵊县	新昌	诸暨
1950 年	2342	1552	89	182	418	101
1955 年	14418	12416	526	614	434	428
1960 年	66208	54715	3906	2560	1538	3453
1965 年	22841	17206	1460	1574	837	1763
1970 年	20480	13441	2371	1793	979	1896
1975 年	26782	18302	2780	1942	1220	2538
1980 年	44123	25423	5695	4992	2578	5435

资料来源:《绍兴市统计资料汇编》(1949—1988)。

从中华人民共和国成立到改革开放前夕,尽管绍兴地区的酿酒生产遭遇波折,但由于当地政府非常重视黄酒质量,其获奖步伐从未停滞。1952 年 7 月在由中国专卖事业总公司牵头组织的第一届全国评酒会(北京)上,绍兴鉴湖长春酿酒公司的绍兴酒被评为全国八大名酒之一。当时,各地选送的酒类或品种多达 103 种,获奖产品 8 种,其中白酒 4 种(山西汾酒、贵州茅台酒、四川泸州老窖、陕西西凤酒),白兰地 1 种(金奖白兰地),葡萄酒 2 种(玫瑰红葡萄酒和味思美)。"鉴湖长春酒"是唯一获奖的黄酒品类。评委会对绍兴酒的评语是:"入选的黄酒长春酒,产于华东地区绍兴,口味醇厚、芳香,味美适口,独具特色。"[1] 后来,长春酒厂改名为绍兴酿酒总公司,长春酒即为加饭酒。中国八大名酒的产生极大地震动了国内外酒业,获奖产品声誉骤起,掀起了全国酒类生产热潮。"八大名

---

[1] 第一届全国评酒会:《中国酒经》,上海文化出版社,2000 年版,第 123 页。

酒的诞生是酒类生产漫长的历史中,首次正式公开宣布中国优秀产品,在中国酒类发展史上,应视为极为珍贵的一页。"① 从此,绍兴黄酒正式跻身于全国名酒中,成为八大名酒之一,而黄酒作为名酒的仅此 1 家。1963 年,在由国家轻工业部举办的第二届全国评酒会(北京)上,在选送的 196 种酒(其中黄酒送样 24 种)中,绍兴酿酒总公司(包括东风、沈永和酒厂)的"古越龙山"牌(外销为塔牌)加饭酒获金奖,为"国家名酒"。1979 年,在由国家轻工业部举办的第三届全国评酒会(大连)上,在选送的 196 种酒(其中黄酒 40 种)中,绍兴酿酒总公司(包括东风、沈永和酒厂)的"古越龙山"牌(外销为塔牌)加饭酒再次获金奖,为"国家名酒"。1983 年,在由中国食品工业协会举办的第四届全国评酒会(连云港)上,其同样又获此殊荣。这样,在时间跨度长达 30 多年的 4 届全国评酒会上,绍兴酒均获金牌,且连续 4 次被评为"国家名酒"。如此高品位、高规格、高频率的荣誉,铸就了绍兴黄酒在中国黄酒品类上不可撼动的绝对领先地位。

与绍兴酿酒业最具相关性、最富地方特色的是花雕酒坛技艺。中华人民共和国成立后,党和政府十分重视绍兴花雕技艺的传承和创新。1956 年,绍兴酒厂聘请东浦人蔡阿宝恢复花雕酒坛生产。1958 年,蔡阿宝对花雕酒坛进行工艺创新,运用祖传佛像雕塑基本功,用香灰做原料,以"四面开光图"为模式,将平面彩绘改为人物油塑浮雕,然后上漆着色。产品大红大绿加描金,富丽堂皇,颇具浓郁的民间工艺装饰风格。当年,年产花雕酒 100 多坛,作为出口外销产品。1966 年"文化大革命"开始,"花雕"停产。1972 年 3 月,绍兴东风酒厂恢复花雕坛酒生产,单纯用油漆绘制,年产 200 多坛,图案内容以《西游记》故事、《水浒传》故事、"嫦娥奔月"、山水风景为主。1973 年,绍兴酒厂在蔡阿宝带领下,组成花雕酒生产小组,批量生产 10 公斤装花雕 400 多坛。1975 年因政治运动,花雕停产。1978 年再度上马,绍兴酿酒总厂招聘花雕艺人,发展生产。先以熟桐油与瓷土粉调成的油泥,塑造出各种人物浅浮雕主题图案;再用油漆手工描绘成以红、黑、金为主要色调的五彩花雕酒坛。1979 年增加了 5 公斤装的新品种,采用"两面开光",一面浮雕一面沥粉图案的形式法则。1980 年 1 公斤装花雕酒坛问世,外加纸盒包装,浮塑后工笔重彩描绘,雍容华丽,雅俗共赏。第一批仕女古乐图与福禄寿喜图案版本在日本走俏。②

① 杨沐春:《辛海庭讲新中国酒政·全国第一次评酒会》,《中国酒》2004 年第 12 期。

② 王立导:《绍兴民俗风情》,中国文史出版社,2009 年版,第 111 页。

二、改革开放初期的绍兴酿酒产业

改革开放以后,绍兴酒企业从少到多、从多到精,酿酒技艺进一步成熟,黄酒品牌日益响亮,个性化产品开始涌现,产业集中度不断提高。不仅如此,绍兴酒还成为对外贸易的生力军和中外交往中的友好使者。

(一)企业多快好,品牌名优特

20世纪70年代末,绍兴地区的黄酒产量为3.26万千升 。面对市场对黄酒的旺盛需求,绍兴各地乡镇、村纷纷创办黄酒酿造企业,而现有的国营或集体黄酒企业则一手抓企业经营体制改革,一手抓技术和设备改造,积极扩大生产,使绍兴酒的酿造生产呈现出良好的发展势头。80年代初开始,乘着改革开放的时代劲风,绍兴酿酒业进行了经济体制改革和较大规模技术改造,黄酒产销量飞跃式发展,声誉倍增。

80年代中期前,绍兴酿酒业以摆脱几千年来形成的笨重体力劳动为目标,集中改造旧设备。最初是从设备单项革新开始的:60年代初,试制成功卧式连续蒸饭机代替木桶蒸饭;成品杀菌从产量较小的锡制圆盘肠煎酒器改进成列管式杀菌器。70年代试制成功板框式空气压滤设备替代沉重的木榨榨酒。80年代初又革新成薄板式热交换器,提高煎酒产量和质量并节约能源;浸米工序用大铁罐代替陶缸;前、后发酵用金属大罐代替陶缸、陶坛;等等。

1978—1988年绍兴市及各县的黄酒产量

单位:千升

区域	全市	越城区	绍兴	上虞	嵊县	新昌	诸暨
1978年	28896	—	19318	3129	2173	1321	2955
1979年	32612	—	20629	4339	2537	1475	3632
1980年	44123	—	25423	5695	4992	2578	5435
1981年	63501	—	38724	8623	6096	4016	6042
1982年	55691	—	33428	6428	7014	2762	6059
1983年	67684	14246	22735	10460	7943	3905	8395

区域	全市	越城区	绍兴	上虞	嵊县	新昌	诸暨
1984 年	72853	72853	23877	11452	8731	4184	10244
1985 年	81986	20092	24805	12552	9383	5015	10139
1986 年	92215	22852	29556	13751	10091	5541	10424
1987 年	113414	24967	39816	17225	11225	4886	15295
1988 年	111972	25596	41969	16746	9064	5640	12957

资料来源:《绍兴市统计资料汇编》(1949—1988)。

20世纪80年代,根据时任国家主席李先念"一定要把绍兴酒搞上去"的批示,"黄酒重镇"绍兴县相继办起湖塘、鉴湖、东浦等72家乡镇集体酒厂,诸暨、上虞、嵊县、新昌等地的酿造业也有新的发展。绍兴酿酒厂更名为绍兴酿酒总厂。同时,为了保持绍兴黄酒生产的优势,积极参加国际竞争,从80年代中期起,绍兴黄酒企业全面实施科技进步规划,积极引进国内外先进技术设备,在传统酿酒工艺中,运用现代科学技术手段,开发新产品,改装酒坛包装,使绍兴黄酒产销量飞跃式发展,声誉倍增。1988年,绍兴市黄酒产量超过10万千升,达11.20万千升(其中绍兴酒为7.78万千升),约占全国黄酒总产量的近1/10,比1978年增长了2.88倍。在国内外大型展览会上,绍兴酒名声大增,饮誉海外。同年8月,绍兴加饭酒被国务院定为国宴酒。绍兴酒将它特有的醇香奉献给国宾的同时,也赢得了前所未有的殊荣,获得了快速发展的战略机遇。

1. 深化企业的经营体制改革

1983年,绍兴市、县体制改革,东风酒厂(原云集周信记酒厂)归属绍兴县。次年,绍兴酿酒总厂与市糖业烟酒公司联营,改名为绍兴市酿酒业工商联合公司,企业由生产型转向生产经营型。其他所属县区上虞、嵊县、新昌、诸暨的酿酒产业也得到迅速发展。1986年10月,绍兴市酿酒业工商联合公司易名为绍兴市酿酒总公司,实行供、产、销、人、财、物一体化管理,产品畅销全国,远销五大洲30多个国家和地区。

2. 加大企业的技术改造力度

绍兴酒的崛起,除了得益于在各级党委、政府引导下的企业经营体制创新,最重要的推动力是科技创新。从 20 世纪 80 年代中期起,绍兴酿酒企业引进国内外先进设备,将各项单项设备革新,组成整体设计,完善从原料到成品全过程一条龙生产作业线。1985 年 3 月,绍兴市酿酒总公司率先使用计算机控制发酵的 1 万千升机械化黄酒车间投产,使绍兴酒生产工艺实现全部机械化和部分工艺的自动化、电子化。其间,在工艺上进行大胆革新,试验选用纯种酵母菌、糖化菌代替自然菌种发酵,缩短生产周期。稍后,绍兴市酿酒总公司又从比利时引进一条年产 2.2 万千升玻璃瓶全自动生产线。自此,在绍兴酿酒界掀起了新一轮技术改造热潮。许多黄酒企业纷纷新建或扩建设备落后的生产线。绍兴市酿酒总公司和东风酒厂两家大型企业,先后从联邦德国和日本各引进年产 1 万千升大型自动化灌装流水线,之后又分别扩建国产 1.8 万千升自动化瓶装流水线各 2 条。上虞酒厂引进设备,建成日产 1.4 万瓶的瓶酒机械灌装线;沈永和酒厂完成中温厌氧发酵沼气池工程,年产 3000 千升的瓶酒机械灌装线投产。1997 年,中黄集团从意大利引进一条年产 2 万千升大型自动化灌装流水线,并从比利时引进一条年产 2.2 万千升的玻璃瓶全自动生产线,日瓶装产量达 30 万瓶。机械化新工艺与传统工艺基本一致,不同之处主要是用大罐代替缸、坛进行前、后发酵,用机械化、管道化代替原来的人工输送,用纯种酵母和熟麦曲代替或部分代替以前的淋饭酒母和块曲。从酿制、贮存、灌装到包装全程一条龙,绍兴酒机械化作业线基本配套完成,进一步提高了绍兴黄酒产能。

1990 年,绍兴市有各类酒厂 210 家,其中黄酒厂 200 余家,年产黄酒 12.67 万千升(其中绍兴酒 8.36 万千升,普通黄酒 4.31 万千升),其中外贸出口 8569 千升,为中国最大的黄酒生产和出口基地。

(二)不断走向开放视域下的绍兴酒

改革开放以来,绍兴酒名优新特品种屡屡获奖,产品畅销全国,远销五大洲 40 多个国家和地区。1990 年全市黄酒外贸出口 0.86 万千升,外销量居全国各大名酒之首。绍兴成为中国最大的黄酒生产和出口基地。

20 世纪八九十年代,绍兴乃至中国黄酒界最值得庆贺和自豪的,莫过于"古越龙山""会稽山"两款绍兴加饭酒先后被外交部礼宾司正式指定为国宴专用酒。1988 年 12 月,钓鱼台国宾馆给绍兴市酿酒总公司致一正式信件:

绍兴市酿酒总公司:

　　贵公司生产的"古越龙山"牌加饭酒、花雕坛酒,自我馆1959年建馆以来,在各种宴会、国宴上专用,得到了来馆宾客及有关领导人的赞赏,对于贵公司多年给予我馆工作的支持,我们表示衷心的感谢。

钓鱼台国宾馆

1988年12月14日

　　由此可见,自1959年钓鱼台国宾馆建馆之始,绍兴酒就作为国宴用酒,从未间断。1988年,为了遵照当时"宴会上少用烈性酒招待宾客"的国际惯例,外交部礼宾司便将原来常用的茅台酒等改为绍兴黄酒和葡萄酒。时隔10年,到1998年6月,另一款绍兴黄酒"会稽山"加饭酒,也被选定为人民大会堂宴会国宴专用酒。[①]这款黄酒由会稽山绍兴酒有限公司生产(其最早的前身是云集周信记酒坊)。当年,正是该酒坊酿造的"周清酒"在巴拿马万国博览会上获得了绍兴酒业历史上的第一枚金牌。

　　20世纪末期,绍兴酒在国际上可谓"奖"声频传:1985年在法国巴黎举行的国际美食及旅游展品展览会上,1985年在西班牙马德里举行的第四届国际酒及饮料博览会上,1989年在北京举行的首届北京国际博览会上,1994年在美国旧金山举行的美国巴拿马太平洋万国博览会上,1994年在上海举行的首届世界名酒名烟系列产品博览会上,绍兴酒均获金奖(特等金奖、金爵奖),其品种主要是"古越龙山"牌(外销为塔牌)的花雕酒、加饭酒和"会稽山"牌加饭酒等。这样,绍兴酒在国际酒类中的美誉度再次得到迅速提升。

　　与此同时,为适应国际市场和旅游业的需要,1981年绍兴酿酒总厂设立专绘花雕酒坛的生产车间和花雕设计室,开始培训花雕艺人,产量日增。1980年,蔡阿宝传人徐复沛设计的"湘灵图"和"煮酒论英雄"花雕酒坛获全国轻工业产品装潢设计优秀作品奖。1985年,大花雕坛"卧薪尝胆"获马德里国际酒类装潢大奖赛金奖。1988年,花雕坛制作从业人员40多名,年产花雕酒550坛。题材从古代神话到历史典故,内容丰富,共有156个花式。同年,绍兴花雕坛酒被北京钓鱼台国宾馆列为专用礼品酒包装。1989年,花雕艺人45名,年产花雕酒6000坛,产值48万元,创汇40余万元,主要出口日本、新加坡及东南亚国家。是年,绍兴花雕酒坛荣获中国专利局外观设计专利权,并获浙江省优秀专利银质

---

① 据1998年10月14日《中国食品报》报道。

奖。1991年,日本天皇访华,绍兴花雕坛酒被列为我国回赠礼品。由徐复沛、王文俊、王岳龙等领衔的花雕艺人团队匠心独运,精心创作,设计了以中国的长城、梅花和日本的富士山、樱花为主题的精美图案,并题塑"中日友谊,一衣带水"的沥粉书法。酒坛形制典雅华丽,引发日本酒商纷纷订货。1995年4月,中国绍兴黄酒集团特制2.5米高、直径1.6米的巨型花雕坛,参与首届浙江省暨绍兴市各界公祭大禹陵盛典活动。同年,专业花雕艺人达100余人,年产花雕酒超过5万坛。此后,他们所创作的花雕作品多次在国内外评比中获得大奖。1994年绍兴花雕在北京中国美术馆入选"第一届中国工艺美术名家作品展"。1998年,绍兴花雕酒又被中国外交部礼宾司、钓鱼台国宾馆指定为美国总统克林顿访华礼品。至此,以沥粉工艺、油泥堆塑和手工彩绘相结合的绍兴花雕酒坛,已成为造型多样、图案题材广泛,独具特色的民间工艺珍品。①

三、21世纪以来绍兴酿酒产业的繁荣发展

迈入21世纪后,随着我国改革开放的逐步深入,绍兴酿酒产业焕发了新的生机和活力,也迎来了前所未有的新机遇,开启了快速稳步发展的新征程。

20世纪90年代中期起,黄酒企业开始进行改制和整顿,部分黄酒企业强强联合,一大批小的黄酒企业被关停。进入21世纪,绍兴酿酒企业开始申请原产地域产品保护,中国绍兴黄酒集团公司和会稽山绍兴酒股份有限公司获首批原产地域产品专用标志。共有中黄集团(古越龙山)、会稽山、塔牌、女儿红、唐宋、白塔、咸亨等14家绍兴黄酒企业入选国家地理标志产品保护名录。2006年5月,绍兴黄酒酿制技艺被列入第一批国家级非物质文化遗产名录。至此,浙派黄酒进入了中黄集团(古越龙山)、会稽山和塔牌"三驾马车"奋力前行的新时代。2010年,绍兴市黄酒生产企业有79家,黄酒产量达53.4万千升,出口量1.97万千升。其中,获"国家地理(原产地域产品)标志"使用权专用标志的14家黄酒企业,产量达49.86万千升,出口量达到了1.7万千升。

中国绍兴黄酒集团公司由绍兴市酿酒总公司和沈永和酒厂[始创于清康熙三年(1664)]组建而成,简称"中黄集团"。绍兴市酿酒总公司的前身为地方国营绍兴酒厂,始创于1951年。1959年,古越龙山牌绍兴加饭、花雕酒被北京钓鱼台国宾馆指定为国宴专用黄酒。1985年3月,绍兴市酿酒总公司使

---

① 王立导:《绍兴民俗风情》,中国文史出版社,2009年版,第111页。

用计算机控制发酵的万吨机械化黄酒车间投产,绍兴酒生产打破季节的局限。1987年,建成投产从联邦德国引进的年产1万吨自动化瓶酒灌装线。1993年,绍兴市酿酒总公司年产2万吨的机械化黄酒生产车间建成投产。1994年5月,绍兴市酿酒总公司与百年老字号绍兴市沈永和酒厂实行联合,组建成立中黄集团。1997年5月16日,中黄集团组建成立绍兴古越龙山绍兴酒股份有限公司(以下简称"古越龙山"),并在上海证券交易所上市。接着,先后收购绍兴市鉴湖酿酒厂和绍兴市黄酒厂。2000年,绍兴酒被批准为中国第一个原产地域保护产品,中黄集团成为首批"国家地理(原产地域产品)标志"使用权企业之一。2002年,中黄集团在香港成立古越龙山香港有限公司,并逐渐成为拓展海外市场的重要窗口。2010年3月,古越龙山成功收购了绍兴女儿红酿酒有限公司。"女儿红"始创于1919年,是传统绍兴黄酒东路酒的代表。20世纪50年代初,14家私营企业合并建成东关酿酒厂。其后转为地方国营上虞酒厂,以生产干型黄酒为主,主要产品有越红、加饭、香雪、女儿红等。1993年,女儿红酒获法国鲁昂第65届国际博览会金奖。1994年6月,更名为绍兴女儿红酿酒总公司。2002年3月,更名为绍兴女儿红酿酒有限公司。2005年,古越龙山在央视黄金时段投放广告,开启黄酒销售全国化征程。中黄集团是中国黄酒行业领军企业、国家重点企业、中国酒业协会副理事长单位和中国酒业协会黄酒分会理事长单位。其主打产品是"古越龙山"年份酒系列,包括中央库藏系列、千福花雕系列、龙酝花雕系列、九龙至尊系列等。近年来,已成功开发"古越龙山·国酿1959"等新产品。各类黄酒系列产品畅销全国各大城市,远销日本、东南亚、欧美等40多个国家和地区。2018年,中黄集团实现营收28.53亿元,增长5.31%。

2015—2022年古越龙山绍兴酒股份有限公司产销量统计

单位:千升

年份	产量			销量		
	中高档酒	普通酒	合计	中高档酒	普通酒	合计
2015年	—	—	27862608	—	—	130758.06
2016年	73352.66	206700.64	280053.3	53464.7	85658.09	139122.79
2017年	83193.01	174531.81	257724.82	59029.81	89648.40	148678.21

年份	产量			销量		
	中高档酒	普通酒	合计	中高档酒	普通酒	合计
2018 年	99836.67	181187.95	281024.62	61513.29	77239.27	138752.56
2019 年	188637	73890	262527	59390	72392	131782
2020 年	157776	69004	226780	47399	67146	114545
2021 年	184879	70124	255003	49876	64360	114236
2022 年	179572	66949	246521	48552	64922	113474

资料来源:根据历年企业年报及公开信息综合整理。

会稽山绍兴酒股份有限公司初名云集周信记酒坊,始创于清乾隆八年(1743)。1951 年,更名为绍兴县地方国营云集酒厂。1969 年,又更名为绍兴东风酒厂。其后又更名为东风绍兴酒有限公司。1998 年,会稽山牌绍兴酒被北京人民大会堂指定为唯一国宴专用黄酒。1999 年,"会稽山"商标被认定为"首批国家重点保护商标"。2000 年 4 月,被批准为首批"国家地理(原产地域产品)标志"保护企业。2005 年,公司更名为会稽山绍兴酒有限公司。2007 年 9 月,再次更名为会稽山绍兴酒股份有限公司。2018 年,生产黄酒 15.33 万千升。产品畅销浙江、江苏、上海、福建、北京等地及港、澳地区,还远销日本、新加坡及欧美等 30 多个国家和地区。近年来,企业将着力点放在优化内部管理机制,提高生产管理的机械化、智能化水平,强化营销推广能力特别是增强中高端产品的营销力度,发展黄酒文化与工业旅游等。

2015—2021 年会稽山绍兴酒股份有限公司产销量统计

单位:千升

年份	产量			销量		
	中高档酒	普通酒	合计	中高档酒	普通酒	合计
2015 年	38492	149749	188241	38089	47298	85387
2016 年	49024	160485	209509	47116	58161	105276
2017 年	197835	61331	259166	52819	65787	118605

年份	产量			销量		
	中高档酒	普通酒	合计	中高档酒	普通酒	合计
2018 年	92765	60546	153311	58566	52471	111037
2019 年	67567	52631	120198	57204	51397	108601
2020 年	46043	51266	97309	48381	51686	100067
2021 年	51736	55889	107625	49883	55607	105490

资料来源:根据历年企业年报及公开信息综合整理。

绍兴塔牌绍兴酒有限公司是由浙江省粮油食品进出口股份有限公司创办的绍兴黄酒企业。"塔牌绍兴酒"最初是中国粮油食品进出口公司上海市食品分公司外销绍兴黄酒的品牌,早在 1958 年就进入国际市场。1980 年 1 月起,改由浙江省粮油食品进出口公司自营出口。20 世纪 90 年代前,塔牌黄酒的生产企业为绍兴市酿酒总公司,包括东风酒厂和沈永和酒厂。1994 年,浙江省粮油食品进出口股份有限公司投资兴建浙江塔牌绍兴酒厂。同年,塔牌绍兴黄酒被指定为北京人民大会堂国宴专用酒。2000 年 9 月,塔牌绍兴酒系列产品获准使用"国家地理(原产地域产品)"专用标志。2018 年,生产传统手工黄酒 4.92 万千升,自动化灌装能力 3 万吨,全部采用传统的纯手工工艺酿制,产量是目前行业中手工酿制黄酒之首,是绍兴黄酒重要的出口产品,产品出口日本、东南亚、欧美及中国香港、澳门等 30 多个国家和地区。塔牌绍兴酒以不同的包装面向日本、东南亚、北美、欧洲等国家和地区出口,取得显著效果。

2022 年,古越龙山、会稽山、塔牌"三驾马车"的总产量、销量和利润分别占绍兴市整个黄酒行业的 74.7%,82.1% 和 85.9%。绍兴黄酒企业的"龙头效应"日益凸显。

2015—2022 年绍兴塔牌绍兴酒有限公司产销量统计

单位:千升

年份	产量	销量
2015 年	44828	34012

年份	产量	销量
2016 年	46075	34243
2017 年	47480	36214
2018 年	49219	35897
2019 年	56293	31676
2020 年	49287	32705
2021 年	52708	30579
2022 年	46956	25386

资料来源:根据历年企业年报及公开信息综合整理。

第三章

绍兴黄酒酿制

技艺的递演和酒政

绍兴黄酒肇始于远古，滥觞于春秋，定型于北宋，兴盛于明清。它的酿造技艺是数千年以来越地先民首创、传承和发展而来的『绝技』，堪称中华酿造技艺之瑰宝。2006年6月，绍兴黄酒酿制技艺被列入首批国家级非物质文化遗产名录。本章从历史文化视角阐述黄酒的酿造原理及技艺，探讨绍兴黄酒酿制技艺的递演轨迹以及历代酒政。

第一节　绍兴黄酒的酿造原理及技艺

　　绍兴黄酒的酿造过程是一个特定的加工酿造过程,是所用原料经过浸渍与蒸煮、糊化,受到麦曲或酒药中多种霉菌、酵母菌、细菌等共同作用的过程。

　　绍兴黄酒酿造技艺堪称一绝。它是在我国古代酿酒技术的基础上发展起来的。如前所述,绍兴黄酒独一无二的品质,既得益于稽山鉴水的自然环境和独特的鉴湖水质,也得益于上千年来不断积累而成的一整套娴熟精湛的酿酒工艺,三者巧妙结合,缺一不可。

　　绍兴黄酒的整个酿造工艺流程,大致分为八步:浸米→蒸饭→落缸→发酵→压榨→煎酒→封坛→陈贮。在绍兴,把酿酒的糯米称为"酒之肉",麦曲称为"酒之骨",鉴湖水称为"酒之血",整个操作技艺称为"酒之经络"。可见,人们把酿造绍兴黄酒跟育人等同对待,足见其重视程度和精工细作。而在这"八步"酿造工艺中,最重要的是发酵和陈贮。发酵是以糯米为主要原料,添加麦曲、酒母、水进行边糖化边发酵的双边发酵。发酵期间的搅拌冷却,俗称"开耙",有着调

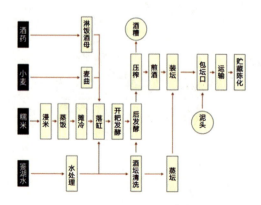

绍兴黄酒酿造工艺流程示意图

节发酵的温度以及补充新鲜空气的作用,也是发酵过程中至关重要的。"开耙"师傅在酿酒厂享有崇高的地位,需要熟练处理酿酒过程中发生的一切问题。另一个重要环节便是"陈贮"。绍兴黄酒俗称"老酒",这"老"就是指"陈",黄酒要陈酿三五年以上才好喝,只要原酒质量好,存放越久就越珍贵,口感也越好。当然,黄酒是否越陈越好还需要看三个条件:一是,要看原酒本身质量如何。如果质量足够好,自然是越陈越好,一般都会存放三年以上。二是,要看储存原酒的仓库,是否足够通风、阴凉、干燥,能避免阳光直射。只要不去动封口,放上数十年没问题。三是,要看装酒的容器。保存坛装酒最好是用陶坛,其次是瓷瓶,最差的是玻璃瓶,因为黄酒在陈化过程中需要与外界有一些空气交流。

浸米

开耙

从西汉到北宋初是我国传统黄酒的成熟期,其发展到现代的酿造技艺,大致分为两个阶段。第一阶段是自然发酵阶段。经历数千年,传统发酵技艺由孕育、发展直至成熟,其中的一些奥秘仍有待人们去解开。这个阶段,人们主要凭经验酿酒,以手工操作的小作坊为主,黄酒的品质缺乏可信的检测指标做保证。第二阶段从民国开始,在引入和应用西方微生物学、生物化学等知识后,传统酿酒技术发生了巨大变化。人们掌握了酿酒技能的个中奥秘,机械化、自动化、信息化和智能化水平大为提高,黄酒品质的技术支撑更有保障。

与此相对应,绍兴黄酒酿造技艺分为传统酿造技艺和现代化酿造技艺。

一、绍兴黄酒的传统酿造技艺

绍兴黄酒的传统酿造技艺,涉及食品学、营养学、气象学、气泵学、化学和微生物学等学科知识。它是以糯米为原料,经酒药、麦曲中多种有益微生物的糖化发酵作用,酿造而成的低度的发酵原酒。明代《天工开物》记载:"凡酿酒,必资曲药成信,无曲即佳米珍黍,空造不成。"① 也就是说,酿酒必须用酒曲做引子,否则即使用优质稻米、珍贵黍米也难以酿成好酒。这说明,酒药、麦曲在酿酒中有重要作用。

1. 酒药,又称小曲、白药、酒饼

这是中国独特的酿酒用糖化发酵剂。东晋时期,祖籍为会稽上虞的嵇含,是西晋"竹林七贤"之一嵇康的侄孙。他是中国酿造史上最早提到"小曲"(药曲)的人,他在《南方草木状》中记述了在制曲原料中加入植物药料。他说,"'小曲''草曲',南海多美酒,不用曲蘗,但杵米粉,杂以众草药,治葛汁,溲溲之,大如卵,置蓬蒿中,荫蔽之,经月而成,用此合糯为酒"。也就是说,用草药做的酒药南方很多,做酒药不用传统的曲蘗,只要把米春成粉,添加各种草叶,和辣蓼草汁混合搓成鸡蛋大小,用蓬蒿盖好(保温,让微生物繁育),隔一个月就成熟了,用它和糯米混合可做成酒。

在当时,绍兴的制曲技术已有重大改进。酒药一般在农历七月生产,其原料为新早籼米粉和辣蓼草。酒药中的糖化菌(根霉、毛霉菌)和发酵菌(酵母菌)是复杂而繁多的。绍兴黄酒就是以酒药发酵制作淋饭酒醅做酒母(酒娘),然后去生产摊饭酒。它是用极少量的酒药通过淋饭法在酿酒初期进行扩大培养,使霉菌、酵母菌逐步增殖,达到使淀粉原料充分糖化的目的,同时还起到驯养酵母菌的作用。这是绍兴黄酒生产工艺有别于世界其他酿造工艺的独特之处。酒药还有白药、黑药两种,白药作用较猛烈,适宜于严寒的季节使用,至今绍兴黄酒传统工艺仍采用白药;黑药则是在用早籼米粉和辣蓼草为原料的同时,再加入陈皮、花椒、甘草、苍术等中药末制成,作用较缓和,适宜在和暖的气温下使用。目前淋饭酒醅用的都是白药,而黑药已较少使用。

2. 制曲

利用粮食原料,在适当水分和温度条件下,繁殖培养具有糖化作用的微生物制剂叫作制曲。麦曲作为培养繁殖糖化菌而制成的糖化剂,它不仅给酒的酿造提供了各种需要的酶(淀粉酶、蛋白酶)并分解其他物质,供应微生物的营养,而且在制曲过程中,麦曲内积累的微生物代谢产物,还会带来酒的香味前驱物质,赋予绍兴黄酒独特的风味。

麦曲生产一般在农历八九月间,此时气候温湿,宜于菌类培育生长。20 世纪

---

① [明] 宋应星:《天工开物·曲蘗第十七·酒母》卷下,据明崇祯十年刊本,上海古籍出版社,1998 年版,第 217 页。

"酒药"和"块曲"

70年代前,绍兴的酒厂还是用干稻草将轧碎的小麦片捆绑成长圆形,竖放紧堆保温,自然发酵制作麦曲,称"草包曲"。但这种制曲方法跟不上规模产量日益扩大的需要,至70年代前期,改进操作方法,把麦片踏成块,切成宽25厘米、厚5厘米的正方形块状,堆叠保温,令其自然发酵而成,称"块曲"。麦曲中的微生物最多的是米曲霉(黄曲霉),根霉、毛霉菌次之。成熟的麦曲曲花呈黄白色,质量较优,有利于酒醪升温和开耙调温。麦曲是多菌种糖化(发酵)剂,其代谢物极为丰富,赋予绍兴黄酒特有的麦曲香和醇厚的酒味,构成了绍兴黄酒特有的酒体与风格。

3. 淋饭酒

将精白糯米用水浸渍2天,蒸成饭。蒸熟的米饭用冷水淋凉,然后拌入酒药粉末,搭窝,糖化,最后加水加曲发酵成酒。淋饭酒母俗称"酒娘",即"制酒之母",是酿造摊饭酒的发酵剂。一般在立冬、小雪节气前后生产,其工艺流程为:原料→过筛→浸米→蒸煮→淋水→搭窝→冲缸→开耙发酵→灌坛后发酵→淋饭酒。

糯米经过20天左右的养醅发酵,即可作为摊饭酒的酒母使用。因将蒸熟的饭用冷水淋冷的操作方法,称"淋饭法"(如下图所示),故其酿成之酒亦称"淋

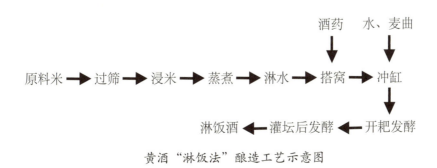
黄酒"淋饭法"酿造工艺示意图

饭酒"。淋饭酒娘在使用前都要经过认真的挑选,采用化学分析和感官鉴定的方法,挑选出酒精浓度高、酸度低、老嫩适中、爽口、饱辣、无异杂气味的优良酒醅作为摊饭酒的酒母,俗称"拣娘"。

4. 摊饭酒

其制作方法是将精白糯米用水浸渍 16 ~ 20 天,取出米浆水,把米蒸成饭;将蒸熟的米饭摊在竹簟上,使米饭在空气中冷却,再投入酒缸,与麦曲、酒母(淋饭酒母)、水和浆水等拌和,直接进行发酵酿制。一般在大雪节气前后开始酿制。其工艺流程为:原料→过筛→浸米→蒸煮→摊冷→落缸(清水、浆水、麦曲、酒母)→前发酵(开耙)→后发酵(灌坛)→压榨→澄清→煎酒→成品。因采用将蒸熟的米饭倾倒在竹簟上摊冷的操作方法,故称"摊饭"(如下图所示)。

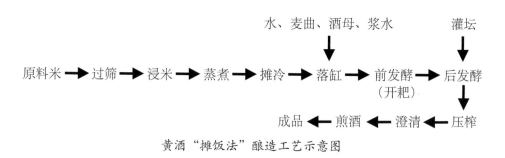

黄酒"摊饭法"酿造工艺示意图

摊饭因颇占场地,速度又慢,现改为用鼓风机吹冷法,冷却效果特别好。摊饭法酿酒是将冷却到一定温度的饭与麦曲、酒母、水一起落缸拌和保温,进行糖化发酵。为了掌握和控制发酵过程中各种成分适时适量地生成,必须适时"开耙",即搅拌冷却,调节温度,这是整个酿酒工艺中较难掌握的一项关键性技术,必须由酿酒经验丰富的老师傅把关。摊饭法酿酒工艺是糖化、发酵同时进行,故也称"复式发酵"。这项工艺质量控制繁杂,技术难度较大,要根据气温、米质、酒母和麦曲性能等多种因素灵活掌握,及时调整,如发酵正常,酒醪中的各种成分比例就和谐协调,平衡生长,酿成的成品酒口感鲜灵、柔和、甘润、醇厚,质量会达到理化指标要求。绍兴黄酒中的元红酒、加饭酒、善酿酒等,都是用摊饭法酿造的。摊饭酒的前后发酵时间达 90 天左右,是各类黄酒中醅期最长的。所以,风味格外优厚,质量更加上乘。

以元红酒的酿造技艺为例。元红酒是以摊饭法操作,用淋饭酒母落缸酿成,经陈酿后出售。酿造元红酒的周期是,每年小雪浸米,大雪蒸饭,然后落缸,约经过 70 天酿成,在立春前停止生产(如下图所示)。

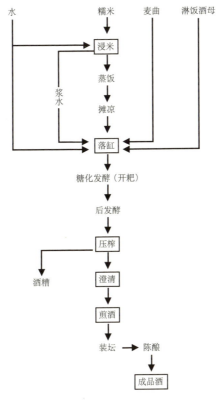

酿造元红酒的工艺流程示意图

5. 压榨

　　经过 80 多天的发酵,酒醅已经成熟。此时,酒醅糟粕已完全下沉,上层酒液已澄清并透明黄亮;口味清爽,酒味较浓;有新酒香气,无其他异杂气。

榨酒

经化验,理化指标达到质量标准要求,说明发酵已经完成。但是,由于酒液和酒糟仍混在一起,必须把固体和液体分离开来,故必须进行压榨。压榨出来的酒液叫生酒,酒液含有悬浮物,还必须进行澄清,减少成品酒中的沉淀物。

6. 煎酒,又称灭菌

为了便于贮存和保管,必须进行灭菌工作。"煎酒",就是把生酒放在铁锅里煎熟,其实际意义是灭菌。因而现在均采用热交换法进行灭菌,这道世代沿袭下来的绍兴黄酒传统工艺,如果不严格掌控,就会使成品酒变质。因为经过发酵的酒醅,其中的一些微生物还保持着生命力,包括有益和有害的菌类,还残存着部分有一定活性的酶。灭菌是采用加热的办法,将微生物杀死,将酶破坏,使酒中各种成分基本固定下来,以防止黄酒在贮存期间变质。当然,加热还有另外一个目的,就是促进酒的老熟,并使部分可溶性蛋白凝固,经贮存而沉淀下来,使黄酒的色泽更为清亮透明。

7. 成品包装

为了便于贮存、保管、运输以及有利于新酒的陈化老熟,一般采用 25 公斤容量的大陶坛盛装成品酒。用陶坛贮存包装的黄酒,存放时间较长。但也有缺点,如搬运堆叠劳动强度大、酒坛外表粗糙不美观、占用仓库面积大、贮存期酒的损耗多等等。20 世纪 90 年代起,"古越龙山"和"会稽山"两大品牌,开始用不锈钢材质制作 50 立方米的大容器贮酒。

二、绍兴黄酒的现代化酿造技艺

在现代化新潮的推动下,绍兴黄酒在传统酿制过程中粗放式的劳作场景,正在逐步被替代。长期以来,绍兴酿酒业始终徘徊在"农村副业→手工作坊→工厂式作坊"的生产模式上,以传统手工操作为主,设施简单,劳动强度大,生产周期长。为此,在绍兴民间,有"世上三般苦,打铁酿酒磨豆腐"之说。同时,自然发酵往往受气温季节影响,必须在农历十月至翌年三月的半年时间内,完成投料、发酵和榨煎全过程。一旦延至农历四月,气温渐高,酒醅容易变酸,酒质难以控制。如需扩大生产规模,也会受到限制。中华人民共和国成立后,尤其是改革开放 40 多年来,黄酒生产技术有了新的突破,其主要特征是初步实现了黄酒生产机械化。20 世纪 60 年代开始,为了拓展生产规模、减轻劳动强度,开展了轰轰烈烈的技术革新运动,逐步试制和采用一系列新设备、新工艺,取得了显著成效。试制成功板框式空气压滤机替代了沉重的木榨榨酒。70年代初,采用输米机、淋米机、机械化输送原料米,蒸饭设备改成机械化蒸饭机,由锅炉蒸汽供热,以卧式连续蒸饭机代替木桶蒸饭,用大铁罐浸米代替陶缸浸米。成品杀菌从产量较小的锡制圆盘肠煎酒器改进成列管式杀菌器,80年代初又革新成薄板式热交换器,既提高了煎酒产量和质量,又节约能源;随后,又加大黄酒酿造的机械化、自动化步伐,提高了出酒率。1985年绍兴市酿酒总公司建成投产年产1万千升的机械化新工艺车间。从此,绍兴黄酒开启了现代化酿造的新征程。

与此同时,在酿造工艺上也大胆改革,试验选用纯种酵母菌、糖化菌代替自然菌种发酵,大大缩短了生产周期。更重要的是,新工艺有利于微生物的培养与控制,进而促进黄酒品质的稳定与提高。酿造设备的机械化、自动化以及酿造工艺的科学化,既提高了劳动生产率,减轻了职工的劳动强度,也减少了对季节的依赖性。除了分离和筛选酿酒微生物,改进制曲工艺,前、后发酵逐步用金属大罐代替陶缸、陶坛,从20世纪90年代起,绍兴酿酒业又打响了以"四新"(新材料、新设备、新工艺、新技术)为核心的技术改造"攻坚战",取得了丰硕成果。这样,从酿制、杀菌、贮存、灌装到包装全程一条龙的绍兴黄酒机械化作业线基本完成,绍兴酿酒业进入快速发展的新时代。还运用现代高端技术革新一些关键工艺。比如,为了更好地保持原酒功能成分的生理活性和

绍兴黄酒自动化生产流水线

色香味及营养成分,促使黄酒陈化,采取了微波杀菌、脉冲强光杀菌、强磁脉冲杀菌等。近年来,绍兴黄酒的大型骨干企业率先开展产学研用深度融合,高质量发展的势头日趋呈现。

三、绍兴黄酒机械化酿造与手工酿造的比较

机械化酿造与手工酿造的浙江黄酒,其不同之处在于:机械化酿制的黄酒,利用纯种发酵,发酵的周期比较短,发酵旺盛,内容物含量比较少,质地比较淡薄;反之,手工酿制的黄酒利用纯天然自然发酵,发酵的周期比较长,一般要 3 个月,残留的内容物比较丰富,风味独特,质地比较醇厚,独具传统经典风味。

改革开放以来,在现代工业化的冲击下,传统的绍兴黄酒酿造技术正面临着巨大挑战。以前酿酒特别讲究时令,农历七月做酒药,八月做麦曲,九月做酒酿,立冬投料开酿,用独特的复式发酵工艺发酵 90 多天。第二年立春开始压榨、煎酒,然后泥封贮藏,酒经过数年甚至数十年的存贮,才能成为上品佳酿。如今,手工酿酒工艺越来越多被机器、流水线操作所取代。其实,手工酿酒有着机械化酿酒无可比拟的意趣。在机械化的大型酒厂里,酿酒过程中的温度、湿度等要素都能自动得到精确控制,生产效率高,劳动强度低,但每瓶成品黄酒并不存在多少差异。而手工酿造的黄酒则不同,每次酿造都可能获得不同的独特味道。

第二节 绍兴黄酒酿制技艺的递演轨迹

酿造技艺进步是黄酒业发展的前提。古代绍兴黄酒酿酒业之所以如此兴旺，绍兴黄酒之所以蜚声海内外，成为"酒林珍品"，得益于世代相承的当地酿酒人对酿酒技艺的不断探索和酝造技术的丰富积累。绍兴黄酒酿制工艺的特点：一是好水酿酒；二是用料精良；三是使用淋饭酒母；四是独特技艺。数千年来，人们在酿酒实践中逐步积累经验，不断提高，形成极为成熟的工艺技术。在其发展繁衍的历程中，绍兴黄酒业界十分注重操作技能的提高和酿造条件的改善，努力发掘新的资源，开拓新型品种，并且认真总结前代经验，采用先进的生产技术，从而使自身始终保持在全国同行业的最高水平线上。

从中国酿酒史来看，传统发酵酿酒经历了一个从米酒向黄酒的升华过程[①]。而绍兴黄酒在这个升华过程中表现得最为清晰。早先，绍兴地区出产的米酒还带有"浊醪"的原始痕迹。一直延续到宋末元初时，绍兴黄酒业相继采用先进工艺，很快就完成了米酒向黄酒的过渡。此后，在绍兴酿造的优质米酒，大多数已属于现代意义上纯正的黄酒了。

一、先秦时期的酿酒技术

史料典籍上对于"仪狄酿酒"过程语焉不详，只有短短的"令仪狄作酒而美，进于禹"描述，我们无法通过文字去探究其中的酿酒工艺。如前所述，到了西周时期，周王室不仅掌握了固定的酿酒方法，而且提出了酿酒的质量标准，即"五齐""三酒"。这里有必要简要地介绍一下"三酒"的酿造方法。"三酒"，即事酒、昔酒、清酒，是西周时期王宫内使用的酒。"事酒"是专门为祭祀而准备的酒，有

---

① ［清］田雯：《古欢堂集》卷六，《赭阳酒民歌戏作》，文渊阁四库全书影印本。

事时临时酿造,故酿造期较短,即酿即用之酒;"昔酒",是酿造时间较久的酒,一般冬酿春熟,是用来招待贵宾的;"清酒"是经过更长时间发酵后,过滤澄清,味道最为醇美的酒,色清味浓。其方法是:先将菁茅、酒曲和米饭搅拌在一起,使米饭发酵成酒,再用菁茅过滤掉酒糟,把酒浆装进大瓦缸。这说明,当时的酿酒技术已经较为完善。突出表现在"若作酒醴,尔惟曲蘗"(《书经·说命篇》)。这说明,当时已抛弃"口嚼法"酿酒,开始使用"酒曲"酿酒。

据文献记载,早在春秋战国时期,人们就懂得酿酒最好是在冬季,一般是在小雪后酿造,发酵到第二年,往往色清味洌。西汉《礼记·月令》中记载"孟夏之月,天子饮酎,用礼乐"。该书还列举出酿酒要点"六必",即"秫稻必齐、曲蘗必时、湛炽必洁、水泉必香、陶器必良、火齐必得"。(如下图所示)"六必"强调了选料、制曲、操作、水质、器具、火候等酿酒六要素的要点,又称"六必酒经"。这些要领,是先秦时期人们酿酒经验的总结和提炼,也是我国酿酒史上的一个里程碑。

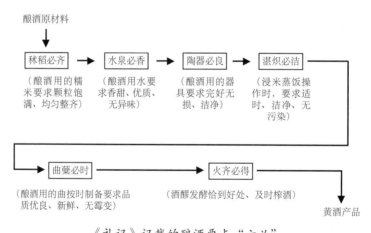

《礼记》记载的酿酒要点"六必"

二、秦汉时期的酿酒技术

秦朝时,秦始皇焚烧了除医药、秦记、人筮、种植之类以外的书籍。酒的酿造与饮用记载属于医药书类,故被保存下来。东汉初年,鉴湖的修筑、西兴运河的疏凿以及零星堤塘沟渠的建设,为宁绍地区酿酒业的发展奠定了基础。

秦汉时期,酿酒技术发展仍然非常缓慢,酒的度数徘徊在 1 ~ 3 度之间。但是,酒不再只是一种祭祀品,而成为大众可以享用的日常饮品。这得益于通过对曲的精制,酒的产量得到大幅度提高。这个时期,绍兴酿酒技术的进步表现在:一是,越地的酿酒师傅很早就观察到水质在酿酒中的重要性,于是煞费苦心寻找优质水源;二是,秦朝时淘汰了使用蘗酿酒的方法,曲酒成为主流。前面提到的"若作酒醴,尔惟曲蘗",其实指的是两种酿酒工艺,即曲与蘗。曲,是用发霉的谷物制成,如麦曲就是让小麦发霉,用曲酿制的当时被称为"酒";而蘗则是发芽的谷物,用蘗酿的酒醪被称为"醴"。当时,人们觉得用发芽谷物酿酒效率不高,酒度较低,就将其淘汰了,而专注发展"曲酒"。人们已初步掌握了米、曲原料与成酒的比例。当时,按酿酒原料不同,分酒为上尊、中尊、下尊三类。《汉书·平当传》云:"上尊酒十石。"如淳注曰:"律,稻米一斗得酒一斗为上尊,稷米一斗得酒一斗为中尊,粟米一斗得酒一斗为下尊。"会稽以糯米为酿酒原料,所产之酒位列上尊。据《汉书·食货志》记载,西汉末年,官酒的原料与出酒比例是"粗米二斛,曲一斛,得成酒六斛六斗"[①],即米、曲原料与成酒比例为 1∶0.5∶3.3,这个比例与现今绍兴淋饭酒的原料与成酒比大体相同。由此可见,今日的绍兴酒在酿造方法的某些方面,是继承了汉代以来的传统而加以发展的,二者具有一定的继承关系。三是,西汉中期,地方豪族富家都有酿酒专门作坊,有的还设置了专门制曲的"曲房"。酿酒者想方设法提高酒曲的发酵能力,以求酿出度数较高的酒。他们设置了专门的"曲房",在炎炎夏日派专人通过或开或关窗、门来控制"曲房"室内的发酵温度,以制造质量更高的"酒曲"。汉武帝时,已经有了人工培育曲麦制作"块曲"的文字记载。人们已经懂得把过去的"散曲"制成团状"块曲",所酿酒的度数逐步提高,质量也有所改善。当然,秦汉时期的酿酒技术总体上仍然比较落后,酒精度从 1 度上升至 3 ~ 4 度之间。而且,人们还难以控制微生物的纯净程度。有时候,酿制时间过长,酒曲中的霉菌便使其成为绿酒;酿制时间不足,则成为白酒(即"白色的米酒")。

王充在《论衡》中多次提到会稽一带的酿造情况:"蒸谷为饭,酿饭为酒。酒之成也,甘苦异味;饭之熟也,刚柔殊和。非庖厨酒人有意异也,手指之调有偶适也。""酿酒于罂,烹肉于鼎,皆欲其气味调得也。时或咸苦酸不应口者,犹人勺药失其和也。""酒醴异气,饮之皆醉;百谷殊味,食之皆饱。"这里,虽然王充并不是专门描写当时流行于会稽地区的酿酒技艺,更无法从发酵的科学理论

---

① [汉]班固:《汉书》卷二四下《食货志》,中华书局,2016 年版,第 1182 页。

上进行系统阐述,但他经过长期观察和实践,把获得的酿酒经验转化成可以控制整个酿制过程的技能和技巧。他说的"蒸谷为饭"是指酿酒原料是"谷",即蒸而成饭的米,也很可能是糯米,因为糯米在越王勾践时期就有种植。《吴越春秋·阴谋外传》所谓"春种八谷"(黍、稷、稻、粱、禾、麻、菽、麦),其中的"黍"就是糯米,性黏,是酿酒的好原料。更重要的是,书中道出了当时酿酒的主要流程。显然,现在绍兴黄酒的生产工艺,与"酿饭为酒"是一脉相承的。在王充看来,成酒出现"甘苦异味",或"咸苦酸淡",与使用"勺药"有着密切关系。一般认为,勺药是一种五味调料的合剂,但在王充这里是"调和"之意,可以看作是促使饭娘发酵的酒药,古时候也称小曲、白药、酒饼,是酿酒不可或缺的糖化发酵剂。从王充"酿酒于罂"的记载看,蒸谷为饭、加入酒药、装入罂中后,便开始发酵,步骤上很像现在的所谓"落缸"和"灌坛"。"罂"是一种口小腹大,专门用于盛酒的器具。用这种专用陶瓷缸坛酿酒,王充认为旨在"气味调得",而"调得"的关键是掌控好发酵过程中的温度。"酒暴熟者易酸,醋暴酸者易臭",说明掌控发酵温度是当时酿酒工艺中的重要环节,对"暴熟"造成的危害已有足够认识。

至于如何掌控发酵温度,王充反复用了一个"调"字,如"手指之调""调饭""调得"等。在他看来,"调得"如何,直接关系到成酒的"气味""口味""甘苦味"以及"酸味"。而这种"调"又含有"调和""调节""调均"之意;"手指之调"意即酿酒技术中的一门手工技艺,用来调节醪液的温度,适度充实氧气。这是发酵过程能顺利进行的要诀。由此看来,王充所说的"手指之调",实际上就是现代生产工艺中的"开耙",是必须掌握的关键技术。

尽管王充对于汉代会稽地区酿酒工艺的记载并不完整,但对酿酒工艺的几个主要环节,已经有了比较完整的反映。如果将当代绍兴加饭酒酿造工艺与王充记载的工艺做一番比较,两者已经十分接近:糯米(蒸谷)—蒸煮(酿饭)—搭窝(勺药)—落缸(入罂)—开耙(调得)—灌坛。可见,东汉时期绍兴酿酒工艺已经比较成熟。

东汉末年,各地酿酒方法很多。曹操曾有一奏议,名曰《奏上九酝酒法》,提到当时酒的酿造方法。其文曰:"臣县故令南阳郭芝,有九酝春酒法:用曲三十斤,流水五石,腊月二日清曲,正月冻解,用好稻米,漉去曲滓,便酿法饮。曰譬诸虫,虽久多完,三日一酿,满九石米止。臣得法酿之,常善。其上清滓亦可饮。若以九酝,苦难饮。增为十酿,易饮不病。"[①] 这里,曹操不仅总结了"九酝酒法"的工艺,而且提出了自己的改进意见。他发现,实际操作中如果用九斛米,则酒味苦烈,口感不佳,而"增为十酿",则恰到好处。

可见,汉朝的酿酒技术已十分成熟。在制曲技术上,普遍以曲酿酒,这是酿酒技术的一次飞跃;酒曲种类增加,不仅有大麦曲,而且有小麦曲;酒曲质量提高,生产出饼曲,酿酒原料与曲的比例发生变化,用曲量逐渐减少。在酿酒方法上,普遍使用复式发酵法,并在这种传统酿酒方法上创新了"酎酒法"。在饮酒方面,酒肆的数量增多且规模扩大,具有售酒与供人饮酒娱乐的双重功能;沽酒规模不断扩大,酒价不断提高,酒利润也不断增加。

值得一提的是,当时已经有了"煮酒"这种酒的后处理加热杀菌技术。宋代文人雅士,常常提到"青梅煮酒",如苏东坡诗云"不趁青梅尝煮酒,要看细雨熟黄梅";陆游也曾吟诗云"煮酒青梅次第尝,啼莺乳燕占年光"。其实,"煮酒"的目的是加热灭菌。当然,从现代科学分析来看,酒精酿造过程中,会产生乙醇、甲醇和各类微量酯(如乙酸乙酯)。"煮酒"有利于甲醇成分挥发,使微量酯类充分激发,陈香四溢。此外,温酒不伤脾胃,能够起到保健作用,温热的酒喝起来更加绵甜可口,可以让人体会到"温酒浇枯肠,戢戢生小诗"的意境。

三、魏晋南北朝时期的酿酒技术

魏晋南北朝时期,酿酒技术有了长足发展,酒类品种极为丰富。北魏农学家贾思勰的《齐民要术》对当时的制曲酿酒技术和经验做了全面总结。书中除了记载酃酒、糯米酒等许多当时名酒的制作方法以及形色各异的药酒之外,还记载了神曲、笨曲、白醪曲、白堕曲等四类共九种酒曲,以及酒曲、谷物及酒熟后下水的比例,并且对酿酒主要工序如选米、淘米、蒸饭、摊凉、下曲、候熟、下水、容器、压液、封瓮等都进行了详细阐述。

《齐民要术》中关于酒和曲的各种工艺记述,使黄酒的酿造水平发展到了一个新的历史阶段。随着全国的经济重心逐步南移,大批北方人向相对平安的南方地区迁徙,包括酿酒在内的一些先进技术也随之被带到南方。因此,该书虽然总结的是北方的酿酒技术,但实际上南北的酿酒技术差距不是太明显。

---

① [汉]曹操:《奏上九酝酒法》,引自严可均《全上古三代秦汉三国六朝文》(二),中华书局,1958年版,第1057页。

从原料看，与北方的黍米相比，江浙一带多用以糯米为主的粮食酿酒，优势更加明显。

《齐民要术》还对曹操家乡的"九酝酒法"做了进一步叙述："九酝用米九斛，十酝用米十斛，俱用曲三十斤，但米有多少耳。治曲淘米，一如春酒法。"[1] 九酝酒就是分 9 次或 10 次投料，并规定一定数量的曲，使原料和曲发酵到最佳的程度，令酒达到色香味格最纯正的要求。后来，苏轼在《东坡酒经》中也采用这种多次投料方法。值得注意的是，"绍兴黄酒也是用这种多次投料的方法，故曹操说的'九酝酒法'多少吸收了绍兴黄酒的经验，或是绍兴黄酒应用了这种'九酝酒法'"[2]。

贾思勰《齐民要术》

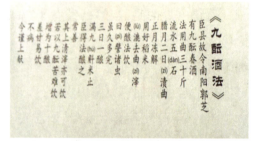

曹操《奏上九酝酒法》

当时，由于人们通过生产实践及多次的工艺改进，对酿酒工艺已有比较深入的了解，民间普遍掌握了包括酿酒时间、原料、糖化发酵剂、水质、发酵用的器具和温度控制等方面的一整套酿酒技术。因而，私人自酿自饮的现象很普遍。此外，还有很多产销合一的酒店、酒肆。

应当说，与两汉时期相比，南北朝时期的酿酒技术已比较先进。据史志记载，当时在江浙一带的酿酒后道处理，不仅有含糟黄酒和不含糟黄酒两大类，而且有绢过滤、生疏布过滤和毛袋过滤三种方法。这是特别可贵的创造。

四、隋唐两宋时期的酿酒技术

隋唐两宋时期，是绍兴黄酒酿造技术最为辉煌的发展时期。经过数百年的实践，绍兴酿酒业使传统的酿造经验得到了升华，形成了传统的酿造理论，特别

---

① ［北魏］贾思勰：《齐民要术》，胡山源：《古今酒事》，上海书店，1987 年版，第 17 页。
② 钱茂竹：《越酒文化》，浙江人民出版社，2013 年版，第 20 页。

是传统的黄酒酿酒工艺流程、技术措施及主要的工艺设备,在宋代已基本定型。正如李约瑟博士所说:"每当人们在中国文献中查考任何一种具体的科技史料时,往往会发现它的主要焦点在宋代。"① 不管是制曲、酿酒理论还是工艺技术都是如此。

(一)隋唐时期的酿酒技术

有关绍兴酿酒技术的文献资料,隋唐时留传下来的完整的不多,大多数是一些散见于其他史籍典章中的零星资料。

与魏晋南北朝相比,隋唐时期的酿酒技术有了较大幅度的提高,谷物发酵酒中的优质酒从外观色泽上已开始向现代黄酒的标准靠拢。而且,特别重视对酿酒用水的选择。

唐朝时,在酿酒工艺的某些环节中,人们逐渐使用了一些先进技术,诸如对酒醪加热处理和使用石灰来降低酸度的做法,都对后代酿酒技术的完善产生过深远影响。为了解决酒醪的酸变问题,唐人学会了"加灰法",即在酿酒发酵过程的最后一天,往酒醪中加入适量的石灰,以降低酒醪的酸度。《全唐文》卷一七四张𬭚《良酝》记云:"会期日酒酸,良酝署令杜纲添之以灰……例安灰,其味加美。"《太平广记》卷一〇九引《冥祥记》记载:"……有老母姓李,家镇沽酒,添灰少量,分毫经纪。"可见,无论是官酿作坊还是民营酒肆,都已普遍使用石灰降酸工艺。然而,唐朝的米酒从综合指数上来看还达不到现代黄酒的标准,这主要表现在酒的甜度过高而酒度偏低,浊酒的产量过大且米滓漂浮。这说明,当时的酿酒发酵与取酒过滤工艺都有欠缺②。在北魏及其以前,酿酒的后道工序(包括煮酒和压榨酒)较为简单。据酒史研究专家王赛时考证,到了唐代,人们取酒有两个方法,一是槽床压榨,二是器具过滤。槽床又叫"糟床"或"酒床"。将瓮中发酵好的酒醪,连糟带汁倾入槽床里,用重力压榨,酒液便通过槽床的隙缝或导孔处流滴下来,用桶接取,就得到了酒。陆龟蒙《甫里集》卷五《酒床》诗云:"六尺样何奇,溪边濯来洁。糟深贮方半,石重流还咽。"看来,唐代的槽床六尺见方,上面放有重石,以便压酒。《全唐诗》卷六二五陆龟蒙《看压新醅寄怀袭美》:"晓压糟床渐有声。"这里的"渐有声",就是压榨酒的声音。《全唐诗》卷五八四段成式《醉中吟》:"只爱糟床滴滴声,长愁声绝又醒醒。"描写的也是槽床滤酒的形貌声态。用于过滤

---

① 陈庆:《论中国古代分批投料酿酒工艺》,引自周立平主编《94′国际酒文化学术研讨会论文集》,浙江大学出版社,1994年版,第67页。

② 王赛时:《中国酒史》,山东大学出版社,2010年版,第100—103页。

酒醅的器具叫作"酒篘",多用竹篾编织而成。《全唐诗》卷六皮日休《酒篘》诗："翠篾初织来,或如古鱼器。新从山下买,静向瓶中试。轻可网金醅,疏能容玉蚁。"诗中把器具过滤的全套程序描述得惟妙惟肖。酒液通过竹器的缝隙流滴而出,酒糟则保留在竹器内。《全唐诗》卷六九三杜荀鹤残句:"新酒竹鹤鹤。"《全唐诗》卷六七一唐彦谦《宿独留》:"新篘酒带浑。"均指器具过滤 ①。

越地除了较为先进的酿酒技术以外,黄酒还进入了"压榨酒"时期。据绍兴文史专家盛鸿郎考证,早在 2500 年前,越地便有甘蔗种植,但由于无法"压榨",给吴王进贡的只是"甘蜜"(浓缩的液态蔗汁),而没有"石蜜"(固体糖)。直到唐贞观十九年(645),玄奘取经返回长安后不久,唐太宗敕王玄策等前往印度、阿富汗等地赠送绫帛以答谢,并邀请大夏(今阿富汗北部)菩提寺石蜜匠 2 人到越州。他们运用中亚甘蔗压榨技术,使"石蜜"成为越州贡品之一。随后,越地老百姓将石蜜匠带来的甘蔗压榨技术应用于制酒工艺中,通过压榨过滤,将稠状醪醴(浊酒)中的酒液与酒糟分离 ②。唐中后期,越州出现了压榨黄酒用的专用设备,但比较简陋。从此,越州便有了清醇的"压滤酒"。到了唐宋时期,浙江已经很明显地出现了加压榨取黄酒的方法。从文献资料来看,晚唐的榨酒技术及其设备都已比较先进。这在晚唐的诗文中也有所反映。韩鄂在《四时纂要·八月》记载:"干酒法:糯米五斗,炊,好曲七斤半……如酿酒法。封头七日,酒成,压取糟。"③这是绍兴黄酒制作工艺的一大进步,对提升黄酒品质和出酒率都起到了重要作用。新城(今浙江富阳)人罗隐在《江南行》中称:"江烟湿雨蛟绡软,漠漠小山眉黛浅。水国多愁又有情,夜槽压酒银船满。细丝摇柳凝晓空,吴王台榭春梦中。鸳鸯鸂鶒唤不起,平铺绿水眠东风。西陵路边月悄悄,油碧轻车苏小小。"这首诗描述了西陵(原萧山西兴)的繁华景象,"夜槽压酒银船满"说明酒的压榨十分忙碌,易好赚钱。从诗句看,压榨机已小型化了,并且装在船上,便于加工营业。④

值得注意的是,唐诗中的"烧酒"并非现代意义上的"烧酒"(或白酒,即蒸馏酒)。唐朝刘恂的《岭表录异记》提到烧酒,并叙述了其制法:"南方饮'既烧',即实酒满瓮,泥其上,以火烧方熟,不然不中饮。"其实,那时的"烧酒"只是一种

---

① 　王赛时:《中国酒史》,山东大学出版社,2010 年版,第 99 页。

② 　盛鸿郎:《唐朝虞绍兴黄酒》,引自《绍兴黄酒文化研究文集》(第 9 辑),第 65 页。

③ 　[唐] 韩鄂著,缪启愉修订:《四时纂要校释》,农业出版社,1981 年版,第 22 页。

④ 　盛鸿郎:《唐朝虞绍兴黄酒》,引自《绍兴黄酒文化研究文集》(第 9 辑),第 66 页。

直接加热以促进米酒陈熟,目的是促进酒的酯化增香,而并非"蒸馏酒"。

(二)两宋时期的酿酒技术

两宋以降,绍兴酒的酿造技艺"路线图"已基本固定下来,直到近代也没有大的改动。尤其是到了南宋时期,从绍兴酒酿造的工艺来看,已与现代的绍兴黄酒几乎没有什么差别。据《宋史·食货志》记载,宋代把酒分为"小酒""大酒"两类:"自春至秋,酿成即鬻,谓之'小酒',其价目自五钱至三十钱,有二十六等;腊酿蒸鬻,候夏而出,谓之'大酒',自八钱至四十八钱,有二十三等。"绍兴酒为冬日酿制,开年煎煮,过春出售,故绍兴酒属于大酒。王十朋在《蓬莱阁赋》中盛赞绍兴酒是"爵一觞而径醉,有不尽之余欢"。

宋代的酿酒技术文献资料数量多,有较高的理论水平。比如,苏东坡的《东坡酒经》,是描述家庭酿酒的佳作,言简意赅,把他所学到的酿酒方法在数百字的《东坡酒经》中完整地体现出来。他还创作了"蜜酒歌""真一酒""桂酒"等诗词。田锡所著的《曲本草》记载了大量酒曲和药酒方面的资料。李保的《续北山酒经》、窦苹的《酒谱》、范成大的《桂海酒志》、林洪的《新丰酒志》、张能臣的《酒名记》等都记载了当时黄酒的酿酒技术。窦苹的《酒谱》引用了大量与酒有关的历史资料,从酒的起源、酒之名、酒之事、酒之功、温克(指饮酒有节)、乱德(指酗酒无度)、诫失(诫酒)等方面对酒及与酒有关的内容进行了多维度的描述。

但是,最能完整体现当时黄酒的酿造科技精华,并且对酿酒业最具实践指导价值的理论专著,是成书于北宋末期的《北山酒经》。作者朱肱是土生土长的乌程(今吴兴)人。乌程原属会稽郡,东汉时分设。乌程是以酒命名的县城,也是古代浙北地区最著名的酒乡。朱肱是医学博士,曾任奉议郎,后因"乌台诗案"而被贬至达州。学医出身的他因官场失意,辞官还乡,尔后在杭州开设酒坊,把志趣转向了酿酒,后来成了名副其实的酿酒名家。据清人推测,《北山酒经》大概成书于 1111 年。因为,朱肱的同僚李保曾撰写《续北山酒经》,该书成于政和七年(1117)。据李保记载,"(朱翼中)壮年勇退,著书酿酒,侨居西湖而老焉"。当时,江浙一带黄酒作坊比比皆是,一派兴旺景象,这为酿酒技术的发展奠定了雄厚基础。据南宋马端临在《论宋酒坊》中记载,《建炎以来朝野杂录》曰:"江浙坊场,一千三百三十四,岁收净利钱八十四万缗。"可见,朱肱以江南苏杭一带的酿酒作坊为考察对象,在《北山酒经》中所记述的古代制曲和酿酒之法,有许多是对杭州及周边酿酒技术的总结和提炼。《北山酒经》借用"五行"学说解释谷物转变成酒的过程。他最可贵之处是,善于在实际和理论中认真钻研黄酒的酿造技术,对制曲酿酒过程中的许多关键技术问题,都有比较详细的论述和独到的见解。①

全书共分三卷。上卷为"经",总结历代酿酒理论,并且对制曲酿酒做了提纲挈领的阐述。中卷论述制曲技术。下卷论述酿酒技术。《北山酒经》继承和发展了北魏《齐民要术》中制曲酿酒的宝贵经验。如果说《齐民要术》是记录黄河流域酿造黄酒的第一部酿酒工艺学的话,那么《北山酒经》则是记录江南尤其是江浙一带酿造黄酒工艺的一部酿酒学经典。它反映了从北魏至北宋时期南北黄酒互相融合后完整的黄酒生产技艺,是研究中国古代黄酒酿造技术的珍贵史料。

1. 关于制曲技术方面

酿酒必先制曲,酒曲效力的高低,直接决定酿酒的成败,因此,在两宋时期,人们不断研制新型酒曲,寻求最佳组合的曲蘖配方。这在《北山酒经》中有详述。

(1)生料制曲。该书详细叙述了制造酒曲的原料选择、配料、制作工艺、原料粉碎度、加水干湿度、培养管理、酒曲标准、保存、使用方法等。收录了13种曲的制法,共分罨曲、风曲、醭曲三类。"罨曲"是把生曲放在麦秸堆里,定时翻动;"风曲"是用树叶或纸包裹着生曲,挂在通风的地方;"醭曲"是将生曲团接入母曲先放在草中,等到生了毛霉后就把盖草去掉。这些曲分别以麦粉、粳糯米为原料,掺入川芎、白术、官桂、胡椒、瓜蒂等草药,以调节酒的风味。制曲原料不用蒸、煮、炒的处理方法,而采用生料制工艺。这种工艺直接影响酒曲中微生物种类和数量的变化,使之朝着有利于提高酒曲质量的方向演变。

(2)曲母接种。使用曲母接种可以提高酒曲质量。在"王友曲"中"以旧曲末逐个为衣",在"白醪曲"中除仍"以曲母偏身糁过为衣"外,还"用曲母末与米粉末等拌匀"。这里,将陈曲末涂抹于新曲块上或混合于原料中,其实质是把陈曲中优良菌种接到新曲内,起到良种代代相传及育种的作用。绍兴黄酒药(小曲)就是用这种方法培育并沿用至今的。"陈曲"具有纯化菌种的作用,是储藏酿酒微生物最好且最简易的方法。新曲经过干燥后贮存,可以使产酸细菌衰老或死亡。陈曲酿酒比新曲好也许就是这个原因。

(3)干酵的发酵。《北山酒经》记载:"其法用酒瓮正发醅,撇取面上浮米糁,控干,用曲末拌令湿匀,透风阴干,谓之干酵。"即把酒醅中酵母移植到固体载体"曲末"上培养而成,是一种以酵母菌为主的酒酵,类似于现在的干酵母。其优

① 许赣荣:《中国杰出的黄酒酿造专著——〈北山酒经〉》,王炎、何天正主编:《首届国际酒文化学术论文集》,成都出版社,1993年版,第147—153页。

点是便于保管贮存和使用。

2.关于酿酒技术方面

《北山酒经》记载的黄酒酿造技术已较为完善。一方面,它继承并改进了远古的古遗六法(即《礼记》中的"六必"),吸收了北魏《齐民要术》中酿酒科技的精华;另一方面,又在兼容并蓄的基础上,创造性地提出并总结了许多新技术。

(1)对酸浆的认识和应用。《北山酒经》指出,"造酒最在浆,……酴米偷酸,全在于浆,……盖造酒以浆为祖""大凡浆要四时改破,冬浆浓涎,春浆清而涎,夏不用苦涎,秋浆如春浆。造酒看浆是大事"。书中还引用古谚"看米不如看曲,看曲不如看酒,看酒不如看浆"①。这说明,浆水在酿酒中的重要性。绍兴黄酒酿造仍采用酸浆作为其重要配方,并用"三浆四水"调节酸浆,其原理是酸浆中的有机酸、氨基酸、维生素等有利于调节发酵醪的 pH 值,使之适宜酵母菌的生长繁殖,防止杂菌污染和促进糖化发酵,与酒的风味成型也有内在关系②。这表明,早在北宋时期,对酸浆在酿酒中的应用已达到纯熟精深的程度。书中记录了三种浆(卧浆、合新浆、浸米浆),并认为卧浆最好。只可惜,前两种浆已失传。现在,绍兴黄酒酿造用的是浸米浆。

(2)酿造淋饭酒母的方法。《北山酒经》记载:"酴米,酒母也。今人谓之'脚饭'。"③这是中国黄酒酿造史上的一项重要发明。酴米,即酿造淋饭酒母的方法。长期以来,在酿造传统黄酒时,都要制淋饭酒母或添加淋饭酒母以促进酒化,使黄酒风味更加香醇。酿造酒母有三种制法:传统酿造淋饭酒母法、纯菌种扩培酵母培养法和应用生物技术制备的活性干酵母。传统酿造酒母法始见于北宋,"酴米"也就是酒娘或淋饭酒母。从酿造"酴米"工艺的全过程来看,它与现今酿造嘉兴传统喂饭酒采用淋饭酒母的方法极为相似(如下图所示)。比如,原料配比、用曲药的方法、落缸搭窝操作、保温培养、开耙搅拌等每项操作,都是一脉相承的。蒸甜糜即蒸饭,曲醛即曲药,入瓮从坑就是落缸搭窝,添荐席围裹就是用荐席保温培养等。④

① [宋]朱肱撰,周立平整理、标点:《北山酒经》,《94′国际酒文化研讨会论文集》,浙江大学出版社,1994年版,第323页。
② 汪建国:《我国北宋黄酒酿造名著——〈北山酒经〉》,《中国酿造》2008年第20期,第100—102页。
③ [宋]朱肱撰,周立平整理、标点:《北山酒经》《94′国际酒文化研讨会论文集》,浙江大学出版社,1994年版,第335页。
④ 洪光柱:《中国酿酒科技发展史》,中国轻工业出版社,2001年版,第131页。

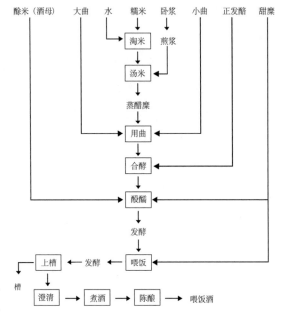

《北山酒经》中酿造喂饭酒的工艺流程

"酴米"和"合酵"是《北山酒经》中的两个专门术语。"合酵"就是菌种的扩大培养,相当于一级种子培养和二级种子培养;"酴米"就是酒母。从《北山酒经》中的记述看来,这样精细的菌种扩大培养技术,早在 800 多年前,就已达到炉火纯青的地步(如下图所示)。

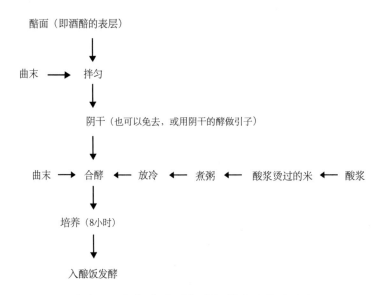

《北山酒经》中的"合酵"制造及使用过程

从上述过程可看出,"酴米"的制造过程也相当于一个完整的酿酒过程,但其特点是突出了一个"酸"字。卧浆用来烫米,并一直留在米中,使米粒内部也吸透酸浆。因此酴米的 pH 值较低,杂菌繁殖的可能性大大降低。酴米酿造过程中的第二个特点是用曲量较大,有时,酒曲全部加在酴米酿造中,有时一部分曲是在补料时加入。

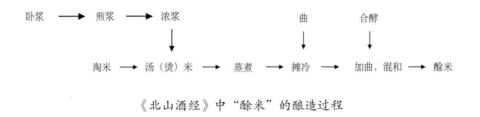

《北山酒经》中"酴米"的酿造过程

（3）投料制醪发酵的方法。

关于"投料",《北山酒经》中强调两点:一是补料要及时,二是补料的比例要恰当。至于"投料"的次数,则没有提及。据《北山酒经·酘醹》记载:"酘醹最要斸应,不可过,不可不及。脚热发紧,不分摘开……"酘醹,即投料制醪发酵的方法,包括投饭、拌曲、加水、制醪等操作。酿造黄酒配料和投料方法及加曲因传统工艺不同而异。《北山酒经》论述的酿酒工艺是一种典型的喂饭酿酒法,和同时代的苏东坡《东坡酒经》中提到的"先以三斗为酿,加四两酒药,再隔三天,投五升米,三投而止"[①]是一脉相承的。

如前所述,喂饭酒的特征是投饭分批进行,根据发酵情况,依次添加,现蒸现投,同时根据酒醪发酵强弱转化规律来确定追加投料量以及喂饭时间。《北山酒经》酿造的方法与现今嘉兴传统喂饭酒工艺由蒸熟米饭、酒酿（淋饭酒母）、酒曲（麦曲、酒药）、喂饭酿制而成相类。从浆凹酒酿到淋饭酒母,再到蒸饭、投饭、发酵、开耙、上槽、煮酒直到喂饭酒,这种传承关系堪称典范[②]。

（4）压榨技术的发展。

北宋时期,随着压榨设备的改进和压榨工艺技术的完善,浙江地区的压榨酒技术已比较成熟。当时,家庭用的压榨设备较为简单,而大型酒坊用的则较为复杂。从《北山酒经·上槽》关于"榨酒操作"的叙述中,可了解当时榨酒设备

① 汪建国:《传统小曲的工艺特征及在黄酒酿造中的作用》,《中国酿造》2005 年第 11 期。
② 同上。

的构件。"大约造酒,自下脚至熟,寒时二十四五日,温凉时半月,热时七八日便可。上槽仍须匀装停铺,手按压板正下砧簟,所贵压得匀干,并无箭失。"① 可见,榨酒设备有榨架、榨箱,将酒醅置于其中,附件有压板、砧(捣衣石)、层木、簟(竹垫)等。可以直接使用布袋或绢袋盛酒醅,用绿麻扎口,装入榨箱内,压槽分离。这种榨酒设备是一套利用杠杆原理制造的、很实用的木质机械,这在当时是很先进的。

《北山酒经》中还阐述了"榨酒工艺"的要点:(1)酒醅的成熟度应适当。在不同季节,酒的成熟度是不同的。在天寒时,酒须过熟;温凉并热时,须是合熟便压。(2)在压榨过程中可能会产生污染,导致酒的酸败。(3)压酒时,装料要均匀,压板上"砧"(捣衣石)的位置要放正,所贵压得均干,并无溅失。这样,可以最大限度地提高出酒率,减少损失。压榨后的酒,先装入经过热汤洗涤过的酒瓮。然后经过数天的自然澄清,并去除酒脚。

(5)煮酒灭菌技术。《北山酒经》指出,"火迫酒"技术的关键是把握火候,宜采取文火缓慢加热。如果火势过猛,会造成酒精挥发;如果火势太弱,又起不到预期的作用。

与唐代"烧酒"及稍后的"火迫酒"采用明火加热不同,宋代的"煮酒"是隔水煮。这种工艺在《北山酒经》问世之前就被采用了。《宋史》卷一八五中"食货志"中就有类似的记载。这种"煮酒"技术在《北山酒经》中做了较详细的记载:"凡煮酒,每斗入蜡二钱,竹叶五片,官局天南星丸半粒,化入酒中,如法封系,置在甑中(第二次煮酒,不用前来汤,别须用冷水下),然后发火。候甑簟上酒香透,酒溢出倒流,便揭起甑盖,取一瓶开看,酒滚即熟矣。便住火,良久方取下,置于石灰中,不得频频移动。"② 可见,煮酒的全套设备就是锅、甑、酒瓶,说明是隔水蒸煮。这种操作方法虽然比较原始,但与唐代的"烧酒"方式相比又有了进步。酒的加热在 85 ~ 88℃进行,不至于突然升温而引起酒的涌出,即使有酒溢出,也是少量的。这种"煮酒"方式还是比较合理的,既可以通过加热杀菌,破坏残存酶的活力和杀死微生物,让黄酒中含有的极微量对人体健康无益的甲醇、醛、醚类等有机化合物,随着温度升高而自行挥发掉,并除去生酒的异杂味,加速黄酒老熟,促进酒中蛋白质和胶体物质凝固,同时,酯类芳香物则随着温度的升高

---

① [宋]朱肱撰,周立平整理、标点:《北山酒经》,引自《94′ 国际酒文化研讨会论文集》,浙江大学出版社,1994 年版,第 323—335 页。
② 同上。

而蒸腾，从而使酒味更加甘爽醇厚，芬芳浓郁，使黄酒色泽清亮，成分稳定，便于长期贮存，而不变质^①。采用"煮酒"技术，为避免黄酒的酸败损失提供了技术保障。正因为有了煮酒技术，结合宋代酿酒酒曲制作技术，酒的酒精度增高，让黄酒得以较长时期贮藏而不坏，越陈越香，黄酒品质得到极大提升。

此外，在当今传统黄酒酿造技艺方面，《北山酒经》还记载了添加辣蓼汁或辣蓼末制曲、煮酒的方法与技术，分次投料技术，黄酒型花色酒技术，酒中加石灰技术等。在煮酒技艺上，有些技术至今仍有价值。比如，加入适量的黄蜡（蜂蜡），其目的是消泡。酒液冷却后，黄蜡会在酒液表面形成一层薄膜，起到隔绝空气的作用。

两宋时期，绍兴的酒类产品就成为酿酒界依法酝制的楷模而声望居高不下。其中，以越州蓬莱春酒最为著名，其制作方法被公认为"蓬莱法"，在酿酒行业中广为推行。北宋名臣赵抃在《清献集》卷五《用蓬莱法酿酒成以四壶寄越州程给事三首》云："武林新酝效蓬莱，莫把梨花较绿醅。安得逢春命高会，大家同入醉乡来。"又云："今酿蓬莱法差胜，乘壶携寄愿公尝。"诗中提到的"越州程给事"是指北宋名臣程师孟，19岁时娶唐朝秘书监贺知章后裔贺仿之女为妻。他曾于熙宁十年五月至元丰二年（1077—1079），任越州太守。两年后，告老还乡。他为官公正，不畏权势，政绩卓著。著有《续会稽掇英录》20卷、《诗集》20卷等。

（6）黄酒的勾兑技术。勾兑也称"拼酒"，指为了满足不同消费层次的需要，将按照黄酒工艺发酵而成的不同风格、不同味道、不同香味、不同贮藏年限的原酒按一定比例进行组合和调整，从而达到与原酒样本风格、口感、香味相异的成品的过程。黄酒的勾兑包括压榨前成熟酒醅的搭配、灭菌前清酒（贮于罐或池）的调配和装瓶前原酒的组合与调整等。南宋诗人罗大经在《鹤林玉露》中有一篇诗作《酒有和劲》，其中有"使君袖有转物手，鸬鹚杓中平等分。更凭石髓媒妁之，混融并作一家春"的诗句。这是迄今为止发现的最早关于黄酒勾兑技术的记载。寥寥数语，将黄酒的勾兑技术描述得生动而具体。有人说，黄酒要提高身价，登大雅之堂，一靠酿制，二靠陈贮，三靠勾兑，四靠包装。不无道理。这是因为，黄酒的原酒各有特色，但又都有所缺陷。通过勾兑，才能完美无缺。比如，用较为柔和的酒，与酒度较高、口味较辛辣的酒混合，就得到了口味适中的黄酒。

在宋代，为了解决酒醅酸败的酿造难题，绍兴酿酒师还发明了"加灰法"，即

在酒熟取酒的头几天,在酒醅中加入少量石灰,从而降低酒液酸度,去除异杂味,保证酒味醇正的效果。《鸡肋编》卷上记载:"二浙造酒,皆用石灰,云无之则不清……每醅一石,用石灰九两。以朴木先烧石灰令赤,并木灰皆冷,投醅中。私务用尤多。或用桑柴。朴木,叶类青杨也。"

五、元明清时期的绍兴酿酒技术

到了元明清时期,尤其是从明代中期开始,绍兴酒已驰名中外,其酿造技艺精益求精,并逐渐达到了出神入化的地步。这个时期,阐述有关酿酒技术的文献资料,主要有元代忽思慧的《饮膳正要》、无名氏的《居家必用事类全集》,元末明初韩奕的《易牙遗意》,明代李时珍的《本草纲目》、宋应星的《天工开物》和清代扬州盐商(绍兴人)童岳荐的手抄本《调鼎集·酒谱》等。

(一)元朝时期的酿酒技术

在酿造技术上,元朝已经彻底摆脱了米酒酿造的低层面,全面上升到"黄酒"的高境界。同时,元朝人从中亚及欧洲引进了蒸馏酒法,制造出了中国式的谷物蒸馏酒,带来了中国酿酒技艺具有划时代意义的变革。虽然,在两宋时期,人们已经掌握了现代意义上的黄酒酿造技术,但是产量还是有限的,且酒液不完全呈现为黄色。到了元代,发酵酒的酿造工艺比较完善,那些酿造时间较长、颜色较深的米酒,变成了琥珀色或黄色。这是发酵酒质量提高的显著标志。从此,人们开始称这种琥珀色的米酒为"黄酒"。当然,如果使用红曲酿造的米酒,色泽偏红,有人也称之为"红酒"。因此,在元朝,"黄酒"与"红酒"都是谷物酿造酒的表现形态,是不同颜色的高档次"米酒"。

在元朝,人们对酿酒工艺的每个环节都十分注重。从制曲、摊饭、投料、发酵、上糟,一直到收酒和灭菌加热处理,在每道工序都寻求最佳的操作模式。《曲本草》载"处州金盆露,清水人少姜汁造曲,以浮饮法造酒,醇美可尚",足见酿造者的良苦用心。元朝无名氏的《居家必用事类全集》记载了"东阳酒"的酿造工艺。比如,讲到了上糟时间的掌握:"大约造酒,自下脚至熟,寒时二十四五日,温凉时半月,热时七八日,便可上糟。仍须均装停铺,手安压钱正。下砧簟,所贵压得均干。"据王赛时教授《中国酒史》中的介绍,这部书还记载了"天台红酒"的酿造方法:"每糯米一斗,用红曲二升。使酒曲两半或二两亦可。洗米净,用水五升,糯米一合,煎四五沸,放冷以浸米。寒月两宿,暖月一宿。次日漉米,炊十分熟。先用水洗红曲,令净,用盆研,或捣细亦可。别用温汤一升发起曲,候放冷,入酒。曲不用发,只捣细,拌令极匀,熟如麻糍状,入缸中,用浸米泔拌,手劈极碎,不碎则易酸。如欲用水多,则添些水。经二宿后一一翻,三宿可榨,或四五宿或以香,更看香气如何。如天气寒暖,消详之,榨了,再倾糟入缸内。别用糯米一升,碎者用三升,以水三升者为粥,拌前糟。更酿一二宿,可榨,和前酒饮。"毗邻新昌县的天台县,与绍兴地区不过相距数十千米,其酿造技艺估计基本相同。可见,当时的酿造工艺已比较完善,与现代黄酒酿造技艺并无二致。另外,该书还详细列举了如何在酿酒中使用桃仁、桑叶、杏仁、莲花、苍耳心、川乌、淡竹叶等各味药材,比例也极为科学。

元朝诗人有许多饮酒佳作,可见当时绍兴地区的黄酒酿造水平。如杨维桢《铁崖逸编》卷四《红酒歌》有云:"桃花源头酿春酒,滴滴真珠红欲然。左官忽落东海边,渴心盐井生炎烟。相呼西子湖上船,莲花博士饮中仙。如银酒色不为贵,令人长忆桃花泉。"这首诗把红曲酒的颜色形态刻画得惟妙惟肖,也从侧面反映出元朝黄酒酿造工艺进步的迹象。

(二)明朝时期的酿酒技术

进入明清时期,黄酒酿造日趋成熟,更加完善,并在发酵酒行业中占有支配地位。明清时期的黄酒,是指工艺完备、酿造时间较长、耐贮存的发酵酒,其产品种类与现代黄酒基本相同。另外,传统发酵酒中的低层次米酒还在继续生产,民间称之为"白酒"或"浊醪"。其实,黄酒与白酒都是谷物发酵酒。

在明代,绍兴地区常常遵循统一的酿酒工艺标准,而且酒界人士相互之间沟通默契。宋应星《天工开物》卷下谈及曲蘖时说:"而南方则用饼团。其曲一味,蓼身为气脉,而米、麦为质料,但必用已成曲、酒糟为媒合。此糟不知相承起自何代。"每当人们研制出一种新型酿酒方法,杭嘉湖一带往往同步呼应,区域之间的带动效应非常迅速。比如,苏州首创"三白酒"(水白、米白、曲白)之后,"小民之家,皆尚三白"[①]。湖州、杭州、嘉兴等地相继模仿,亦生产出优质"三白酒"。

李时珍在《本草纲目》中关于"黄酒"(米酒)的内容较为丰富,并且收录了大量的药酒方;对红曲,则较为详细地介绍了其制法。

(三)清朝时期的酿酒技术

清朝时期,绍兴黄酒持续进入鼎盛时期。其酿酒技术也是当时最为典型的。在酿造过程中,绍兴黄酒作坊格外注重工艺程序,从选米、投料、酝酿,一直到出酒装坛,都严格按照程序操作。为了保证酿酒工艺准确实施,人们编写了酒谱条

---

① [明]范濂:《云间据目抄》卷二《记风俗》。

例,用以指导酿造。比如,清代乾隆嘉庆年间扬州盐商童岳荐(字砚北,绍兴人)编撰的《调鼎集·酒谱》,较为全面地反映了绍兴黄酒的酿造技艺。其中的"酒谱",详细记载了清代绍兴黄酒的酿造技术。在《酒谱序》中,作者开宗明义:"吾乡绍酒,明以上未之所闻。此时不特不胫而走,几遍天下矣。缘天下之酒,有灰者甚多,饮之令人发渴,而绍酒独无;天下之酒,甜者居多,饮之令人体中满闷,而绍酒之性,芳香醇烈,走而不守,故嗜之者以为上品,非私评也。余生长于绍,戚友之籍以生活者不一,山、会之制造,又各不同。居恒留心采问,详其始终,节目为缕述之,号曰《酒谱》。盖余虽未亲历其间,而循则而治之,当可引绳批根,而神明其意也。会稽北砚童岳荐书。"在对绍兴酒进行有根有据的褒扬、推介的同时,道出了绍兴酒之所以成为"酒中上品"的原因。

《调鼎集·酒谱》共分六部分,即《酒谱序》《酒谱》《酒类杂说》《附各种造酒毫曲法》《浙江鲁氏酒法》《酒》。其中《酒谱》是对绍兴酒酿造法一次全面系统的总结,为全书重点,内容为论水、论麦、毫曲、论米、浸米、酒娘(俗称酒酵)、白糟、开耙、榨酒、糟烧、烧酒、煎酒、酒油、糟、医酒、酒合酒、过糟酒、泥头、论缸、论坛、论灶、舂米、合糟、存酒、蒸酒家伙等25道工序,且包括了黄酒副产品,这是对绍兴酒酿造传统工艺流程的完整介绍。其中,关于浸米、制曲、酒娘、发酵、发酵控制技术、榨酒、煎酒等的记载,颇有技术含量和史料价值。

1. 浸米蒸饭

清代绍兴地区酿酒以户为单位。每户依据家产的大小,酿造数量不等。一批为"一作",一般30石米为一作,共计20缸,亦有10缸为一作的。每缸用米,对于本地销售的酒,一般为一石半,对于"京酒"(外销酒),则每缸加一斗米。虽然米饭蒸煮时不以缸为单位,但每一酿缸用料多少是有规定的,即以饭的重量来计,本地销售的酒每缸330斤。而"京酒"每缸饭重360斤,比普通酒的饭重每缸要增加30斤,"加饭酒"之名称由此而来。

2. 酒娘

酒母又称酒娘,每缸发酵醪一般用酒娘两挽斗,如遇冬天寒冷,则要加四挽斗,天暖则用半挽斗。天冷起发慢,故酒娘要多;天暖起发快,故酒娘可用少。

3. 用曲

对于麦曲的磨碎程度,要根据酒的品种来定,分家酒和外卖酒两大类,外卖的京酒,曲粉宜粗,当地人认为粗则吃水少,酒色必白,浑脚少,而对于家酒,曲粉要细,细则吃水多,色必红。粉碎程度和酒色的关系是麦曲磨得越细,麦皮也磨得越细,麦皮中的色素成分易溶解出来,颜色也越深。用曲时,新曲和陈曲宜掺和着用,其比例为陈曲占 30%。

4. 酸浆

酸浆的用法在北宋《北山酒经》中已有论述,清代绍兴黄酒基本上是按照宋代的做法酿制。但用法更加明确,即"三浆四水"。

5. 发酵

清代,绍兴黄酒的发酵配料有严格的比例。据《调鼎集·酒谱》记载,本地销售的酒与外卖的酒配料有所不同,外卖的酒比本地销售的酒的米饭量增加10%。下缸后,加强观察,注意酒缸内的冷热情况。控制发酵温度的方法非常简便,用草帚将缸盖竖起即可降温,根据天气寒冷程度决定竖起的高度。另外,就是通过缸外围裹的稻草的加减。

《调鼎集·酒谱》还对"用水""用麦""蒸酒用具"等提出了一些具体要求。关于"用水",作者认为,"造酒必籍乎水,但水有清浊、咸淡、轻重之不同"。绍兴酒之所以是上等好酒,是"水使然也。……其味清淡而兼重,而不温不冷,推为第一,不必用灰"。有比较才能有鉴别。他用排除法来说明井水、溪水不宜酿酒的原因,"井水从沙土而出,未免宁静,临缸开耙之时,冷热莫测","溪水流而不息,未免轻薄,造之虽好,不能久存,其味亦总不如山、会之轻清香美也"。关于"用麦",作者认为,"麦有粗、细、圆、长之别。大凡圆者必粗,长者必细,总以坚实为主,最粗者,不必罨曲,一则价钱重大,二则粉气太重,酒多浑脚。即或长细而身子坚实,其缝亦细,斤两不致过轻,但恐力薄,每十担可加早米二担,磨粉另存。罨时,每箱以加二搀和"。关于"蒸酒用具",作者罗列出 103 件用品工具,将大小、形状、轻重、主要用途等都交代清楚。此外,在《酒类杂说》中,作者介绍了 15 种酒酿制和运输中的知识。如"辨酒","酒坛用坚物击之,其音清亮,酒必高";如"泥头","黄泥有香气,其性柔;田泥有臭气。其性散。加砻糠炼则韧而软,故用黄泥而不用田泥者,此也"。在《附各种造酒罨曲法》中,作者收集了桃源酒、碧春酒、腊酒、建昌红曲、五香烧酒、地黄酒、封缸酒、粥酒等 37 种酒曲法,具有丰富的实用价值。在《酒》中,作者介绍了甜酒、梅子酒、烧酒、荷叶酿酒、绿豆酒等 20 种酒的特点,特别是绍兴酒的特色。

值得关注的是,《调鼎集·酒谱》卷六还特别推崇"浙江鲁氏酒法",其内容就包括了造曲、造饼药、造酵等条目。可以看出,其在造酵方面几乎到达炉火纯青的境界。比如,"造曲"条揭示:"造曲在伏天,将上白早米一斗,白面三升,水浸米一时取起,稍干拌面,纸做二十六封,挂南梁通气处,一月取下捣擦,晒露四十九日,夜收贮。"又云:"造酵用小缸……俟三日浆足,入大缸,如后法造:用米一石三斗,水浸四五日捞起,蒸饭摊冷,用前酵以米七斗共入曲末十八斤,饼药八两,下水一石二斗,密盖厚围,俟发响揭开,仍盖一日,打耙一次,连打六日足,用方榨。""七八月以早稻米磨粉,用蓼汁为丸,梅子大,用新稻草垫,以藁覆,或以竹叶代,再加稻草密覆七日,晒干收贮。"酿造绍兴黄酒很注重造饼药,该书对此细加叙述。

由此可见,《酒谱》是几千年来绍兴酒传统工艺的集大成之作,也是对长期以来越酒丰富酿造经验的系统总结,对"越酒行天下"起到了极为重要的作用。

六、民国时期的绍兴酿酒技术

民国时期,随着资本的增长和生产规模的扩大,黄酒酿造业开始从农村传统手工业中脱离出来,逐渐成为一个与盐业、茶业、榨油业、糖业等并列的独立行业。从空间布局来看,无论是酒类产量中心还是酿酒技术的中心都集中在我国东南沿海地区。

更为可贵的是,在黄酒的酿造技术方面,一些有识之士引进了外国有关酿造的基础原理和理论。他们学习到了醇、酵母、酵素、发酵等概念,认识到发酵的时间长短以及温度对于酒精度数的影响,对于酿造的研究更加深入。在发酵原理未引入之前,我国用阴阳学说来解释自然现象,这种理论也同样用于解释酿酒的过程。宋应星的《天工开物》认为曲的制作是由于"五谷之精华变幻,得水而凝,感风而化……"[1]。"清代赵学敏在《本草纲目拾遗》中云:'酒本来曲之精华,属阳。'"[2]用近代酿造学的理论来说,五谷的精华相当于淀粉与糖质,曲药之气相当于醇(俗称酒精)。醇是酒的主要成分。酒的种类划分也主要以酒中醇的含量为依据。绍兴酒(原酒)的含量为15% ~ 18%。这个时期的酿酒论著,大多是从化学原理这一方面进行论述,不再局限于酿酒的工序,对时间、温度、酒的贮藏、杀菌等各个方面都有记载,并且时间和温度等的单位也开始标准化。从这个时期酿造科技文献出版(1928—1949年)情况看,根据《民国时期酿造科技文献史料》记载,以发酵和酿造为主要内容的著作共有59种。其中,有关绍兴黄酒

---

① [明]宋应星:《天工开物》,岳麓书社,2001年版,第381页。
② 《学艺》1927年第6号,转引自杜锦凡:《民国时期的酒政研究》,山东师范大学硕士学位论文,2013年。

酿造方法研究的重要文献是周清编撰的《绍兴黄酒酿造法之研究》。[1]

周清出生于绍兴酒发祥地的东浦,系酿酒世家,其祖上于清乾隆八年(1743)开办云集周信记酒坊,周清为第五代传人。他16岁考取秀才,后考入北京大学生物系。毕业后,回杭州任教。寓京期间兼做绍酒推销员,开辟了一条绍酒船载沿京杭大运河至北京定点销售的新路线。1915年,在鲁迅先生的帮助以及周家长辈的施援下,绍兴东浦云集周信记酒坊将其亲手酿制的"周清酒"送往巴拿马太平洋万国博览会上展出,荣获金奖。作为一位学者型的酿酒师,他在执教之余,以其丰富的实践经验和深厚的学术素养,写成《绍兴酒酿造法之研究》一书。该书对绍兴酒的成分、优点及各道酿酒工序做了科学分析,并列出送往巴拿马展览包括小京庄酒4坛、研究报告1份、木制模型30余件和照片8张等在内的样品清单。这8张照片的内容有:①精制白米图;②榨取黄酒图;③研制绍曲图;④洗涤热饭图;⑤蒸摊米饭图;⑥煎灌熟酒图;⑦蒸馏烧酒图;⑧酒樽堆立图。其实,这些照片展现的是整个绍兴黄酒酿造酒工艺流程,是绍兴酒酿造法的形象展示。

《绍兴酒酿造法之研究》内容为:总论;第一章绍兴酒成分及优点;第二章绍兴酒原料;第三章绍兴酒酿造法;第四章绍兴酒酿造区域并产出量及价格等;第五章绍兴酒之副产物;第六章蒸馏烧酒法。该书不仅对绍兴酒的传统酿造工艺做了系统总结,对绍兴酒的化学成分也做出科学分析。而且,还提出了各国酒的标准,并以此比照绍兴酒的特色,把绍兴酒放置于世界酒业的范围来考察,足见其目光深远,具有划时代意义。总论部分叙述绍兴酒特别是东浦酒的特别优质之处,介绍了自己家世和自己投身酿造的经历。第一章、第二章对绍兴酒的原料和水的选择、糯米的选择、麦的选择均做了具体阐述,对世界各国大小麦的产量、质量也做出分析,表明作者对世界酿造业了如指掌。该书的重中之重是第三章绍兴酒酿造法,着重分析并介绍了酿制酒曲法、酿制酒酵法、酿制酒液法等。他在酿制酒液法中,将绍酒酿造分为八个时期,细致具体,最后介绍绍兴酒酿造区域产出量及价格和绍兴酒的副产品。可以说,《绍兴酒酿造法之研究》是一部完整而又具体的绍兴酒酿造法经典专著,体现了当时绍兴酒酿造理论的最高水平。

关于民国时期的酿造技艺,在吴承洛所著的《万有文库·酿造》中也有详尽的介绍。该书被收录于商务印书馆王云五策划编纂的《万有文库》第一辑。吴承洛系中国近现代计量学的奠基人。他在该书第四章米酒中讲到绍兴酒,指

---

① 杜锦凡:《民国时期的酒政研究》,山东师范大学硕士学位论文,2013年。

出:"绍兴酒之全部制造方法,可分为四段:(一)制造酒药;(二)制曲;(三)制造淋饭酒;(四)制造摊饭酒。"在讲"酒药制法"时,作者指出,酒药分黑白两种……对于米饭酒曲,能起发酵作用。白药以辣蓼草、早米粉为原料;黑药除辣蓼米粉外,再加陈皮、花椒、甘草、苍术等药末。其制作方法、步骤,也写得很明确。在"酒曲制法"中,作者指出"制曲之麦,大小麦均可用,以用小麦居多,亦有大小麦混合用者,其配合比量为大麦二分,小麦八分。于处暑节前后,买麦晒燥,以筛或风箱去其夹杂物。于秋分前后,将麦磨碎。于秋分至霜降前后,即可制曲"。其具体过程为:用麦粉两桶,约四五十斤,加清水十余斤搅拌之,使水与麦粉分配均匀,名为拌曲。所拌之曲,置木框内,框底有板台,框面覆蒲席,以两足在席踏之,使水与麦粉黏合成块。起框去席,以刀剖为四条,每条横断之,长约二英寸,厚约五寸,名曰曲块,移至曲床。床上稻秆,先行铺妥,以捆缚曲块,成为曲包。每曲包中,有曲块二。斯时密封曲室,使温度上升,如气温过高,不妨稍开窗穴。过二星期或四星期后,曲菌发育,已将成熟。曲香味甘美,菌丝呈黄白色,即除去稻秆,置于空气流通干湿适宜之地,即可应用。对淋饭法、摊饭法制酒,作者也同样条分缕析,说得一清二楚。在淋饭法制酒时,酒为"合酒精 3.5%,糖 13.3%,糊精 26%,乳酸 0.66%"。在摊饭法制酒时,讲其"开耙"这道关键工序:工人以手验其温度,嗅其香气,赏其酒味,听其发酵声,由此四者,决其当否。此时室中温度,在 14 摄氏度上下,液之温度在 28 摄氏度上下。作者特别指出,如开耙时温度低,则酵母繁殖慢,就易陷于甘败;反之,若失之太迟,则易于酸败。至成熟之摊饭酒,令酒精 14%,糊精 1.8%,糖 0.6%,酸类 0.8%。"以此滤过杀菌后,装坛陈置一年以上,即成市售之绍兴酒。"可见,《万有文库·酿造》对绍兴酒酿造技艺的描写细致入微,扼要精到。

民国时期,随着黄酒酿造技术的不断提高和需求量的日益增加,绍兴酒的销售范围也持续扩大。绍兴酒虽然主产于绍兴地区,但是贩运销售范围却北达北京,南到广州。被誉为"中华谈吃圣手"的唐鲁孙曾经说过,绍兴虽然产酒,但在绍兴却不容易喝到正宗的上佳绍兴酒,因为"绍兴酒在产地做酒坯子的时候,就分成京庄和广庄,京庄销北平,广庄销广州,两处一富一贵,全是路途遥远,舟车辗转,摇来晃去的。绍兴酒最怕动荡,摇晃得太厉害,酒就浑浊变酸,所以运销京庄广庄的酒,都是精工特制,不容易变质的酒中极品"[1]。因此,销往北京、广州的绍兴酒数量虽然很少,但都是绍兴酒中的精品。

---

[1]　唐鲁孙:《中国吃》,广西师范大学出版社,2004 年版,第 97 页。

第三节　绍兴黄酒的酒政沿革

酒政,或称酒法,是指国家对酿酒业(包括产销、饮用等)采取的一系列法令制度,主要是指酒的酿造、买卖及税收等方面的政策。在历史上,酒政的主要内容有禁酒、榷酒和税酒等,也有一些特殊形式穿插其中。

一、酒政的背景与缘起

历史上,酒政主要出自三大缘由:一是确保政局和社会稳定;二是调节酒利的分配;三是保障灾年民食。

黄酒的酿造原料主要是粮食,而粮食是关系到国计民生的重要物资。由于酿酒往往利润丰厚,时常会发生酿酒大户大量采购粮食用于酿酒,与民争食的情况。当酿酒用的粮食与老百姓的口粮需求发生冲突时,为确保民食,政府必须加以干预。

酿造或饮用黄酒,是一项普遍的社会活动。酿酒作坊可以大规模生产,家庭可以自产自用。且酿酒的方法简便,周期也短,只要有粮食,随时便可酿酒。而无论是酿造还是饮用,黄酒的产销与种粮业、餐饮业都息息相关。

黄酒是一种高附加值的特殊商品。酿酒业的高额利润,给开办酒坊酿酒的富商们带来滚滚财源。为了防止财富过分集中,政府通过酒政来加以规范,由政府来垄断酿酒利润。在特定的场合下,黄酒也是不可或缺的,但是,更多时候是一种奢侈品。况且,喝久了易上瘾,喝醉了易惹事,伤身败体不说,还会诱发争斗,引起祸乱,成为社会不稳定因素。

有鉴于此,无论是哪个朝代都实施酒政,就是为了规范黄酒的生产、流通、消费行为,发挥其正面效应,抑制其负面效应。在历史上,酒政措施有利有弊,执行程度有松有紧,世人评说也有褒有贬。但是,有些政策至今仍有借鉴意义。

二、酒政的历史沿革

从现有的历史文献来看,大禹可能是中国酒政的开先河者。据《战国策·魏策》载:"帝女令仪狄作酒而美,进之禹,禹饮而甘,遂疏仪狄,绝旨酒。曰:'后世必有以酒亡其国者。'"不幸的是,大禹的政治预言在夏、商两代得到证实。于是,在周灭商后,周成王吸取夏桀、商纣的教训,颁布了史上最为严厉的"禁酒令"——《酒诰》,这也标志着中国酒政的正式开始。也就是说,周代是在吸取前朝的酗酒无度而亡国的教训后,才实行了全面禁酒令,颁布《酒诰》,制定酒政。

在此后3000多年里,中国古代的酒政,可划分为三个阶段。

第一阶段:周秦酒政(前11世纪—前207)。这是中国酒政的创始阶段。周王朝鉴于前二代末主"酗酒失国"的教训,制定了严格的"酒法",并设置了执法机构萍氏、司虣等,在酒类生产、消费各环节都苛以重刑。春秋战国时代,酿酒基本是放任自由的。"宋人有酤酒者,升概甚平,遇客甚谨,为酒甚美,悬帜甚高。"[1]孔子"沽酒市脯,不食"[2],荆轲"嗜酒,日与狗屠及高渐离饮于燕市,酒酣以往,高渐离击筑,荆柯和而歌于市中,相乐也,已而相泣,旁无人者"[3]。说明当时各国对酿造酒、买卖酒并没有采取专门措施。只有秦国在商鞅变法以后,才实行限制酒类生产销售的政策。

第二阶段:汉唐宋酒政(前206—1271)。这是中国酒政的发展阶段。突出表现为:一是酒政制定从单纯受政治因素影响发展到受政治、经济、军事、文化等多种因素影响;二是榷酒法使官家专酒利,开了酒类专卖的先河;三是酒税曲课的征收为封建王朝创造了大宗财政收入,并在一定程度上推动了社会政治、经济、文化的发展。汉朝初年,朝廷对饮酒实行"禁群饮""禁酒""大酺"等政策。据史料记载,天汉三年(前98)春二月,"初榷酒酤",标志着我国榷酒制度开始创立。汉武帝死后,这项持续了17年的榷酒政策被取消,代之以酒税政策。三国两晋南北朝时期,各国的酒政也各不相同。比如,魏国前期实行禁酒政策,中期实行榷酒政策,后期实行酒税政策。隋唐五代的酒政随社会的变化,经历了曲折演变的过程。宋辽金元时期的酒政主要实行的是以榷酒、榷曲为主,禁酒、

① [战国]韩非著,徐翠兰、木公译注:《韩非子》,山西古籍出版社,2003年版,第151页。

② 李方录校:《敦煌〈论语集解〉校证》,江苏古籍出版社,1998年版,第389页。

③ [汉]司马迁:《史记》卷八十六《刺客列传》,中华书局,1954年版,第1231页。

税酒为辅的政策。

第三阶段：元明清酒政（1271—1911）。这是中国酒政的延续阶段。主要是征收越来越多的酒税曲课，作为国家重要的税赋收入和盘剥人民的一种手段，只于灾荒年月，饥馑之地，暂行禁止，权停烧锅。元朝的酒政多变，大多在榷酒、税酒和禁酒之间徘徊，元朝也是我国禁酒次数最多的朝代，仅《元史·本纪》记载，发布禁酒令便有70多次，几乎贯穿整个元朝统治时期。禁酒的重点首先是以大都和上都为中心的地区。但是，元朝总体上看实行专卖的时间还是较长。明代酒政最大的变化便是取消专卖政策，除了明代初年曾实行禁酒以外，其后一直实行税率较轻的税酒制。清代前期实行税率较轻的税酒政策，但后期由于内忧外患，政府对酒征收重税，并从特许制度逐步向榷酤制度转变。

从全国范围来看，我国的酒政随时代和地区的不同而有异，是不断变化的。就其地理范围而言，可以分为京畿地区、诸州府城、乡野和边疆少数民族地区。就时间来说，可分为歉荒年和丰收年。就酒业政策来看，又可以分为禁酒、榷酒和税酒。其主要有以下特征。一是，酒政不是单一运用某种政策，而往往是交叉并行的。以清代为例，朝廷主要实行的是税酒政策，但其中也有局部地区或者短时期涉及全国范围的禁酒。二是，酒政往往是在一定区域或者一段时期内实行的。以宋代为例，其酒业政策是"诸州城内皆置务酿酒，县、镇、乡、间或许民酿而定其岁课，若有遗利，所在多请官酤。三京官造曲，听民纳直以取"。宋代，朝廷专门设酒库、置酒务、征酒税，但在特定时期或一定范围，当时的酿酒禁令还是有一些"弹性"的。例如，当时有一种"添酒钱"，即在酒价上加征税课，亦在酒库对外办理。但对民间家酿自用，不入市买卖的"土酒"，还是允许的。三是，往往在歉荒年是禁酒的，特别是经济不发达的地区或者是京畿地区，而到了丰收年便开始实行弛酒政策。四是，少数民族地区是不榷酒或不禁酒的。这些地区处于边疆地区，农业经济不发达，而且民俗风情与汉族不同，他们需要大量的酒用于祭祀或者抵抗岚瘴，故而多数实行税酒政策[1]。

值得注意的是，在我国封建社会有一种礼俗制度叫"赐酺"，就是当朝廷有大赦、改元、营建宫观、封禅祭祀、奉上尊号等庆典之事，皇帝颁诏大赦天下，特许民间聚会欢饮，老百姓可以不受禁酒、榷酒、税酒等酒政约束。据文献记载，

---

[1] 马相金：《历史地理视角下的中国酒业经济及酒文化研究》，南京师范大学硕士学位论文，2011年。

从秦至宋,历代帝王颁诏"赐酺"达113次。其中,汉代13次,晋代12次,南北朝6次,唐朝60次,北宋22次,而且盛况空前。此后,自南宋至元明清时期,均未曾举行"赐酺"。这种"赐酺"时间一般多是三五天,最长达一个月,其范围以各朝都城为主,兼及全国各地。"赐酺"时由各地所在地官府供给酒食,相当于皇帝给老百姓买单。其实,这是封建王朝笼络人心、粉饰太平的有效方式。

三、绍兴黄酒酒政的主要内容

在漫长的历史时期,与全国酒政一样,绍兴黄酒的酒政也突出表现为三个特点:一是实行酒类专卖政策时间长;二是酒类专卖形式多;三是禁酒、税酒、榷酒三种政策更迭频繁。有时候,上述三种政策穿插或交替实行。此外,还实行过带承包性质的"买扑"制和特许制等。

(一)禁酒

在历史上,禁酒方式有绝对禁酒(官私皆禁)、局部禁酒(以粮食丰歉程度决定,元代比较普遍)、禁私酒(只能国家造酒和卖酒)。此外,还有两种特殊情况:一是"禁酒曲而不禁酒",即酒曲由官府专卖,不允许私人制造;二是在国家实行专卖时,禁止私人酿酒、运酒和卖酒。实际上,无论哪个朝代,绝对禁酒根本无法实行,更多的是针对百姓,不准老百姓酿酒、喝酒,尤其不能成群醉饮。一般在新朝建立之初,禁酒令较多。除了政治和社会原因之外,歉收之年,为了赈灾救荒、节约粮食,朝廷也会颁布禁酒令。

夏朝制定了处置纵酒失职者的法令。比如,夏禹的第三代继承人中康在位时,掌管天文历数的官员羲和纵酒失职,中康就命令胤侯去讨伐他。胤侯出征前,向将士们宣布,羲和丧失德性,沉缅于酒,对天象浑然无知,犯了杀头之罪。

周朝时,颁布了史上最为严厉的"禁酒令"——《酒诰》。要求有官守、有职业者,只能在祭祀时饮酒,但不能喝多,更不能喝醉。并规定:"群饮汝勿佚,尽执拘以归于周,予其杀。"如果有人群饮,就要被杀头。当然,周代禁酒,并非一概而禁,凡是符合"礼"的饮酒,如国祀、神事、乡射、宴宾客、奉老养亲等,都不在禁止之列。禁止的,只是那些"非时"饮者或聚众群饮者。还设立禁酒巡警司虣,在市肆酒楼来回巡查,如发现有人群饮,即依法论处。

西汉初,对饮酒控制甚严。朝廷曾颁布法令,规定"三人以上,无故群饮,罚金四两"。按汉律,三人以上无故合伙饮酒,谓群饮者,轻则罚金四两,重则处以重刑。据《汉书·景帝本纪》记载："大酺五日,民得沽酒。"也就是说,只有当皇帝布德于天下的时候,老百姓才可合聚饮酒,也可买酒卖酒。因灾年歉收,汉文帝、汉景帝以及东汉和帝永元年间,都曾下诏"戒酒",或禁酒买卖。三国时,为了备战,"曹操要禁酒,说酒可以亡国,非禁不可,孔融反对他,说也有以女人亡国的,何以不禁婚姻"[1]。曹操借故杀了反对酒禁的孔融;刘备也禁过酒,凡私自酿酒、售酒的一律处死。

　　魏晋南北朝时期,南方多纵酒而北方多禁酒。在浙江,无论哪个朝代的酒业政令都是比较宽松的,无论是王公贵族,还是平民百姓,饮酒都比较"放得开"。史载,三国东吴末代君主孙皓(孙权之孙,264—280 年在位)是一个嗜酒如命的暴君,但对大臣韦曜却突发慈悲,授以密计:"皓每飨宴,无不竟日,坐席无能否率以七升为限,虽不悉入口,皆浇灌取尽。曜素饮酒不过二升,初见礼异时,常为裁减,或密赐荼荈以当酒……"[2] 这是一种强制性饮酒,必以七升为限,如不饮尽,则"浇灌取尽"。但他对韦曜却法外施恩,"常为裁减",即减少数量,或"密赐荼以当酒",即以荼代酒充数。这便是"以荼代酒"典故的由来。其实,这个时期的"禁酒",是时禁时不禁,具有非连续性。即使禁酒,也不是全面性的,而是禁部分地区。比如,南朝宋文帝元嘉年间,在浙江一带,也实行过禁酒,但时间不长。"……扬州之浙江、江西大水,并禁酒。"[3] 在整个南朝数百年间,基本上是"长期税酒"和"短时间、局部地区禁酒"的交替进行。陈天嘉年间,由于国家财政收入不足,也立"榷酤之科"。但大部分时间,允许民间私酿私售而国家征收酒税。孙吴时也实行过酒榷。赤乌年间(238—251)"遂造作榷酤障管之利"[4]。孙皓时也行酒榷,但没有多少年时间,在多数情况下,是以酒税代之,允许老百姓民间自由酿造。特别是当五谷丰登之时,酿酒成风,有的地方耗粮之多,竟超过了田租。王羲之在《杂帖》中说:"此郡断酒一年,所省百万余斛米,乃过于租。"[5] 足见当时酒的生产量很大,饮酒之风盛行。陶渊明曾随刘牢之征孙恩起义而来会稽,在山

① 鲁迅:《魏晋风度及文章与药及酒之关系》,《华盖集 华盖续编 而已集》,《鲁迅全集》第3卷,人民文学出版社,1957 年版,第 507 页。
② 《三国志·吴书》卷六五《韦曜传》,中华书局,1959 年版,第 1462 页。
③ 《册府元龟·邦计部·榷酤》。
④ 《三国志·吴书》卷五二《顾雍传》,中华书局,1959 年版,第 1226 页。
⑤ [晋] 王羲之:《杂帖》三,引自严可均:《全上古三代秦汉六朝文》第二册,中华书局,1958 年版,第 1594 页。

阴一带生活过一段时间。陶渊明的酒量很大,他有许多酒诗,其中有一组诗《饮酒》达20首。其序曰:"余闲居寡欢,兼比夜已长,偶有名酒,无夕不饮。顾影独尽,忽焉复醉。既醉之后,辄题数句自娱,纸墨遂多。辞无诠次,聊命故人书之,以为欢笑尔。"① 他这是以酒解愁,凭酒抒怀,展现出面对忧愁苦闷时一种自我调节、自我消解的状态,直抒生活中的快乐与洒脱。这也从一个侧面说明,当时的知识分子饮酒已逐渐成为普遍现象。在东晋,王宫内设有监酒吏4人,酒丞1人,主管宫廷酒。当时,官僚显贵饮酒成风,日夜不停,且常以此斗富比奢。

隋朝初年,为恢复生产,与民休养生息,自上而下实行禁酒。唐代时,也有过酒禁,大多是因为发生灾荒之故。高祖武德二年(619)"以谷贵禁关内屠酤"②,当时全国的形势是"烽燧尚警,兵革未宁,上数不登,市肆腾踊,趋末者众,浮冗尚多。肴羞曲蘖重增其费"③,因此把禁酒作为"救弊之本"来实行是很自然的事。再到高宗咸亨元年(670)八月再次因谷贵禁酒④。玄宗初立时,也于先天二年(713)以抗旱岁饥禁京城酤酒。到粮价平抑之年,禁酒之事便无从说起。直到"安史之乱"时,生产破坏,粮食缺乏,又禁起酒来。肃宗乾元元年(758),"廪食未优,如闻京城之中,酒价尤贵,但以曲药之费,有损国储……其京城内酤酒,即宜禁断。麦熟之后,任依旧式"⑤。第二年(759),"饥,复禁酤。非光禄祭祀、燕番客不御酒"⑥。以上事实足以说明,粮食的缺乏是政府禁酒的重要动因之一。另外,古代帝王自认是上天之子,对自然界的变化有超乎寻常的敏感。肃宗死后,代宗监国,宝应二年(763)三月,"以泰陵建陵发引""诏禁酤酒"⑦,再后尚有以"节用"之名而行禁酒令。

北宋初年,宋太祖赵匡胤下诏制定了严格的禁曲禁酒令,规定:私造曲15斤,私运酒入城3斗者即处死刑。卖私曲者,按私造曲之罪减半处罚,若罪不及死者,依所犯数额分别处罚。后来,因禁令太苛酷,对造私曲死刑的界定指标做了适当调整,城市由20斤放宽到50斤,乡村由20斤减少为10斤。

---

① [晋]陶渊明:《饮酒20章》,《陶渊明集》,中华书局,1979年版,第86页。

② 《新唐书·高祖本纪》。

③ 《册府元龟》武德二年诏。

④ 《新唐书·高宗本纪》。

⑤ 《新唐书·食货志》、《册府元龟》诏。

⑥ 《新唐书·食货志》。

⑦ 《册府元龟》诏。

元初,下令禁酒,规定造酒者流放,没收财产入官。后来虽开禁,但对酗酒闹事者的处罚还是很严厉的,视情节分别给予鞭挞、记过,甚至杀头的处罚。明朝初,制定了禁酒令,对酗酒官吏的惩处更为严厉。清代也曾讨论过禁酒之事,但并不是很坚决,只是在一些自然灾害严重的地区禁过酒。

明末清初,北方的烧酒产量快速增加,烧锅遍布多省,粮食消耗过多,朝廷采取"禁烧(酒)不禁黄(酒)"的政策。"烧酒",即为谷物蒸馏酒。康熙年间,曾多次下令"严禁烧锅"。但不禁南方黄酒的酿造。康熙后期,粮食产量增加,"禁烧"略有放松。雍正、乾隆年间,虽屡次颁布"禁烧锅之旨",但有时会把禁弛尺度交由地方官去掌握。或者,采用控制酒曲的方法来禁酒。嘉庆以后,为了增加酒税收入,不管是黄酒还是烧锅,一律开禁,无论是官酿还是家酿都可自由酿造。

此外,在某个特定的时期或地区,也可以下令禁酒。明末清初,一些地方也曾颁发过禁酒告示。在太平天国时期,酒禁最为严酷,东王杨秀清曾发布禁酒诰令:"酒之为物,最易乱人性情,一经沉酗,遂致改变本来面目,乘兴胡为……不准饮酒。……再犯者定斩首示众。"[1]如此严酷的禁酒令,对绍兴酿酒业造成了严重的打压和摧残。

(二)榷酒

"榷"即活动式的独木桥。榷酒,就是官方对酒类产品实行专卖。由于酒类产品在销售环节中能够大幅提升利润值,有些朝代将这一部分利润收归国有。为了增加国家的稳定性财源,汉、唐、宋时期都实行过酒类专卖制度。尤其是两宋,自始至终都实行榷酒制度,所有的宋代美酒须宋廷特许方可制造、买卖,严禁私人随便制造贩卖。

专卖有直接专卖、间接专卖与商专卖之分。官酿官卖是直接专卖;小额零售通过中小商人或私人酿造,再由官府收购、售卖是间接专卖;官府不生产、不收购、不运输,由特许的酒户或商人在缴纳税费、接受管理的条件下,自酿自销或经理购销事宜而不许他人经营,是商专卖(委托专卖),如宋代承买坊场的包税制和民国时的公卖制。

汉武帝是榷酒法的最早推行者。当时,汉武帝为了解决北伐匈奴的巨大军费开支,宣布实行酒专卖,设置榷酒官,开酿酤酒,禁止民间私造私卖。汉武

---

① 太平天国博物馆:《太平天国文书汇编》,中华书局,1979年版,第89页。

帝天汉三年（前 98），朝廷顺应历史发展，批准御史大夫桑弘羊关于"督察五均六翰之利"（六翰指酒）"私商不得染指"的建议，决定国家对酒实行寓税于价的专卖。"计其利而十分之，以其七入官"，即国家的专卖获利要占全部酒利的70%。17 年后，到了汉昭帝始元六年（前 81），汉昭帝将"专卖"而改为"课税"，规定每升征收 4 钱的酒税。王莽篡汉之后，又下诏恢复酒的专卖。

三国之吴国起初没有禁酒，后期因财政紧张开始实行榷酤制度。据《吴志·顾雍传》中记载吕壹"作榷酤障管之利"①。西晋时，朝廷对豪强妥协，取消榷酒，采取税酒的政策。但有时根据实际情况也实行禁酒。南朝的宋齐梁陈基本上继承了两晋的税酒与禁酒交替的政策。只有南朝中的宋和陈，北朝的北齐和北周曾经在一段较短时期内实行过榷酒。总体上，这个时期主要实行既税又禁的政策，准许私人酿造、酤卖，政府则征酒税，只在灾年禁酒。东晋和南朝早中期，多数时候朝廷的酒政为以税酒为主、禁酒为辅的政策。陈文帝天嘉年间，特立榷酤科取酒利。唐中后期至唐亡，实行专卖制度。其间，专卖形式有：（1）官酿官卖；（2）由特许的酒户交纳"榷酒钱"（占售价一半），酿酒酤卖；（3）对曲实行专卖；（4）将榷酒钱配于各青苗钱上（地税附加），随两税上缴，老百姓自酿自饮不作为私酒禁断判罪。二、四两法同时并存，一、四两法只能二者取其一。

两宋时期，是唯一自始至终推行黄酒榷酤（专卖）制度的王朝，只是对榷酤的控制程度发生过变化，其形式也五花八门。北宋的酒政主要有榷酒（酒的专卖）、榷曲（曲的专卖）和税酒。榷酒是指国家严格控制酒的生产和流通，禁止民众私酿私售，这是国家对酒实行的直接专卖。榷曲则是国家对酿酒材料的控制，要求酒户酿酒须购买国家曲院生产的酒曲，这是国家对酒实行的间接专卖。北宋时期，除了榷酒和榷曲之外，榷酤形式主要有三种，分别为官监酒务（酒库）、特许酒户和买扑坊场②。官监酒务是指由政府直接对酒的生产及销售进行控制。特许酒户是经由政府同意，可在官府禁地外特许经营的酒户，它又可分为"在京酒户"和"乡村酒户"两种。买扑坊场类似于今天的承包制，包税人以资产作抵押与政府签订契约，在承包期内包税人有唯一酿卖权，须按约定如期向政府纳税，经营期间自负盈亏。朝廷在京城官卖酒曲，在州城设务酿酒官，县镇则实行

---

① [晋]陈寿：《三国志》卷五二《吴志·张顾诸葛步传》，大众文艺出版社，1993 年版，第305 页。

② 李华瑞：《视野、社会与人物——宋史西夏史研究论文稿》，中国社会科学出版社，2012 年版，第 141 页。

"掌民掌榷"的买扑制,即包税税课制。榷曲也有官定曲价、划定范围、限额发销等形式。在开封,有"正店"和"脚店"两种类型的酒店负责推销官酒。南宋实行酒的专卖和酒税并举。当时,还实行过一种变通的"隔槽法",即官府只提供集中的酿酒场所、酿具、酒曲,酒户自备酿酒原料,根据酿酒数量的多少向官府交纳一定的费用(作为特殊的"酒税"),酿酒数量不限,销售自负。民间向官府的曲院(制曲作坊)购买酒曲,自行酿酒,酿得酒后向官府交纳一定的费用。这种办法便于政府集中管理,收效不错。杭州西湖的"曲院风荷",是南宋榷酒制度的重要见证,此处原是南宋官方开设的制作酒曲的作坊。此外,还有实行于某些偏远地区的万户酒制等形式。元代时,专卖时兴时废,实行专卖时,榷酤之重更甚于宋。因粮食不足,明令禁酒次数也很多。比如,元大德十一年(1307),江浙一带饥荒,中书省臣言:"杭州一郡,岁以酒糜米麦二十八万石。"[1] 请求禁酿,奏准。

民国时期,北洋政府实行酒类的公卖制,实际上就是一种招商承办的专卖制——自专卖制;南京政府在抗战前仍实行公卖制,委包商为税吏,在投标比额之下公卖制收入大为增加。抗战时期,国民政府废公卖制,行税制。1942 年又改行专卖,官府暂不收税,坐收专卖利益,是一种委托商人办理的商专卖制。解放区则实行了酒的专卖,收到了很好的效果。中华人民共和国成立之初,延续了解放区的酒类专卖。1953 年以后,专卖局被取消。

(三)税酒

先秦时,酒可以在市肆上买卖,但其税收制度不完整、不统一。西汉时,昭帝始元年间,由专卖而改行课税,民间自行造酒买卖,向国家缴纳一定比例的税钱(每升课税 4 钱)即可。王莽篡汉后,又废课税而行专卖。南北朝时,南齐实行征税制,"京邑酒租皆折使输金"[2],梁武帝萧衍也行征税制。

隋朝是唯一没有设置酒政的王朝。隋文帝开皇三年(583)开酒坊,弛酒禁,取消政府的酒利,允许老百姓自由酿酒,使政府第一次走上了无酒税之路。[3] 到了唐玄宗天宝年间,随着"安史之乱"爆发,军费开支浩大,财政入不敷出。至唐代广德年间,处于艰难竭蹶之中的唐王朝不得不重新开征酒税。当然,那时候由

---

① 《元史·本纪第二十二·武宗一》第 487 页。

② 《南齐书·东昏侯本纪》。

③ 翁礼华:《隋文帝免酒税而兴唐诗》,《中国财政》,2012 年第 13 期。

于酒政尚不完善,酒税在国家财政收入中所占比例较小^①。从此,结束了自隋唐以来延续 180 余年的"酒无税"局面。当时,政府将酒户登记造册,按月征税,除此之外,不问官民,一律禁断。酒户只要按月缴纳一定的税钱,即可开酿酤卖。后来,征税和专卖交替进行。有的州府擅行专卖,垄断酒利(如湖州)。到了唐文宗太和八年(834),朝廷财政中的酒税收入竟高达 150 万缗之多,占全国当年财政收入的 1/8。

五代十国时期,酒政以征曲税为主。后唐明宗天成年间,曲税在夏秋田苗税上每亩加收 5 文,京都及诸道州府县镇坊界内则榷曲,私曲 5 斤以上即处死。后汉乾祐时私曲不论斤两皆处死。后周显德年间,全国各道州府都设务侯卖曲,私曲 5 斤以上处死。

到了宋代,酒税已成为朝廷一项重要的财政收入,据《文献通考》记载,北宋神宗熙宁十年(1077)天下诸州酒课税额,越州列在 10 万贯以上的等级,远较其他各州为高,从一个侧面说明当时绍兴酒的产销量已位居全国前列。南宋时,为了抗击金兵,扩大军费开支,在浙江等地区仍然推行北宋以来的"买扑"(也叫"卖扑",即酒税承包)制度:通过竞价,价格最高者承包某一地区的酒水专卖权(类似区域性"独家代理")。这样,酒价"水涨船高",酒价高,售卖不畅,难以征收原定酒税额,一些地方便不断增加酒税,酿酒作坊不堪重负,纷纷倒闭。据《宋史·食货志》记载:"渡江后,屈于养兵,随时增课,名目杂出。"绍兴元年(1131),增酒价高档的升 20 文,低档的升 10 文。后来,因各军酒务在别州县村镇(不属己辖)置务侵占他方酒税,影响了酒税正常征收,高宗下令各州不准在别州添置场务,并划定疆界。各地方官侵占他方酒税不成,又巧立名目,横征暴敛。^② 南宋著名思想家叶适在《平阳县代纳坊场钱记》中说:"自前世乡村以分地扑酒,有课利买名净利钱,恣民增钱夺买,或卖不及,则为败缺而当停闭,虽当停闭而钱自若。官督输不贷,民无高下,枚户而偿,虽良吏善政莫能救也。嘉定二年,浙江提举司言:温州平阳县言,县之乡村坊店二十五,当停闭二十一,有坊店之名,而无其处,旧传自宣和时则然。钱之以贯数,二千六百七十三,州下青册于县,月取岁足,无敢磋跌。保正赋饮户不实,杯盂之酤,罂缶之酿,强家幸免,浮细受害。穷山入云绝少醉者;鬻樵雇薪,抑配白纳。而永嘉至有算亩而起,反

① 谢婧:《唐宋酒政差异探析》,《商丘师范学院学报》2015 年第 5 期。
② 黎世英:《宋代的酒政》,《江西大学学报》(社会科学版)1992 年第 3 期。

过正税,斯又甚矣! 且县人无沉酒之失,而受败缺之咎,十百零细,承催乾没,关门逃避,攘及锅釜,子孙不息,愁苦不止。"①据统计,南宋时期,全国的酒税收入占货币总收入高达20%左右②。那时,地方酒政收入基本上收归中央财政③。

为了获得更多的酒课,南宋朝廷千方百计加大征收力度。本来,越州州城已设有都酒务,但朝廷仍不放心,又另设"比较务",与都酒务竞相征税。宋高宗绍兴七年(1137)下诏,两浙、江南东西路诸州各权暂添置户部赡军酒务一所,已设有比较务的州则不创置。赡军酒务是直隶于中央户部的酒务,诏书明明规定,已有比较务的州、军,只要更改一下名称即可,不必重新设置。而越州除了都酒务、比较务之外,赡军酒务照设不误。《嘉泰会稽志》特别记录各酒务的征税业绩如下:都酒务祖额25334贯787文;比较务祖额10556贯161文;赡军酒务祖额20527贯80文;和旨楼祖额6333贯698文。上述四项酒课合计62751.726贯,这仅仅是越州州城和山阴、会稽两县所征数额。如果加上余姚、上虞、嵊县、新昌、诸暨、萧山征得的课税数,则总额达到143431.031贯④。可见,当时越州是酒课的纳税大户。据《文献通考》载,北宋熙宁十年(1077)以前天下诸州酒课岁额,40万贯以上的有东京(今洛阳)、成都2处;30万贯以上的有开封等3处;20万贯以上的有京兆(今西安)等5处;10万贯以上的有越州等32处⑤。而越州的实际数额为:熙宁八年123297贯;熙宁十年117092.142贯,其中官酒课利83707.098贯,占71.5%,买扑坊场课利33385.044贯,占28.5%;绍兴九年达143431.087贯。说明会稽酒业在原来基数较高的情况下,从北宋熙宁年间到南宋绍兴年间,又有较大幅度的发展。

为了加强对酿酒事务的管理,历代封建社会的朝廷都设置酒务机构。据《嘉泰会稽志》记载,"酒务桥在府城东南","都酒务在府衙南一百二步","比较务在府衙南一百步"。据绍兴文史专家任桂全的考证,宋代府、州、县分别设置都酒务、酒务、比较务等官方酒务机构。按规定,府级称"都酒务",县及其镇乡

---

①　叶适:《水心先生文集》卷10。

②　孙家洲、马利清:《酒史与酒文化研究》,社会科学文献出版社,2012年版,第192页。

③　李华瑞:《宋代酒的生产与征榷》,河北大学出版社,1996年版,第373—374页。

④　[宋]《嘉泰会稽志》卷五。

⑤　[元]马端临:《文献通考》卷十七·征榷四。

称"酒务",据《文献通考》记载,宋代共有酒务 1861 所,越州为 10 所①。州城有都酒务 1 所,上虞、余姚、嵊县、新昌、诸暨各有酒务 1 所,萧山则有县城、西兴、渔浦、临浦等 4 所。② 由于山阴、会稽与州治同城,故没有山阴、会稽两县独立设置的县级酒务机构,所以在上缴酒税时,也只列都酒务和比较务的数额。③ 据考证,在唐末五代已设置都酒务,宋代延续之。《五代会要》中说,周显德四年(957)七月敕:"诸道州府曲务,今后一依往例,官中禁法卖曲,逐处先置都务处……""先是晋汉以来,诸道州府皆榷计曲额,置都务以酤酒"。④ 这里所谓的"曲务",是指专门制造和出售酒曲的机关,而"酒务"则是指酒的专卖机关。这是一种酿酒卖酒、制曲售曲和征收酒税的专业机构。从某种意义上说,都酒务全盘掌握了酒的生产、销售、征税、管理等各个环节,对宋代会稽酒业的兴衰起着至关重要的作用。

宋代对酒业的控制极其严格,推行的是一种以专卖为主的管理制度。采取的主要措施有:在州城等大中城市里,设官办酿坊或酿造所,由官府派兵丁、罪犯或雇用百姓酿酒,产品除部分供国家使用外,其余自卖,也批发给旅店、饭店和酒馆。⑤ 在三京地区(即东京开封府、西京河南府、北京大名府),统一由都酒务负责制曲,并以每斤 150 ~ 155 文的价格卖给百姓,任其自行酿酒销售。这样,官府既可严格控制酒的产量,取得丰厚收入,又不必另行雇工酿酒,从而节省官费支出。⑥ 在离大中城市较远的一般县镇乡间,以征税的方法,允许百姓酿酒,如果自用有余,则须经官方许可才能出售。此外,只要百姓缴钱,官办酿坊或酿造所也可以代为酿酒,名其曰"隔槽法"。这种办法规定,凡代酿一斗米酒,百姓应纳钱 30 文,再加上"头子钱"(即附加税)22 文,共 52 文,其中就包含了加工费和税费。⑦ 酒务一般设有监官,情况类似商税务,充任其职的,大抵都是一些低级的文武官员。⑧ 但也有例外,如宋太宗时的越州都酒务监官曾致尧,便是太平兴国八年(983)进士,初为秘书丞、酒监官,出为两浙转运使,知寿州,转太常博士,欧

---

① [元]马端临:《文献通考》卷十七·征榷四。
② [宋]《嘉泰会稽志》卷十二。
③ [宋]《嘉泰会稽志》卷五。
④ [宋]王溥:《五代会要》卷二十六·曲。
⑤ [民国]余绍宋:《重修浙江通志稿》第八十六册·国税。
⑥ 同上。
⑦ 孙翊刚主编《中国财政史》,中国社会科学出版社,2003 年版,第 199 页。
⑧ 李华瑞:《宋代酒的生产和征榷》,河北大学出版社,2001 年版,第 179—180 页。

阳修还专门为他写过一篇碑记,题为《尚书户部郎中赠右谏议大夫曾公神道碑铭》①,其中就讲到他任越州都酒务监官一事。酒务监官设置的名额,是依据酒务征得酒税多少而定,有一、二、三名甚至四名的。"酒务官二员为二务,三员者复增其一员,虽多毋过四。"② 以当时越州所征税额看,都酒务的监官数额,不会少于四员,因为在大多数年份里,越州酒税都超过 10 万贯,这在全国也是不多的。

宋代的酒课征收制度既具体,又严厉。无论买卖曲与酒,都划定了疆界。"端拱三年(990)令:民买曲酿酒沽者,如县镇十里、州城二十里之禁。天圣以后,北京售曲如三京法,官售酒曲亦画疆界,戒相侵越,犯皆有法。"而对私自造曲酿酒的处罚也很重,"私造曲者,州府县城郭内,一两以上不满五斤,徒二年;五斤以上不满十斤,仍徒二年,配役一年,告者赏钱十千;十斤以上不满十五斤,徒三年,配役二年,告者赏钱十五千;十五斤以上不满二十斤,加配役一年,告者赏钱二十千;二十斤以上,处死,告者赏钱三十千"③。

元初,取消酒类专卖制,允许老百姓自具工本酿酒,由官司拘卖,每石交税 5两,属于民制官收官卖制。因浙江地区地处东南沿海,经济发达,元朝政府对浙江的酒税征收特别繁重。至元十九年(1282),丞相完泽等言:"杭州省(江浙行省)酒课岁办二十七万余锭,而湖广、龙兴(江西行省)岁办止九万锭,轻重不均。"于是,减江浙行省岁办酒课的十分之二,令湖广、江西、河南三省分办。特别是杭州,由于黄酒产量巨大,酒课的征收数额也相当惊人,礼部官员吴师道言:"问江浙财赋之渊,经费所仰,曰盐课;曰官田;曰酒税,其数至不轻也。……盐课两浙均之,官田浙西为甚,酒税止于杭城而已。"④ 可见,杭州酒税的量很大。当然,元朝政府对县以下广大农村农民自酿自销,还是允许的,只要按酒纳税即可。特别是在元世祖至元后期,朝廷调整了部分榷酒政策,允许农民自行酿酒,自行销售,这叫民间散办。官榷时,酒的生产和销售均由官方管理;在散办时,酒的产销均由酒户经营,但他们从事酒的产销,必须得到官府有关部门的批准,甚至仍出于官府的指派。散办是在农村,只要"认办酒课"就可酿酒,但不得入城买卖,有时干脆将酒课实行户摊,按地亩多少征收。而有的官员还上门收税,因为各地有定额,如果超过定额,则可以自专其利,但若定额过高,则又影响酒户的利益,所以散办仍

① [宋]欧阳修《欧阳修散文集·碑志》。见《唐宋八大家散文总集》卷三。
② 《宋会要辑稿》食货二〇之一二。
③ 《宋会要辑稿》食货二〇之一二。
④ 《国学策问四十道》,《吴礼部集·卷十九·续金华丛书本》,第15页。

是受到许多限制的。

明初,设官店卖酒,后改征税。清乾隆年间,通州酒铺征税,每月收银上户1钱5分,中户1钱,下户8分。其他地方烧锅须经官府登记,缴纳"票钱",所酿之酒则为私酒,私酒入城,须缴关税。清雍正年间,单独开征酒税。至光绪年间,绍兴开办酒捐,每缸绍酒收捐银2角,采取由商人承包的办法。嘉庆年间,南方坛酒(绍兴黄酒)每小坛征银1分9厘。道光年间,绍兴黄酒大坛每坛征银4分8厘。清末,政府对酒类的管理主要体现在征税上,但并未形成统一的税制。无论是征收方式还是税率,都在相当程度上体现其随意性。清末民初,清政府欲筹战争赔款及督练新兵,急需新开财源,于1896年提出的"筹款十策"中就要求"重税烟酒税",1899年"筹款六策"中又提出对"烟酒加倍征收"。① 两次筹款政策均涉及的只有盐业、土药业、烟酒业,尤以烟酒用词为重。新税目不断开征,如麦曲税、酿造税、烧锅税等。各省税率不尽相同,课税标准也不一致,税额年年加码,使酿酒作坊难以为继。浙江巡抚任道镕开征酒的印花税,"查明酿酒缸数,再以缸计坛,给以印花执照。每年酿至五十缸者缴纳照费洋十元,于售销时分别本庄路庄两项粘贴印花。本庄每百斤缴捐洋二角,路庄运往外路加缴二角,免其完厘"②。1903年清政府向全国摊派酒税646万两,虽只完成了大部分,但当年的关税厘金总收入才5340万两③,酒税约占1/10,酒税所占比重已相当突出。1911年,全国烟酒税收入为914.04万元,占当年税收总额的1/3,其中酒税占一半以上。这说明,酒税在晚清政府财政收入中所占比重达到了高峰。清朝时期的重税高价政策实际是由税酒到榷酒过渡的一种形式。晚清时期,由于财政困难,酒税逐渐加重,并且进一步推广了酒户领照的特许制度,税酒政策逐步向榷酤靠拢④。

民国初年,绍兴仍设有酒捐局,每缸绍酒的捐银数则有所提高,仍采用承包的办法,弊端不止。

民国时期的酒政可以分为北洋军阀的北京政府和南京国民政府两个阶段。北京政府时期,酒政主要表现在税收上,而且酒税发展主要继承了清代,特别是清末的税收政策。由于当时政局比较混乱,军阀割据、军阀混战导致了各种苛捐杂税的横行,酒政的变化主要表现为对酒征收各种税收以增加财政收入。这一

---

① 周志初:《晚清财政经济研究》,齐鲁书社,2002年版,第145页。

② 刘锦藻:《清朝续文献通考》卷41,《征榷十三》,台北新兴书局,1965年版,第7958页。

③ 周志初:《晚清财政经济研究》,齐鲁书社,2002年版,第187页。

④ 杜锦凡:《清朝酒政概述》,《群文天地》2012年第3期。

时期,从中央到地方都设立了酒税征收和稽查机构。1913年11月,北京政府颁布《划分国家税地方税法(草案)》,对国家税与地方税进行了区分,将酒税(包括烟酒牌照税、烟酒税和烟酒公卖费三项)等划分为国家税税种,成为了当时货物税中的一个重要税种。1915年2月,财政部通令各省财政厅增加酒税,规定:黄酒每百斤税率不得少于0.8元[①]。同年3月,政府又颁布《整理酒税章程》,规定:"凡种烟、酿酒均须领照始准种、酿。各省原来征收的各项捐税,分别烟、酒归并计算,酌加收数,一道收清。"[②]各省区根据上述规定,多数提高了烟酒税税率。

北京政府时期,实行"官督商销"的公卖制,并设立了公卖局专门进行管理。这是民国时期所特有的一项制度。由于各省原定烟酒税率高低不一,《全国烟酒公卖暂行简章》对公卖费率仅规定了10% ~ 50%这样一个范围。如浙江省实行"税费分开,从量征收",公卖费率规定为15%。[③]公卖施行以后,各省纷纷反映税费负担过重。在酒税的实际征收中,采取了诸如"招商承包""认额包缴""认额拟缴"等办法。北京政府颁行的《全国烟酒公卖暂行简章》第五条规定:"公卖分局于所管辖区域内,分别地点,组织烟酒公卖分栈,招商承包,由局酌取押款,给予执照,经理公卖事务。"[④]可见,这一时期,政府实行酒类的"公卖制",并征收酒类的特许牌照税,还沿用了清末旧制即征收酒捐,而且花样繁多。这就出现了公卖制与原有酒捐并存的局面,酒类成为一种重税商品。税率增加,以及各级多如牛毛的苛捐杂税,给酒类的生产和销售造成了重重困难。以绍兴黄酒为例,"重重负担之绍酒,不能与之竞销,仅存酿户七百余家,每年不过五万缸,较之前清,仅存六分之一了"[⑤]。

南京国民政府成立之初,沿袭北京政府的"招商承包"之法。然承办之商往往"以多报少,勾串买放,减折招来,得贿分肥","所有损失完全在公而不在商"。[⑥]1928年,财政部通令各省烟酒事务局废止"公卖商包"制度及提成办法,推行国产酒类税"认额包缴"的办法,即由酒业同业公会认领比额,酒商摊缴,税

①　杜锦凡:《民国时期的酒政研究》,山东师范大学硕士学位论文,2013年。
②　财政部烟酒税处编:《烟酒税史》(下册),大东书局,1929年,第2页。
③　引自金鑫等编:《中华民国工商税收史纲》,中国时政经济出版社,2000年版,第102—103页。
④　江苏省商业厅:《中华民国商业档案资料汇编:第一卷(1912—1928)》(上),中国商业出版社,1991年版,第358页。
⑤　商业部商业经济研究所《中国的酒类专卖》编写组编著:《中国的酒类专卖》,中国商业出版社,1982年版,第171页。
⑥　中国第二历史档案馆:《中华民国史档案资料汇编:第五辑第一编》,江苏古籍出版社,1994年版,第412—414页。

务机关监督考察。先在广西试办,后推行到四川、贵州、浙江、江西等各省。"认额拟缴"的原意,"本在藉同业之相互监督,以期税无隐匿",但因"公会组织未臻健全,认额难期确实,摊缴常失公允"。抗战时期,国民政府实行按统税制原则办理的国产税类税制,在酿酒作坊所在地一次性征足,税率高达60%,但酒户须持特许,严格登记,禁私酿,罚则很重,这其实是征税与专卖之间的过渡形式。1942年改行专卖。至1945年,又将"认额拟缴"制度改为由税局直接经征。[①]"招商承包",致使酒税常为地方大户所把持,税务机关难以掌握税收实情;而"认额包缴"由酒商直接承担税额,但因酒商登记办理效果欠佳,税收机关仍难掌控税源;"认额拟缴"在一定程度上可以实现增加酒税收入之目的,但需借由完善的酒业同业公会组织,且同业之间税负公平如何实现,也是需解决的现实问题。这个时期的税收增长,是政府完善税制和多次提高税率的结果,"不可避免地增加了国民经济的负担,损伤了税基"[②],对酿酒业发展产生了诸多的消极影响。

这个时期,绍兴黄酒征税主要采取"货物贴征"和"货照同行"的方式。绍兴酒的每只酒坛封泥处必须贴上一张完税证后方可出厂销售,每家酒店的存酒,如其酒坛上没贴完税证,就可要求补税罚款。当时,绍酒的包装都是坛装。一般有10斤装(京装)、18斤装(放样)、32斤装(行使)、50斤装(加大)、65斤装(岩大)等,而每张完税证上分别注明规格和容量,可资核对。而且,还规定每张完税证必须贴在封泥与酒坛的接合处,并在骑缝处加盖蓝色查讫印章,以防撕下重用。如此烦琐的纳税手续,给厂商带来了不少麻烦。黄酒税的税款是按额计率征收,每一税目都是定额征收。每百斤的黄酒出厂价为10元,按80%的税率计征,每百斤的纳税额为8元,由此足见黄酒的税率之高。

毫无疑问,绍兴是高额税负的重灾区。著名酿酒师周清在《绍兴黄酒业痛史》《绍兴黄酒业痛言》中陈述道:"吾绍酒税,自前清光绪二十八年(1902)创办以来,逐渐增加,已较他省他县为特重。迨至民国四年(1915),于原有印花捐附加税外,又有名为暂加一倍捐者。此种税目,古今中外,未之前闻他捐也以倍计,不以成计,则酒税之重者愈重矣。""查绍酒之捐税,不下十有余种,除印花捐附加税、暂加倍捐,及公卖费外,有所谓缸照捐、牌照税者,有所谓公益捐、通过

① 财政部财政年鉴编纂处:《财政年鉴·第三编》(下册),财政部财政年鉴编纂处,1948年版,第55—57页。

② 赵新安《税收弹性与税收增长——1927—1936年中国税收增长的相关分析》,《南开经济研究》2000年第2期。

税、进口捐、落地捐者,行销愈远,纳税愈重。凡兹捐税,有重复层叠者,有浙江一省单行者,有绍兴一县特重者;而其捐纳之罚则,更苛刻不可言状。例如印花公卖照,因日月不符有罚,数目小写有罚,错写阴历有罚,破碎浮贴有罚,编查数与运销数不符亦有罚……"不仅税捐名目繁多,而且税额日重。周清愤然指出:"吾绍出运之酒,除印花捐,附加税,每坛加至四角三分二厘,公卖费每坛议取四角外,缸照有捐,牌照有捐,进口有捐,出口有捐,筹防税关等又有捐……值百抽百,是过之而无不及。"数以倍计的苛捐杂税严重挫伤了绍兴酿酒业的元气,不少酒坊为之歇业倒闭。对此,周清痛心疾首,写道:"回溯光绪年间,绍酒产额在三十万缸左右,今已减至六万缸矣!"目睹绍兴黄酒的厄运,这位毕生奉行"实业救国"的近代酿酒大师大声疾呼:"痛哉,吾侪小民,不幸而营酒业,又不幸而营绍兴之酒业。举凡他省他县他业所未曾负担之重税,竟永久担负之而无一日之减免也。岂不痛哉。岂不痛哉。"绍兴酒税"较他省他县为特重",现行酒税制度"只顾捐局收税之比较,不恤酿商制造之艰难",加上所纳捐税种类繁杂,税捐征纳和稽查严密,罚则苛刻,酒商动辄得咎,酒商"尽纳税之义务",却未"享纳税之权利",现行酒税制度"寓禁于征,假美名以困商人,而产额逐渐消亡",绍兴酿酒业"受此横征暴敛,绝无发展之机"。[1]周清所言,与近代著名化学家吴承洛对绍兴"近以酒税日益重,输出已较前减少"的观察是一致的。[2]几乎在同一时期,一些热心绍兴地方经济发展的有识之士明确指出,"公卖费既创行于前,酒税复增加于后,缸照牌照继续开办,以致酿户之负担日重"。仅缸照一项,"较之前清税率,约增八倍",出运他地、他省,捐税更重,绍兴酒"前途之发展殊少希望"。[3]事实也确实如此。民国二十一年(1932),国民政府开办统税,绍酒列为统税的税目之一,税率大大提高。后来又取消统税,改称货物税,将棉纱、卷烟、酒类、火柴、茶叶、化妆品、迷信品等统统列入征税范围,成为一个最大的税种。绍兴出产的绍酒、锡箔、茶叶等都要缴纳货物税,而且税率很高。其中,绍酒税率高达80%,仅次于卷烟和锡箔。在绍兴,1931年酒税收入40.6万元,1932年39万元,1933年40.9万元,1934年84.65万元。而同一时期,绍兴酒产量1931年为9426.2万斤,1932年8200.9万斤,1933年7402.81万斤,1934年6148.6万斤。[4]绍兴酒

---

① 周清:《绍兴黄酒酿造法之研究》附录,上海新学会社,1928年版,第54—58页。
② 吴承洛:《今世中国实业通志:下》,商务印书馆,1929年版,第49页。
③ 《绍兴之经济状况》,《中外经济周刊》,第7—9页。
④ 抱寰:《绍兴酿酒业》,《商业月报》,1936年,第12—14页。

产量连年下滑,酒税收入却不断上升。1934 年,绍兴酒产量仅相当于 1931 年的 65%,但酒税却是 1931 年的 2.1 倍。一升一降之间,足以说明当时的酒税对酿酒业发展的负面影响。1935 年,绍兴酒产量进一步下降到 4030 万余斤,酿造户数从 1934 年的 2246 家减少至 1647 家,一年间停业或歇业 599 家。[①]另据统计,1947 年浙江省产酒 682496 市担。[②]按一市担 100 斤计算,浙江全省酒类(含绍兴酒)产量尚不及 6825 万斤。虽不能将绍兴酿酒业之衰落,完全归因于酒税制度,但是,酒税对绍兴酿酒业之摧残,却是显而易见的。

四、中华人民共和国成立以来的绍兴黄酒酒政

中华人民共和国成立之前,在当时的解放区曾实行过酒类专卖。中华人民共和国成立后到 20 世纪 90 年代市场经济体制基本确立之前,对黄酒仍然实行专卖政策。但在不同的历史时期,采取了不同的措施。这个时期,在严格的计划经济条件下,绍兴酒的酒政几乎没有经营管理和政策调控的自主空间,基本上体现在高度集中统一的国家政策之中。

(一)由财政部税务总局负责的酒类专卖(1949—1952 年)

中华人民共和国成立初期,酒政承袭了民国时期的一些做法,行政管理由财政部税务总局负责。1951 年 5 月,财政部规定专卖品定为酒类和卷烟用纸两种。以国营、公私合营、特许私营及委托加工四种方式经营。零销酒商也可由经过特许的私商承担,其手续是零销酒商"向当地专卖机关登记,请领执照,及承销手册""零销酒商,凭执照和承销手册,向指定之专卖处或营业部承销所承销之酒,其容器上必须有商号标志,并粘贴证照,限在指定区域销售,不许运往他区"。对违章违法行为也制定了处罚办法。

1950 年 12 月 6 日,财政部税务总局、华北酒业专卖总公司在《关于华北公营及暂许私营酒类征税管理加以修正的指示》中,规定"对公营啤酒、黄酒、洋酒、仿洋酒、改制酒、果木酒等均改按从价征税"。酒精改为从价征收,白酒按固定税额,每斤酒征二斤半小米。从 1951 年 8 月起,一律依照货物税暂行条例规定的酒类税率从价计征,除白酒和酒精仍在销地纳税外,黄酒等其他酒类一律改为在产地纳税。

---

① 建设委员会调查浙江经济所统计课:《浙江之绍酒》,建设委员会调查浙江经济所,1937 年,第 2 页。

② 浙江省银行经济研究室:《浙江经济年鉴》,浙江省银行经济研究室,1948 年,第 431 页。

在绍兴,重点抓了绍兴酒的纳税管理,具体措施有:(1)核实酿坊存酒,掌握税源。旧税局有一本酿户清册,记载着每家酿坊的生产和纳税记录,但由于管理松懈和贪污成风等原因,实际情况与册载出入很大。于是,专区税务局组织大批人力到每家酿坊进行实地查点,包括工场、仓库、坊主住宅乃至厂外租房等,查出的夹墙暗间内存放的未税绍酒,数以万计,一一予以登记补税。(2)加强沿途查验,杜绝私酒运销。为了真正做到件件贴证、和照同行,专区税务局在西郭、偏门、昌安、五云设立查验机构,对市区的大小酒店存货也进行逐坛检查,清理私酒充斥的现象。(3)通过典型试验,核定产量,堵塞大小漏洞。在旧时,每缸绍兴酒是"石八落缸",即每缸需用的原料糯米为280斤,不分规格均以缸出酒580斤计算产量。实际上这个相沿成习的核定数量是不准确的。1950年底,专区税务局派员在多家酿坊进行典型试验,每缸酒的产量一般都在650斤左右,从而扩大了税源。此外,凡所有酿坊自酿自饮或馈送亲友的绍酒也必须照章纳税,酿酒兼营酱业的酱园,用于制造腐乳的大量绍酒也列入了补税范围。1953年,绍酒改征商品流通税。1958年又并入工商统一税,同时,由于纳税单位已由个体经营改为国营酒厂或公私合营酒厂,依法照章纳税成了酒厂的职责所在。

(二)商业部门领导下的黄酒专卖(1953—1957年)

在第一个五年计划时期,为改变专卖行政机关与专卖企业机构在全国范围内不统一的混乱局面,中央设专卖事业总管理局,归商业部领导。省级设省专卖事业管理局,受省商业厅领导。为保证专卖制度的严格执行,规定酒类的收购单位必须设专职验收人员,对较大的酒厂设驻厂员,小厂或小酒坊配设巡回检验员,包干负责。1954年6月,中国专卖事业公司规定,各大区公司对黄酒可实行地产地销的原则,根据既定的购销计划,结合产销实际情况,研究确定大区内的调拨供应计划,并使省市之间通过合同的约束,完成调拨任务。作为国家名酒的绍兴黄酒为计划供应商品,由总公司掌握,统一分配。1953年2月,财政部税务总局和中国专卖事业总公司对酒类的税收、专卖利润及价格做出了规定。黄酒的专卖利润率定为11%,其他酒类为10%。

(三)"大跃进"时期的酒类专卖(1958—1960年)

1958年,随着商业管理体制的改革和权力的下放,除了国家名酒仍实行国家统一计划管理外,其他酒以省(市、区)为单位实行地产地销,许多地方无形中取消了酒的专卖。

(四)国民经济调整时期的黄酒专卖(1961—1965年)

1960年下半年,中央提出了"调整、巩固、充实、提高"的八字方针,国务院发文强调必须继续贯彻执行酒类专卖方针,加强酒类专卖的管理工作,并对酒的生产、销售和行政管理、专卖利润收入和分成办法等做出了具体规定。这一时期,黄酒的生产及其销售实现归口管理,各部门各司其职。

1.黄酒的生产

由轻工业部归口统一安排生产,其他任何单位和部门,未经省级人民政府批准,一律不得自行酿造。社队自办的小酒厂和非工业部门办的酒厂,必须按照《工商企业登记管理试行办法》进行登记,根据归口管理、统一规划的原则,各地对现有酒厂进行整顿。所有酒厂生产的黄酒,必须交当地糖业烟酒公司收购。而外销则由国家进出口公司收购。

2.酒类销售和酒类行政管理工作

由各级商业部门领导,具体日常工作由糖业烟酒公司负责。在黄酒的销售方面,批发由糖业烟酒公司经营;零售由国营商店、供销合作社以及经过批准的城乡合作商店、合作小组和其他一些代销点经营,出口则由国家进出口公司负责。除此之外,任何单位或个人,一律不得私自销售。各级专卖事业管理局和糖烟酒公司采取"一个机构,两块牌子"的办法,既负责行政管理,又负责企业经营。

(五)"文革"时期的黄酒专卖(1966—1976年9月)

在"文化大革命"期间,酒类专卖机构被撤销,人员被调走或下放到农村或基层。同样,黄酒的专卖管理工作处于无人过门和无章可循的状态。但在以"阶级斗争为纲"的大环境下,黄酒的生产和销售工作都处于较为严格的国家计划控制之下,其生产和流通秩序还是较为正常的。当然,这只是在低生产、低消费水平下一种暂时、无奈的宁静。

(六)改革开放以来的黄酒酒政(1977—1990年)

改革开放后,出现了各行各业办酒类的浪潮,国家对酒业的管理面临着许多新的问题,酒类管理难度加大,尤其是在原有的轻工业部管酒类生产、商业部管理酒类流通的体制下,国家一级的管理机构如何设置,如何运作,还需积极探索。在这一期间,许多新的管理措施相继出台。

1.加强对黄酒专卖事业的管理工作

1978年4月,国务院批转了商业部等《关于加强酒类专卖管理工作的报告》,对酒类的生产、销售、运输管理、酒厂的"来料加工"、家酿酒、专卖利润以及偷漏税、欠交专卖利润等违法情况，都做出了具体规定。对于黄酒生产，规定现有的酒厂，产销全部纳入计划；新增设国营专业酒厂，必须经过省级主管部门审查，并同有关部门协商，按照统一规划、合理布局、有利生产、有利销售的原则，经过省级工商行政管理局批准，才能组织生产。当时的人民公社以下集体所有制单位办的小酒厂必须坚持不准用粮食酿酒的原则，对于农场、畜牧场和部队、机关、团体学校等，以批准留用的饲料粮和加工副产品下脚料为原料酿酒的车间，须经县级专卖部门和工商行政管理部门审查，批准后方可酿酒。所产的黄酒不得自行销售，须全部交当地糖业烟酒公司收购。对于黄酒的销售和运输也做出了具体的规定。并规定，县级以上的商业部门设立糖业烟酒公司，既负责企业管理，又担任专卖管理，县以下的专卖管理工作，可在各县专卖管理局的指导下，由工商行政管理所兼管，税务所协助。

2. 加强对黄酒的卫生管理

20世纪80年代开始，黄酒生产全面而迅速发展，有的生产企业不严格履行登记注册手续和卫生检验工作，致使许多不符合国家食品卫生标准的黄酒流入市场。为此，1982年、1986年和1990年，国家有关部门都对黄酒卫生的管理工作做出了明确的规定。

3. 明确对黄酒酒税的征收

1983年6月，财政部颁布了《关于加强酒税征收管理的通知》规定：用日常用粮酿酒的按60%的税率征税；用饲料粮酿酒的，按40%的税率征收；用议价粮酿酒，税率不得低于40%。1984年6月，又规定：用议价粮或加价粮生产的黄酒，按30%税率征收工业环节工商税。对黄酒一律按带包装的销售价格征税。有的黄酒企业生产的黄酒出厂价较低，则由商业部门实行价外补贴。

第四章

绍兴黄酒文化的演进及其传承

千百年来，黄酒不仅是一种物质产品，更是一种文化标识。在绍兴，『城中酒垆千百所』『倾家酿酒三千石』（陆游），人们谈论酒得酒失，品评酒色酒香，吟咏酒诗酒歌，遵从着酒礼酒俗，从而形成了璀璨夺目、独具魅力的酒文化。因此，必须挖掘其深厚的文化内涵，加大对绍兴黄酒的文化营销，致力于绍兴黄酒的品牌打造、文化传承、文旅融合等，以文化创意为原动力，赋予绍兴黄酒以崭新的生命力和影响力。

第一节　绍兴黄酒文化概述

"酒文化是指以酒为载体，以酒行为为中心所产生的一系列的物质的、技艺的、精神的、习俗的、心理的、行为的现象的总和。"[①]酒不仅是一种香味浓郁的食物饮料，也是一种内涵独特的文化用品。酒文化的文化链条与各种习俗、礼节紧密相连。酒与政治、酒与历史、酒与生活、酒与诗歌、酒与书法、酒与音乐、酒与戏曲、酒与美术等，都休戚与共、相融相兴，甚至是一些活动中不可或缺的组成部分。

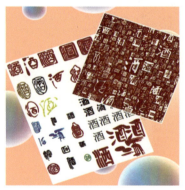

琳琅满目的酒文化墙

一、黄酒文化的内涵

黄酒是盛行于江浙沪地区的一种具有显著地域特色的酒品。从一般意义上看，黄酒文化是指在黄酒设计、酿造、饮用等一系列过程中形成的物质文化和精神文化的总和。

---

① 陈少华：《独领风骚的中国酒文化》，《科学中国人》1999 年第 2 期。

五彩缤纷的黄酒文化，涉及的内涵非常广泛。它包括酒史、酒技、酒功、酒俗、酒器和酒文等。酒史，包括黄酒的酿造起源史、工艺传承史、产品演变史、酒器更替史等。酒技，是指黄酒的酿造技艺，包括传统工艺和传统工艺的现代化改造。这是衡量黄酒文化发展水平的重要标志。酒功，是指黄酒的效用和价值，具有广泛性和两面性。酒俗，是指饮用黄酒的风俗习惯，往往与礼仪、生寿、嫁娶、节庆、饮食等习俗相关联，具有浓厚的地方或民族特色，是展示某个特定区域民众的心理特征和性格风度的一个社会窗口。酒器，是黄酒的酿造工具、储酒器具和日常饮具的总称，具有加工取材的地域性、造型艺术的观赏性和种类质地的层次性等特点。酒文，是指以黄酒为题材的酒诗、酒联、酒歌、酒谚、酒谜、酒舞、酒乐和酒论等，以及与黄酒相关的各种传说、典故、史事的记载等。

如果说黄酒的表现形态及其酿造过程是黄酒文化的物质形态，那么，黄酒在人们心理上所起的作用及其表现形态，则是黄酒文化内涵的内核部分。黄酒作为一种客观的物质存在，呈现更多的却是一种精神象征和文化符号。而且，酒文化的发展有一个循序渐进的过程，随着技术进步与经济社会的发展，慢慢自上而下渗透。

二、黄酒文化的分类

黄酒文化包括黄酒的酿造原料、器具、酿造技艺等自然属性，更侧重黄酒的社会属性，即黄酒对政治、经济、文化、军事、宗教、艺术、科技、社会心理、民俗风情等各个领域所产生的具体影响。

（一）按照文化层次理论分

按照文化层次理论，黄酒文化分为物态型黄酒文化（含黄酒酒体本身的价值文化、酒肆文化和酒器文化等）、精神型黄酒文化（含酒的艺术文化和酒的民俗文化等）以及制度型黄酒文化（即酒政文化）等。

1. 物态型黄酒文化

物态型黄酒文化就是那些可以被人具体感知、摸得着、看得见的，客观存在的各种各样的黄酒（诸如各种品种、型号、款式、包装等的黄酒）及其千姿百态的酿酒物件、盛酒器皿等等，它是具有实体性形态的物质载体（包括物品和工具）。其主要特征是固化和可感知。比如，琳琅满目的黄酒品种（绍兴酒、金华酒、丹阳酒、九江封缸酒等，以及因工艺和原料配比的差别，绍兴酒又分为元红、加饭、善酿、香雪等种类）。还有酿酒或饮酒的场所（酒坊、酒厂、酒肆、酒家、酒吧、酒桌等),酿酒、盛酒和饮酒的工具(酒器、酒缸、酒桶、酒瓶、酒壶、酒碗、酒杯、酒盅等),以及酿酒原辅料(鉴湖水、糯米、酒曲、酒酿、酒糟等)。

2. 精神型黄酒文化

精神型黄酒文化就是从黄酒中衍生出来的有关黄酒的思想观念、思维方式、审美情操、风俗习惯、价值取向、道德风貌、文艺样式等。以绍兴黄酒为例,它从诞生之日起,就摆脱了纯粹具体"物"的状态,始终与政治、经济、道德、军事、文艺等社会因素紧密相连。久而久之,人们饮酒,更多的是为精神生活,讲究"酒礼""酒德",注重酒俗、酒趣,将饮酒升华为高级的精神文化活动。

3. 制度型黄酒文化

制度型黄酒文化就是人们主动创制出来的、为社会成员广泛认同的有关酒的规范性准则(比如酒政、标准)等。它既是物态型黄酒文化的工具,又是精神型黄酒文化的产物,是这两类黄酒文化的中介。以"酒政"为例,它是一种政治文化,是历代当政者从初始时的"放任不管"再到后来的"紧抓不放"而推出关于酒的一系列管理政策。尽管这些政策有利有弊,执行程度也时松时紧,业界对其也褒贬不一,但是,作为一种酒文化形态,有其不可或缺的历史借鉴价值。

(二)按照文化符号的架构来分

按照文化符号的架构来分,黄酒文化分为酿酒文化、饮酒文化和酒器文化等。

1. 酿酒文化

绍兴黄酒酿造的起源时间已很难考证,但从历史考古遗迹中能窥之一二。这在前面几个章节中已做了详尽的阐述,在此不再赘述。以绍兴黄酒为例。唐代诗人王绩在《酒经》中较为详细地记载了绍兴黄酒的特点和酿造工艺。清代乾隆嘉庆年间的童岳荐在《调鼎集·酒谱》中,也对绍兴黄酒的历史演变和品质特点进行了描述。绍兴黄酒的传统酿造工艺,有其独特的文化底蕴。其独特之处在于用的水是鉴湖水、淋饭酒娘酒醅做酵母、摊饭法冬酿技艺以及诚心。更关键的是,传统的正宗绍兴黄酒酿造过程的把控全靠酿酒师傅的经验判断。经过一代代酿酒人的传承和改良,绍兴黄酒形成了独特的酿造工艺,先后成为首个国家地理标志产品和首批国家非物质文化遗产。

2. 饮酒文化

饮酒文化包括酒礼文化、酒宴文化、酒肆文化、酒俗文化等。源远流长的饮酒历史,留下了丰富多彩的历史传说和典故。在绍兴,越王勾践的"壶酒兴国""箪醪劳师"成为酌古御今的佳话;会稽内史王羲之在兰亭雅集微醺之时写下《兰亭集序》,成为我国书法艺术史上的瑰宝;唐朝诗人贺知章、李白、白居易、元稹等,都以"喝绍兴美酒、赏稽山鉴水、咏千古诗篇"为乐事,成就了"唐诗之路"的美名。近代,秋瑾留下了"不惜千金买宝刀,貂裘换酒也堪豪"的诗句,鲁迅先生的《孔乙己》让咸亨酒店的茴香豆和绍兴黄酒成为中国学生最深刻的记忆,等等。

不仅如此,绍兴的许多风俗习惯都与黄酒有关。无论哪个朝代,上到王侯公卿的祭祀祖宗、典礼庆贺、外交宴会、征战凯旋,下至士农工商的四时八节、亲朋聚会、婚丧嫁娶、行旅郊游、消愁解闷等,都离不开"酒"字,真可谓"无酒不成席""无酒不酬宾"。酒主要有婚嫁酒、生葬酒、时令酒、生计酒、生活酒等五大类。千姿百态的酒俗渗透于各行各业,农民把酒话桑麻,文人把酒论诗文,工商把酒说财源,青年把酒述成长,客来把酒叙友情,邻里把酒讲和睦,夫妻把酒偕白头,老人把酒庆福寿……真是以酒交友,以酒结谊,以酒叙情。黄酒已成为人际交往的桥梁和纽带,在日常生活中发挥着重要的作用。年深日久,民间形成了一些被民众普遍认同并遵循的饮酒"规矩",即酒规和酒礼。

3.酒器文化

酒器,包括酿酒、盛酒和饮酒的器具。伴随着酿酒业的发展和社会生产力的进步,酒器也从原始社会的石器、陶器、骨器、青铜器、竹木器,发展到后来的瓷器、金银器、玉器等,成为酒文化的重要组成部分。在远古时代,酒器以陶器、角器、竹木制品等为主,在距今4000多年的绍兴马鞍镇寺桥村仙人山遗址,曾出土了原始印纹陶器酒器和原始青瓷饮具。夏商周时期流行青铜酒器。秦汉之际,漆制酒器开始流行。东汉前后出现了瓷质酒器,其中产自绍兴的越窑青瓷,是绍兴黄酒最有特色的酒器,瓷制酒器一直沿用至今。至现代,除了陶瓷酒器之外,还有玻璃、金属等质地的酒器,具有贮酒、盛酒、温酒、饮酒等不同用途,不仅造型上风格多样,大小型号上也是千差万别,以满足人们饮酒的需要。

此外,也有人将酒文化概括为三个层面:酿酒层面的精神、技能、工具、原料、空间等,饮酒层面的礼仪、器具等,以及横跨这两个层面的酒俗酒风、诗词歌赋、神话传说、典章制度等。[1]

三、新时期绍兴黄酒文化的显著特点

绍兴黄酒文化,是绍兴黄酒在生产酿制及发展过程中产生的符号化结构。

---

[1] 姜娜:《文化遗产保护的全民参与——日本酒文化遗产保护策略及其借鉴》,《广西民族大学学报》(哲学社会科学版)2012年第1期。

从空间上看,黄酒文化不是整齐划一的。与我国其他地区相比,绍兴黄酒文化带有其特定区域的个性化特征。而且,在不同的历史时期,绍兴黄酒文化有其丰富而独特的个性化彰显。

改革开放以来,绍兴黄酒文化的一个显著特点是:开启了从传承"黄酒文化"到创新"文化黄酒"的飞跃。

1. 绍兴黄酒文化,唯有"传承"才是硬核

在绍兴,春秋末年越王勾践"壶酒兴邦"的典故,流芳千古。东汉会稽太守马臻构筑鉴湖,优质的鉴湖水成为绍兴黄酒的天然水源。东晋永和九年(353),会稽内史王羲之等名人雅士,在山阴兰亭曲水流觞,饮酒赋诗,留下了"国宝"《兰亭集序》。400多位唐宋诗人追慕"魏晋遗风",自钱塘江沿浙东大运河、鉴湖、曹娥江(剡溪)一路南下,载酒扬帆,击节高歌,留下了1500多首诗。唐代在越州、杭州两地持续多年的"元(稹)白(居易)唱和",使绍兴黄酒文化锦上添花。从两宋到明清时期,绍兴黄酒文化更加繁荣昌盛。

传承绍兴黄酒文化,除了"绍兴黄酒酿制技艺"国家级非遗项目等核心资源以外,还应弘扬传承和转化提升一些正能量、高品位和有影响力的黄酒文化元素。在一些地方,借鉴央视的大型综艺文化节目《经典咏流传》的互联网思维,已经着手把这些经典酒文化"翻唱"成新的文化样式。有的企业依据越王勾践"壶酒兴邦"典故,已开发"男士酒""壮行酒"等,激励好男儿志在四方,勇于担当。也有的企业依据《兰亭集序》,为中高层人士开发出名叫"兰亭""琉觞"的"名士酒"等。

2. 绍兴文化黄酒,唯有创新才有出路

自秦汉以来,绍兴黄酒有许多知名度极高的美酒品牌,是当时全国酒类精品的杰出代表。比如,北宋越州的"蓬莱春",清末民初绍兴的"福酒",等等。这些酒名,都是美妙绝伦、回味悠长的。一些善于把握商机的企业已尝试"旧瓶装新酒",重新挖掘这些历史名酒,翻新包装,让其焕发青春,再放异彩。还有的企业借助在"浙东唐诗之路"留下的名人诗篇,创新开发出"新越酒"。

其实,从黄酒文化到文化黄酒,并非简单的词序变换,体现的是思维之变、定位之变、战略之变。这意味着,绍兴黄酒已经按下了"在传承中创新,在创新中提升"的高质量、跨越式发展的快进键。在这个战略思维引领下,以打造"世界名酒产区"为战略目标,以"产业整合、品牌联合、跨业融合"为突破口,全面振兴绍兴黄酒行业已指日可待。

第二节　绍兴黄酒文化的历史演进

在前面几个章节中,已经对酒史文化、酒技文化以及酒政文化的内容做了较为详尽的探析。本节重点探讨绍兴黄酒的饮酒文化、酒器文化以及黄酒节会文化。

一、饮酒文化

如前所述,饮酒不仅是一种饮食行为,更是一种文化活动。在古代绍兴,纵观春秋末年越王勾践兴越灭吴的每一个阶段,每件事都离不开酒。浙水的送别酒,宫中的韬晦酒,生育的奖励酒,出师的投醪酒,灭吴的庆功酒……酒可以说是历史的见证者。同样,在人们日常生活中,无论何时何地,在饮用黄酒中显现出来的文化形态,也是俯拾皆是。

(一)酒礼文化

有史料表明,国人的许多礼仪来源于酒文化。殷商时期,所酿的酒叫"鬯",只有部族中的高等级长者在祭祀神灵时,才可以饮用它。[1] 从周朝起,宫廷中就设有酒人、酒正职官,专门主管朝堂宴宾、庆祝、祈福等活动的饮酒礼仪。除了祭祀以外,"鬯"还被用来招待宾客,或天子赏赐诸侯臣属的赐品。当时,有一种叫"乡饮酒"的礼仪,其形式是:"诸侯之乡大夫三年大比,献贤者能于其君,以宾礼待之,与之饮酒。于五礼属嘉礼。"[2]"非齿德并尊,誉望有夙者,不足居是列。"[3] 可见,"乡饮酒"是一种选贤任能时敬老的仪式。不难看出,喝酒最初是为了尊老敬长,提倡礼让,确定礼仪。

---

① 万伟成:《中华酒文化的内涵、形态及其趋势特征初探》,《酿酒科技》2007 年第 9 期。

② [汉]郑玄:《三礼目录》,载《隋书·经籍志》。

③ [清]冯桂芬:《杜年丈七十寿序》。

其实,从文字学来看,"酒"字的本意就有尊老敬长之意。据《金文诂林》载,酒与"酋"通假。酋长,一般都由氏族部落中德高望重的人担任。可以说,早先酿酒是为了满足尊长者的生活需要,而饮酒也体现出长者的崇高社会地位。据《礼记》记载,在夏商周三代,都有"向国老进奉养酒"的做法,即所谓的"为酒以扶老""为酒以序尊卑"。在《礼记·月令》中有文字注明:"酒熟曰酋,大酋者酒官之长,酋者久远之称。久熟者善,故名酒官为大酋。"所以上古时代对酒的称谓以"酋"为名,而执掌酿酒、祭酒、医巫者亦称为酋也,是部族首脑人物。到了周代,由于礼乐规范的制定,酋才改为酒,这在《礼明堂位》书中说明"夏后氏尚明水,殷尚醴,周尚酒"。《诗经·大雅·草苇》中的"以祈黄耇",说明在周代的"乡饮酒"中,饮者是以年资来排座次的。孔子在《论语·乡党》中说:"乡人饮酒,杖者出,斯出矣。"让长者端杯先饮,以示恭敬。《礼记·曲礼上》云:"长者举未醲,少者不敢饮。"醲,意即"干杯"。这种尊老"酒礼"一直被后世沿袭。汉代,有岁首对长者"赐以布帛、酒肉"的制度。清康乾时期,曾在宫内举行"千叟宴",年龄在65岁以上的老人,"不论满、汉、官、民","皆得与宴赋诗"。还有,古人宴饮时举杯敬人,常用食指伸入杯中略蘸一下,并弹出酒滴,以向对方表示敬意。

汉魏以后,有个叫"祭酒"的官职,也是"尊老敬长"酒礼的佐证。"祭酒"官名是从巫师演变而来的。在原始社会,巫师的主要职责是奉祀天地鬼神,并为人祈福禳灾。此后演变为"祭酒",原意是指主持飨宴中的酹酒祭神活动的长者,后来"祭酒"泛称位尊或年长者。战国时期,"祭酒"成了官职。战国时,荀子以其年长有学问曾被齐襄王三次拜为"祭酒"。汉代置博士祭酒,为五经博士之首。西晋改设国子监祭酒。隋唐以后,称国子监祭酒,至清末废止。"祭酒"地位不高(唐宋为从三品,明清为从四品),待遇也不甚丰厚。但是,因只有年高德劭、资深望重的儒者才能担任,故颇受帝王与同僚的尊重。在绍兴历代进士名录中,就有不少曾任国子监祭酒,比如,南宋淳熙年间山阴的陆翼、明万历年间会稽的陶望岭、清咸丰年间鄞县的章鋆等。清光绪三十二年(1906),改"国子祭酒"为"学部尚书"。

酒礼的另一个内涵,是要求饮酒者有节制、讲酒德。"酒德",就是饮酒时的道德规范和酒后应有的风度。儒家不仅要求饮酒者有礼仪规范,做到自我节制,也不可强劝逼饮。《尚书·酒诰》提出"无彝酒"(不要经常饮酒)、"禁沉湎"(禁止饮酒过度)等。《孔子家语·观乡射》有"饮酒之节,旰不废朝,暮不废夕"的训诫。孔子后裔孔鲋的《孔丛子》、宋黄光大的《积善录》和明祁骏佳的《遁翁随笔》等古籍中,也有反对劝人强饮的记载。在绍兴,许多地方都有不劝酒的警示,酗酒者被人看不起,民间蔑称为"倒醉魈"。

(二)酒俗文化

在绍兴,数千年的酿酒史和饮酒史,在古越大地孕育出千姿百态、古雅厚朴的酒俗文化,它是绍兴文明发展史上重要的文化积淀,已经渗透到绍兴人民生活的各个领域,产生巨大的社会影响力。自古以来,"无酒不成礼",酒在越地礼仪文化中有其独特的作用。自古"越人好祀",逢年过节、四时八节,都要"尊天地,事鬼神"。在绍兴,从正月初一清晨打开家中大门的"请天地菩萨"开始,到元宵酒、清明上坟酒、端午雄黄酒、七月半(即中元鬼节)酒、八月半酒、重阳酒、冬至寒衣酒、除夕分岁酒,再到"散福酒"即鲁迅先生笔下的"祝福酒",众多酒俗文化往往寓于各种宴请中,涉及亲情、友情、乡情等,故许多地方称之为"人情酒"。以下辑录的"酒俗",只是其中很小的部分,甚至仅仅是某个侧面。

1. 婚嫁酒俗

在绍兴,旧时许多地方男婚女嫁的酒俗,名目繁多,不胜枚举。从托媒酒开始,依次有会亲酒、送庚酒、纳采酒、陪嫁酒、上轿酒、待嫁酒、交杯酒、回门酒、敬邻酒、谢媒酒等。这些酒席一般由男女各方自家操办。

(1)会亲酒。会亲即订婚,是正式婚礼的前奏曲。在绍兴农村,至今仍然重视订婚。在订婚仪式上,要摆酒席、会亲友,表示婚事已成定局,婚姻契约已经生效。此后,男女双方不得随意悔婚。

(2)女儿酒。这是绍兴最有代表性、最典型的婚嫁酒俗。在"醉乡"绍兴,常常以酒为纳采之礼,以酒为陪嫁之物。"女儿酒"在女儿出世后就着手酿制,贮藏在干燥的地窖中,也有打入夹墙之内的,直到女儿长大出嫁时,才挖出来请客或做陪嫁之用。此俗后来又演化到生男孩时也酿酒,并在酒坛上涂以朱红,着意彩绘,并名之为"状元红",意即儿子具状元之才。

(3)别亲酒。女方父母在女儿出嫁前一天,要为嫁女备酒席。届时,红椅披垫,花烛齐燃,请出嫁女坐首座,平辈或幼辈子女陪宴,称为"别亲酒"。在席上,新娘之母要为之斟酒,并说一些告诫的话。

(4)交杯酒。在绍兴,新婚夫妻进洞房喝交杯酒时,外面闹房的亲友必须屏息静气,保持安静,不能随便打闹。新婚夫妻喝"交杯酒"时要严肃认真,交杯酒预示着从今以后,夫妻俩要风雨同舟、共同生活。旧时,还有喝"拜堂酒"的习俗,婚宴正式开始后,席间新郎要三次向长辈敬酒。

2. 生葬酒俗

（1）三朝酒。旧时，在绍兴许多地方，小孩出生的第二天，要办"三朝酒"。办酒时，要特大号的鸡肉、肉丸、馒头、朝糕，以庆大喜特喜。品三朝酒时，还会颂"甜甜酒，福禄寿，舔舔箸头，一世弗愁"，故又叫"箸头酒"。如果小孩脸上露出酒窝，人们又会说"面上两个小酒窝，大来家里金满箩"。

（2）剃头酒。又叫"满月酒"。在绍兴许多地方，孩子满月时，家长要请剃头师傅用酒代水给孩子润发，理个"瓦片头"。家里要祀神祭祖，过后，亲友们轮流抱过小孩，坐在一起同喝"剃头酒"。除用酒给婴孩润发外，喝酒时，有的长辈还用筷头蘸上一点，给孩子吮，希望孩子长大了，能像长辈们一样，有福分喝"福水"（酒）。

（3）得周酒。孩子长到一周岁时，要办"得周酒"。席间，牙牙学语的小孩子由大人抱着，轮流介绍给长辈，让孩子称呼，增添了酒席的热闹氛围，也让人享尽天伦之乐。

（4）寿庆酒。祝寿是晚辈对长辈表达敬重和孝心的方式。在绍兴，一般是"逢十为寿"，在老人生日那天，儿孙们摆寿筵、送寿桃，邀请亲朋好友喝寿酒、吃寿面。"十岁做寿外婆家，廿岁做寿丈母家，三十要做，四十要叉（"叉"掉不做），五十自己做，六十儿孙做，七十、八十开贺。"尤其是七十七岁"喜寿"，八十八岁"米寿"，是比较隆重的。

（5）白事酒。旧时也叫"丧酒"。在绍兴，长寿仙逝为"喜丧"。农村一些地方叫"吃豆腐饭"或"吃大豆腐"，菜肴以素斋为主，酒也称素酒。现在，对"丧酒"的菜品已没有刻意讲究素食的要求。

3. 时令酒俗

在绍兴，每年的几个重大的传统节日都有相应的喝酒活动，如除夕夜喝"散福酒"，端午节喝"菖蒲酒"，中秋节喝"桂花酒"，重阳节喝"菊花酒"，等等。

（1）散福酒。在绍兴，在每年腊月二十夜至三十日之间，为"祝福"的日子。挑选这段时间的某个好日子，前半夜烧煮福礼，到拂晓之前，摆好祭桌。次日凌晨开始祭神，家中男丁依辈分大小，逐个按次序向外跪拜行礼。拜毕便将纸元宝、烧纸连同神祇一起焚化，并把原先横放的桌子改成直摆，调转福礼，拔下筷子，由外向里叩拜祭祖。祝福祭祀完毕，全家人一起围坐喝酒，叫喝"散福酒"。

（2）分岁酒。在绍兴，很多地方也叫"新岁酒"。除夕夜阖家同堂，摆酒聚餐，开怀畅饮，其乐融融。在喝"分岁酒"时，要在门上贴大红门联，把家里的灯全部点亮。菜肴中要有"芋"和"鱼",寓意年年有余。如果有家人远在外地,不能回家过年,则要让出一个席位,摆上筷箸,斟满酒,以示对远地亲人的怀念。如若盼子心切,就在席上外加一酒杯和筷子,以预示人丁兴旺,叫"添人增口"酒。在古代,绍兴民间还有喝"屠苏酒"的习俗。陆游在《除夜雪》中有"半盏屠苏犹未举,灯前小草写桃符"的诗句。

（3）清明酒。旧时在绍兴,由于坟墓多在郊区山上,又临河道,城里人总是全家老小带上酒及各种祭品前去祭拜,带去的酒菜在坟地祭过后就送给"坟亲"享用,自己回家喝清明酒。有些人家不去墓地祭祀,也在家中摆酒祭奠祖宗,俗称"堂祭",祭后族人聚饮,也叫"清明酒"。

（4）端午酒。旧时在绍兴,农历五月初五,家家户户门前要挂菖蒲、艾草以避邪,中午要喝端午酒,并要置备"五黄",即黄鱼、黄鳝、黄梅、黄瓜和雄黄酒。这时,每家每户都忙着打扫灰尘,以迎接盛夏的到来。

（5）七月半酒。旧时在绍兴,农历七月十五日这天,河中要点燃河灯。在河蚌壳内放进菜油,用灯芯点亮,放在河中任其漂荡。有的村子还要倚水搭台演三天戏,俗称"社戏"。白天要摆七月半酒,晚上要在各家神龛前供上茶水,洗脸盆内盛上水,放上毛巾之类,让亡灵擦汗、洗脸。

（6）中秋酒。每当中秋皓月当空,人们会在中庭置一个米筛,内置一只大月饼,在月饼周围放十只小碟子,碟中放各种各样的果品或有动物图案的糕饼,任人品尝,一边喝酒,一边赏月。旧时,宁波以农历八月十六日为中秋节。相传明州(今宁波)人南宋宰相史浩,每年中秋节从临安(今杭州)回家与民同乐。有一年,因归途中坐骑受伤,夜宿绍兴,第二天才回宁波,百姓等到十六才过中秋节,以后相沿成习。

（7）冬至酒。旧时,绍兴民间有冬至给死者送寒衣的习俗。祭奠之后,焚化纸做的寒衣供死者"御寒"。这桌祭祀酒席,俗称"冬至酒"。祭祀之后,亲朋好友聚饮,既怀念亡者,又联络感情。

（8）挂(落)像酒。旧时,绍兴每逢腊月二十前后,都要把祖宗神像从柜内"请"出来挂在堂前,并点燃蜡烛,供上酒菜,祭祀一番,俗称"挂像酒"。到正月十八,年事已毕,就得把神像"请"下来,这时又得祭祀一番,办"落像酒",亲朋好友、族内长幼相聚欢饮。喝过"落像酒",过年活动就告结束。

4. 生计酒俗

最有代表性的是下田酒。在绍兴大多数农村,旧时每年第一天插秧,叫"开秧门"。这天要举行祭家堂、拜土地,在田头插上用黄表纸包裹的柳枝。然后吃一顿"下田酒"(或"开莳酒")。主妇要备好点心、饭菜、酒肉,让家人和帮工者饱餐,每人还要吃一个鸡蛋。

5. 生活酒俗

(1)新屋酒。在绍兴农村,建造新屋是件大事,一靠自己努力,二靠乡里互助。主人办酒既是庆贺,也是酬谢。旧时,新屋上梁时,要四处抛馒头庆贺(俗称"抛梁馒头");新屋落成并装修完了,主人要办进屋酒,邀请亲戚邻居来聚一聚,喝杯老酒,热闹一番。

(2)和解酒。旧时,在绍兴,人们一旦有了矛盾纠纷或利益冲突,便会邀请有名望的长者出面,一边喝酒,一边好言劝和。鲁迅在小说《离婚》中写道:"爱姑的丈夫施家'小畜生'姘上了寡妇要与爱姑离婚,爱姑不干,施家请出乡绅慰老爷说和,便是先以酒席作为酬劳。"这桌"酒席"便是"和解酒"。在清末民初,曾有绍兴师爷在调解矛盾纠纷过程中,到酒店设宴席,边喝酒,边说和。这是民间一种普遍被认可的协商和调解机制。

综上所述,在绍兴,这些渗透在人们日常生活中的饮酒习俗,丰富多彩,别具一格,代表人们善良美好的祝愿,是绍兴人民真善美崇高品格的一个侧面。

(三)酒肆文化

1. 古代酒肆的历史沿革

在古代,酒肆又称酒家、酒务儿、酒店、酒铺,是酒类买卖的专业场所。档次相对高级一些的称为酒馆、酒楼。酒肆内部为"楼上酒客坐所,各有小室,谓为酒阁子"。在酒肆干活的称为酒保。

据文献记载,早在春秋战国时期就已经有了酒肆。《鹖冠子·世兵》记载:"伊尹酒保,太公屠牛。"伊尹,是商朝开国的功臣,他曾经当过酒保。《论语》中也有"酤酒市脯,不食"。可见,当时已有买卖酒的市场。《墨子》《韩非子》中也都有"酤酒"的记载。从那时开始,酒肆外面会悬挂一面酒旗——这也许是我国最早招徕顾客的户外广告。

到了汉代,酒肆已比较多,但规模比较小。《汉书·食货志》记载:"酒家开肆待客,设酒垆,故以垆名肆。"南朝宋的颜延之官至国子祭酒,也"常日到酒肆裸袒挽歌",即经常跑到酒店去喝酒,喝多了还要光着膀子高唱哀歌。据史志记载,在绍兴,最早的酒肆见于汉时驿亭。东汉末,在驿道上每隔10多里就建有驿亭,有的为馆,称驿馆,可"止息行旅,供应酒食"①。有的还做客栈。亭内常设有酒垆,供往来人饮用。东晋之初,越地就有山阴临水酒家等,并可赊饮。南朝陈时,会稽有女儿酒家等。②

唐朝时,各种酒肆遍及城乡,规模宏大的酒楼开始兴起,生意火爆。当时,绍兴的酿酒业比较发达。县邑和乡村也有酒肆,只是规模较小。据史志记载,有一次,时任越州刺史的元稹去平水镇,见学校里有一些儿童正在"缮写和模勒"他与白居易的诗,"问其故,答曰:'炫卖于市井,或持之以交酒茗。'"。也就是说,可以用元白之诗去镇上的集市上换酒与茶,可见当年的平水镇上已有卖酒的店肆。③唐代,"越州西郭门外,有旗亭酒店"④。开元初,海内富实,"道路列肆,具酒食以待行人"。后经安史之乱,酒肆有所衰落。唐代长庆、大和年间,越州酒业逐渐复苏,越州刺史元稹曾有"唤客潜挥远红袖,卖垆高挂小青旗"的诗句,描写当时越州府城的酒店竞相揽客的情景。《水浒传》诗云:"傍村酒肆已多年,斜插桑麻古道边。"是宋代酒肆业繁荣的缩影。北宋时,越州府城内较有名的是府山后面的赵清献酒店。到了南宋,都城临安(杭州)大街小巷,遍布茶坊、酒肆、酒酱、粮米等商店。在一些高级酒楼,客人不仅可以享受美酒佳肴,还可以与美女把酒言欢,共度良宵。在绍兴,也是酒肆林立,村间路边,青旗在望,出现了陆游所描写的"城中酒垆千百所"的繁华景象。在其老家鉴湖三山附近,除了跨湖桥酒店、埠西小店、旗亭酒店以外,还有档次更高,且可凭高望远、一抒胸臆的镜湖酒楼。

透过陆游的诗歌,可以领略到南宋时绍兴不同类型的酒肆文化。他在《好事近》词中说"有沽酒处便为家"。在他的笔下,"有沽酒处"大致可分为旗亭、酒垆、野店、村酒、酒市和酒楼等。

旗亭是指飘着酒幡的酒亭。陆游的《夜从父老饮酒村店作》中有"旗亭浊酒典衣沽,蟹舍老翁折简呼"之句。陆游应邀参加设在旗亭的秋蟹酒宴,这是老友之间的随心相叙。当时,旗亭不仅散布于鉴湖之畔,在樊江等地也很普遍。陆游在《春游至樊江戏示坐客》中有"银鞍乌帽寻春客,朱户青旗沽酒处"之句;在《醉酒道边觉而有赋》中有"旗亭烂醉官道卧,醒后无人数吾过"之句,道出了陆游与湖边旗亭的渊源。在《并山东南闲步至野人吴氏居乃归》中,陆游感叹"剩

① 绍兴县地方志编纂委员会:《绍兴县志》(第二册),中华书局,1999年版,第1012页。
② 钱茂竹:《越酒文化》,浙江人民出版社,2013年版,第200页。
③ 转引自蒙一文:《唐代的平水茶市》,《绍兴文理学院报》2014年9月25日,第7版。
④ 同①。

向旗亭作醉人";在《醉归》中又说"旗亭酒贱秋风近,夜夜归来醉似泥"。此后十余年,陆游在许多篇章中都提到了"旗亭",说明飘着旗幡的旗亭与这位闲居鉴湖畔的老人,结下了不解之缘。

酒垆是指居住地周围的当垆卖酒的酒店。这些酒店有暖酒设备,顾客可以喝上热老酒,外面也挂有酒帘、旗幡。陆游在《沽埭西酒垆小酌》中写道:"埭西小店酒新篘,一醉今朝觉易谋。……造物向人元不薄,卷帘万顷镜湖秋。"这里,"埭"是他居住地三山西面的湖桑(也作"壶觞")埭,他在埭西小店喝了新滤的暖酒后,陶然而醉,面对眼前水清岸绿的镜湖美景诗兴勃发。《东村》中有"市垆多美酒",《早春出游》中有"酒垆日暮收青旗",《游山步》中有"小市疏灯有酒垆"等。

野店是指散布在山旁、路口卖酒的茅屋孤店。1182年,陆游在上虞之行中,写了《娥江野饮赠刘道士》,诗中有"参差茅舍出木末,隐映酒旗当浦口"句,题中提到的地处浦口林中、曹娥江畔的野饮茅舍酒店,是一处标准的野店。他在《舟中作》中提到的"渔舟卧看山方好,野店沽尝酒易醨",在《老叹》中提到的"野店通赊酒"等,都说明了南宋绍兴野店的存在。1208年,陆游写过一首《野饮》,诗中把野饮孤店的气氛、乡村的土特产以及野饮的乐趣,都写得淋漓尽致。

村酒是指村市之酒、坊场之酒。在《山行》中有"酒旗滴雨村场晚,茶灶炊烟野寺秋"之句,在《秋阴至近村》中有"村店闲寻酒,筇枝廋倚肩"句,在《新凉书怀》中有"潦收溪椴鱼争售,岁乐村场酒易沽"之句,在《出游》中有"渔市酒市本无期,小蹇扁舟信所之"之句,在《秋兴》(其二)中有"村酒甜酸市酒浑,犹胜终日对空樽"之句,等等。从这些诗中可以看出,村市之酒店的规模比旗亭、酒垆要大一些,村店后面可能还带着小型酒作坊,自酿自卖。

酒市。《题跨湖桥下酒家》中有"湖水绿于染,野花红欲燃。春当三月半,狂胜十年前。小店开新酒,平桥上画船……"句,描写的是位于跨湖桥下的酒店新开的酒;《鸟啼》中有"湖桥小市酒如油。夜夜扶归常烂醉"句,《雨中作》中有"泥深散酒市,风恶恼灯天",描述的是雨大风恶,吹散了酒市灯节。可见,灯酒博彩而临时成市,是南宋绍兴地区的普遍风俗。另外,《新秋》中有"岁乐喧呼沽酒市,夜凉凄断采菱歌"句,《市饮》中有"何妨会稽市,取酒独酹歌"句,《泛舟至镜湖旁小市》中有"市楼合乐醅新熟,寺壁残诗字欲无"句,说明陆游对市酒念念不忘。

酒楼是指大型的、高档的、大多在城里的酒家。《雨中买酒镜湖酒楼》中有"阴风号大泽,暮雨上高楼。愁忆新丰酒,寒思季子裘……"。《记戊午十一月二十四夜梦》中有"街南酒楼粲丹碧,万顷湖光照山色"句,《初夏》中有"酒楼人散有空垆"句,《小雨初雾》中有"卖酒楼台晚旋晴"句,《正月五日出游》中有"此身定去神仙近,倚遍江南卖酒楼"句,等等,都是研究南宋绍兴酒楼的珍贵素材。宋代酒楼还比较讲究艺术氛围。室内常挂有书画,或专辟一通墙壁供骚人墨客题诗作画。还有一种比一般酒楼规模更大的"花园酒店",或在城内仿园林建筑,或在城外郊区,供文人雅士举行文会之类的聚饮。

在宋代,会稽地区官私卖酒的场所,主要有酒楼和酒垆两种。规模较大的酒楼,基本上集中在大中城市。它们不仅是卖酒的场所,而且还附设有酿酒作坊,集生产和销售于一体。因此,只有资金雄厚的都酒务、官酒库,才有可能经营酒楼。绍兴府城的酒楼在轩亭口,始建于北宋末年的靖康之际,名曰和旨楼(取酒"醇和而甘美"之意)。与朱熹同时代的嵊县人姚宽在《西溪丛语》里有这样一段记载:"绍兴府轩亭临街大楼,五通神据之,士人敬事。翟公巽帅越,尽去其神,改为酒楼。神座下有一大'酒',亦非偶然。目为和旨楼,取《食货志》'酒酷在官,和旨便人。'"[1] 其中提到的翟公巽,即翟汝文,于靖康元年(1126)出任越州知州。他把轩亭口的临街大楼改为和旨楼。说来也巧,在唐代,这里就是官方的酒库,所以神座下面有个硕大的"酒"字。据《越中杂识》记载:"靖康初,翟中惠公汝文帅越,亭尚无恙。公出,有风冒其伞置亭阑干上。或谓亭神为祟,公怒,即日毁其神象,改为酒库。于神座下得一石刻大酒字。故老云:昔塑象时,一道人过之,书字于石,谓众曰:'虔奉此字,则神灵验。'不知其为石谶也。后易名为和旨楼,取食货志'酒酷在官,和旨便人'之义。"[2]

与酒楼不同,酒垆是指仅仅以卖酒为业的酒店。陆游诗云"城中酒垆千百所",说明卖酒的酒垆遍布府城的角角落落。在他的其他诗歌中,有数十处提到酒垆,从侧面反映出酒垆是南宋最为普遍的卖酒场所。所卖之酒主要来源有二:一是替酿坊或酒场代为卖酒,从中获取薄利。按照宋代规定,酒在"城郭之内,绝对官卖"[3],都酒务及其酿坊、酒场所酿之酒,大部分属于自卖酒,小部分则供国家使用。而都酒务及其酿坊酒场各有其职,无法直接"自卖",于是让酒垆代为销售,而且是酒垆越多越好。只有销出的酒多了,都酒务及其酿坊、酒场才能取得更多的课利。二是买扑中标后的自酿酒。买扑也叫扑买,是宋元间推行的包

---

① [宋]姚宽、陆游:《西溪丛语·家世旧闻》,中华书局,1993年版,第35页。
② [清]悔堂老人:《越中杂识》,浙江人民出版社,1983年版,第157—158页。
③ 余绍宋:《重修浙江通志稿》第八十六册·国税。

税制度。宋初对酒、醋、陂塘、墟市、渡口等收税,由官府核计应征数额后,招商承包,允许百姓竞标。竞标者必须具备一定数额的产业做资质,中标后准予酿酒自卖,向官府缴纳课利,一般以三年为期。^①当然,这种酒业产销过程中施行买扑是有前提的:(1)官办酿坊酒场,由于经营不善,或者管理体制冗滥而成本过高,官监酒务亏本者,只好招人竞标承买,这样既节约开支,又确保了国家酒课。^②(2)酒利微薄的地方,也想方设法进行买扑,结果是课利相对较多的地方全由官方自己开沽,而买扑者中标的,都是一些小城镇及乡村。北宋熙宁十年(1077)从越州所征的117092.142贯酒课祖额(即官府为收取数额相对稳定的酒课计划指标,而实际征收数往往超过计划数)中,买扑坊场的祖额为33385.044贯,占总额的28.5%^③,足见买扑对于会稽的酿酒业来说,负担是比较繁重的。

元代,许多人把酒肆叫作酒务儿。在酒肆门前悬挂草荐,把一些禾秆捆成一束,悬挂起来作为酒招。元代周德清在《红绣鞋·郊行》中吟道:"茅店小斜挑草荐,竹篱疏半掩柴门,一犬汪汪吠行人。题诗桃叶渡,问酒杏花村,醉归来驴背稳。""雪意商量酒价,风光投奔诗家,准备骑驴探梅花。几声沙嘴雁,数点树头鸦,说江山憔悴煞。"那时候,除了女子当垆和酒伎外,酒肆还流行赋诗、歌舞、行令等。^④

明清时期,随着绍兴酿酒业快速发展并进入鼎盛时期,酒肆的生意更加兴盛,饮酒的场所也不断分化出各种等级。有达官贵人出入的高级酒楼,也有平民百姓流连的小酒肆。在高级酒楼,有名人题写的匾额、花枝招展的歌舞伎女,酒文化氛围更加浓厚。昂贵的消费,出入的官吏富贾,使很多小市民望而却步。在宁绍平原一带,随着明代后期资本主义萌芽,酒肆也成为交流商业信息的场所。明代徐渭诗云:"春来无处不酒家。"袁宏道初至绍兴,便见"家家开酒店,只少唱吴歌"。当时,较为著名的酒肆有跨湖桥酒楼、埭西小酒店、旗亭酒店、镜湖酒楼等,这些酒店(酒楼)往往与酿坊紧密相关,如东浦孝贞酒坊、阮社章东明酒坊,还有东浦的余家婆媳酒店(后来孝贞酒坊的前身)都是前店后坊的经营格局。清朝时,酒肆得到更大的发展。在绍兴府域,各种酒楼、酒肆不计其数,且有高中

① 孙翊刚:《中国财政史》,中国社会科学出版社,2003年版,第199页。
② 李华瑞:《宋代酒的生产和征榷》,河北大学出版社,2001年版,第206页。
③ 李华瑞:《宋代酒的生产和征榷》,河北大学出版社,2001年版,第342页。
④ 杨印民:《元代酒俗、酒业和酒政》,河北师范大学硕士学位论文,2003年。

低档之分。光是东浦镇的老街250多家店(铺),酒楼就有45家,占差不多1/4。[①]万历年间(1573—1620),樊江街上酒旗招展,酒店不少。晚清著名文史学家李慈铭在他的咏酒诗中更是写到青甸湖畔的"十里霞川"、东浦至后社、湖塘至壶觞等地,均是酒店林立,酒客满座,酒香满溢,堪称远近闻名的"酒文化街"。当时,湖塘乡酒旗猎猎,酒香飘空,李慈铭有诗咏道:"十里酒香村店笛。""又携画舫过湖塘,风物依然爱此乡……沿堤花气通人语,隔岸松风引酒香。""清明忆,风景最湖塘,新水暖香浮笋市,乱山晴翠落鱼床,斜日酒旗黄。"[②] 在这些酒肆或酒楼,"家家扶得醉人归"是经常发生的事。有一次,他夜沿官溇诸水村至东浦,一路所见全是红灯酒户,便即兴赋诗一首,诗云:"夜市趋东浦,红灯酒户新。隔村闻犬吠,知有醉归人。"一幅情趣盎然的"醉乡夜归图"展示在人们的眼前。[③]据民国二十五年(1936)浙江省建设厅调查,当时绍兴城区有各类商号4887家,其中酒店353家,资本总额18.7万元,经营收入47.3万元。这是绍兴历史上酒店最多的时期。[④] 抗日战争爆发以后,各类酒店衰败殆尽。中华人民共和国成立之前,绍兴城区较为著名的酒店有沈永和、张清和、杏花村、王顺兴、傅有记、三泰、豫泰、新号福禄等10余家。

2. 酒肆的文化标识

(1)柜台酒。如果说老北京大酒缸代表北方酒肆的话,那么柜台则代表了南方的特色酒馆。鲁迅在《孔乙己》中曾提到民国时期"柜台酒"这种酒肆形式,"鲁镇的酒店的格局,是和别处不同的:都是当街一个曲尺形的大柜台,柜里面预备着热水,可以随时温酒。做工的人,傍午傍晚散了工,每每花四文铜钱,买一碗酒,——这是二十多年前的事,现在每碗要涨到十文,——靠柜外站着,热热的喝了休息;倘肯多花一文,便可以买一碟盐煮笋,或者茴香豆,做下酒物了,如果出到十几文,那就能买一样荤菜,但这些顾客,多是短衣帮,大抵没有这样阔绰。只有穿长衫的,才踱进店面隔壁的房子里,要酒要菜,慢慢地坐喝"[⑤]。这种酒肆的格局属于柜台酒。柜台酒也是较为平民化的酒馆。"店里的柜台前两只长条凳,

① 钱茂竹:《越酒文化》,浙江人民出版社,2013年版,第200—201页。
② [清]李慈铭:《霞川花隐词》卷一,中华书局,1940年版,第12页。
③ 傅建伟:《李慈铭与东浦酒歌》,《中国酒》2008年第1期。
④ 绍兴县地方志编纂委员会:《绍兴县志》(第二册),中华书局,1999年版,第1013页。
⑤ 鲁迅著,崔钟雷编著:《鲁迅小说珍藏》,吉林人民出版社,2008年版,第20页。

但喝酒之人一般并不坐下而是脚踩条凳,身靠柜台吃酒。"[①] 当然,在绍兴一些比较著名的老字号的柜台,酒主顾并不只限于"短衣帮",就连一些社会名流、遗老遗少也因为喜欢柜台酒的情调而常常光顾[②]。

(2)酒旗。酒旗是古代酒肆的招牌,也是作为导引客流量的方式。又称酒帘、酒旆、酒标、酒望、杏帘、帘招等。商户把写有"酒"等字样的布缀于长长的竿头,高悬于酒肆门口以招徕路人。酒旗多以深色布(青布)和白布(素布)缝制而成。历代许多诗人都写过咏酒旗的诗,比如,唐代张籍的"长江午日酤春酒,高高酒旗悬江口",皮日休的"青帜阔数尺,悬于往来道。多为风所飏,时见酒名号"。北宋窦苹在《酒谱》中也有描述:"可大可小,一尺之布可缝;或素或青,十室之邑必有。"元代谢宗可有《酒旗》诗:"水村山郭酒初香,纼影青青字一行。"其他,还有一些描金绣彩、缀饰流苏的绸缎酒旗,更为考究。

酒旗类中的一大品种叫"酒旆",就是在酒旗的旗尾剪掉一个三角形,使整面旗帜的尾部形成一种燕尾形,这样的酒旗翻摆更加灵巧,身姿更加俏丽。在清代戏剧家洪昇的《长生殿》中,酒旗被称为酒标。"我家酒铺十分高,罚誓无赊挂酒标。"豪华的酒楼高耸,楼外酒标上"概不赊欠"之类的话写得清清楚楚。宋代酒楼、酒店门前多挂有酒旗或酒旆。村镇酒店的酒旗上有"望"字,又称酒望子。它是酒家的标识,又有很浓的广告色彩。宋时官府办的酒楼还召歌伎承应,她们站着歌唱送酒,但不许私侍寝席。

(3)酒联。酒联,是悬挂或粘贴在酒店、酒楼、酒肆门前的"联语",俗称"酒对子""酒楹联"等,多与酒的色、香、味相联系。最早的酒联出现在宋代,尤以明清最盛。酒联常常跟酒帘互相呼应、巧妙结合,是古代酒肆的宣传广告,旨在招徕顾客。清代梁章钜在《楹联丛话全编》中曾记载,钱梅溪曰:"途中遇沽酒者,或卖花者,其香扑鼻可爱,拟将采入诗中,而未得也。偶见市中酒肆挂一联帖云:'沽酒客来风亦醉;卖花人去路还香。'不知何人所作,可谓先得我心者矣。"文中所述的酒联,音韵和谐,淡雅绚丽,宛然入画。明末清初时,杭州"仙乐处"酒楼门口,有一副酒联:"翘首仰仙踪,白也仙,林也仙,苏也仙,我今买醉湖山里,非仙也仙;及时行乐地,春亦乐,夏亦乐,秋亦乐,冬来寻诗风雪中,不乐亦乐。"此联意境飘然,回味无穷。清末民初,在绍兴的鉴湖畔,也有一家叫"君泰阁"酒楼门前的酒联颇有

---

① 徐瑾:《酒俗》,天津人民出版社,2012年版,第51—52页。

② 杜锦凡:《民国时期的酒政研究》,山东师范大学硕士学位论文,2013年。

意趣:"刘伶借问谁家好,李白还言此处佳。"此联以典故点缀,清淡传神,明快含蓄。被称为"醉侯"的"竹林七贤"之一刘伶,与"斗酒诗百篇"的李白,一问一答,妙趣横生。

历史上,在黄酒产销重镇绍兴,酒品优、名酒多、产量大,各地星罗棋布的酒肆(酒楼、酒店)常有一些妙趣横生的酒联,与绍兴酒交相辉映。真可谓:酒入对联,联溢酒味,芳香浓郁。

千百年来,绍兴酒家的店堂十分讲究酒联的撰拟和装潢,许多文人学士也喜欢为酒家书撰酒联。好的酒联是一种诗化的广告,能引发酒兴、招来酒客。它又是一种雅致的陈设,古朴文气,与店号匾额、门面修嵌、室内摆设相配合,能收到珠联璧合之效。

在鲁迅笔下的咸亨酒店,有几副酒联既通俗易懂,又意蕴深邃。其一为"小店名气大;老酒醉人多",这是著名作家李准的佳作。上联通过"小"与"大"的比照,把这一老店的特点写了出来;下联通过"老"与"多"的形容把绍兴酒的最佳功能表述了出来。平仄相协,对得工整。其二:"上大人,孔乙己,高朋满座;化三千,七十二,玉壶生香。"前两句本是古时儿童习字用的描红,笔画少而全,音韵俗且婉,易诵易记,现在加上"高朋""玉壶"就成了迎客待宾的酒联,推陈出新,场面贴切,用笔传神。此外,咸亨酒店还有"酒闻十里皆无价;钱买三杯梦亦香""酒香宾咸集;人和事亨通"(嵌"咸亨"两字)等酒联,也颇有意蕴,而且对偶工整,平仄交替,诗韵盎然。绍兴"老字号"餐饮店同心楼,处闹市区而与闹市有小河相隔,繁华中又植藤蔓为饰。有酒联曰:"矮墙披藤隔闹市;小桥流水连酒家。"将酒家的幽雅位置表述了出来,为酒客引豪助兴。"千古爱情名园"沈园,其酒楼又兼营品茶,有联云:"美酒一杯难酬知己,清茶一盏也能醉人。"以酒待客,亲密无间,即使以茶代酒,亦是情意浓浓。绍兴城西东浦、阮社、湖塘等地的酿坊,俗称"西帮"绍兴酒,在那里也有许多相映成趣的酒联。比如,东浦新桥有古桥联亦为酒联:"浦北中心为酒国,桥西出口是鹅池。"阮社荫毓桥古酒联据典引证,发思古之幽情:"一声汽笛忆中郎,几处村酤祭两阮。"这联将东汉名臣蔡邕(世称"蔡中郎")和"竹林七贤"之阮籍、阮咸的行迹合于一体歌咏,天衣无缝,平仄工整,不失为酒联史上之佳作。①

可见,一副美好的酒联往往熔文学、音韵、书法于一炉,令人联想翩翩,韵味

---

① 钱茂竹:《越酒文化》,浙江人民出版社,2013年版,第225页。

无穷。它既可以是一句绝妙的广告语,给人以宾至如归的亲切感;也可以是一句煽情的宣传语,诱发顾客的饮酒欲望,使人未饮先醉,陶陶然身在其中;还可以是一句暖心的招待语,营造或烘托出情趣盎然的饮酒氛围。

（4）酒景。即喝酒的场景与氛围。在唐代,为了吸引酒客,酒肆除了酒旗招牌的炫耀外,还盛行"歌舞伴宴"。美貌酒妓的佐饮、美丽少女的当垆(卖酒)、音乐歌舞的助兴等,成为酒肆一道亮丽的风景线。客人饮酒之际,酒肆雇用的专业乐师临场献技,美妙的乐曲歌声将酒客带入了亦醉亦仙的境界。此外,在唐代,酒肆的付款方式比较灵活,除了支付现钱外,酒肆还接受以物换酒、以物品抵押质酒、凭信用赊酒等。贺知章和李白"金龟换酒"的故事,便是一例。

在水乡绍兴,还有一个酒景引人入胜,那就是"载酒船行"。元朝散曲家张可久曾在绍兴路当过小吏,他写过许多反映绍兴酒俗的词曲。如《鉴湖春行》:"清光湖面镜新磨,乐意船头酒既多,舟移杨柳阴中过。流莺还笑我。可怜春意蹉跎,玉板笋银丝鲙。红杉儿金缕歌,不醉如何?"写出了春光明媚的时节,人们划船行于鉴湖上,船头载酒,品酒赏景的情景。在《忆鉴湖》曲中写鉴湖竞渡的热闹情景:"画鼓鸣,紫箫声,记年年贺家湖上景。竞渡人争,载酒船行,罗绮越王城。风风雨雨清明,莺莺燕燕关情。柳擎和泪眼,花坠断肠英。望海亭,何处越山青。"[①]他在《鉴湖上寻梅》曲中写道:"竹篱边沽酒去,驴背上载酒来。"在游目骋怀中,有酒陪伴。与友人鉴湖赏景,人人开怀畅饮,仿佛醉倒在"十里荷花分外香"的鉴湖游船舱中。

（四）酒艺文化

在历史上,酒与文学艺术相伴而生,结伴而行。酒不仅是历史文化的见证者,也是文学艺术的发酵剂。它激发着文人墨客的情绪,点燃他们创作的灵感。在酒中,他们书写着沧桑,激扬文字,挥洒豪情。无论是典籍国学、诗文创作,还是歌舞之乐、书画戏曲,都离不开酒来助兴和起兴。如前所述,在宋末元初出现蒸馏酒(白酒)之前,人们所说的"酒",就是泛指黄酒及其前身,包括各种形态的人工酿造的米酒。

1. 黄酒与诗歌

饮酒想起诗,赋诗端起酒。酒与诗犹如一对难分难解的孪生兄弟。有人说,"酒是水质的诗,诗是心酿的酒",深以为然。德国哲学家尼采在《悲剧的诞生》

---

① 隋树森编:《全元散曲》(上册),中华书局,1998年版,第755页。

中指出：抒情诗是酒神艺术。因为酒神象征着情绪的奔放，酒神状态是"整个情绪系统激动亢奋"，是"情绪的总激发和总释放"[①]。中华民族是一个诗酒民族，在中国诗酒文化的源头——《诗经》中就有39首、62次提到酒，酒被赋予了礼仪、社交、休闲等含义。在历史上，对绍兴酒不禁兴怀咏歌的诗人，不胜枚举。诗酒结合最鼎盛的时期，当数唐朝。仅就唐宋时期的著名诗人，就有李白、杜甫、白居易、苏东坡、陆游等，在"浙东唐诗之路"的1500多首诗中，一半以上是描写绍兴酒的。据不完全统计，在6位唐宋著名诗人的全集中，"酒诗"就多达两三千首（如下图所示）。

6位唐宋著名诗人的典籍中"酒诗"数量一览表

诗集	《李白全集》	《杜甫全集》	《白居易全集》	《韩愈全集》	《柳宗元全集》	《苏东坡全集》	《唐诗三百首》
酒诗数量	250	204	840	138	65	1151	46

资料来源：王洪渊、程盈莹：《中国经典酒文化的国际传播》，《中华文化论坛》2016年第3期。

在这些唐宋著名诗人中，与绍兴酒联系最为紧密，并且最能反映仁人志士"诗酒人生"的，非陆游莫属。怀才不遇的处境、桀骜狂放的性格常使他流连酒肆歌楼，写下了许多带着酒香的诗句。据地方文史专家邹志方研究，陆游写的"酒诗"有近2000首，其中标题带"酒"的有460余首。晚年，陆游长期生活在其家乡山阴县古鉴湖之畔的"三山别业"，与当时的黄酒重镇东浦近在咫尺。他还对家乡的"兰亭酒"念念不忘，在《兰亭道上》中写道："兰亭美酒逢人醉，花坞茶新满市香。"

在陆游的《剑南诗稿》中，时有咏酒诗、饮酒诗、醉酒诗，或只有片言只语，或通篇都是醉酒诗。酒与诗如影随形，成为他生活中的不可或缺之物。不少诗作直接以"酒""醉"字为题，如《对酒叹》《江上对酒作》《对酒》《酒歌》《我有美酒歌》《江吹笛饮酒大醉中作》《醉书》《醉题》《醉歌》《楼上醉书》《池上醉歌》《月下醉题》《醉中长歌》《醉中书怀》《醉中自赠》《西山醉归》等。品读陆游的"酒诗"，有五个特点。一是，比曹操的《短歌行》更明朗，因为他没有"人生

① ［英］迈克尔·坦纳：《尼采》，译林出版社，2013年版，第163页。

几何"的感喟。陆游在《对酒·闲愁如飞雪》中写道:"闲愁如飞雪,入酒即消融。"和知己共饮,闲愁就像雪花一般消融于酒中。二是,比李白的《将进酒》更清醒,因为他没有"但愿长醉不愿醒"的颓废。在另一首《对酒》诗中,陆游写道:"社醅又借醉颜酡,手挽邻翁作浩歌。"醉酒后的陆游尽显真性情,和友人开怀畅饮后还唱起歌来。三是,比李清照的《醉花阴》更奋发,因为他没有"人比黄花瘦"式的哀叹。在经历多次宦海沉浮之后,陆游暮年蛰居故里,写道:"百岁光阴半归酒,一生事业略存诗。"四是,比欧阳修的《醉翁亭记》更亲民,因为他没有"不知太守之乐其乐"的慨叹。陆游晚年定居绍兴三山时,常到邻村去看望农民朋友,所到之处,颇受欢迎。《游山西村》写出他与农民亲密无间的血脉乡情:"莫笑农家腊酒浑,丰年留客足鸡豚。山重水复疑无路,柳暗花明又一村……从今若许闲乘月,拄杖无时夜叩门。"绍兴酒成了连接感情的纽带,交流感情的化合物。五是,比苏轼的《赤壁赋》更为积极向上,因为他没有那种超脱和无争,而总是一边饮酒自酌一边想着收复失地、以身报国。在《村饮示邻曲》中,他向村民们讲述北伐抗金的主张:"耳热我欲歌,四座且勿喧……吾侪虽益老,忠义传子孙。"绍兴酒成了陆游与乡人同仇敌忾的响鼓重锤。"平生嗜酒不为味,聊欲醉中迁万事。酒醒客散独凄然,枕上屡挥忧国泪。"他的饮酒与挥泪是在一起的。饮的是苦涩酒,挥的是忧国泪,人前是豪饮,枕上是暗泣。直到临终之际,他还嘱咐儿孙们要用绍兴酒向他报告抗金胜利的喜讯:"死去元知万事空,但悲不见九州同。王师北定中原日,家祭无忘告乃翁。"(《示儿》)总之,陆游的酒诗昭示了中国古代诗坛以酒入诗的传统,从中可以领悟到一个伟大诗人至死不渝的爱国赤心。

在明代中后期的绍兴,一生怀才不遇、命运多舛的徐渭酷喜与诗酒为伴,在嗜酒如命中挥洒了他的诗、文、书、画奇才。《徐渭集》数千首诗中,"酒诗"不下百首。徐渭常说,"不羡皇帝不羡仙,喝酒胜过活神仙。"冬天,一遇雪天,他便逸兴遄飞,赏梅饮酒,吟诗道:"夜雪积梅条,临窗赏若邀。枝须将影入,酒器上花飘。"(《酌梅花馆三首》)一个人喝不尽兴,就喊邻居过来一起喝。夏天,他在树荫下饮酒,看见旁逸出的花枝映入酒杯中,便写诗道:"虽云辞树底,犹得映杯中。带叶蚁分绿,临妆脸并红。传时香觉迩,覆处影方空。若使玻璃斗,楼台浸几重。"(《赋得酒卮中有好花枝》)即便过大年了,他也"不去奔波办过年,终朝酩酊步颠连。几声街爆轰难醒,那怕人来索酒钱"(《醉人》)。《与言君饮酒》云:"今日与君饮一斗,卧龙山下人屠狗。……酒深耳热白日斜,笔满心雄不停手。"多才多艺的他,平生抱负得不到施展,只能借酒来抒发胸中不可磨灭的志气,"取酒聊自慰,兼以驱愁悲。展画向素壁,玩之以忘饥"。他觉得只有喝醉了酒才能暂时忘却尘世中的烦恼,才能畅所欲言,才能追求自己的个性自由。可以说,"是绍兴酒成就了先生,反过来先生又神化了绍兴酒"①。

绍兴酒与曹娥碑,还有一则颇具传奇色彩的轶事。据东晋史学家虞预的《会典录》中记述,会稽上虞县令度尚葬了曹娥后,先让属吏魏朗写碑记,久而未出。正宴饮之时,其弟子邯郸淳不期而至。淳少许构思,乘酒兴"操笔而成",当场写出了千古名文《曹娥碑记》。何以如此?除本身才华横溢外,就是靠绍兴酒的魅力,正是绍兴酒使他有如神助,神采飞扬,一挥而就,众人嗟叹不已。东汉大才子蔡邕盛赞其为"绝妙好辞"。

2. 黄酒与书画

艺术源于生活,生活又会打磨艺术的灵感。在历史上,绍兴酒是激发艺术家灵感的催化剂。以书画艺术为例,这方面的事例俯拾即是。

(1)黄酒与书法。数千年来,绍兴酒激活了不少书法家的灵感,为后人留下许多书法艺术精品。从王羲之微醺后写《兰亭集序》到张旭醉后狂草,再到怀素酒后泼墨狂书,留下了一个个动人的传奇。据文献记载,当年,王羲之与当时名士谢安、孙绰等41人到山阴之兰亭修禊。修禊事毕,众人让王羲之书写一篇唱和诗集的序言。酒酣之后,王羲之"挥毫制序,兴乐而书……""遒媚劲健,绝代更无"。酒醒后,"更书数十百本,终不及之"②。在酒的帮助下,他写出了后世书法家所难以企及的艺术珍品《兰亭集序》。唐朝时,李白、贺知章的好友张旭,很喜欢喝贺知章从家乡越州带去的绍兴酒,每次喝得大醉后,号呼狂走,索笔挥酒,好像有神灵在帮助他一样。有时甚至把头浸在墨汁里,用头发书写。后来,怀素继承和发展了其笔法,他终日不离酒壶,酒酣兴起时,任意书写。"颠张狂素"将草书挥洒到极致,成为书法史上两座"草书"高峰。

(2)黄酒与绘画。在古代绍兴,绍兴酒与许多画家有着密切的关系,其中典型代表是明代的徐渭和陈洪绶。徐渭以纵酒狂饮著称,他曾有诗云:"春雨潇潇醉酒尊,何人命咏牧图浑。溪寒月落牛自渡,老牧醉眼何处村。"他常在醉中作画,神思飞逸,浮想联翩,挥笔画去,一气呵成。《芥子园画谱·青在堂画说》记载着徐渭醉后作画的情景:"醉后专捡写过字的败笔,作拭桐美人,即以笔染两颊,而

---

① 傅建伟:《徐渭与绍兴酒——狂生醉酒出奇才》,《中国酒》2006年第5期。
② [唐]张彦远:《法书要录》,上海古籍出版社,2013年版,第97页。

丰姿绝代。转觉世间胭粉如垢尘,不及他妙笔生花。”徐渭常常杯不离手,手不停笔,边饮边画,酒醉画成,他的不少名画都出自酒醉之后,这在许多题画诗中都有体现,如从《醉中狂扫大幅》《大醉作勾竹两牡丹》《大醉为道士抹画于卧龙山顶》等诗题中可以想见徐渭作画时的神态。此时的画作不拘于物象,能抓住其神气,用秃笔铺张,笔墨纵恣,势如急风骤雨。“今日与君饮一斗,卧龙山下人屠狗。雨歇苍鹰唤晚晴,浅草黄芽寒兔走。酒深耳热白日斜,笔饱心雄不停手。”(《与言君饮酒》)这是徐渭与言君饮酒畅谈“胸中有画,笔下才能生花”时的创作感想。有人为了求得他的字画,常买好酒馈送。一次,他的表外甥史梁去他那里求画,给他带去八升好酒,徐渭喜不自禁,不但为外甥画了巨幅画作,而且专门写诗记下了这次作画的过程:“陈家豆酒名天下,朱家之酒亦其亚。史甥亲挈八升来,如椽大卷令我画。小白连浮三十杯,指尖浩气响成雷,惊花蛰草开愁晚,何用三郎羯鼓催。羯鼓催,笔兔瘦,蟹螯百只,羊肉一肘,陈家之酒更二斗,吟伊吾,进厥口,为侬更作狮子吼。”(《又图卉应史甥之索》)徐渭饮酒“三十杯”之后,似有神助,“指尖浩气响成雷”,又如羯鼓频催,内心激动不已,发出狮子般的吼声,完成了这幅画作。在徐渭那里,“绍兴酒确实起到了催化神话和升华至最高境界的奇效”①。

同样,有关陈洪绶醉酒作画的故事也很多。明末清初的画家周亮工在《读画录》中说陈洪绶“性诞僻,好游于酒”。陈洪绶曾在一幅书法扇面上写道:“乙亥孟夏,雨中过申吕道兄翔鸿阁,看宋元人画,便大醉大书,回想去年那得有今日事。”他的好友张岱在《陶庵梦忆》中还记载他们俩西湖夜饮的情景,他们携家酿斗许,“呼一小划船再到断桥,章侯独饮,不觉沉醉”。清代学者朱彝尊在《陈洪绶传》中说:“客有求画者,虽罄折至恭,勿与。至酒间召妓,辄自索笔墨,小夫稚子,无勿应也。”清军入关时,陈洪绶被俘,“急令画,不画。刃迫之,不画。以酒与妇人诱之,画”。这就是陈洪绶“醇酒妇妓”的生活写照。有一次,陈洪绶醉酒之后,“急命绢素,或拈黄叶菜佐绍兴深黑酿,或令萧数青倚槛歌,然不数声,辄令止。或以一手爬头垢,或以双指搔脚爪,或瞪目不语,或手持不幸口戏顽童,率无片刻定静,凡十又一日计,为予作大小横直幅四十有二”。陈洪绶酒后的举止正是他思绪骚动,狂热和活力喷薄欲出的反映。

(五)酒谚文化

绍兴酒在绍兴人的生活中有着举足轻重的地位。酒谚是绍兴酒文化大观

---

① 傅建伟:《徐渭与绍兴酒——狂生醉酒出奇才》,《中国酒》2006年第5期。

园中的奇葩。与精巧、高雅的酒联相比,酒谚则比较率直、通俗。从内容上看,绍兴酒谚可以分为以下八个方面。

1. 对黄酒产地的颂扬

绍兴酒源远流长,驰誉海内外,绍兴人为此充满自豪。酒谚云:"越酒行天下。""温州出棋手,绍兴出老酒。"盛产于绍兴各地,历史上绍兴酒以东浦一带产者最负盛名。"醉乡宁在远,占佳浦西东""绍兴老酒出东浦""东浦十里闻酒香""游遍天下,勿如东浦大木桥下",都是说那里酒坊林立,酒香阵阵,令人陶醉。

2. 对酿酒工艺的概括

绍兴酒在几千年发展过程中,形成了整套科学的酿造工艺,积累了丰富的生产经验。酒谚十分确切简要地表达了人们对酿酒规律的认识:"倪子(儿子)要亲生,老酒要冬酿。""做酒靠酿,种田靠秧。""人要老格好,酒要陈格好。""陈酒味醇,老友情深。"由于绍兴酿酒工艺纷繁复杂,再加上气候、原料品质以及其他主观的、客观的原因等不可控因素,酿酒师傅很难长期稳定地掌握其技术要领,故有"煮酒熬糖,一辈子充勿到内行""开耙做酒,谁也不敢称老手"之说。"开耙"就是发酵期间的搅拌冷却,其作用是及时调节发酵醪的温度,补充新鲜空气,以利于酵母生长繁殖。这是绍兴酒酿造工艺中最为关键、最具技术含量的活儿,必须掐准"开耙"的时机。开早了,会中断酒酿的发酵过程,使得酒的口感很"生",不醇;开晚了,又会导致酒的口感偏酸。某个微小因素的改变都可能对酒的品质造成影响,严重的甚至会导致酒的酸败。

3. 对酿酒行当的赞许

"做酒勿酸,胜如做官""做酒勿酸,赛过状元"。就是说,只要做的酒好,这门生意胜如做官、赛过状元,说明"酒头脑"酿得美酒时的喜悦之情。也有拿做酒与其他行当比较的酒谚:"卖酒三年钱似水,卖纸三年瓦上水。""要想穷,贩毛猪;要想富,卖酒醋。""熬糖做酒,越吃越有。"可见,做酒这个行当与其他行当相比来钱比较快。还有酒谚更为形象:"若要官,招兵买马受招安;若要富,守定行在卖酒醋。"将卖酒醋和受招安并列在一起,说明这门生意的优越性。

4. 对健身效用的褒奖

绍兴酒谚云:"饭是根本肉长膘,酒行皮肤烟通窍。""酒吃仁义肉吃味,饭吃多了打瞌睡。""你会雪花飞,我会老酒咪。""买得尺布勿遮风,吃得壶酒暖烘烘。"说明喝绍兴酒不光能养神,还能活血御寒。只要喝了绍兴酒,即便外面冰天雪地,浑身上下也会暖意融融。

5. 对酒功酒德的评述

一方面,"壶里有酒好留客""好肥好料上田地,好酒好肉待女婿""酒逢知己千杯少""人逢喜庆喝老酒""沏茶要浅,斟酒要满""将酒待人,并无恶意""朋友劝酒不劝色";另一方面,远亲不如近邻,"有酒有肉款朋友,急难之中叫四邻""有酒有肉接远亲,风发火急要近邻",说明睦邻友好,也是至关重要的。

6. 对佐饮菜肴的选择

"生活要对手,吃酒要过口","过口"就是佐饮菜肴。"剁螺蛳过酒,强盗来了不肯走。"绍兴是典型的江南水乡,螺蛳盛产于河湖江汊之中,鲜美有味,老少皆喜,久食不厌,加之食用之时,啧啧有声,一颗又一颗,与小口呷呡、对酌或独饮的情味相映成趣,因此螺蛳受酒客们的喜爱。"清明螺端午虾,九月重阳吃横爬","横爬"就是蟹。以蟹过酒,将蟹之寒气用酒之活血功能调和,既食了蟹之美味,又得了酒之醉味,相得益彰,可谓绝配。绍兴人喜欢腌腊物,"陈酒腊鸭添,新酒豆腐干",咸煮豆腐干也是佐酒佳肴。"骨头过老酒,卤水淘饭吃""前世勿修,腌菜过酒",这是佐饮之忌。

7. 对以酒联谊的称誉

"酒吃人情饭吃饱""壶里有酒好留客""喝酒喝到人肚里,说话说到人心里"等酒谚,说明绍兴酒是联络人与人之间感情的桥梁。更有甚者,"有酒不须茶""酒席筵间无宾主",一端起酒杯,彼此就是酒友、忘年交,不必太拘泥于礼节、长幼、级别等,说明绍兴酒拉近了人们之间的心距。"酒杯能掷过省,拳头打勿过墙""宴会之中要好酒,困难之中要好友",说明绍兴酒是朋友之间来往的媒介和"助手"。"亲戚朋友拉一把,酒换酒来茶换茶",倡导亲朋好友之间礼尚往来,互帮互助。

8. 对饮酒无度的规讽

酒谚云:"酒多人病,书多人贤。""酒行大补,多吃伤神。""酒不可过量,话勿可过头。""酒能成事,酒能败事。""过量酒勿可吃,意外财勿可领。""饮酒千杯勿计较,交易丝毫莫糊涂。""寡妇难当,独酒难饮。""吃饭要过口,吃酒要对手。""闷酒伤身,开怀是仙。""美酒喝到微醉间,好花看到半开时。"但是,如果"老酒日日醉,皇帝万万岁",整天得过且过、无所事事,也是人所不齿的。

二、酒器文化

酒器,是酒文化传承与发展的重要载体,也是酒文化呈现与传播的时代缩影。酒器主要包括酿酒工具(如蒸饭用的地灶、饭架,制酒用的酒缸、草缸盖,榨

琳琅满目的绍兴黄酒酒器

酒用的木榨机、水桶等),贮酒用的酒坛和饮酒器等三类与酒相关的器皿。这里,主要是指后两类,即贮酒器和饮酒器。材质、款式各异的酒器是随着人工酿造酒逐渐从饮食文化中分离出来后才出现的。一般来说,在古代,北方酒器多用青铜器饮酒,而南方多用陶器或瓷器。

自秦汉以来,绝大部分绍兴黄酒的贮酒器用的是陶坛,饮酒器则以越窑青瓷等瓷器为主。传统酒坛包装的流程是:先在酒坛外刷上石灰水,以杀菌消毒;灌入热酒后,用煮好的荷叶封口,荷叶有生香作用;用陶盖压住,用竹壳、竹箬紧扎以封固坛口;最后用黄泥封盖。用陶坛的好处是,陶器分子结构不像瓷、金属和玻璃那样紧密,在长期贮存中,可以起到空气调节作用,并促进酒的陈化,使之久藏不败。陶坛还给销售过程中的辨酒提供便利。清代梁章钜在《浪迹丛谈》中说:"凡酒之法,坛以轻为贵,盖酒愈陈则愈缩敛,甚有缩至半坛者,从坛旁以椎敲之真者其声必清越,伪而败者其响必不扬,其有以小椎刺坛,则出好酒而以水灌还之者,视其外依然花雕,而一文不值矣。"[1] 关于酒坛的堆放,梁氏还说:"凡蓄酒之法,必择平实之地,用木板衬之;若在浮地,屡摇之,则月即坏;又忌居湿地,久则酒易变。"[2] 当然,陶坛也有其弊端:一是易碎,二是笨重。故摆放必须小心轻放。由于常年使用,特别是还需长途贩运,酒坛之间难免碰撞,产生破

---

① [清]梁章钜:《浪迹丛谈续谈三谈》,中华书局,1981年版,第317页。

② [清]梁章钜:《浪迹丛谈续谈三谈》,中华书局,1981年版,第318页。

层叠如山的绍兴酒坛　　　　酒厂里的修缸补甏师傅

损。坛堆起来如一座小山，整齐划一，层叠积聚，煞是好看。在绍兴，民间有一种修缸补甏的手艺，这些师傅先利用工具敲击听出破损之处，然后用钢砂等材料，将破损处钉上钉、抹上铁砂，从而使坛完好如初，可以继续使用，这堪称是修缸补甏师傅们的独门绝活。①

　　有人认为，绍兴黄酒之所以一直沿用陶坛封装，是因为"陶坛疏密结构能保持与外界交互贯通的呼吸作用，让酒继续微弱及长期陈化，以达到越陈越香的目的"。这种说法是错误的。其实，是酒与坛壁内孔隙中的氧气和坛颈中的氧气及坛壁微量元素进行互通融合促进了绍兴酒的陈化，这些微量氧分子和无机元素，作为催化剂，促进绍兴酒的陈化，催生陈酒香和陈酒味。当然，这个过程并不是一蹴而就的，而是需要十几年乃至数十年。据测试，与不锈钢罐相比，陶坛贮存的加饭酒起码提前半年出陈酒香且口味特佳。另外，绍兴黄酒的陶坛，其貌不扬，土气十足，但它稳重憨厚，其形状和体量处理得恰如其分，利用短颈来突出体量与小底和大肚能容的体量，透露出"壮实而憨厚""自然而别致"的审美价值。

　　由于各个历史时期生产力和酿酒工艺水平不同，酒器在形状、技艺、材质和色彩上都有很大的不同。② 每个时代都有自己的代表性酒器。由于时代、地域、风俗等差异，酒器不仅具有实用价值，而且富有艺术性，其形制、雕饰、纹刻、釉彩等呈现出千姿百态的文化样式，给人以愉悦与美感。

（一）先秦时期

　　远古时期的绍兴酒，是未经过滤的酒醪，呈糊状和半流质，适宜食用，故当

---

① 钱茂竹：《越酒文化》，浙江人民出版社，2013年版，第220页。
② 黎福清：《中国酒器文化》，百花文艺出版社，2003年版，第213页。

时的酒器也是以碗、钵等食具为主。酒器制作材料主要是陶器、角器、竹木制品等,以黑陶为主,包括夹炭或夹砂黑陶等。酒器造型精巧,制作精良,为黑色薄胎,上呈盅形,上沿外卷,下端高足。在河姆渡遗址中,曾出土了距今6000年的陶制酒器——盉。其形状为圆口,腹部较大,三足或四足。一般认为,"盉"是我国古代最早用来温酒或调整酒水浓淡的器具,相当于现代的酒壶。上虞牛头山出土的陶盉,形状十分类似,都是垂囊式平底,上部有入酒的喇叭口和出酒的冲天嘴(又称"流"),流与口之间有一可供手挈的提梁,造型简洁而合理。这是绍兴酒器文化最早的历史见证。此外,还有罐、瓮、盂、碗、杯等酒器。酒杯又有平底杯、圈足杯、斜壁杯、觚形杯等。

商周时期,在北方的50余类青铜器中,酒器占到近一半,包括煮酒器、盛酒器(尊、壶、卮、皿、斝、觥、瓮、瓶)、饮酒器(觚、觯、角、爵、杯)、贮酒器等。由于商代的酿酒业很发达,酒器也繁多,每种酒器又有许多不同的式样。从清道光年间学者杜云岩所作《四书图考》中关于先秦酒具的叙述和图形描述来看,江浙地区最典型的酒器是印纹陶鸭形壶[1]。综合江浙地区的考古发现分析,春秋时期,越地出现了原始瓷形态的盅、尊等酒器。这是陶器向瓷器过渡时期的一种特殊形态,与原来的印纹陶器相比,其质地更为细密,纹饰更为讲究,造型也更为繁多。

(二)秦汉时期

秦汉时期,绍兴地区的酒器以陶瓷为主,包括圆形壶、钟、罐、耳杯等。汉代,人们饮酒时习惯席地而坐,这些酒器也置于地上,故盛酒器形体较为矮胖。西汉末,越地的酒器有青釉陶,火度高,釉质较硬,是越窑青瓷的雏形。东汉中后期,出现了最早瓷器——青瓷,其产地以绍兴地区为中心,最具代表性的是越窑青瓷。与之前的黑陶相比,不管是酿造酒器还是盛酒或饮酒的器具,越窑青瓷的性能都超过陶器。从东汉到六朝时期,在士大夫中较为流行的酒器是耳杯,由觚与角发展而来。耳杯最早出现在战国时期,在汉代广泛使用,唐代以后少见。那时,耳杯作为饮酒器具,常常放置于案上。耳杯,长椭圆形,两侧附耳,以黏土做胎,外施色釉略有深浅,造型既平稳又富变化,端庄中显出生动。[2]

(三)魏晋南北朝时期

魏晋时期流行坐床,盛酒器变得较为瘦长。在绍兴地区,酒器基本以青瓷

---

① [清]杜云岩:《四书图考》第4册,光绪丁亥(1887)鸿文书局石印。

② 周燕儿、沈作霖、周乃复:《越窑青瓷》,中华书局,2004年版,第163页。

为主,类别包括壶、尊、杯、注子、温碗等,较为著名的有鸡首壶、瓷扁壶、青瓷莲花尊、飞鸽瓷杯等。除瓷酒器外,还有少量玉酒器,如玉质耳杯、杯盏等。那时的酒器,造型风格更趋生活化。酒器上的装饰图案飘逸洒脱,颇具"竹林七贤"的风雅韵味。当年,王羲之在兰亭"曲水流觞",其中"流觞"是一种木胎髹漆酒杯,椭圆形的杯身,两侧有一对耳朵形或新月形的杯柄,人称髹漆"耳杯"或"羽觞",在随水流动中不会晃摇,更不会沉没。此外,在江浙地区,当时的酒器还有盏、觥、罍、爵、碗、瓶等,其中鸟形壶(杯)、扁壶居多,尤其是鸡首壶最为独特,在壶肩部一面有鸡头有鸡尾,头尾相对,造型生动,酒从鸡头口中流出,实用而有趣味。20世纪70年代,绍兴南池乡尹相公山南朝墓出土了一件鸡首壶,碗形口,下接细长的弦纹颈,肩部前有圆嘴的鸡首,后贴上翘的鸡尾,壶下有承盘。三国、魏晋时期,青瓷罍也是上虞、余姚一带较为流行的盛酒器。在杯类的饮酒器中,主要有朱漆耳杯、青铜耳杯、犀牛皮黄口耳杯等。20世纪70年代,上虞百官镇凤山砖室墓出土的三国孙吴末年的青釉鸟形杯,以半圆形的杯体为腹,前贴鸟头、双翼和足,后装上翘的鸟尾。鸟圆头尖喙似鸽,双翅飞展,两足紧缩于腹,酷似一只安然飞翔的飞鸽。此杯不但造型优美,而且装饰简练,釉色青灰,光泽较好,表现出越窑工匠高超的工艺水平和审美情趣。那时候,酒器的材质以竹、木、陶、瓷、木胎漆质等为主,少数金、玉制的酒器多为礼器。

六朝时期,绍兴出现了一种独特的贮藏酒坛,即最初的花雕酒坛。一些大户人家生怕酒坛不够精细,便请人烧制一些雕有龙凤、花草、鱼鸟的瓦罐或土罐,或在原本单调的酒坛外雕刻绘画各类图案。这是绍兴"花雕"酒坛的最初雏形。"花雕"并不是一种绍兴酒的品类或品种,而是绍兴酒的酒坛艺术,是一种高级包装装潢的艺术形式。这种酒坛贮存的酒(大多为加饭酒),坛美酒陈,故而称之为花雕酒。"竹林七贤"之一嵇康的侄孙嵇含首次在文献中记录花雕。他在《南方草木状》中详录:"南人有女数岁,既大酿酒,候冬陵地竭时,置酒罌中,密固其上,瘗陂中。……女将嫁,乃发陂取酒,以供宾客,谓之女酒,其味绝美。"嵇含在这里记录的是最能代表绍兴风俗的"花雕嫁女"史实。后来,由此又演化出另外一种习俗,即在女儿或儿子出生时把酿好的酒坛埋藏在隔墙里,并在酒坛涂上朱红和雕花刻图,待他们婚嫁之时取出,分别称作"女儿红"和"状元红"。

(四)唐宋时期

隋唐和五代时期,绍兴地区的主要酒器是碗、执壶等。陆羽《茶经》云:"碗,越州上。"① 执壶主要用于盛酒，圆嘴长流，形象活泼可爱。此外，还有高足杯，为饮酒之用，圈足直筒，造型别致。在唐代，人们由"席地而坐"逐步变为沿"桌"而坐，随着"桌子"的出现，一些适合在桌子上使用的酒器也开始出现，如注子，唐人称为"偏提"，其形状似今天的酒壶，有嘴、有柄，既能盛酒，又可注酒于酒杯中。

宋代是陶瓷生产的鼎盛时期，有不少精美的酒器，并出现了酒壶、烫酒壶、烫酒杯、酒盅等成套酒器。宋代人喜欢将黄酒温热后饮用，故发明了注子和注碗配套组合。使用时，将盛有酒的注子置于注碗中，往注碗中注入热水，用以温酒，瓷制酒器一直沿用至今。南宋时，绍兴地区的温酒器是：烫酒壶中放一个容积较小的盅，约可盛半斤酒，壶内倒入开水，盖上盖热盅内酒。还有一种套酒杯，从大到小，每套 10 只，根据需要使用。

两宋时期，绍兴花雕酒坛在原来婚庆习俗"女儿酒"坛的基础上有了些许改进。在土坯阶段，就塑出各种花卉、人物等图案，等烧制出窑后，再请画匠彩绘各种山水亭榭、飞禽走兽、仙鹤寿星、嫦娥奔月、八仙过海、龙凤呈祥等民间传说及戏曲故事，看上去色彩耀眼，喜气洋溢。画面上方有题词，或装饰以图案，填入"花好月圆""白首偕老""万事如意"等吉祥祝语，以寄寓对新婚夫妇的美好祝愿。现藏于上海博物馆的北宋花雕酒坛，烧制着"酒海醉乡"的行书与黑色花鸟平面图案，简朴典雅，这便是早期的花雕酒坛。②

（五）明清时期

明清时期，绍兴制瓷业空前发达。明代的瓷制品酒器以青花、斗彩、祭红酒器最有特色。到了清代，瓷制酒器有珐琅彩、素三彩、青花玲珑瓷及各种仿古瓷，都十分著名。李渔在《闲情偶记·器玩·酒器》中关于"酒器"的妙论，可谓精彩动人。他说，"酒器用金银，犹妆奁之用珠翠，皆不得已而为之，非宴集时所应有也。……至尚雅素之风，则瓷杯当首重已"。他主张，酒器与酒要相互匹配，过于奢华的酒器反而淹没了酒的雅致。童岳荐在《调鼎集·酒谱》中罗列了与酿酒有关的全套器具 106 件，包括发酵、贮酒用的陶器系列、榨酒器系列、煎酒器具系列等。

明末清初，花雕酒从原先的简单工艺品，发展演变为五彩装饰的婚俗礼品，说明当时绍兴民间文化内容逐渐丰富和手工艺制作的兴旺发达。而且，这类现

---

① ［唐］陆羽：《茶经·茶之器》，《饮食起居编》，上海古籍出版社，1993 年版，第 5 页。
② 王立导：《绍兴民俗风情》，中国文史出版社，2009 年版，第 110 页。

象和趋势已经逐渐从绍兴扩展到外地,甚至外国。清代著名学者梁章钜在《浪迹续谈》"绍兴酒"中说:"最佳者名女儿酒,相传富家养女,初弥月,即开数坛,直至此女出门,即以此酒陪嫁,则至近亦十许年,其坛率以彩绘,名曰花雕……"①徐珂(1869—1928)在《清稗类钞》"饮食类"《沈梅村饮女儿酒》中云:"熊元昌饷沈梅村大令以越酿一盛,外施藻绘,绝异常坛。询之,曰:'此女儿酒也。凡越人遣嫁之夕,必以羊酒先之,故名女儿酒。……视他酒尤佳。梅村饮而甘之,赞不绝口。"由于花雕酒坛是集雕、塑、绘、书法于一身,所以除储存女儿酒之外,还可作为酒店陈列之用。清朝末年,上海、北京、广州一些规模较大的绍兴酒店就常陈列硕大的花雕酒坛,五彩缤纷,龙凤呈祥,使酒店显得富丽堂皇。可见,花雕最初是"率以彩绘""外施藻绘"的酒坛,坛内有十多年以上陈年加饭酒,故而称花雕酒,俗称"花雕老酒"②。

明清时期,绍兴民间婚俗以女儿酒陪嫁,为了显示阔气与场面,各家竞相彩绘酒坛、酒瓶、罐等。一些富贵人家会请民间艺人在酒坛上刷铁丹(矾红),用煤粉或油漆调色画上龙凤、如意、梅兰竹菊等图案。后来,花雕坛的使用逐渐扩衍到做寿、生日、开业等吉庆大事,由预制改为现制。《重修浙江省通志稿》载,(花雕)"圆坛外先涂红色石灰,干后加绘黄绿色花纹,然后用泥封固坛口,再在泥封上涂绘彩色,故名"。清咸丰年间(1851—1861)山阴东浦孝贞酒坊有画花坛酒远销南洋诸地。清末著名画家任颐的父亲任鹤声,擅长画粉彩花雕。光绪年间,曾有"武松过景阳岗"酒坛。这是花雕坛酒上首次出现的人物彩绘,风雅别致,遐迩闻名。③

据考证,清代的花雕酒坛主要工艺由沥粉漆艺、油泥堆塑、彩绘装饰这三部分组合而成。在绍兴民间,人们将这些为婚庆用品做装饰的民间花雕艺人称为"花雕师傅"。他们以漆艺材料、传统工具、传统题材和自己的创造性思维完成构图、制作,最后成为花雕酒坛。创作之前,花雕师傅要对选好的土陶瓷酒坛进行打磨、粉刷,即灰坛上漆。其主要工艺流程有:(1)油泥堆塑。"用配制好的油泥为堆塑的主要材料,通过各种捏、搓、捺、拨、贴等手艺方式塑成画面图案所需的浮雕艺术形象,然后用工具为其修整完美。"④因为是用手工操作将油泥堆垫

---

① [清]梁章钜:《浪迹丛谈续谈三谈》,中华书局,1981年版,第317—318页。

② 钱茂竹:《越酒文化》,浙江人民出版社,2013年版,第216页。

③ 王立导:《绍兴民俗风情》,中国文史出版社,2009年版,第110页。

④ 季明华、徐复沛:《花雕酒坛是中国酒文化的特色艺术》,《中国黄酒》2006年第2期。

在一定物体表面上,故称堆塑。在采用油泥堆塑时,匠人吸取了民间陶瓷、石雕、木雕等传统工艺的写意夸张手法,按不同表现对象采取深浮雕、浅浮雕、线刻等传统技巧进行创作。(2)沥粉和彩绘。花雕师傅将原来用在庙宇、戏剧道具、家宅乃至宫殿中的装潢手段,移用在酒坛的装饰上,借鉴我国古代壁画中的工笔重彩方法,根据坛面和题材内容要求设计图案和布局,开创了在酒坛子上用沥粉书写诗词、描摹图案线条的表现技法,使画面既喜庆热烈又庄重端正。花雕艺术是绍兴酒区别于其他酒种的一种独特的艺术化包装,带有鲜明民族性,体现了融实用性、礼俗性、耐观性、趣味性于一体的越酒文化。

清末民初,随着"越酒行天下",花雕酒已成为绍兴酒业中的特殊婚俗礼品而享誉海内外,在上海、北京等大城市销量骤增。这与其悠久的酿酒历史和深厚的文化底蕴有着不可分割的内在联系。花雕的彩绘工艺具有浓厚的地域文化色彩,其色彩来自民间,是民间艺术在酒文化中的集中体现。民国年间,"王宝和"酒坊在沪设店,年销花雕坛酒200余坛。"高长兴"酒坊在沪年销25公斤装的花雕坛酒千余坛(主要转销南洋),坛身写有"百年好合""五子登科""恭喜发财"等吉瑞语句,满饰云头图案,大红大绿,乡土味甚浓,绘制者是受雇于酒作坊的油漆工,包工包料每坛20个铜钱,以猪血糯糊代替油漆,日绘30多坛。1942年前后,"王宝和"酒坊上海店首制四只浮雕沥粉贴金彩绘的"精忠岳传图"酒坛,图案富装饰性和戏剧味。东浦云集周信记酒坊雇人用油漆精绘12坛"陈年花雕",图案是"三国戏剧人物""百子图""财神图"和山水风景,画技颇具民间船花风格。这些花雕酒坛色彩斑斓、图案瑰丽、题材多样,具有浓郁的地域特色,成为各大著名酒店大堂的陈列品。

绍兴花雕酒工艺

除了陶瓷以外,清代和民国时期,在绍兴民间,锡制酒器的应用也很广泛,主要是用作温酒的器具。还有一种温酒器叫"爨筒",用白铁皮制成,形状似圆筒,上大下小,犹如一个倒置的"凸"字形,可盛黄酒 1 斤到 5 斤不等,是绍兴地区特有的酒器 [1]。客人一到,主人便将酒从坛中倒入爨筒中,将爨筒放在贮满 80 ℃热水的器炉中,隔水烫热,待爨筒内的酒冒出微微的热气,即可取出饮用。如酒太热,则损味走性;如不热,则香味不溢,酒性未现。可见,爨筒温热,最为恰当。在绍兴,有句俗语叫"跑过三江六码头,吃过爨筒热老酒",夸赞一个人跑过的地方多,见多识广。作为黄酒的原产地,爨筒热老酒是绍兴人沿袭至今的风俗。天寒地冻的日子里,将老酒热一热再喝,不仅有利于控制饮量,也有益身体健康。

千姿百态的温酒器

综上所述,有了酒器,人们在饮用黄酒之前,才会有"诗意的栖居",才会有量定的情谊,才会有"感情深,一口闷"和"感情浅,舔一舔"的席间俗语,才会有"曲水流觞"的兰亭雅集,才会有"玉碗盛来琥珀光"的别样情致,也才会演绎出"李白斗酒诗百篇,天子呼来不上船"的传世风流。黄酒的酒器有金、石、玉、陶、瓷、犀角与奇木等材质上的区别,又有壶、杯、盏、觞与斗等器型上的分类。酒器的档次,可以体现饮酒人不同的身份;酒器的演变,可以观照时代的变迁。可见,酒器尤其是酒坛并不只是盛酒的器皿,它集书法绘画、文史典故、陶艺酒艺等于一体,堪称无声的诗、立体的画、凝固的音乐、含情的雕塑。

① 钱茂竹:《越酒文化》,浙江人民出版社,2013 年版,第 217 页。

三、绍兴黄酒的节会文化：从酒神会到酒业会市

绍兴黄酒节起源于宋末元初流行于绍兴东浦一带的"酒神会"。这是绍兴独有的一种酒民俗或酒文化符号。

在绍兴，早在宋代就出现并形成了"恭请酒仙菩萨"的乡风习俗，以祈祷当年的酿酒平平安安、事事顺吉。后来，又逐步演变成以迎奉酒仙尊神（又叫"酒仙菩萨"）为主要内容的各类"酒神会"。自此，产生了绍兴酒文化史册中一个极其重要的民间习俗。元代，"酒神会"又与"乡饮酒礼"、端午节民俗"赛龙舟"相结合。据史籍记载，元代绍兴路的总管泰不华，曾在绍兴县东浦镇附近的薛渎村举行"乡饮酒礼"，主题是"迎酒仙，饮乡酒，赛龙舟，与民同乐"。

绍兴的"酒神会"在各地酿坊都有举办，以绍兴东浦镇的最为有名。每年的农历七月初六至初八，东浦各酒坊都会举办"酒仙神诞庆神会"。最初是由民间各酒坊单独祭祀，以后则由几个主要酒坊大户牵头举行迎神祀拜活动。清咸丰二年（1852）七月初，在东浦镇成功举行了由30余家名酒坊联合参与的、为期3天的"酒神会"。除了祀酒神、演社戏、赛龙舟等文化节目之外，还有一些经济活动，酒旗招展，酒贩云集，热闹非凡。每逢此时，全国各地的酒客便云集东浦进行酒业交易。清人李慈铭曾有诗云："夜市趋东浦，红灯酒户新。隔村闻犬吠，知有醉归人。"至今，在越城区东浦镇赏祊村戒定寺（俗称酒仙庙，后移存东浦酒厂内），还完好地保存着《酒仙神诞演庆碑记》。

《酒仙神诞演庆碑记》

《重建赏祊戒定寺址碑记》
（《四库全书》）

"酒仙神诞演庆"碑高 237 厘米、宽 91 厘米、厚 12 厘米,底座高 38 厘米。碑文云:"酒仙神诞演庆碑记。吾乡多造酒为生,而于酒仙尊神诞辰典礼阙如殊,不足以仰答神府以昭诚敬缘。自咸丰二年起至六年止谆劝本村同业捐集钱五百零九千文,每年神诞演戏灯筵酒席共用去钱叁佰肆拾叁千文,其余钱本属无多……"碑文详细地记载了当地祭祀酒仙尊神的庆典盛况,以及当时绍兴酒的酿造习俗、营销状况以及东浦 28 户酒坊所捐资的金额数量。有意思的是,当时的"酒仙尊神"是女性形象。她头挽发髻,身穿唐装,颇具江南女子既美且慧、心灵手巧的韵味;她的身边有两位童子侍立,左边童子手拿酒耙,右边童子手捧酒坛,看上去慈祥宁静,端庄典雅。

1936 年,清末光复会重要成员、时任东浦乡乡长的地方绅士陈子英提议将"酒神会"改为"酒业会市"。"酒业会市"先是举行"酒神会",迎神祀拜。七月初六开"市"那天,在东浦赏祊村戒定寺前,各地善男信女和游客酒商纷至沓来,点烛敬香,诵经念佛,昼夜不息。次日拂晓,随着一阵阵炮仗声、锣鼓声、唢呐声,在村民们的簇拥下,庙祝将装扮一新的酒仙菩萨塑像送上神舟。舟上各种祭品齐备,烛光闪闪,香烟袅袅。接着,会市总指挥一声令下,乐队齐奏,火炬、炮仗再次点燃,队伍分水陆两路行进,神舟、龙舟浩浩荡荡出发,所过之处,各村都在宽阔空地搭棚,恭候酒仙菩萨的到来。在这期间,广邀海内外酒商参加,同时展示名酒坊的新酿酒品。晚上,村村都有戏班子通宵达旦地演戏,高亢的绍兴大板、婉约的越剧戏曲让人如痴如醉,一些大的酒坊都是宾客盈门。此后,"酒神会"由原来单一的祭拜酒神,逐步演变为集祭拜酒神、龙舟赛事、酒业交流、宣传促销于一体的黄酒展销集会。

"酒业会市"凝聚了绍兴酒坊之间的力量,丰富了绍兴黄酒文化的内涵,促进了绍兴酿酒业的规范和健康发展。可以说,"酒业会市"是绍兴黄酒节的历史雏形和滥觞。直到 20 世纪 80 年代后期,一些文化界有识之士提出了举办"绍兴黄酒节"的倡议,得到了绍兴市委、市政府的大力支持。1990 年 4 月,以"黄酒开道、文化搭台、经济唱戏"为主旨的第一届"绍兴黄酒节暨春季商品交易会"拉开帷幕。节会邀请 6 个国家的外宾和国内各省市的 1600 多位客商参加了开幕式。绍兴市酿酒总公司、沈永和酒厂、东风酒厂等 35 家酒厂参加黄酒节成品展览。整个节会,不仅扩大了绍兴黄酒的知名度和美誉度,还带来了巨大的经济效益和社会效益。自此,绍兴市委、市政府决定把"绍兴黄酒节"固定下来。至2022 年,绍兴黄酒节(黄酒产业博览会)已举办了 28 届。

第三节 绍兴黄酒声名远播的历史文化底蕴

在5000多年的历史长河中,黄酒不仅是一种客观的物质存在,而且是一种独特的文化象征。绍兴黄酒是绍兴文化中醉人的一味麦香。人杰地灵的绍兴,不但有声名远播的名酒,也有的蜚声中外的名人,名城酿就名酒,名酒滋养名人,三者相得益彰。从深层次审视,绍兴黄酒能够摘取"东方名酒之冠",离不开绍兴深厚文化底蕴的润泽,也离不开绍兴独特人文魅力的熏陶。绍兴黄酒在展示绍兴人独特风骨之时,也展示了中华民族的深度和特有的风度。

一、绍兴黄酒仰仗于历代名人的"文化吆喝"

绍兴积淀深厚的人文历史影响着绍兴酒的历史、技艺和文化,传承和改善着绍兴的酿酒人文环境、气氛、风俗等。所谓"天下黄酒源绍兴",这个"源"有两层意思:一是以绍兴黄酒为杰出代表的绍兴黄酒历史源远流长,千年不衰,誉冠全球;二是绍兴黄酒出自越地,兴于绍兴,其独特典型的醇香风味成为中国黄酒的标杆与楷模。

绍兴不仅是山水名城、文化古城,也是中国黄酒之都。20世纪80年代,在中国首届酒文化节上,被评为5个"中国酒文化名城"①之一。在中国,从来没有哪座城市的历史以及文脉,像绍兴那样,与黄酒结下如此深厚的渊源。自古以来,绍兴黄酒与历代名人相融相合、交相辉映。正是越地绚丽迷人的"美景+好酒",招徕了一批批南来北往的墨客骚人,激活了一缕缕耐人

---

① 1988年10月,文化部、全国食品协会、酒文化研究会等单位联合在西安举行了中国首届酒文化节。其间,遵义市、绍兴市、宜宾市、泸州市、亳州市等5个城市被评为酒文化名城。

寻味的诗情画意。历代游弋于越地的文人骚客或举杯咏叹，或对酒当歌，或借酒挥毫，给后人留下了一篇篇千古佳作，使绍兴这座具有2500多年建城史的名城文化积淀更加厚重。在这块热土上，与黄酒有关的美丽传说、历史事件、名人典故、掌故逸事，俯拾即是，不胜枚举。比如，越王勾践"箪醪劳师"的传说；王羲之雅集兰亭的"曲水流觞"；传颂贺（知章）李（白）忘年交佳话的"金龟换酒"典故；陆游在沈园慨叹"红酥手，黄縢酒"并在残壁题写《钗头凤》，演绎与表妹唐婉凄美的爱情故事；"鉴湖女侠"秋瑾的貂裘换酒。所有这些，都充实、丰富和升华了绍兴黄酒的文化底蕴。

绍兴酒和越地名人最早结缘，可追溯到春秋战国时期的越王勾践，"壶酒兴邦""箪醪劳师"的故事流传很广。"醪"是当时越地老百姓酿制的一种带糟的浊酒，即后来的米酒，也是绍兴酒的前身。这应该也是关于绍兴酒最早的文字辑录。据《吴越春秋》载，勾践七年（前490），勾践从吴国返回越国，召范蠡筑城，并以酒为韬略，积蓄国力；"生丈夫（男孩），二壶酒，一犬；生女子，二壶酒，一豚（小猪）"[1]，把酒作为奖励生育的奖品，助他恢复国力。17年后，勾践乘吴王夫差在"黄池会盟"之际，亲自带兵讨伐吴国，三军师行之日，越国父老敬献壶浆，勾践"跪受之"，并投之于上流，令军士迎流痛饮。士兵感念越王恩德，同仇敌忾，战气百倍，一举灭吴雪耻。有关"箪醪劳师"的故事，《吕氏春秋·顺民》篇上有"越王苦会稽之耻，欲深得民心……有酒流之江与民同之"之记载。《水经注·渐江水》中载："《吕氏春秋》曰：'越王之栖于会稽也，有酒投江，民饮其流，而战气百倍。"《嘉泰会稽志》云："师行之日，有献壶浆，跪受之，覆流水上，士卒承流而饮之。人百其勇，一战而灭吴国也。"

上述两个耐人寻味的故事，告诉我们：越王勾践以酒奖民的作用，一是将君主恩威广施于民，使百姓感于君恩；二是酒醪本身即为很好的养生酒，有助于产妇补气养血、补身催奶，快速恢复体能，确保优生优育。或许，绍兴某些地区（如嵊州、新昌、天台等）的女性坐月子吃"甜酒冲蛋"的习俗就源于此。因此，这两个事件是绍兴酿酒史上极为重要的里程碑，它们赋予绍兴酒以更多的文化意象。

从此，越地秀美的山水、醇厚的黄酒引来了全国各地无数文人墨客。他

---

[1] 《国语·越语》。

们慕名而至,纷至沓来,以到越地一醉为快,一游为荣。在酒酣之时,借酒赋诗,借月填词;诗中有酒,酒中有诗。这些酒中豪杰在激情满怀中名篇迭出,为绍兴酒香飘万里摇旗呐喊。据专家研究,适量饮用绍兴酒,可以起到强心提神、激发思维等功效。正如酒文化专家吴国群教授所说:"绍兴酒尚有激发审美主体进行美的再创功能。……一般的酒,或因酒力单薄而只能使感官产生快感,或因酒力过猛,而动辄致醉使人麻木,绍兴酒适中的酒精浓度,恰能使其激发思维的过程呈现出鲜明的阶段性:酒初的浅刺激有感知致敏效应;酒中的中刺激,有联想激活效应;酒酣——似醉非醉的微醺阶段的深刺激,则有快感超越效应。"[①] 这就是文人雅士借酒助兴的奥秘所在。

自东晋起,会稽就成为全国著名的文化中心之一,众多文人学士聚居于此。绍兴酒引得无数名人归至,东晋王羲之、谢安、孙绰等;唐代贺知章、李白等;宋代王安石、苏东坡等。其中最有名的,是白居易在《和微之春日投简阳明洞天五十韵》中云:"醉乡虽咫尺,乐事亦须臾。"从此,越州以"醉乡"之名传颂遐迩。1131 年,宋高宗改越州为绍兴,才有了后来"绍兴酒"的称谓,并一直沿用至今。

纵观数千年绍兴酒发展的历史长河,南来北往的一批又一批文人士大夫对绍兴酒的助推有三次高潮。

(一)魏晋时期

东汉末年,越地成为江南鱼米之乡。鉴湖水不仅成为绍兴酒的重要原料之一,旖旎如画的鉴湖风光也吸引了大量文人墨客,使绍兴酒得以名声远播。

魏晋时期,北方战乱,大批中原人士渡江避乱。既有山水之美,又有丰富物产的会稽,则成为他们争相光顾之地,一时人文鼎盛,冠于江左。他们看到会稽山川映发,民康物阜,很多名士如谢安、王羲之等都纷纷在此蛰居,对鉴湖风光更是流连忘返。王羲之父子曾赞叹说"山阴道上行,如在镜中游""镜湖澄澈,清流泻注,山川之美使人应接不暇……"[②]。事实上,在杭州西湖尚未开发前,稽山鉴水的自然风光,曾独步江南,闻名全国。难怪明代袁宏道云:"钱塘艳若花,山阴芊如草。六朝以上人,不闻西湖好。"

当时,这些士大夫对现实生活的态度日渐消极,他们或寄情于山水,饮

---

① 吴国群主编:《中国绍兴酒文化》,浙江摄影出版社,1990 年版,第 15—16 页。
② [北魏] 郦道元:《水经注·浙江水》,浙江古籍出版社,1990 年版,第 286 页。

酒作乐,或遁入儒、道、佛的境界,寻求逍遥,隐居山林。在越地,他们歌颂鉴湖之美,也讴歌绍兴酒的琥珀醇香。魏晋玄学、山水诗画、书法艺术等在觥筹交错中诞生并成熟,给绍兴酒注入了极为丰富的文化内涵。那时,书法的审美功能超过实用功能,一些文人雅士为了追求书法美,常常借助酒来宣泄情感,激发创作灵感,留下了一段段书坛佳话和一件件书法名作。

永和九年(353)以王羲之为代表的兰亭雅集最具影响力。当时,参加者有"东山再起"的谢安,"掷地作金石声"的辞赋家孙绰,"游心物外"的高僧支遁等40余人。被誉为"天下第一行书"的兰亭集序是王羲之在"一觞一咏,畅叙幽情"的流觞曲水之后,在"天朗气清、惠风和畅""崇山峻岭,茂林修竹"的环境下,酒酣意足,醉意朦胧,心绪弛放,放浪形骸之外,下笔如有神助,真可谓"笔兴随酒意而生,笔力随酒韵而成"。论文采,抒情真挚,雄秀清逸,气韵生动;论书法,精巧娴熟,章法完美,冠绝古今。相传,王羲之自己酒醒后也大吃一惊,以至"更书数十本,终不能及之",足见绍兴酒之神功。确实,科学研究表明,适量饮酒能使人在微醺的状态下浮现出一种愉快放荡的心情与神态。此时,名士们精神松弛,心无旁骛,一笔一画都得心应手,往往会收到意想不到的效果。唐太宗见之,爱不释手,赞叹曰:"详察古今,精研篆素,尽善尽美,其惟王逸少乎……"[1] 王羲之成为书家们顶礼膜拜的"书圣",后之仿效者无数,大凡要写一手好字,必欲小酌数盏,然后微醺而书。

兰亭流觞曲水图

其实,以"曲水流觞"为核心内容的文人雅集,并非晋代名士的发明。它最早可以追溯到西周初年,南朝梁吴均《续齐谐记》云:"昔周公卜城洛邑,因流水以泛酒,故逸《诗》云'羽觞随流波'。"其具体形式为:人们在举行祓禊仪式后,按一定秩序分坐于蜿蜒盘旋的溪水两侧,上游一人取盛满酒的羽

[1] 《晋书·王羲之传》。

筋浮于水上,任其顺流而下,羽筋停在谁的面前,谁即取饮,吟诗作赋,彼此相乐,故名。在整个过程中,因羽筋停留的位置无法估测,故有着游戏般的刺激感与紧张感。又因其来源于上巳节后的修楔活动,为古代一种除灾祛邪、祓除不祥的祭祀仪式,人们可以通过沐浴春日之水来涤净身上的不祥之气及祸根疾患,故更充斥着祭祀般的庄重感与仪式感。

更重要的是,"书圣"王羲之登高一呼,把全国各地颇具名望的40多位亲朋好友邀请到绍兴兰亭开了一个以酒会友、以诗结朋的超级 Party,其影响力绵延至今。显然,1670年前鼎铛有耳的《兰亭集序》,在客观上为当时的绍兴"醪酒"即"山阴甜酒"闻名遐迩起到了推动的作用。毫不夸张地说,王羲之是历史上推介绍兴黄酒的第一人。

(二)唐宋时期

如果说唐朝是中国历史上最辉煌的一个乐章,那么"贞观之治""开元盛世"则是其最为悦耳动听的两个音符。彼时,文人雅士饮酒赋诗、游山玩水成为时尚。他们以其开阔的胸襟,宏伟的气魄,借鉴、扬弃了前人的诗酒流韵,转而讴歌"盛唐气象"。诗中既有心神的澄静,又具人性的高扬,活泼欢畅,饱满健举,创造出一种唐人特有的浪漫情调,流溢出醉人的诗意与馨香。越州经过历代先贤的治理,境内山水明秀,名重海内,会稽、剡中、沃洲、天姥、四明、天台等,处处留下诗人们的吟鞭游屐,棹声帆影。在越州,他们尽情地饮酒怀古,吟咏风土,宅心物外,流连忘返。

其中,最典型的是"浙东唐诗之路",也就是唐代诗人穿越浙东七州(越州、明州、台州、温州、处州、婺州、衢州)的山水人文之路,其主干线是从钱塘(杭州)经西兴(萧山)到达越州(绍兴),沿浙东运河到上虞,再沿曹娥江上溯剡溪,经剡县、新昌天姥到达天台,全长约190千米。此间,李白、杜甫、白居易、孟浩然、贺知章等450多位诗人(占《全唐诗》收录诗人总数的1/5),一路载酒扬帆、击节高歌,留下了的1500多名篇佳作。将绍兴酒与山水、诗画连在一起,为越地文化增添了新的内容。这些诗人来浙东,多数是纯粹的游玩,大量的送别诗都充满了对浙东山水的向往和对友人的祝愿。而身为浙东诗人,当他徜徉于湖光山色之间时,美丽的景观如母亲的手,抚平了他们尘世奔波的劳苦和仕途挫折的沮丧。

在这些诗人中,要数贺知章与李白、元稹与白居易的诗词酬唱最具代表性。

贺知章与李白"金龟换酒"的故事已成为诗坛佳话。自此,两人互赠诗歌,成为莫逆。他们俩一号"酒仙",一号"诗仙",同为"饮中八仙"。史载,李白曾5次来过越州(绍兴)。贺知章系越州永兴(今萧山)人,自号"四明狂客",喜饮酒,人称"酒仙",杜甫《饮中八仙歌》诗云:"知章骑马似乘船,眼花落井水底眠。"贺知章嗜酒如命可见一斑。贺知章死后,李白十分悲痛,写下了《对酒忆贺监二首》,其一:"四明有狂客,风流贺季真。长安一相见,呼我谪仙人。昔好杯中物,翻为松下尘。金龟换酒处,却忆泪沾巾。"其二:"狂客归四明,山阴道士迎。敕赐镜湖水,为君台沼荣。人亡余故宅,空有荷花生。念此杳如梦,凄然伤我情。"多年后,李白一直不忘知遇之恩,在诗中怀念贺知章,在《重忆》一诗中写道:"欲向江东去,定将谁举杯。稽山无贺老,却棹酒船回。"贺知章不但是诗人,也是书坛高手,常于酒后在街上遨游,在墙上奋笔醉书,对求书者来者不拒,"书时惟问纸有几幅,或曰十幅,则词随十幅尽;或曰二十幅,则随二十幅意乃止"。其代表作草书《孝经》,与孙过庭《书谱》风格相似,为王羲之书风嫡传,所不同者是行笔更加爽利,此酒兴之助也。

中唐诗人元稹与白居易意气相投,情谊深笃,两人诗笺往来,唱和甚富。30多年中,唱和诗作分别达182首、212首,分别占各自诗作总数的33%和8%[1]。他们俩生存于不同地域环境,受不同地域文化、水土的滋养和培育,在居所频繁迁徙过程中竭力表现所在地的景观。当地风土习俗、山川名物,大大拓展了唱和诗的题材和内容。同时,元白往来唱和又为推动地域文化向外辐射、传播提供了条件和途径。以"元白唱和"后期为例,大致从长庆三年(823)到大和三年(829)的7年间,两人同处江浙,元为浙东观察使兼越州刺史,白为杭州、苏州刺史,交通的便利造就了唱和高潮。当时,元稹已步入晚年。他们俩常以竹筒递送诗篇,十分频繁。[2]诗中一些调侃愉悦的笔调,冲淡了双方一直以来抑郁不得志的感伤情绪。比如,元稹《以州宅夸于乐天》诗云:"州城回绕拂云堆,镜水稽山满眼来。"白居易《答微之夸越州州宅》和诗曰:"厌看冯翊风沙久,喜见兰亭烟景初。……知君暗数江南郡,除却余杭尽不如。"意思是说,你是被贬到西北的时候看厌了大漠风沙,到越州看到兰亭美景、楼台烟雾,自以为这里是人间天堂。其实,你早就把江南的城市暗自数了一遍,知道哪里都比不上杭州。后来,元稹《重夸州宅》诗又云:"仙都

---

① 杨军:《元稹集编年校注》,三秦出版社,2002年版,第279页;顾学颉校点:《白居易集》,中华书局,1979年版,第176页。

② 汤吟菲:《中唐唱和诗述论》,《文学遗产》2001年第3期。

难画亦难书,暂仕登临不合居。"白居易又答微之诗曰:"可怜风景浙东西,先数余杭次会稽。禹庙未胜天竺寺,钱湖不羡若耶溪。"另外,还有白居易的《元微之除浙东观察使喜得杭越邻州先赠长句》、元稹的《酬乐天喜邻郡》等。

在这些唱和诗中,元稹、白居易都曾不约而同地赞叹过稽山鉴水的自然风光。比如,白居易的"稽山镜水欢游地,犀带金章荣贵身",元稹的"会稽天下本无俦,任取苏杭作辈流""海楼翡翠闲相逐,镜水鸳鸯暖共游",以及"到日重陪丞相宴,镜湖新月在城楼"等。当然,绍兴酒也是他们俩的唱和诗中必不可少的话题。许多内容飘溢着绍兴酒的缕缕芳香,反映了他们以诗酒为乐的生活。比如,元稹《酬乐天喜邻郡》诗末二句:"老大那能更争竞,任君投募醉乡人。"白居易在《和微之〈春日投简阳明洞天五十韵〉》中云:"醉乡虽咫尺,乐事亦须臾。"从此,越州以"醉乡"之名传颂遐迩。白居易在《醉封诗筒寄微之》诗中更表述了他们"醉书""醉寄"的情景:"展眉只仰三杯后,代面唯凭五字中。为向两川邮吏道,莫辞来去递诗筒。"元稹以酒醉之乐召唤友人:"莫嗟虚老海壖西,天下风光数会稽。灵氾桥前百里镜,石帆山崦五云溪。……安得故人生羽翼,飞来相伴醉如泥。"① 白居易在《代郡斋神答乐天》诗中说:"为报何人偿酒债,引看墙上使君诗。"元稹在越州 7 年,纵酒自娱,甚至连小孩也学会了饮酒,他在《酬复言长庆四年元日郡斋感怀见寄》中说:"羞看稚子先拈酒,怅望平生旧采薇。"诗中洋溢着浓郁的浪漫气息。不难看出,他确是沉浸在醉乡的欢愉之中了。

由此可见,诗酒是一家,酒兴出诗韵。"唐诗"和"绍酒"不仅是盛唐时期诗酒文化的两大巅峰之作,也是"元白酬唱"不可或缺的两大重要元素。正如白居易所说"忙多对酒榼,兴少阅诗筒"②。

两宋时期,"饮酒赋诗"当以南宋为盛。赵构政权不思进取,偏安江南一隅,却粉饰太平,"暖风熏得游人醉,直把杭州作汴州"。南宋以临安(今杭州)作为京都,绍兴成为陪都,文人墨客云集,给绍兴酒的发展带来了新的生机。不过这时的酒文化带给爱国志士们更多的是悲怆和无奈。生活在"千金无须买画图,听我长歌歌鉴湖"的陆游曾自称"放翁烂醉寻常事",并以 10 首《醉歌》明志,其中有"方我吸酒时,江山入胸中。肺肝生崔嵬,吐出为长

① 邹志方:《浙东唐诗之路》,浙江古籍出版社,1995 年版,第 38 页。
② 《秋寄微之十二韵》,转引自李济洲编著:《全唐诗佳句赏析》,太白文艺出版社,1999 年版,第 329 页。

虹"的诗句,借酒力宣泄一腔豪情。在《醉中书怀》诗中,他写道:"平生百事懒,惟酒不待劝。"此外,陆游还写过《冬夜醉后复小饮》《醉书》《对酒》《江上对酒作》《诗酒》《醉赋》等 20 余首与酒有关的诗歌,表达了他对绍兴酒的喜爱之情。

这个时期与绍兴酒相关联的、最著名的是陆游和唐琬在沈园邂逅所酬唱的《钗头凤》。相传,陆游初娶表妹唐琬,婚后夫妻相爱,而陆母不愉,陆游迫于母命不得不与唐琬离异。多年后的一天,陆游与唐琬及其现任夫君赵氏偶遇于山阴(绍兴)城南禹迹寺附近的沈园。唐琬征得后夫君同意,遣人送酒馔致意。陆游见人感事,借醉吟赋《钗头凤》并题于园壁上。唐琬回家后,愁肠难解,也和词一首。两阕《钗头凤》成为沈园的"镇园之宝"。

(三)元明清时期

在元朝,诸暨诗人王冕和杨维桢的咏酒诗反映出当时绍兴地区的饮酒风俗,对后世了解元朝时期绍兴酒的大致面貌颇具史料价值。王冕是元代知识分子因酒赋诗、借酒述志的典范。他凭兴漫游,醉咏山水,在《寄东邻唐彦常》中有"湖上笑歌多载酒,夜春归去醉如泥"之句,在《林壑亭》中有"会稽林壑东南胜,结构新亭亦壮哉"之句,其实他的酒量不大,主要是怀才不遇,胸有郁积,所以"典衣沽酒亦是醉,骑马看花徒劳尔"(《偶成》)。酒醉只是纾解积郁而已。王冕是画梅圣手,酒成了他画梅不可或缺的伴侣:"老大且作梅花梦,分付长年酒漫沽"(《济川阴雪九月二十七日客况》),"安得载酒草堂来,岁寒同看梅花树"(《草堂》),"老仙醉吸数斗墨,吐出梅花个个真"[《墨梅四章》(其一)]。他在《大醉歌》中鞭挞时弊、鄙夷功名、藐视权贵的勇气令人敬佩。杨维桢也写过许多饮酒诗,表达了他愤世嫉俗的苦闷心理。如《劝尔酒》:"劝尔酒,酒不必琼浆;歌尔妇,妇不必姬姜。舞衣不必绣罗裳,但愿百年日饮三万六千场……相期结子三千岁,醉饮瑶池白玉后。"把酒醉心醉人醉写到了极致,从各个方面写出醉时的情态。从一个侧面来看,他是借酒聊以自慰,凭酒自我陶醉。他在《题陶渊明漉酒图》诗中云:"义熙老人羲上人,一生嗜酒见天真。山中今日新酒熟,漉酒不知头上巾。酒醒乱发吹骚屑,架上乌纱洗糟蘖。"在《禁酒》诗中,写对禁酒的不满与愤慨。先写禁酒后,自己的感情无从寄托,后借历史上陶令孔融之爱酒故事,反衬禁酒不得人心。他的七律《镜湖》写他与客醉游镜湖的快意:"与客携壶放画湖,春波桥下柳如烟。林间好鸟啼长昼,席上高歌乐少年。醉里探书寻禹穴,醒来访隐过平川。樵风径上神仙窟，知是阳明几洞天。"写出了当时美酒美景以及美好的心境。可见，杨维桢的酒诗是元代绍兴酒文化的珍品。

明清时期，资本主义萌芽、大酿坊的创立和著名品牌的出现，标志着绍兴酿酒业的发展进入了鼎盛时期，如东浦的"孝贞"，湖塘的"万叶源""田德润"等大酒坊，"状元红""加饭""善酿"等品牌已打响。市镇的兴起基本奠定了绍兴作为"黄酒之乡"的格局，酿酒业成为绍兴的支柱产业。走南闯北的商人日益增多，使绍兴酒逐渐名扬天下。

这个时期，一大批文人墨客以诗歌、小说、书画等文艺作品为载体，大力宣扬绍兴酒。明代"遇酒能象饮数升"的浙派名画家汪肇，常自炫"作画不用朽，饮酒不用口"。明代兰陵笑笑生在《金瓶梅》中20多处提及"老酒""南酒""浙酒"等，而据绍兴文史专家潘承玉的考证，"老酒""南酒""浙酒"主要是指绍兴酒、金华酒。被誉为"中国戏剧理论始祖"的清代文学家李渔是"座上客常满，樽中酒不空"的善饮之人。《红楼梦》等中国四大古典名著中对"酒"进行了淋漓尽致的演绎，不失为酒文化形态的大集合。这些学士骚客常以他们的作品推介绍兴酒，其中贡献最大的是徐渭、陈洪绶和曹雪芹。

明代畸人徐渭自幼嗜酒，以酒为躲离愁苦与悲愤的避风港，以酒为触发自己文思、画思的兴奋剂。徐渭喜欢饮酒对诗，真可谓"美酒浇开诗之花，美诗溢出酒之香"；正是酒，使徐渭逸兴遄飞，追风逐电；正是诗，使美酒平添风雅，更显芳泽。徐渭还好醉中挥洒翰墨，他把草书的跌宕起伏线条和淋漓酣畅的水墨融为一体，使视觉形象富于音乐美感。如《墨葡萄图》中，藤蔓飞扬，浓淡相间的叶片，珠圆玉润的果实，统一于令人痴醉的情感旋律中。这些，除了得力于艺术功力之外，还仰仗于酒效，酒起到了催化和升华境界的奇效。他还有醉中赏画的习惯，其中有首诗写醉眼中之竹："一斗醉来将落日，胸中奇突有千尺。急索吴笺何太忙，兔起鹘落迟不得。"可见，徐渭的诗文书画都浸透着酒的醉意，风格独特，落笔生辉，对后世影响极大，明清文人多以饮酒作为交友、赋诗的手段。

一代宗师陈洪绶，在明亡后常常纵酒自娱，或狂呼，或低吟，"以酒与妇人诱之，（才肯）画"。他的代表作之一《蕉林酌酒图》，画面中一位滤酒的女子坐在一片芭蕉叶上，一位高士右手微微举杯，跷着二郎腿，在蕉林中悠然独酌，闲情逸致，栩栩如生。另一幅《饮酒祝寿图》也是"酒画"之极品。此外，陈洪绶还有许多吟诵绍兴酒的诗，比如，"醉后常相忆，君从驴背来"（《寄王予安》），“流水唱酒船，归梦经南浦。……家人莫酿酒，予不庆新年”（《梅墅舟还》），“醉卧天涯酒百杯，更添翠袖一双催”（《蓝太常席上》），“九日僧房酒满壶，与人听雨说江湖”（《云门寺九日》），“酒泉太守老醉翁，养和药囊半疏桐”（《怀朱集老》），等等。

　　清代著名文学家曹雪芹“其人素性放达，好饮，又善诗画”[①]，而且，曹雪芹爱饮黄酒，尝戏云：“有人欲读我书不难，日以南酒烧鸭享我，我即为之作书。”这里，“书”是指《红楼梦》，“南酒”则指绍兴酒。逯耀东在《肚大能容》中写道：“明清之际市井多喜南酒，北方稷粮蒸馏白酒辛烈，而黄酒醇和，人多常配以烧鸭。”曹雪芹在创作《红楼梦》时，即使“举家食粥”也是“酒常赊”。《红楼梦》可以说是在黄酒中浸泡出来的鸿篇巨著，其中充满了关于宴饮、配酒、酒仪、酒德、酒趣等的知识与描写，都写得十分精彩。全书共出现“酒”字 580 多次，直接描写饮酒的场面共有 60 多处，平均每两回就要写一次饮酒。其中，描写最多的是绍兴酒。比如，在第六十三回中有“我（袭人）和平儿说了，已经抬了一坛好绍兴酒藏在那边了”。曹雪芹还运用“借代”这一修辞手法含蕴隽永地表达了绍兴酒的名字。如，在第七十五回中尤氏骂邢德全“再佥攘下黄汤去”，又如，第四十五回王熙凤被李纹奚落道：“亏你伸的出手来！那黄汤难道灌丧了狗肚子里去了？”这里的“黄汤”（《红楼梦》中一共出现 6 次）说的正是绍兴酒。其缘由是，绍兴酒是美酒，饮者常常因喜欢而饮用过度，一些憎酒者也给绍兴酒以蔑称。

　　综上所述，历代文人骚客总是“雅好山泽嗜杯酒”。他们习惯于借酒抒怀，寄情翰墨，“醉时吐出胸中墨”，为后人留下数以千万的艺术精品。在客观上，他们也成为绍兴酒的得力推介者。在近现代，人们对绍兴城市及绍兴黄酒的了解，很多都来自鲁迅等名家的名作。比如《孔乙己》中对鲁镇的描写："鲁镇的酒店的格局，是和别处不同的：都是当街一个曲尺形的大柜台，柜里面预备着热水，可以随时温酒。"喝酒的人常常"买一碟盐煮笋，或者茴香豆，做下酒物"。这正是绍兴最典型的"酒乡风情图"。事实上，鲁迅也有饮酒的嗜好，喝的当然是绍兴酒。[②]周作人就说过鲁迅"喜欢喝几杯……"。另一位鲁迅好友沈兼士也说，"先生嗜酒，不但要喝而且酒量很大"。此话应当不虚，

---

①　转引自秦惜：《曹雪芹与酒》，《红楼梦学刊》1991 第 1 辑。

②　许广平：《欣慰的回忆》，人民文学出版社，1981 年版，第 196 页。

否则,很难想象鲁迅笔下会冒出那么多令人难忘的酒人酒事和酒风酒俗。在鲁迅的小说中,阿Q、孔乙己都是著名的"酒鬼";《风波》中的七斤嫂认为,"咸亨酒店是个消息灵通的所在";《明天》里则说,"(鲁镇)深更半夜没有睡的只有两家,一家是咸亨酒店,几个酒肉朋友围着柜台,吃喝着正高兴";《在酒楼上》的S城小酒楼"毫无酒楼气,我已经喝下三杯酒去了"。对于绍兴酒店的格局、过酒的菜肴、喝酒的式样,鲁迅在其小说名篇中有许多入木三分的描述。可见,绍兴酒对鲁迅小说有着深远的影响,反之,鲁迅小说对进一步打响绍兴酒品牌又起到锦上添花作用。

二、绍兴黄酒契合于儒家哲学的"中庸"秉性

中华文化的精髓是儒家文化,它强调"中庸之道",宣扬"清静无为",主张仁、义、礼、智、信、诚等君子之德。"中庸",就是不偏不倚、折中调和的处世态度。而黄酒性情温和、醇厚绵长、风格雅致,独具古朴、淳厚、凝重之神韵,集甜酸苦、辛鲜涩于一体,六味融合,"中和"得不偏不倚,恰到好处。抿一口,甘醇鲜美,如"细雨润无声"般直沁脾胃,回味无穷,令人叹为观止。"六味"中,如果稍稍偏向其中任何一种口味,都会给人以美中不足之感,或腻口发渴,或辛辣粗糙,或淡口无味……其个中滋味,究竟是自然造化,还是仅凭"酒头脑"那炉火纯青的酿酒技巧而得,抑或两者兼而有之,不得而知。品鉴黄酒,就是体悟儒家哲学的过程。黄酒品格独树一帜,酒劲适中,是其他酒种所没有的。白酒少鲜,烈辣冲口,柔和欠缺;啤酒单薄,爽口有余,厚重不足;葡萄酒酸涩,涩而挂味,刚劲不够。唯独黄酒具"中庸"六味,兼备了协调、醇正、柔和、幽雅、爽口的综合风格。先观其色,黄酒色泽丰富,可能会呈现橙黄、金黄、橙红、深褐等颜色,但无论何种颜色,酒体都应晶莹透明,有光泽感,无浑浊或悬浮物,灵动如宝石。再闻其香,大都会闻见醇香、曲香、陈香。这三种香气和合共融,相互辉映,给人以柔和、愉快的感受。再品其味,可能会出现先甜、后酸、再苦的顺序,并伴随辛、涩和鲜的滋味,每一个阶段都相互交融,让人心旷神怡。黄酒的"醇厚、绵软"正如儒家的中庸之道一样,酒力缓慢上升,慢慢地浸润你,让你微醺却不会沉醉,始终把握着那个恰到好处的分寸。黄酒与中庸一脉相承,似有异曲同工之妙。黄酒文化古朴厚重,传承人间真善之美、忠孝之德;儒家哲学讲究中庸之道,推崇仁、义、礼、智、信等人伦道德。而黄酒所承载"表达情感,惠泽健康,体现爱心,激发睿智"

的独特文化,与儒家崇尚"仁义",主张"天地人合一"的精神境界,以及倡导平等友爱、仁善宽容的价值观是息息相通的。一句话,儒家中庸的"中"与"和"的文化因子浸润在绍兴黄酒里,而绍兴黄酒也渗入博大精深的儒家文化中,两者水乳交融,浑然一体。

"一方水土养一方人。"每一个人、每一个群体都生活在一个特定的区域内,地域、地理、地缘的特征会给生于斯、长于斯的人们烙上深深的印痕。绍兴黄酒的柔和温润的特点,恰与中国传统文化教育中温柔敦厚的诗教、中庸和谐的哲学主张不谋而合。经过千百年的酝酿、沉淀,它渗透到了绍兴文化社会的方方面面,影响着人们的心理气质、行为意识,这在坚守"中庸之道"的绍兴人身上得以体现。随着岁月的延续,绍兴人的骨子里也仿佛融入了绍兴酒的"基因"。发之于空桑,用之于礼仪,水的外形,火的性格,阴柔又不失阳刚,这便是如绍兴酒。而喝着绍兴酒长大的绍兴人虽外表温和,却又绝不是任人随意拿捏的"软柿子",这是中国传统礼仪外衣下悄然渗透的一种旷达。看上去外表温和的绍兴人,一旦黄酒沾唇,本来的和风细雨便转而变得喉响、筋粗、激情高昂。绍兴历史上涌现出了众多铁骨铮铮的热血英豪,比如明末清初的王思任、祁彪佳、刘宗周,近现代的鲁迅、徐锡麟、秋瑾,等等。在风雨如磐的年代,他们临危不惧、大义凛然的壮举,体现出中国正统礼仪外衣下滋生出的浩然正气。

以绍兴师爷为例,契合于"中庸之道"的绍兴黄酒,造就了他们柔中带刚、外圆内方的独特个性。首先,绍兴师爷要处理好与幕主的关系,要以其为中心,当好辅助角色,辅佐而不可越位;既要跟幕主推心置腹,一心一意为其做事,又要避免与其过分友好,以免"枪打出头鸟",引起同行的疑忌和嫉妒。总之,他们身居府中,凡事皆能不冲动、善权变,谨慎处之,三思而行,中正不偏,从而在官场上站住脚、吃得开。正如《绍兴市志》所说:"绍兴向为文化之邦,绍兴人处世精明,治事审慎,工于心计,善于言辞,具有作为智囊的多方面能力,故清代以师爷为业者多系绍兴人。"[1] 可见,师爷绝非一般人所能担当的。

无论是温和的绍兴黄酒,还是绍兴师爷中庸的秉性,都可以越地文化的视角去探寻其渊源。一是,越地文化植根于中国传统社会母体,受中国传

---

[1]　任桂全:《绍兴市志(第五卷)》,浙江人民出版社,1996年版,第3359页。

统思想文化,特别是儒家中庸思想的主导和影响。二是,越地文化经过几千年历史的沉淀,不仅滋生发育了自身独特的内涵,而且有根深蒂固的文化基础。最明显的是,读书求功名的社会风尚得以形成和强化,"好学笃志,尊师择友,弦诵之声,比屋相闻"已蔚然成风。良好的学风成就了绍兴人"温文尔雅"的气质。三是,伴随着越地文化的逐步演变,黄酒也与时俱进,顺势而为,正如周作人所说"绍兴酒最初乃是辛螫的,后来变得温和,像现代的那么样"。这种发展显然顺应了当时的社会风尚,更迎合了当时黄酒的消费领导群体——绍兴师爷的喜好。

三、绍兴黄酒有赖于绍兴师爷的鼎力宣传

绍兴钟灵毓秀,人文渊薮,物阜民丰。在绍兴,稽山鉴水不仅酿就了醇香绵厚、独树一帜的绍兴黄酒,也哺育了足智多谋、治事审慎的绍兴师爷,二者有着千丝万缕的联系。绍兴师爷和明清商人的南来北往,更使绍兴黄酒名扬四海。

绍兴师爷作为越地特色的文人群体,以"仁厚忠恕"为箴言,以"尽心尽言""勤事慎事"为准则,怀揣着"和则留,不和则去。留则不负于人,去则无愧于心"的出幕之道,寓修身于佐治,兼谋生与济民,活跃于明清政治舞台达400余年,对当时及后世的政治生活和社会生活产生过极为重要的影响。他们处世精明,治事审慎,善于谋划,娴于辞令。同族乡里的相互引荐,使绍兴师爷的队伍蔚为大观,名噪于世。明清时期,绍兴籍师爷遍布全国各地大大小小的衙门,有"无绍不成衙"之说。这一特殊群体在做好参谋的同时,也对当时绍兴黄酒的传播起了极大的推动作用。

绍兴是中国著名的水乡、桥乡、酒乡、名士之乡。孔子云"智者乐水"[①],就是说,凡是聪颖精明之人反应敏捷而又思想活跃,性情好动,就像水不停地流一样。正如鲁迅所说:"北人的优点是厚重,南人的优点是机灵。但厚重之弊也愚,机灵之弊也狡。"[②]水生智者,"好水酿好酒"。鉴湖水的滢淳赋予了绍兴师爷机灵敏捷,也造就了黄酒的独特醇香。既然师爷之"智"得于水,黄酒之"血"也益于水,黄酒与师爷之间必然是一脉相通、相辅相成的。

---

① 《论语·雍也篇》。
② 鲁迅:《北人与南人》,《鲁迅全集》(第5卷),人民文学出版社,1998年版,第435—436页。

这在被称为"师爷鼻祖"的明代"狂士"徐渭身上得到了很好诠释。徐渭曾被闽浙总督胡宗宪召入幕府,为胡抗击倭寇出了许多好点子,屡建奇功,并起草《献白鹿表》,受到明世宗的赏识。徐渭性好嗜酒,又诙谐放纵,有时幕府中有要事相商,徐渭却酒醉,深夜不归,胡却没有责怪徐渭,仍开着大门等他归来。后来,受严嵩案牵连,胡宗宪被捕,徐渭也因此精神失常。综观徐渭的诗画、书法、诗文、戏曲,绍兴酒是其中一个重要部分,"酒深耳热白日斜,笔饱心雄不停手",是酒释放了徐渭心中的郁闷;是酒给予了他无穷的创作灵感和力量。在徐渭之前,唐代"四明狂客"贺知章、南宋爱国诗人陆游,其知、智、忠、义、节无不借由绍兴酒抒发,无不有赖于鉴湖水的哺育。

明清时期,绍兴酒之所以出现"通行天下"的盛况,成为当时的"京师时尚佳酒",与一大批绍兴师爷的竞相宣传和推崇密不可分。

从明代中后期起到清代,幕僚制度渐渐盛行。绍兴师爷空前活跃,为绍兴酒的传播带来了极为有利的机遇。据统计,清朝有 1358 个县、124 个州、245 个府与 18 个省的布政司、按察司、巡抚、总督等地方衙门,以及朝廷六部、大理寺、理藩院、詹事府、都察院等中央衙门,如果以"每个衙门请 4 个师爷"计算,师爷总数就相当于正式官僚的总和。而师爷群体以绍兴人居多,总数达万人以上,遍及全国。这样,"无绍不成衙"便是名副其实了。史载,入都为胥办,"自九卿至闲曹细局,无非越人","户部十三司胥等皆绍兴人"[1],湘乡罗信北《公余拾唾·自序》"天下刑名,钱谷幕友,盛称绍兴之山阴会稽"。"至清末……'绍兴师爷'之名,犹妇孺皆知也。"[2]可以说,绍兴师爷走到哪儿,就将绍兴老酒推销到了哪儿。有些绍兴师爷曾"一带两便"做酒生意,因为师爷一般喜喝酒,而外地的酒既贵又不合胃口,因而做点绍酒生意也是顺理成章的事。许葭村(生卒年月不详,约道光、咸丰年间在世)在《秋水轩·雪鸿轩尺牍》的《托仇笔山卖酒》中记载:"弟性嗜酒,又生于酿酒之乡,差喜与酒有缘,自饥驱北上,便觉渺不可狎……及至北平,于万山中觅欢伯,非直连城比价,且同乞自微生,偶一持杯,双眉欲皱,直使未饮而心先酸矣。前闻足下以酸酒还饮酒主人,监使立尽,如此觞政,可谓不恶而严。今者小价(指仆人)自津运来南酒,色香味俱佳。当此黄花将吐,紫蟹初

---

① 任桂全:《绍兴市志(第五册)》,浙江人民出版社,1996 年版,第 3359 页。

② 郭润涛:《官府、幕友与书生——"绍兴师爷"研究》,中国社会科学院出版社,1996 年版,第 255—256 页。

肥,正足以佐贤东南(指幕中主宾)觞咏之兴。其价每坛以八钱为率,用即来取,会须痛饮三百杯,扫除山陬酸气,何如?"① 这里说的是托友人代为售酒的事——从天津的绍兴酒代售处捎绍酒到北京,再转售于人,从中也稍稍得点利润。大约这种事,在当时的师爷中是不少的。由此,绍兴师爷就成了业余的绍兴酒推销员。

明朝中期,绍兴的海外丝绸贸易达到极盛,但由于海禁森严,民间贸易主要依靠走私进行。随着资本主义萌芽在江南地区崭露头角,商品贸易日趋扩大,商人十分活跃,逐渐形成"商帮"。在绍兴,永嘉学派的"经世致用""通商惠工""义利并举"以及"工商皆本"等重商理念深入人心,促进了绍兴地区民间自主工商业活动的孕育和成长,成为"浙商"的源头活水。清初,以宁波帮、龙游帮、萧绍帮为主体的浙商与粤商、徽商、晋商一道,成为中国最具活力和影响力的"四大商帮"。浙商商帮与"师爷帮"联袂成荫,抱团取暖,释放出强劲的协同效应和叠加效应。按现代营销学分析,这一特殊群体自然成为黄酒消费的"意见领袖",他们有意或无意地推销、推崇黄酒,使绍兴黄酒"遍行天下",远销京师。清代方睿颐在《梦园丛说》中记载:"京中食肆中,以越酿为重,朋友轰饮,日在醉乡,然求所谓'女儿酒'者,不可多得。"清代梁章钜在《浪迹续谈》中写道:"世人每笑绍兴有三通行(绍兴酒、绍兴师爷和绍兴话)。"

清代中期,南来北往的商人不断增多,以乡土亲缘为纽带的商帮文化日趋活跃,为"绍兴师爷"这一社会群体注入了新的生机和活力。绍兴师爷身处衙门,执掌重权,应酬频繁,社会影响力大。在当时,绍兴师爷普遍成为各级衙门幕僚的中坚力量。他们与官僚、商人相结合,使绍兴酒遍及天下。绍兴师爷的地位特殊,他们往往凭借手中笔杆和三寸不烂之舌,使绍兴酒成为他们交际应酬、请客送礼中不可缺少的地方特产。作为"酒之正宗"的绍兴黄酒沾尽师爷之光,开始走俏大江南北。由于绍兴师爷在幕中得势,执掌重任,"绍兴官话"竟成为流行语。遇事会朋,节日宴饮,赠送上司、幕友,绍兴酒是最好的礼物,故用酒量是相当可观的。许葭村在《与余竹泉退酒》中云:"忘年好友,每相见,辄依依不忍去,不自知其情之何以绵结也。尤喜足下雄饮善饭,矍铄如平日,为快慰者久之。昨携青州二从事(按:指酒。典出《世

---

① [清]许葭村、龚未斋:《秋水轩·雪鸿轩尺牍》,上海书店,1986年版,第173页。

说新语》),仆人用其一而返其二,彼以为忠主也。独不解白衣送酒故事(按:指陶渊明友人王宏事)。仆陋如此,主可知矣。计惟留此黄娇(按:酒之别称),迟足下于绿肥红瘦中耳。"①这是与友人之间以诗酒为乐,而仆人不解其趣,故致书说明。许葭村在《谢沈漪园惠酒》中,写友人间赠酒物之乐:"蒙弟雅爱,屡以佳酿见贻,若问沽价于尼山,似乎涉泛,而醉醇醲于公瑾,未免多情。计惟留待新年,共罄瓮头春色也(按:初熟酒称瓮头春)。"②还有,师爷常年在外,孤身一人,故需以友联谊,以酒助兴,一遇佳酿相惠,更是喜不自胜。

清末民初,绍兴酿酒业颇为兴盛,酿酒作坊遍布山阴、会稽城乡。而风靡一时的金华酒则渐渐一蹶不振,逐步走向低迷。光绪年间,绍兴酒通行海内,"实无他酒足以相抗"。宣统二年(1910),绍兴酒参加南洋劝业会展评,获得清政府农工商部颁发的"超等文凭"和"优等文凭"奖。从此,绍兴酒开始走向更大舞台。据清代朱仕价所著《小琉球漫志》记载:"初至台,苦无酒,而内地所产绍兴酒,价甚昂,非穷员所能购也。"也就是说,在台湾,只要囊金充足,也能够喝到地道的绍兴酒。

以绍兴酒在四川的营销状况为例。据著名鲁迅研究专家裘士雄先生考证,绍兴师爷外出游幕,总要带上黄酒等绍兴土特产,或自己食用,或孝敬主官,或馈赠同僚和亲友,如此请客送礼,使绍兴师爷客观上成为一支宣传、推销黄酒等绍兴土特产品的生力军。他在《从竹枝词看绍兴酒与绍兴师爷的关系及其他》一文中指出,一部分有经济头脑的绍兴师爷一面为主官出谋划策、当好参谋,一面又充分利用有利的人际网络关系和权势影响等,做起营销绍兴酒的生意。在四川,有人用"竹枝词"的文艺形式吟咏道:"绍酒新从江上来,几家官客喜相抬。"考虑运输成本和安全,况且又有长江这条水路,绍兴酒入川唯有溯长江而上的水路运输为最佳途径。这两句竹枝词生动、形象地描绘了这样的情景:一批绍兴酒刚运抵码头,官衙里的那些人闻讯赶来,高高兴兴地把绍兴酒扛抬进去,慢慢地享用,也有的急于脱手,谋取丰厚的利润。另有一首《竹枝词》更能说明问题:"居然利薮轧官场,南货携来入署忙。笑问师爷生意好,回言件件出苏杭。"这首《竹枝词》有原注云:南货称"师爷"。当时,有许多绍兴人外出以经营南货为主,所以包括该《竹枝词》

---

① [清]许葭村、龚未斋:《秋水轩·雪鸿轩尺牍》,上海书店,1986年版,第175页。

② [清]许葭村、龚未斋:《秋水轩·雪鸿轩尺牍》,上海书店,1986年版,第156页。

作者在内的不少人干脆也用"南货"作为绍兴师爷的代名词了。这首《竹枝词》为我们提供了很可靠的佐证,它真实地记录了精明的绍兴师爷混迹于官场,又活跃在商场的情景。绍兴师爷大肆贩卖绍兴黄酒,成为官场上的一大"利薮"。师爷不是官,没有政府发给的俸禄,是从主官那里获得一点报酬,这收入毕竟有限。事实上,许多绍兴师爷是靠贩卖绍兴酒之类的"南货"来装满自己的腰包的。对于这样发财致富的绍兴师爷,四川有人吟咏道:"安排摆设总求工,古董诸般样不同。美服更兼穷美味,师爷气派与门公。"可见绍兴师爷的生活相当优裕:家里摆设非常讲究,古董十分精致,穿着华丽,吃的又是山珍海味,处处显示出与众不同的师爷气派。清代周洵在《蜀海丛谈》中揭示:"清代四川的刑名、钱谷师爷,十分之九是绍兴人。"绍兴师爷长期掌控四川的衙门,可想而知,绍兴酒在四川一定非常畅销。所有这些,都从一个侧面反映了绍兴师爷在推介、荐销绍兴酒方面所做出的重大贡献。或者说,绍兴酒赢得"越酒行天下"的局面,作为绍兴酒营销大师的绍兴师爷,功不可没。

四、绍兴黄酒得益于运河文明的迭代升华

运送各种物资供应京师和边防的漕运制度,是我国秦朝以后的基本国策之一。开凿人工运河并维护其正常运行,成为历代王朝十分关注的水利工程。中华5000年文明史,其中2000多年与运河有关。

在绍兴水利和交通史上,西兴运河及其延伸段浙东运河厥功至伟。迭代升华的运河文明,也是明末清初绍兴黄酒能够在全国迅速"走红"的强劲动力源。

公元前6世纪,山会平原是"万流所凑、涛湖泛决、触地成川、枝津交渠"之地。越国时期,绍兴更是一个"以船为车,以楫为马"的水乡泽国都城。东汉永和五年(140),鉴湖筑成。秦汉六朝时期,一条北起钱塘江南岸,中经永兴(萧山)、山阴(绍兴)与曹娥江交汇,再由姚江经余姚、句章、鄞州与奉化江汇合,然后流入东海的水运线初步形成,使宁波沿海与内陆地区的交往大大增强。隋唐时期,兴修了从越州州城至萧山的运道塘。宋代,越城更是"栋宇峥嵘,舟车旁午,壮百雉之巍垣,镇六州而开府"[①]。明清时期,绍兴城内的

---

① [宋]王十朋《会稽三赋》。

大小河道约占全城面积的 20%,城内"聚集山如市,交光水似罗"①。

对绍兴与外界的交通,贡献最大的是两晋时期名臣贺循主持开凿的西兴运河。其中,自萧山西兴至上虞曹娥江一段,以绍兴古城为界,分为东、西两段。东段始凿于先秦越国时期,称"山阴故水道";西段于晋惠帝年间,由贺循在会稽任内修凿。永嘉元年(307),疏凿开通了东起山阴郡城,经柯桥、钱清,西至钱塘江边西陵(今萧山西兴)的西陵运河即"西兴运河"(五代吴越国时,西陵改名西兴)。运河全长 92 里,其中山阴段 50 里,永兴(今萧山)段 42 里。尔后,他又组织民众修治与此相连接的其他河道,形成了纵横交织的水网,使原来各河道能互相流通,通航能力迅速提高。

西兴运河的疏凿,不仅改善了会稽郡的水环境,有效地调节了山会平原的水位,给人以舟楫、养殖、渔业之利,而且使山会平原最终形成了纵横交织的水网,极大地方便了水上交通和物流。"江道万里,通涉五州,朝贡商旅之所往来也。"它通过郡城东部的都赐堰(南宋后叫都赐门)进入鉴湖,既可使鉴湖和稽北丘陵的任何一个山麓冲积扇的港埠通航,也可沿鉴湖到达曹娥江边,实际沟通了钱塘江和曹娥江两条河流。后来,西兴运河又东连曹娥江,并越过曹娥江与上虞江、姚江、甬江等连通,直达宁波,西兴运河延伸为浙东运河。浙东运河是横贯浙北的一条重要主干水道,为整个浙东的交通、物流、军事提供了便利。到隋朝,在京杭大运河开凿以后,浙东运河又与钱塘江、长江、淮河、黄河、海河相连通,经浙东运河可直上京津诸地,并可通达全国各地。清乾隆五十五年(1790)前后制作的《九省运河泉源水利情形图》,第二部分绘制的是从绍兴府经杭州直至京城的大运河,足以见证浙东运河为中国(京杭)大运河的南起始端。这样,浙东运河沿岸的萧山、绍兴、上虞、余姚、奉化等地的酿酒业快速发展。

明末清初,绍兴酒正是凭借着浙东运河和京杭大运河这条大动脉,源源不断地销往京城,进入北方各地,在全国酒行业中产生很大影响。

清朝中期以后,绍兴酒在北方酒类市场上已独占鳌头。刘廷玑《在园杂志》卷四这样表述:"京师馈遗,必开南酒为贵重,如惠泉、芜湖、四美瓶头、绍兴、金华诸品,言方物也。"康熙皇帝第十四子胤禵的孙子爱新觉罗·永忠就特别钟情于绍兴酒,他每每利用京城支取禄米的机会到运河码头采购绍兴

---

① [明]袁宏道《初至绍兴》。

酒。爱新觉罗·永忠曾写过一首诗:"时回潞北辎车便,教致江南名酝尝。洗盏不辞连日醉,临书尚写数千行。"当时皇室亲族对绍兴酒的偏爱,可见一斑。

伴随着运河文明的持续升华,绍兴酒北上南下,奔东走西,以压倒性的优势迅速占领全国黄酒市场。"云集""王宝和""茅万盛""善元泰"等一些眼光独到的大酿坊开始在杭州、上海、北京、天津等地开设酒店、酒馆或酒庄,经营零售与批发业务,并专门供应杭州胡庆余堂和北京同仁堂药店的制药用酒。《清稗类钞·饮食类》记载:"越酿著称于通国,出绍兴,脍炙人口矣。故称之者不曰绍兴酒,而曰绍兴。"在京城,绍酒倾倒了无数饮客。方濬颐《梦园丛说》云:"京师酒肆中,亦以越酿为重,朋友轰饮,日在醉乡。"《燕京杂记》亦云:"高粱酒谓之干酒,绍兴酒谓之黄酒,高粱饮少辄醉,黄酒不然,故京师尚之,宴客必需。"即使远乡僻壤,也能闻嗅绍兴酒的醇香。清代学者檀萃所著《滇海虞衡志》卷四记载,云南各地皆以绍酒为上品,"滇南之有绍兴酒……是知绍兴已遍行天下","酒之自绍兴来者看,每坛十斤,值四、五、六金"。在四川西北部的藏族聚居区,有时候也能看到绍兴酒的踪迹。据李心衡《金川琐记》卷四记载:"若绍兴酒,其价较省垣数倍,且长途背运,半多酸坏。新疆寒苦,筵席中用之者绝少。"[1] 与此同时,绍兴酒常以"陈年老酒"或"远年陈绍"等来体现所酿之酒的品位。由此看来,康熙二十年《会稽县志》所记"越酒行天下,其品颇多,而名老酒者特行"绝非夸张之词。

---

① 这里的"新疆",是指清王朝新控制的大、小金川,而不是指今天的新疆维吾尔自治区。

第四节　绍兴黄酒文化的传承与创新

绍兴作为黄酒的发祥地,其酒文化的传承与创新涉及酒技、酒局(酒道)、酒器等方面的内容。在现代化语境下,其关键就在于:正确处理传承与创新之间的关系。传承并非故步自封地保存,而是包含创新的延续。要着眼于绍兴黄酒文化的发展脉络和传承机制,提高传承人的社会地位、传承水平和传承积极性,保护传统酒镇、酒村、酒肆、酒坊、酒窖等文化空间及其传承体系。对绍兴黄酒文化既要进行传统表达,又要涵养现代生机,尤其要借助文化创意和科技创新增强其传承的动力和活力。在此基础上,要以新思维、新科技、新材料、新方法来开发利用现成的酒文化资源,以现代精神文明改造传统酒礼酒德,以现代社会治理改变酒风酒俗,以更高标准创造新的酒文化。

一、绍兴酒酿制技艺的传承与创新

自从人工粮食酿造酒产生以来,绍兴酒酿制技艺(简称"酒技")不断演变,不断成熟,既是绍兴酒文化的杰作,也是中国酒文化的瑰宝。

(一)绍兴酒酒技文化的特点

绍兴酒酿制技艺融微生物学、微生物生理学、有机化学、生物化学等多门学科为一体,其独特的"三浆四水"(浸米的浆水 3/7、清水 4/7)配方,开放式、高浓度发酵,发酵产物中高含量的酒精,千年传承的小曲(酒药)保存方式,以及确保发酵正常进行的独特措施,等等,都是中国酿酒科技史的重要内容。为此,传承绍兴酒酿制技艺这一展示中华民族杰出创造力的精湛技艺,至关重要。

绍兴酒酿制技艺存在地域性、民众性以及脆弱性三大特征。[1]（1）地域性。

---

[1]　郑燕飞等:《关于绍兴黄酒企业酿制技艺传承、发展的调查和分析》,《企业导报》2014 年第 24 期。

目前,90%的原酒投资、70%的黄酒消费都集中在占全国人口 10.6% 的江浙沪地区。而且,绍兴酒只有在当地适宜的温湿度下才能酿制出纯正的口味。也就是说,受生产和消费的限制,绍兴酒酿制技艺的传承局限于江浙沪地区。(2)民众性。在绍兴,几乎家家户户都会酿制黄酒。"绍兴黄酒酿制技艺"和"绍兴花雕制作工艺"分别作为国家级、省级的非物质文化遗产,深深植根于当地民众的心灵深处,并与日常生活方式、价值观念和情感表达密切相关。但是,大部分民众对绍兴黄酒酿制技艺了解不深,关注度不够,酒技传承的民众基础薄弱。(3)脆弱性。近年来,绍兴黄酒产业的复合增速低于同期白酒和葡萄酒 10 ~ 15 个百分点,整体盈利水平也偏低。除了屈指可数的几家龙头企业外,绍兴黄酒酿制技艺缺乏强有力的实体支撑,加上各类葡萄酒、保健酒的迅速崛起,使绍兴黄酒酿制技艺在规模性和持久性上受到限制。调查表明,绍兴黄酒酿制技艺处于濒危状态。表现在:一是,西方文化带来的现代消费快节奏、多样化、随机性特点,以及酒品升级和迭代更新的刚需等,对相对稳定的黄酒消费市场造成严重威胁。由于受现代文明的影响,人们淡化了对手工酿造的热情,年轻人(特别是"90 后")容易被工业化与信息化所左右,逐渐疏远祖先留下来的这份宝贵遗产,进而使传统的绍兴黄酒酿制技艺面临着现代高新技术的挑战。[1] 二是,随着人们生活质量的提高和新颖消费观的涌现,越来越多的消费者已从单纯追求感官刺激向崇尚绿色健康、从借酒助兴向社交礼节和张扬个性转变,市场对低度新品黄酒需求与日俱增。绍兴黄酒饮后较强的"后劲"(俗称"易上头")和独特"曲香"也在一定程度上阻碍了市场拓展,形成较为明显的季节性消费特点。而传统绍兴黄酒较长的生产周期、复杂的技艺特点、初期较大的资本投入,使追求"利润最大化"的黄酒企业在扩大生产时会相对注重现代新的酿制技艺,或干脆直接采用现代新技艺,而忽略传统酿制技艺。三是,传统的绍兴黄酒酿制技艺后继乏人。绍兴黄酒酿制技艺是一种基于传统的经验和感觉的手工技艺,尤其是对开耙时间、间隔、温度、火候等的把握需要酿酒师傅多年的经验积累。开耙师傅(俗称"酒头脑")开耙的操作习惯不同,成品酒风格也截然不同。产品质量往往受酿酒师傅个人认知水平和实践积累的影响明显。作为绍兴酒酿制的核心技术,"开耙"需要长期艰苦的跟班操作和实践磨炼。绍兴黄酒酿制技艺的传承,并非一朝一夕的事,需要较长的时间周期。如果不及时补救,注重梯度培养,就会出

---

[1]　胡普信:《中国传统黄酒技艺的传承与发展》,《中国酒》2015 年第 4 期。

现青黄不接的尴尬局面,一旦出现"断层",其后果不堪设想。这表明,传承与创新绍兴黄酒酿制技艺已迫在眉睫。

(二)绍兴酒酒技文化的传承与创新

传统的绍兴黄酒酿制技艺是绍兴黄酒的"硬核"和灵魂。传承与创新绍兴黄酒酿制技艺必须多管齐下,形成合力。

1. 传承和传播

就绍兴黄酒酿制技艺的传承主体而言,应从政府、企业两个层面着眼。从政府角度看,省、市、县三级地方媒体要发挥地缘优势,大力宣传国家级非遗项目"绍兴黄酒酿制技艺",引导民众自觉强化保护非遗项目的意识,重建民众与绍兴黄酒酿制技艺之间的情感联系。深入挖掘和展现地方文化的独特性、丰富性和多样性,让每位绍兴人都为之而自豪,逐渐成为文化遗产的主动传承者。在旅游景区搭建展示绍兴黄酒酿制技艺的舞台,邀请传承人定点定时出场,开发参与性、体验性强的旅游项目。从企业角度看,要依托产业集中竞争优势,衍生黄酒产业链,提升绍兴黄酒品牌价值,拓展绍兴黄酒的网络营销途径。着力拓展消费群体,想方设法满足消费者需求,在口味上有所改进和创新,酿成口感鲜灵、柔和、甘润、醇厚的成品酒。[①]

就绍兴黄酒酿制技艺的传承方式而言,可从保护性传承和创新性传承两个方面入手。

(1)保护性传承。

一是借助传统酒俗进行传播。如前所述,在绍兴民间,千姿百态的酒俗渗透于人们的日常生活中,诸如婚嫁酒、生葬酒、时令酒、生计酒、生活酒等。最具特色、最为著名的是,源自南北朝的"女儿红""状元红"花雕酒习俗。可见,在绍兴,黄酒为当地人的日常消费品,其传播方式为人际传播、口碑传播和群体传播。

二是借助言传身教的知识传承与亲身实践传播。以"绍兴黄酒酿制技艺"为例,这举世无双的"绝技"主要是借助师傅带徒弟式的言传身教进行传承的。尽管目前已经有了现代化的机器设备,但是在酿制过程中,还需要有经验的酿酒师傅把关。最重要的是"开耙",手法技巧特别细腻,不仅有操作规范,还涉及手感温度、抓握黏度等,都需要酿酒师傅的准确把握。这说明,传统的"手把手"传授,依然具有强大的生命力,具有不可替代的传统价值。在这个过程中,心口相

---

① 郑燕飞等:《关于绍兴黄酒企业酿制技艺传承、发展的调查和分析》,《企业导报》2014年第24期。

传、体验学习是必不可少的。即使现代传媒将影像完整记录下来,内在的精髓也还得依靠以师带徒的方式传承。

三是借助传统媒介传播。包括各种与黄酒相关的书刊。这些报纸杂志具有便于阅读检索和便于携带投送等特点,是绍兴黄酒酿制技艺传承不可或缺的重要媒介载体。一些黄酒企业自办报刊,对于传播和提升黄酒酿制技艺也具有重要作用。

（2）创新性传承。

这里的"创新",是指绍兴黄酒酿制技艺传承和传播方式的创新,而不是"技艺"本身的创新。在绍兴黄酒酿制技艺的传承和传播中,可运用数字化的新媒体。比如,运用新的互联网技术获取与传播相关的历史资料和数据信息,运用影像技术、动漫艺术展示绍兴黄酒酿制技艺的技术细节和工艺过程等,给人以更加惟妙惟肖、身临其境的感觉。

一是数字化与影像化。数字化传播技术意味着传受双方可以清晰地传递各类精准信息,在内容平台上达到了某种融合共通。数字化记录可以做到将绍兴黄酒酿制技艺传承人的各种动作、形象、语言及姿态等都保留下来,还可以通过动漫化,形成更易于理解的知识点,让人们易学易记,获得直观印象。对于黄酒文化的各种仪式和相关酿制活动,也可以通过数字化、影像化的方式,加以记录保护,或者制作成纪录片,拍摄成电视剧、电影,引起大众的关注、了解、喜爱乃至吸引后继者的努力学习传承。比如,绍兴电视台拍摄的专题片《千年陈酒》,导演根据绍兴黄酒的酿制工艺流程,精心设置一条明晰的主线:原料糯米经过筛选、浸米、蒸饭、摊冷、主发酵、开耙、灌坛后发酵、榨酒、澄清、煎酒、灌坛陈酿,即为成品酒;又将绍兴黄酒文化作为一条副线,依次展开叙述进行酒祭的大禹、投"醪"于河的越王、兰亭"曲水流觞"的王羲之,有沈园的借酒浇愁,还有当地酒俗、绍剧风韵,以及关于黄酒的典故传说。主副两条线将黄酒酿制技艺与黄酒历史文化融合,效果极佳。

二是参与性与仪式化。在传承和传播绍兴黄酒酿制技艺过程中,应最大可能地让广大的受众和消费者成为参与者。第一,让受众和消费者参与体验,包括饮酒、自酿酒、学习体验酿酒技艺、学习体验花雕工艺等。第二,让更多受众接触某种具有神秘感的"细节",或者让他们在更大的展示空间得以亲自体验。比如,在中国黄酒博物馆中,展示绍兴花雕制作工艺过程,让游客近距离亲身感受到工人绘制雕刻的细节,看到灰坛、沥粉、油泥堆塑、彩绘装饰等工艺环节;增加具有吸纳游客体验参与功能的传统绍兴黄酒酿制技艺的生产作坊,让游客亲身感受到酒香扑鼻,领略到原汁原味的生产过程。第三,营造仪式化的传播空间,形成更为鲜活生动的传播场域,形成更高层次的文化认同感和价值感。比如,直播"开酿仪式",举行恭请酒神、诵读祭文、上香祭拜等活动,在强烈而直观的仪式感推动下实现产销之间的互通与融合。

三是产业化与"互联网+"。将黄酒酿制技艺的传承和传播作为一项产业活动,使其通过商业化运作产生经济效益和社会效益。比如,电视剧《女儿红》在央视播出,较好地带动了绍兴酒文化和"女儿红"等黄酒品牌在全国乃至全球的推广。又比如,通过众筹和互联网金融的方式,获得民间资本的青睐,从而获得资金,投入更多有益的可操作性项目当中。还有,浙江省、绍兴市两级政府将"绍兴黄酒小镇"列为第一批特色小镇,必将有利于促进以黄酒文化为引领的旅游、休闲、养生、健康、创意、设计等多方面的协同发展,给绍兴黄酒酿制技艺的传承和传播带来全方位的可持续发展模式。

2.改革和创新

应按照黄酒生产的实际工艺和制作要领,进行科学合理的研制、试验和生产。现在,一些所谓的营养黄酒,是在黄酒中加入了一些别的材料,如枸杞、莲子、龙眼、蜂蜜、人参、大枣、银杏、香菇、木耳、灵芝等。从确切意义上说,是一种以黄酒为酒基的配制酒,但就是这些产品吸引了许多消费者,这说明只有适应市场、迎合消费者需要,才是产品开发的根本目的。黄酒新产品应遵循"一个方向,两种途径"的指导原则进行"新产品开发"。所谓"一个方向",就是"低度、营养、保健"。为了减少醉酒的可能性和提高饮酒的趣味,口感上应趋向"淡、干、爽",适当降低酒精度。黄酒的营养价值已被人们所了解。要进一步进行临床研究和分析,为黄酒新品开发提供科学数据。黄酒的保健作用更是黄酒新产品开发中最为热门的话题。所谓"两种途径",是指黄酒的酿造技艺开发,要按照功能性营养黄酒的目标选择两条途径,即:中规中矩的纯发酵工艺路线;以原黄酒产品为酒基,配入其他功能性营养成分的配制酒工艺路线。

二、绍兴黄酒饮酒文化的传承与创新

黄酒的饮酒文化,集中体现在它的"酒道"之中。"酒道"即饮用和品鉴黄酒的门道,是贯穿整个饮酒过程的典雅之举,包括酒品的选择、酒器的选用、饮酒场景的挑选等。

1. 黄酒酒道的核心在于"品"

不同的人格修养催生不同的酒道形式和不同的饮酒过程。鉴赏、品尝、写诗、作画是中国历代酒道中的最高境界,而划拳赌酒则是市井汉子的豪饮之举。品酒既是对酒的品尝,也是通过"酒"这一特殊的媒介,发挥人的不同潜能的方式。有人品酒,神定气清,品出才思,力作遗世;有人品酒,以器为美,考古研今,怡然自得;也有人品酒,以酒解烦闷,以酒释愁情。喝黄酒的人都懂得,其色在丽,其香在幽,其味在沉,细酌慢饮地领会其无穷的滋味体现的正是一个"品"字。而"品"的门道有以下几类。

(1)酒杯。酒杯的造型要有艺术性,选用要讲究与酒搭配。从古代的原始陶杯、青铜杯具,到瓷质杯、金银酒杯;从天然的动物角杯、螺杯,到经过人为加工的犀角杯、玉石杯,都是饮酒文化的缩影。当然,饮酒选杯还应依据不同的酒种,选用不同的酒杯。比如,黄酒杯宜选用50g左右的圈足或高足的瓷质或玻璃酒杯,尤其是冬天更要选用易加温的圈足酒杯或酒盅。选择玻璃尽可能采用高透明度的无色玻璃,提高对美酒的鉴赏趣味。

(2)斟酒。目前,斟酒的器具有两种:一是直接用酒瓶倒;二是先装入酒壶(酒注)中,再向客人的杯中筛。如果用酒瓶倒黄酒,要先观察酒瓶中沉淀多少,切勿将沉淀倒入杯中,以影响酒色的透明度和光泽。用瓶子斟酒时,拿瓶的手要慢慢地转动,将标贴示人,再顺势及时提起瓶口。如果用壶斟酒,要轻拿缓倒,以保证没有沉淀带入酒中。提壶之手要轻柔连贯,细流入杯,切勿外溅。斟酒时注意把控酒杯中的量,一般斟至六七分即可。

(3)温酒。饮用黄酒时,可采用加温的办法来提高酒香,改善口感。在绍兴,有句话叫"跑过三江六码头,喝过爨筒热老酒"。从饮酒器发明以来,一直就有温酒器伴随。黄酒的最佳温热温度为30～45℃。当然,应根据不同的气温,采用不同的温度。

此外,黄酒的配餐也十分讲究。以绍兴酒为例,干型的元红酒,宜配蔬菜类、海蜇皮等冷盘;半干型的加饭酒,宜配肉类、大闸蟹;半甜型的善酿酒,宜配鸡鸭类;甜型的香雪酒,宜配甜菜类;等等。尤其是,黄酒和大闸蟹可谓"绝配",大闸蟹性寒,黄酒性温,喝几杯活血驱寒的黄酒,能减轻或祛除大闸蟹的腥味,增加其鲜美。

2. 绍兴黄酒的"酒道"之要义

酒道,是一种享用酒的文明之举,是饮酒人文化情感表达。绍兴黄酒是中国谷物酿造酒的典型。黄酒的饮用之道也以绍兴酒道为代表。而绍兴酒道,追求的是酒陈、品正、壶妙、盅美、饮缓、谈健。

(1)酒陈。即所饮之酒,最好要经过陈年贮存。晋代会稽人嵇含在《南方草木状》说,在会稽一带,从女儿出生到出嫁,所酿"女儿酒"经十几年,"其味绝佳"。宋代范成大在《食罢书字》中云"扪腹蛮茶快,扶头老酒中""老酒,数年酒,南人珍之"。清代医学家顾仲在《养小录·饮之属》中说"酒以陈为上,愈陈愈妙"。袁枚说:"绍兴酒,如清官廉吏,不掺一毫假作,而其味方真。又如名士耆英,长留人间,阅尽世故,而其质愈厚。"现代科学证明,陈酒确实优于新酒,其酒体更加柔顺、更具芳香。陈年绍兴酒往往色如琥珀、清亮剔透,口味醇和淡爽,香气馥郁芬芳。

(2)品正。即所饮之酒,是具有正宗牌号的绍兴酒。旧时,绍兴人喝酒都比较讲究"来路正"的黄酒。如果喝"竹叶青",认孝贞酿坊;喝加饭酒,认谦豫萃酿坊;喝元红、花雕酒,认高长兴酿坊;喝善酿酒,认沈永和酿坊。一些老到的绍兴酒客还要酒店店主拿出封在酒坛口的"坊单",看一看才放心。因为,在绍兴大坛老酒坛的外壁或"泥头"里都有酿坊独有的坊单。如高长兴酿坊的酒坛泥头内有"加官进爵"图文并茂的坊单,东浦孝贞酿坊的酒坛泥头内则有乾隆钦赐的"金爵"商标,老牌沈永和酿坊的酒坛泥头内有五彩醒目的"老寿星"人物画像,等等。湖塘叶万源酿坊,在光绪乙巳年(1905)采用中英文两种文字的坊单,并附有注册证,表明"酿制绍酒,不敢粗滥,自陨家声";又在坛壁上盖有"复生牌号",两旁添注"国府注册""瑞记督造"两行小字,以此销往国外。比如,现存"余孝贞颖清香又升景记"商标,其右上方写"丙戌年造状元红酒"中绘以一金爵图样,爵上有文字说明本坊历史,左下方写"李贞升余景记",图文配合,文字醒目。又如,马山谦豫萃老字号酿坊以"梅鹤"为记,图案以写实为主,周围配上五色花章,鲜明大方,引人注目。时至今日,绍兴人仍然注重品牌。21世纪绍兴黄酒被列为我国第一批原产地域(地理标志)保护产品后,历史上的"坊单"便逐步被商标及地理标志产品保护所取代。按照规定,"绍兴酒"的地域范围就是浙江省人大发布的鉴湖水域范围,超出就不能冠以"绍兴酒"之名。事实上,唯有这些"正酒",才能品尝其色香味俱佳之妙趣,才能享受其丰富的营养。

(3)壶妙。凡盛绍兴酒,从最早的陶壶、铜壶、瓷壶,到后来的锡壶、爨筒,再到玻璃壶甚至不锈钢壶,都是需用酒壶的。因为用壶斟酒,可滴酒不洒。瓶装酒,通过壶的中介作用,可以去除酒脚沉淀。用壶斟酒,因其准确性,往往能聆听清脆悦耳的筛酒声,看着杯中涌动着渐渐注满的清亮液体时,饮酒的欲望在美妙的声音中,化作无上的享受,这便是声色并茂的快感与惬意。一把外观美妙、执着舒适、斟时流畅的酒壶,能令人充分享受到绝妙的文化韵味。

在古代绍兴,壶妙还有一种含义是"投壶"之娱。"投壶"是在宴饮时所行的礼仪,其实也是一种游戏,就是把箭向壶里投,投中多的为胜,负者照规定的杯数喝酒。进行投壶时,有礼乐伴奏,以助酒兴,气氛欢快热烈。自汉代以后,直到明代,投壶之礼一直在民间盛行。据文献记载,王阳明为了收纳青年才俊王畿为徒,特意安排弟子到王畿常去的酒店,跟他做"投壶"游戏,使王畿改变了对阳明心学固有的刻板教条的看法,甘拜王阳明为师,后来成为王阳明的得意门生。据钱德洪《刻文录叙说》记载,1524年中秋,在出征广西平思田之乱的前夜,王阳明宴请门人于伯府碧霞池上的天泉桥。这天晚上,赴宴之百余人无不兴高采烈。大家喝酒至半酣之时,歌声渐起,有人投壶,有人击鼓,有人泛舟,热闹非凡。清代以降,对"投壶"酒礼的记载越来越少。直到1926年8月,军阀孙传芳曾在南京举行过"投壶",原定由章太炎主持仪式。当时,章太炎任婚丧祭礼制会会长。后来,章太炎有事没有参加。此事,鲁迅先生在《关于太炎先生二三事》一文中专门提及,"……后来的参与投壶,接收馈赠,遂每为论者所不满,但这也不过白圭之玷,并非晚节不终"。

明代的投壶酒礼

(4)盏美。酒盏是酒道中体会饮中情感最为合适的器具。一个精致的酒盏,集中表现为巧、轻、薄、美。造型小巧玲珑,可随意手抓,感觉良好;略显透明,图文疏密有致;手感舒适,轻薄剔透。酒倒在盏内,从外面望去,隐约能见到液面位置。用大拇指和食指或中指轻轻提起,移近鼻子闻一闻,酒香扑鼻。而且,酒盅与酒壶的轻斟细筛,刚好是一对绝配。一个是提梁挈领,细流轻泻;一个是张口迎接,波光激滟。从中,饮酒者可以享受酒精的刺激,品味美酒的醇和,领略美器的文化。

(5)饮缓。绍兴人有"'咪'一口老酒"的说法,也就是说,绍兴老酒不能狂喝豪饮,而是要喝"坐酒",喝"慢酒"。绍兴民间有"老酒咪咪,真当福气""老酒嗒嗒,福气十足"等谚语。"咪咪"和"嗒嗒",就是轻啜慢咽,是一种潇洒脱俗的儒雅式的饮酒方法,其特点重在"赏"和"品"。端杯饮酒之前,先观赏其琥珀晶莹的酒色,细闻其浓重诱人的酒香,再缓缓地用嘴轻轻一嗒,搅动舌尖让酒慢慢顺喉咽下,真可谓既饱眼福,又饱口福。这样的饮酒方法讲究的是"微量"和"渐进",可以醉而不酗,韵味绵长,彰显出绍兴人优雅从容、神安若闲的气度。鲁迅小说《孔乙己》中的孔乙己虽然是穿着长衫在柜台处站着喝的,但一碟茴香豆足够他慢悠悠地喝上个把时辰。"做工的人……靠柜外站着,热热的喝了休息……这些顾客,多是短衣帮……只有穿长衫的,才踱进店面隔壁好房子里,要酒要菜,慢慢地坐喝。"[1]绍兴籍著名作家柯灵,在《酒》中描述喝酒的神情:"慢吞吞地端起酒碗,笃悠悠地抿上口,然后拈起一粒茴香豆,放在口里,从容去皮出肉,细嚼缓咽。花生剥壳,去衣,细磨细琢,手口并用,情趣盎然。""无论你是怎样的莽汉,一上酒店就会斯文起来,因为喝酒不能大口地牛饮,只有低斟浅酌才合适。"[2]一些地道的绍兴酒店,会配备耐嚼费时的鱼干、茴香豆、兰花豆、五香豆腐干、盐煮花生等下酒菜,绍兴人俗称"过酒坯"。明代文学家袁宏道在《觞政》"十四之饮储"中,曾这样介绍"过酒坯","下酒物色,谓之饮储。一清品,如鲜蛤、糟蚶、酒蟹之类。二异品,如熊白、西施乳之类。三腻品,如羔羊、子鹅炙之类。四果品,如松子、杏仁之类。五蔬品,如鲜笋、早韭之类。"[3]周作人在《小酒店里》文中也写道:"下酒的东西,顶普通的是鸡肫豆与茴香豆。鸡肫豆乃是用白豆盐煮漉干,软硬得中,自有风味……嚼着有点软带硬。"[4]正是这些韧实、耐嚼的"过酒坯",让顾客在时光里细品慢饮。其实,"'咪'一口老酒"的"咪",是吮、呡、品等一系列慢动作的

---

① 鲁迅:《呐喊·孔乙己》,《鲁迅全集》第一卷,人民文学出版社,1981年版,第434页。

② 柯灵:《名家论喝》,华夏出版社,1993年版,第98页。

③ [明]袁宏道:《觞政·十四之饮储》,引自王赛时、王冰莹《酒经·酒艺·酒药方》,西北大学出版社,1997年版,第151页。

④ 周作人:《鲁迅的故家》,人民文学出版社,1957年版,第131页。

合成,咪一咪,酒在口中越来越有味道,双目微闭、脑仁愉悦的瞬间,物产、饮食、生活也就在这"咪"中被连成一线了,心旷神怡,情趣盎然。饮缓不仅是一种饮酒方式,更是一种生活品位。有人说,我们的先人在造字时已经告诫人们:醇、酗、醉。"上等饮酒以醇为美,醇者享也;中等饮酒以酗致伤,酗者凶也;下等饮酒以醉为害,醉者卒也。"这话看似诙谐,实则颇有道理。

(6)谈健。以谈佐酒,有助于活跃氛围、增进交流。一个阅历深厚,谈话稳健,借酒发挥的人,在酒席上极易被人尊重,并极具向心力。在绍兴历史上,从夫差醉酒释勾践,到王羲之因酒成书圣,到秦观苏轼游剡溪,见醉汉、观舺公,出联"醉汉骑驴步步颠颠算酒账,舺公摇橹深深作揖讨船钱",名人掌故、名酒逸事、民间趣事,等等,都可以作为饮中谈资。正如柯灵所说,"你看他们慢慢谈着,谈话越多,酒兴越好"。当然,谈天说地、论古道今,只是助酒兴、增闲情、添乐趣,而绝不能大声喧哗,影响邻座或他人。

三、绍兴黄酒酒器文化的传承与创新

"好酒若有美器配,常人也能品千杯",美酒与美器,相得益彰,更能增加饮酒之乐。如前所述,绍兴黄酒"酒道"的要义之一是"器美",容酒器、饮酒器都要精美漂亮。但是,除了酒器之"美",还有酒器的标准化问题。其实,"标配"也是一种美,即包装容器、饮酒器具的标准化之美。

(一)包装容器标准化

1.花雕酒坛

花雕酒坛技艺集文学、历史、书法、美术、民俗等于一体,雕、塑、绘、刻于一身。花雕师傅既要有高超的绘画水准,又要有精湛的雕塑技艺。千百年来,经过许多花雕大师的辛勤劳动,绍兴花雕技艺已成为中国黄酒对外的展示窗口,成了出口创汇主要助力之一。改革开放以来,涌现出一批如徐复沛、王文俊、王岳龙、吴金荣、茹水平等潜心花雕事业、不断探索创新的绍兴花雕制作工艺代表性传承人。花雕工艺复杂,每道工序都需要经过花雕师傅们精雕细刻,一只普通酒坛要蜕变成一件精美的花雕作品,需要历时一个多月,而这中间的任何一个环节都将直接影响到整件作品的成败。在这样的高要求下,绍兴花雕的年产量并不高,但其市场需求却逐年扩大。为此,以酒坛为创作载体的绍兴花雕制作工艺,从题材到内容,从设计到制作,从雕塑到色彩,都需要通过精选骨干定向培训、"师傅带徒弟"等传统方式加以传承,从而使这份独特的绍兴黄酒民间技艺后继有人,并

不断发扬光大。

2. 其他包装容器

长期以来,红酒、啤酒都有标准化的设备,但黄酒没有,黄酒厂用的都是非标设备,没有规范、统一流程布置。作为黄酒大市,绍兴也一样。酿酒企业的包装容器形形色色,有玻璃瓶、陶瓶、瓷瓶、紫砂瓶,也有塑料瓶、瓷玻瓶、易拉罐等,给人以眼花缭乱的感受,难免会分散了消费者的注意力,甚至对黄酒品牌产生疑惑感,进而给黄酒消费的价值认知带来误区。虽然黄酒包装的个性化在一定程度上能显现其鲜明特色,但让人目不暇接的由各种新包装装饰的新产品,难以代表企业品牌的主导方向,更不能代表整个行业的主流产品。目前,消费者除了对瓷瓶包装有较高认知度(认为可能是高档酒)之外,对其他包装尚未达到较高的认知层面。宁绍地区的慈溪、上虞、柯桥是越窑青瓷的发祥地,龙泉窑也是宋代名窑之一。为此,绍兴黄酒界应当携手全国乃至全世界设计、生产、营销的人才联合攻关,在"中国酒"与"中国瓷"之间,找到一个"瓷酒联姻"的切入口,打造具有黄酒特色的标准包装品。

(二)饮酒器具标准化

饮酒器具既承载着一个酒种的独特品质,又体现着一个酒种的文化底蕴。目前,其他酒种都有专门的饮酒器具,也有统一规范的鉴评标准。唯独黄酒却至今没有。如果在餐饮店叫服务员拿一个黄酒杯,结果肯定会五花八门。从营销层面讲,饮酒器具标准化有助于推广黄酒品牌,营造黄酒饮用氛围。近些年,海派黄酒的崛起在一定程度上是酒与本土文化结合的胜利。有时候,消费者首先是冲着个性化的包装和品牌想象来喝酒的。为此,绍兴黄酒界理应有更大的作为。在新版黄酒国家标准的指导下,应结合黄酒独特个性,开发出具有浓厚陶瓷工艺特色的黄酒饮用器具。

第五章

绍兴黄酒产业的贡献度、标准化及其品牌生态

黄酒是绍兴经典而又鲜活的传统产业，也是绍兴古老而又响亮的文化名片。在谋划未来发展时，要高瞻远瞩、统筹谋划，把绍兴黄酒纳入现代产业体系，也要将其作为城乡文化谱系的组成部分来重塑。更为重要的是，要有针对性地运用习近平总书记所强调的辩证思维、系统思维、战略思维和精准思维等，『跳出绍兴看绍兴』『跳出黄酒看黄酒』，『以绍兴黄酒『品牌生命力』多维评估为决策基点，以绍兴黄酒产业标准化及其品牌生态为逻辑起点，大力实施『标准化＋』战略，以标准化建设促品牌建设。

第一节　绍兴黄酒产业的贡献度和融合态势

在漫长的封建和半封建社会,地处江南的绍兴在整体上难以摆脱封建思想的统领和束缚。但是,一批思想活跃的知识分子在对"义利"关系的思辨上,始终有着新的认识和探索。尤其是进入 20 世纪,"民族资本主义经济在绍兴开始了较全面的发展,形成了一个粗具规模的、比较完整的经济形态"①。改革开放 40 多年以来,绍兴始终走在改革开放前列,成为中国经济发展最快的城市之一。在这个被国内外诸多学者称为"无中生有的奇迹"的过程中,包括黄酒在内的历史经典产业的助推力量,也是功不可没。

一、从两个维度看黄酒产业的贡献度

绍兴不仅是我国黄酒的重要发源地,而且在许多历史时期,绍兴的酿酒业在全省、全国范围内都居于领先地位。自秦汉以来,绍兴黄酒具有较高的知名度,有些酒品还代表了当时全国酿酒界的最高水平,成为人们翘首渴望的名品佳饮,在历史上曾经起过巨大而深远的影响。

(一)从纵向维度回望历史上的绍兴黄酒产业

绍兴黄酒独特的酿制技艺是古越先民在历史长河中丰富经验和智慧的结晶。早在春秋战国时期,越地先人已开始酿制较大规模的"醪"(黄酒的雏形)。但是,由于在很长的历史时期,作为酿酒原料的粮食很稀缺、很珍贵,黄酒只被达官贵人等少数人享用或被用作祭品。

在历史上,以粮酿酒,因酒取税,酿酒产业关乎国计民生。同样,黄酒产业

---

① 金普森、陈剩勇主编,汪林茂著:《浙江通史·清代卷(下)》,浙江人民出版社,2006 年版,第 6 页。

在绍兴经济社会发展中具有极其重要的地位和价值。东汉末年,由于建成了鉴湖等大型水利工程,绍兴的煮盐业、制瓷业、酿酒业等手工业发展较快。隋唐时期,绍兴的丝织、瓷器、造纸、酿酒等也迅速发展。自宋明到清末民初,绍兴进入封建经济的繁荣时期,成为当时中国的富庶地区之一,粮食产量大幅度提高,经济作物种植面积有所扩大,农村成为江南比较富庶的"鱼米之乡"。一般来说,凡是酿酒业兴盛的地方,都是地方经济相对比较发达、百姓相对比较富裕的区域,反之亦然。这个时期,绍兴酿酒业在原来的基础上快速发展。黄酒产业是推动区域经济的支撑产业之一。以宋元明清以来的绍兴黄酒产业为例,它对当地经济社会发展的助推作用,主要表现在"三增一创"。

1. 增加就业

作为劳动密集型产业的酿酒业,是维持老百姓生计的一项重要手艺,为当地解决了相当数量的劳动就业问题。绍兴酿酒坊生产时间在半年以上。一部分城镇酒坊及集中产区酒坊,即使在淡季也不会完全停产。在清代,一部分绍兴酿酒坊已从农业、商业中分离出来,形成独立的手工业作坊。这些酒坊中的造酒工人,有一部分也成为专门的手工业人员。[1]据文献记载,清咸丰时,绍兴黄酒业中规模较大的名酿坊,如阮社章东明酒坊在酿酒旺季雇用工人多达100余人,这还不包括负责生产业务的"把作"、掌握发酵的"开耙"师傅,以及财会、业务、总务等临聘人员。民国二十三年(1934),阮社酿酒作坊竟有435家。上海22家"绍酒业大同行"成员,有14家是从阮社出去的。据史志载,在抗日战争初期,绍兴酒的年产量为7万千升(抗战结束后只剩下2.5万千升,仅为35%),城乡以酒业为生者达10万人,政府年收酒税达百万元。不仅如此,在绍兴酒的行销过程中,逐渐产生了一批专业人员,首先在章东明酿坊中产生,叫"水客"(当时以水运为主,故名)。对这些"水客",酿酒作坊主赋予其一定的职权:与其签订合同,价格有一定浮动,到期收取欠款,也可赊销,但不准推销别家产品,每月工资较高,达40～50银元,还按销售额提取2%～3%的佣金。[2]

2. 增加收入

绍兴黄酒以糯米、小麦等纯粮为主酿造而成,黄酒产业的兴衰,直接关系到是否有效地促进当地的农业生产发展和增加老百姓的收入。据《建炎以来朝野

---

① 徐建青:《清代前期的酿酒业》,《清史研究》1994年第8期。

② 钱茂竹:《越酒文化》,浙江人民出版社,2013年版,第194页。

杂录》记载,"旧两浙(酿酒)坊场一千三百三十四,岁收净利钱八十四万缗",说明南宋时期绍兴由于拥有较强的酿酒综合能力,酿酒坊场也获利颇丰。明清时期,在浙江,绍兴是最重要的酿酒基地,而且实力最强,维持时间也最久远。据史料记载,明代中叶始,由于"一斗糯米酿得的黄酒,可买三斗糯米",酿酒高昂的利润,使从业者前仆后继。绍兴当地水稻种植的耕地的 2/5 是种植用来酿酒的糯米。难怪徐渭著文疾呼:"盖自酿之利一昂,而秫者几十之四,粳者仅十之六,酿日高而炊日阻,农者且病而莫之制也!"[1] 民国十八年(1929),程叔度的《烟酒税史》(上海大东书局编印出版)载:"浙东西九区七十县,以五区(绍兴)所产(酒)为最多,出运占五分之四,行销遍各省,间有出洋者。"

3. 增加税源

明清时期,绍兴黄酒的酿造能力持续平稳提升。相应地,酿酒税自然也成为政府最重要的税源。康乾时期,绍兴府每年征缴的酒税超过茶叶和盐业税。甲午战争后,清政府因筹战争赔款及督练新兵,急需新开财源,将"重税烟酒税"纳入 1896 年提出的"筹款十策"中。浙江巡抚任道镕率先开征酒的印花税,"查明酿酒缸数,再以缸计坛,给以印花执照。每年酿至五十缸者缴纳照费洋十元,于售销时分别本庄路庄两项粘贴印花。本庄每百斤缴捐洋二角,路庄运往外路加缴二角,免其完厘"[2]。清末民初,绍兴酿酒业进入鼎盛时期,酒税在晚清政府的财政收入中的比重也达到了高峰。1903 年,清政府当年的关税厘金总收入为 5340 万两,酒税约占 1/10。[3] 第二年,全国烟酒税收入为 914.04 万元,差不多占当年税收总额的 1/3[4],其中酒税占一半以上。民国初年,酒税增加,除原有印花捐、附加捐外,新增公卖费、缸照牌照费等,酿户负担日重,成本增高。据《绍兴酒酿造法之调查及卫生化学之研究》[系国民政府中央研究院化学研究所民国十八年(1929)1 月至 3 月之工作报告]称,绍兴酒主产在山阴、会稽两县,"尤东浦、阮社为最多",民国二年(1913)酒捐捐额为:绍兴县(山阴、会稽两县),缸照捐纹印花捐总数为 13.4 万元;萧山为 3462 元,诸暨为 2963 元,余姚为 10134 元,

---

① 徐文长:《三集·物产论》,转引自谢云飞、谢寰:《"大运河"与绍兴黄酒》,《绍兴文理学院报》2018 年 10 月 25 日。

② 肖俊生:《晚清酒税政策的演变论析》,《社会科学辑刊》2008 年第 3 期,第 150 页。

③ 周志初:《晚清财政经济研究》,齐鲁书社,2002 年版,第 187 页。

④ 沈云龙:民国二年(1913)财政会议各项议案,《近代中国史料丛刊》第 3 编第 20 辑,文海出版社,1974 年版,第 55 页。

上虞为 3095 元,新昌为 2902 元,嵊县为 8360 元[①]。显然,酒税作为晚清政府的重要税收,在相当程度上解决了当时的军饷筹措问题。20 世纪二三十年代,绍兴酒业的发展也为南京国民政府提供了重要税源。根据财政部《国产烟酒类税暂行条例》规定,1933 —1940 年绍酒类定额税每百市斤从 2 元提高到 5.4 元,仿绍酒类定额税从 1.4 元提高到 4.2 元,当年仅提价带来的黄酒税收就十分可观。当时,绍兴酒的税收与其他省市相比都要重,绍兴酒的税率在 60% 到 80% 之间。1935 年绍兴酒产量仅相当于 1931 年的 53.6%,但酒税却是 1931 年的 1.98 倍。

1931—1935 年绍兴酒产量和酒税及酒税率

项目	1931	1932	1933	1934	1935
绍兴酒产量 / 万斤	9426.2	8200.9	7402.81	6148.6	5037.9
酒税额 / 万元	40.6	39.1	40.9	51.65	42.95
绍酒税率 /%	61.07	64.23	65.21	78.15	80.14

资料来源:抱寰:《绍兴酿酒业》,《商业月报》1936 年第 16 卷第 11 期,第 12 — 14 页;转引自郭旭:《国民政府时期酒税制度研究(1927—1949)》,《贵州社会科学》2019 第 9 期,第 70 页。

抗战全面爆发后,财政压力骤增,国民政府又加征酒税。1948 年的绍酒税率竟高达 100%,政府年收酒税超过百万元,比战前增加 50% 以上。

4. 创收外汇

明代中后期,随着资本主义工商业的萌芽与壮大,以及河(海)运输业的逐步繁荣,绍兴黄酒得以使用内(运)河和外海的航运,然后换小船或车马运输到城乡各地,一些酒坊酿造的黄酒开始外销到海外。其一般外销渠道是,经浙东运河转运至宁波市舶司再出口。康熙二十三年(1684)解除海禁,雍正七年(1729)大开海禁,西、南洋诸国都来绍开展黄酒贸易,到鸦片战争时(1842 年前后),绍兴酒外销逐步增加。先是一些酒商将绍兴酒运往新加坡等华人多的地区。最早的当推山阴阮社的章东明酒坊。清道光二十二年(1842)五口通商后,该酒坊每年酿酒六七千缸(合 2000 千升左右),主要销往新加坡等地。云集周信记酒坊也

---

① 钱茂竹、杨国军:《绍兴黄酒丛谈》,宁波出版社,2012 年版,第 69 页。

重点销往东南亚各地。不久,田润德酒坊以 30 斤装加饭酒销往俄罗斯。由于在 1910 年的南洋劝业会和 1915 年的旧金山巴拿马太平洋万国博览会上多次获得金奖,绍兴酒饮誉海外,运往欧美的黄酒销量猛增。民国十八年(1929)据《烟酒税史》载:"浙东西九区七十县,以五区(绍兴)所产(酒)为最多,出运占五分之四,行销遍各省,间有出洋者。"十八年(1929)至二十二年(1933),为绍酒产销最旺期,其中由英国商人办理出口,运向南洋各岛的绍兴酒年达 600 吨以上,数量占绍酒年产的 20%。"输往日本者年约 1 万坛(合 250 千升)","欧美以法国最多,美较少,英次之;南洋以新加坡为多,苏门答腊(属印度尼西亚)次之,庇能(槟城的旧称,属马来西亚)又次之。"[1] 当时,山阴叶万源酒坊所产黄酒,以其质特优,专销往日本和南洋群岛各国。清崇祯年间,沈永和酒坊酿制的黄酒已经远销至马来西亚、新加坡、苏门答腊、爪哇等地。清末民初,云集周信记酒坊所产绍兴酒,运销新加坡、菲律宾等地。[2] 民国四年(1915),绍兴云集周信记和谦豫萃、方柏鹿酒,在美国旧金山巴拿马太平洋万国博览会上,分别获金牌和银牌奖章,产品远销英国伦敦、美国纽约、日本东京等大都市和新加坡等地。后因战乱,产量下降,外销减少,仅有绍兴湖塘章万润酒坊经乍浦海运外销绍兴酒。日军侵华期间,绍兴酒新酿甚少,外销无几。[3]

(二)从现实维度审视当下的绍兴黄酒产业

1985 年,哈佛商学院迈克尔·波特教授在其所著的《竞争优势》一书中提出:产业价值链是企业内部和企业之间为满足用户特定需求或进行特定产品生产及提供服务所经历的原材料采购、生产、销售、服务等一系列价值增值活动。

基于迈克尔·波特教授的价值链理论,绍兴黄酒产业价值链的主体包括生产型企业和服务型企业两大类。生产型企业包括上游产业的糯米、粳米、小麦、玉米等农作物种植生产,以及中游产业的不同类型黄酒的酿造加工;服务型企业主要是指黄酒行业的下游即各种消费渠道、零售渠道以及衍生文化旅游等产业。在黄酒行业中,所有相互关联的生产经营活动,构成了黄酒企业创造价值的动态过程即价值链;其中的每一项价值活动都会对黄酒企业最终能够实现多大的价值造成影响。黄酒企业与企业之间的竞争,不只是某个环节的竞争,而是整个黄

---

① 《绍兴县志》(第二册),中华书局,1999 年,第 1010 页。

② 任桂全总纂:《绍兴市志(第二册)》,浙江人民出版社,1996 年版,第 693 页。

③ 郑健壮:《从产业集群、开发区到特色小镇:演化与选择》,《浙江树人大学学报》(人文社会科学)2019 年第 1 期。

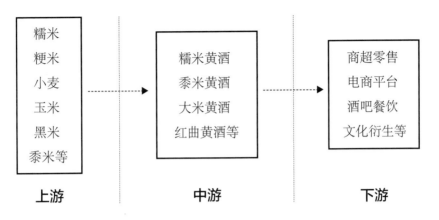

绍兴黄酒行业的产业价值链模型分析

资料来源:北京华经纵横科技:《2020年绍兴黄酒行业市场调研及中期发展预测报告》。

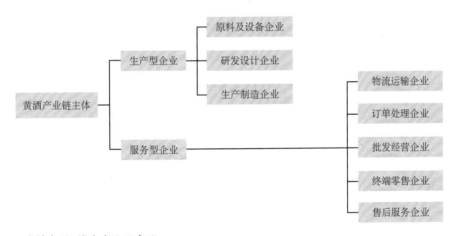

资料来源:简速产业研究院。

黄酒产业链示意图

酒产业价值链的竞争,整个黄酒产业价值链的综合竞争力决定了黄酒产业的竞争力。

1.绍兴黄酒产业的产销规模

从绍兴黄酒上游的产业情况看,一方面,绍兴黄酒企业已普遍建立糯米、小麦等重点原材料基地供应机制,保障原料供应;另一方面,省、市各级政府高度重视鉴湖等酿酒水源的生态环境与水质管理,保障核心原材料能够满足浙江省黄酒行业健康、高速发展的需求。在此,不再做赘述。

作为国内黄酒最大的生产和出口基地,目前,绍兴有黄酒生产企业77家,可以使用"绍兴黄酒"地理标志的黄酒企业 14 家。从绍兴黄酒中游的产业情况看,绍兴黄酒主要消费以日常饮用酒为主,占比超过 80%,厨用酒占 15%,其他用途占 4.4%。2015—2019 年期间,绍兴黄酒的生产和销售规模呈波动变化,总体生产规模为 55 万 ~ 65 万千升,销售规模在 54 亿 ~ 60 亿元的区间内。

从绍兴黄酒下游的产业情况看,由于将时尚化、高档化的概念融入产品当中,改变了传统黄酒产品的保守、古板印象,吸引了一批跟随潮流、消费潜力较大的年轻消费群体。

黄酒的消费群体也逐步由原本的低收入阶层向高收入阶层拓展。在上海、北京、广东等经济发达省市,以及成都、长沙等消费型城市,中高档黄酒的消费量迅速上升。黄酒产品与生俱来的健康属性,以及黄酒产品升级趋势表明,黄酒行业未来发展空间依然巨大。

2. 绍兴黄酒产业的产品结构

目前,绍兴黄酒主要以中高档酒、普通酒进行细分。2015—2019 年,中高档酒总产量在全省黄酒产品中所占比重日趋上升,2019 年,中高档酒产量占比约 44%。全省中高档黄酒产品销售额在全部黄酒销售收入中所占比例日趋提升,2019 年达到 35.15 亿元,占比超过 62%。

3. 绍兴黄酒产业的出口状况

1992 年邓小平南方谈话后,我国的经济体制由计划经济转为市场经济,由此,黄酒出口配额和许可证管理得以取消,特许经营模式的黄酒外贸管理体制宣布结束,黄酒产业实现了真正意义上的市场化,推动了黄酒出口企业的调整和优化。有权威机构预测,目前,黄酒的海外市场需求空间在 50 万千升左右[1]。据海关统计,2015—2019 年我国黄酒出口市场基本稳定在 1.4 万 ~ 2 万千升之间;2019 年绍兴黄酒出口 1.12 万千升。产品以普通酒为主,厨用黄酒出口规模日趋扩大。出口国家和地区主要集中在东亚、东南亚地区,其中日本为第一大出口地。近年来,欧盟市场、北美市场的黄酒消费规模有所提高。出口黄酒的均价在 1.59 ~ 1.64 美元 / 升。

长期以来,黄酒是酒类产品中消费税负最轻的品系。中国对黄酒的出口政策是:出口 0 关税,执行 13% 的出口增值税和 13% 的出口退税。与大陆黄酒竞争的对手主要来自日本、韩国和中国台湾的"仿绍酒"。为此,大陆实施了地理

---

① 王培璇:《中国黄酒出口竞争力研究》,江南大学博士学位论文,2014 年。

标志产品保护制度,使"仿绍酒"的市场份额下降到25%,挽回了大陆本土黄酒在国际市场上的占有率。

4. 绍兴黄酒行业的投资状况

近年来,绍兴黄酒新增产能投资动力不足,投资内容主要包括"古越龙山"黄酒产业园项目(一期)工程、绍兴黄酒小镇建设与发展投资等,投资内容侧重产能整合、黄酒文旅衍生产业等。2015—2019年,绍兴黄酒行业投资以规模以上重点企业投资为主导,新增黄酒投资项目较少,新增产能包括中高端饮用酒、厨用酒等多种产品结构,行业投资主要受到市场消费需求、产业政策的引导与限制。2017年,会稽山的"黄酒绿色酿造关键技术与智能化装备的创制及应用"项目获得国家技术发明奖二等奖,这是有史以来黄酒获得的国家级最高奖项之一,为绍兴黄酒的持续健康发展提供了强有力支持。

5. 绍兴黄酒产业对经济发展的贡献度

从绍兴黄酒的投资、消费、出口情况看,总体上,随着我国城乡居民收入和生活水平不断提高,以及健康饮食消费的持续快速增长,绍兴市委、市政府对于黄酒产业发展高度重视,加上全省黄酒行业研发力度持续加大,绍兴黄酒行业对国民经济的贡献率不断提高,在绍兴市黄酒行业规上工业总产值占全市国内生产总值和工业增加值的比重中,可略见一斑(如下表所示)。当然,绍兴黄酒行业除了对工业本身的贡献之外,还对商超零售、电商平台、酒吧餐饮、文化衍生等行业具有强劲的助推力。在绍兴,黄酒产业对经济发展的贡献程度要大于全省。如果再从绍兴黄酒与国内生产总值增长率波动的相关性看,绍兴黄酒行业具有相对较小的稳定性风险,行业发展相对较为稳定。

2013—2018年绍兴市黄酒行业
工业总产值占全市生产总值、工业增加值的比重

单位:亿元

年份	全市国内生产总值	全市工业增加值	全市黄酒工业产值	绍兴市黄酒工业产值比重	
				占全市国内生产值百分比	占全市工业增加值百分比
2013年	3976	1882	49.67	1.249%	2.639%
2014年	4266	1925	54.15	1.269%	2.813%

年份	全市国内生产总值	全市工业增加值	全市黄酒工业产值	绍兴市黄酒工业产值比重	
				占全市国内生产值百分比	占全市工业增加值百分比
2015 年	4466	1958	48.41	1.084%	2.472%
2016 年	4710	2016	48.17	1.023%	2.383%
2017 年	5108	2157	44.25	0.867%	2.389%
2018 年	5417	2234	46.95	0.869%	2.102%

资料来源:根据《绍兴市经济统计年鉴》(2013—2018)整理。

二、绍兴黄酒产业的文商旅融合互动

如前所述,黄酒不仅是一种香味浓郁的食物饮料,也是一种内涵丰富的文化用品;饮酒不仅是一种酣畅淋漓的饮食行为,也是一种颇有情致的文化活动。绍兴黄酒拥有雄厚的产业实力和浓重的文化积淀,具有很高的文化和经济价值。而且,黄酒产业与商贸旅游产业之间有很强的关联性。一方面,黄酒产业与商贸旅游业融合发展,催生新的业态,在拓展商贸旅游业发展空间的同时,能够对黄酒产业的高质量发展和更新升级起到促进作用,提高区域经济实力;另一方面,以"酒"为媒,赋予"商贸旅游+"新的内涵,用酒文化为商贸旅游铸魂,为商贸旅游注入内生动力。因此,在产业融合的大背景下,谋求绍兴黄酒产业高质量发展,就必须在推动其文商旅融合互动上下功夫。通过创新发展思路,整合黄酒文化于丰富多彩的绍兴传统文化体系之中,结合现代"文、商、旅"融合互动方式,以产业跨界融合的路径,取长补短,优势互补,打造历史与现代、传统与时尚相融共生的"文化板块",以重塑绍兴黄酒在绍兴文化创意产业版图上独特而重要的地位和分量。

(一)绍兴黄酒文商旅融合互动的路径选择

黄酒文化与商贸、旅游三者之间融合互动有渗透型、重组型、延伸型等三种路径(如下图所示)。[1]

---

[1] 李琼:《产业融合视角下绍兴黄酒文化旅游开发研究》,浙江师范大学硕士学位论文,2015 年。

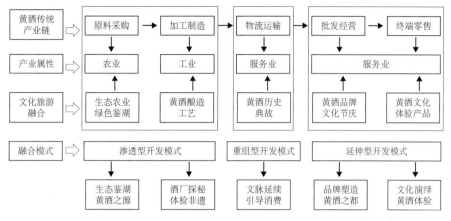

黄酒产业与文化商贸旅游融合互动的路径选择

资料来源：李琼:《产业融合视角下绍兴黄酒文化旅游开发研究》，浙江师范大学硕士学位论文，2015年。

1.渗透型的融合互动

在黄酒产业的原料采购、加工制造环节，将文化旅游渗透到当地酒厂。

（1）寻访水源，展现生态黄酒之源。

"好水酿好酒""名酒必有佳泉"。水是酒的主要成分之一，水质的好坏直接影响着酒的质量。绍兴黄酒能成为酒中珍品，其首要条件是原料优质，即生态稻谷和鉴湖水。稻谷的质量越好，其营养价值也就越高。鉴湖水作为生产黄酒的专用水源，其水的硬度适中，水质清洌，含有适量矿物质和微量元素。在冬天，鉴湖水是最为清澈、最厚重的，用此时的鉴湖水酿酒最佳。为此，拟将黄酒原料的提供地鉴湖和生态稻田作为开发对象，深入挖掘鉴湖水与绍兴黄酒文化、生态农业与绍兴黄酒文化的关系，开发以"寻鉴湖水系、赏飘香稻田、探黄酒之源"为主题的旅游产品，让游客观赏鉴湖和稻田之后，深切感受到绍兴黄酒之"珍奇"来自优质的湖水和生态稻谷，使其拥有独特而唯美的色光、香气、醇味和风格。

（2）体验非遗，再现传统酿酒工艺。

黄酒酿造是综合性的发酵工程科学。绍兴的先人们在长期的酿造实践中，把无数的经验转化为技能和技巧并沿袭至今，形成了一整套娴熟而完善的酿酒工艺。如前所述，绍兴黄酒的传统酿制技艺源于春秋，成于北宋，兴于明清，是越地先民经过千年的传承和发展所得的绝技。2006年5月，绍兴黄酒酿制技艺被列入第一批国家级非物质文化遗产，真正实现保护和传承。拟选取完整的黄酒酿造基地(如黄酒小镇)，建设非遗体验园区，将黄酒酿制技艺步骤分解，以高科技情景向游客展示,通过旅游者参与黄酒酿制、旅游者与黄酒文化互动、旅游者自己制作黄酒等方式让游人参与其中,让旅游者对绍兴黄酒酿制技艺具有全新体验。

2. 重组型的融合互动

在黄酒产业物流运输宣传环节,从文化延续的视角进行重组开发,引导黄酒文化性消费。

(1)文脉延续,引导黄酒文化消费。

绍兴黄酒具有深厚的历史文化价值和健康养生功能,它可以通过重构黄酒文化、延续历史文脉等方式引导消费者对黄酒的文化体验,以便重新激活、释放黄酒的消费势能。一是广泛传播黄酒历史典故。历史典故具有可传播性,借助口碑效应,发挥黄酒历史文化魅力,将休闲养生的理念融入其中,传递黄酒文化价值。二是创新黄酒体验形式。通过酒道表演推广饮酒、温酒用具,凸显黄酒独特的价值观,将黄酒的养生保健功能与康疗产品相结合。针对不同年龄的消费群体,推出不同层次的体验产品,如针对中老年人的产品应体现黄酒历史传承,针对青年人的产品应体现"酒虽老,却时尚"的感觉,正确引导黄酒健康消费。

(2)以动带静,活化中国黄酒博物馆。

中国黄酒博物馆集文化、历史、旅游购物于一体,是绍兴作为"中国黄酒之都"的象征。馆内的浮雕、酒坛、石刻无不展示着绍兴黄酒特有的文化魅力,这些设计各具特色,汇聚众多中国之最。但缺憾有三:一是展示形式传统不鲜活。仅仅是图片、模型、三维场景再现,而缺少著名历史事件的情景再现,难以让人们亲身感受,留下深刻的印象。二是主题单调,缺乏与黄酒相关的文化产业链展示。三是缺乏绍兴鉴湖水的山水风光的支持。为此,要引进高科技情景体验,生动形象地叙述黄酒故事。设置酒乡习俗展厅、黄酒历史故事展厅,让游客从酒典佳话中沉浸式地品味绍兴黄酒的魅力。比如,再现越王勾践壶酒兴邦、王羲之兰亭曲水流觞、孔乙己沽酒独饮等场景。增加黄酒博物馆的可赏性,将酿造过程中的设备、工具、辅料,盛酒的坛、瓶子、陶瓷进行展示,布置具有实物内容的特色展厅,更具直观性和生动性。

3. 延伸型的融合互动

扩展黄酒产业的经营零售环节,将其延伸到旅游产业,通过体验方式将黄酒文化融入商贸旅游活动中。

（1）文化演绎，打造时尚黄酒体验地。

在竞争激烈且产品同质性大增的环境中，消费者购买的意愿多取决于文化产品的附加值和潜在值，特别是其美学、文化内涵以及商品的联结性。因此，前卫新颖的创意文化越来越成为消费的核心产品，进而形成消费潮流。在保留历史记忆的前提下，将传统文化与黄酒文化进行融合，赋予其新活力、新激情、新时尚。利用黄酒废旧厂房，将其与黄酒文化相结合，重塑厂房新业态，巧造时尚黄酒体验地，使旅游产品向黄酒产业延伸，以此实现旅游带动黄酒产业。仍以绍兴黄酒为例。拟选择在黄酒特色小镇或黄酒产业园区内，以黄酒典故为背景，打造系列主题庭院；以"越菜"文化为切入点，打造健康品酒盛典；以电视剧《女儿红》的故事为蓝本，打造一部类似《宋城千古情》的大型舞台剧（现代"社戏"升级版），穿插越剧、绍剧或本土曲艺的相关元素。通过深度体验，将旅游产品经典的"吃住行游购娱"六大要求升级为"养文修展康研"六大体验要素（如下图所示），以"酒"为聚心点散发，将饮酒的传统特色保留并赋予其全新的时尚文化信息，将其与食、养、乐、聚的主题相融合，打造时尚黄酒体验聚集地，使游客的感知和体验由单纯的视觉向触觉、听觉、嗅觉、味觉等全方位延伸，最大可能地激发和吸引游客的兴趣。

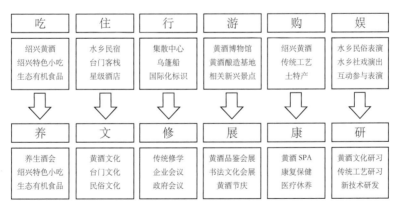

绍兴黄酒文化旅游六要素提升示意图

（2）品牌塑造，打造黄酒体验精品。

作为"中国黄酒之都"的绍兴，要充分利用"黄酒之都"这张金名片，打造一条有特色、精品化的黄酒文化体验游线，并依据文脉、地脉上的关联性，与黄酒文化相关的典型旅游点串联成"线"或"片"，在每个旅游点上展示黄酒文化的某个侧面,使绍兴黄酒成为旅游拳头产品,成为绍兴旅游的形象符号。第一站:鉴湖旅游区。作为黄酒之源,恢复古代手工酿制黄酒的场景,还原黄酒之原始风貌。第二站:中国黄酒博物馆。探寻黄酒文化的奥秘。第三站:黄酒体验区。寻找游客与黄酒的不解之缘。其特点:一是以从古到今的历史时序为主线将关于绍兴黄酒的景点串联,并将黄酒的起始、发展历史、黄酒典故、体验黄酒融入其中;二是以"寻源、探秘、品味"为主题,生动形象地展示绍兴黄酒文化魅力,探寻古老"国酒"的奥秘,为游客带来独特的精神食粮。从长远看,可通过成立区域性黄酒旅游联盟,更有效整合本地黄酒行业中黄酒旅游方面的优势资源,形成合力,提高绍兴黄酒品牌和文化的知名度和美誉度,创造新的经济增长点。

(二)绍兴黄酒文商旅融合互动的典范:绍兴黄酒小镇

在技术大变革、模式大翻新、消费大升级的背景下,要让绍兴黄酒满足时尚消费的新需求,并引领中国黄酒走向国际,就必须以绍兴黄酒的历史文化内涵为起点,讲好绍兴黄酒故事,凸显绍兴黄酒特色,增加绍兴黄酒优势。一个重要载体就是借鉴法国政府使葡萄酒"产区化"的做法,按照浙江省委提出的"小空间大集聚、小平台大产业、小载体大创新"总体要求,着力打造代表绍兴黄酒产业最高质量水平的集聚区[1],绍兴黄酒小镇便应时而生。

作为2015年绍兴首批省级特色小镇创建单位、第二批全国特色小镇的绍兴黄酒小镇,是以鉴湖水畔的"酒乡古镇"东浦镇和"黄酒重镇"湖塘街道为中心,以"黄酒"为核、以"文化"为魂、以"水乡、老街、古宅"为基,小而美、小而特的现代特色文化小镇。

绍兴黄酒小镇按照"一镇两区"的联创模式建设。其中,越城东浦片区依托丰富的古镇资源,重点发展黄酒文化产业;柯桥湖塘片区依托雄厚的产业基础,重点发展黄酒酿造产业。两大片区交通便捷,各具特色;文化底蕴浓厚,产业优势明显。届时,产业、文化、旅游三位一体,传统与时尚、产业与文化、古镇与山水,在这里得到融合互动,从一个侧面最大限度地展示"老绍兴,醉江南"的绍兴城市新形象。

1.越城东浦片区

"汲取门前鉴湖水,酿得绍酒万里香。"绍兴黄酒小镇(东浦片区)毗邻绍兴黄酒的独特水源——古鉴湖,是绍兴黄酒的发祥地。自古至今,该片区一直享誉

---

① 浙江省人民政府《关于加快浙江特色小镇规划建设的指导意见》(浙政发〔2015〕8号)。

海内外,手工制作酿酒更是这里的绝技。1915 年,巴拿马太平洋万国博览会获得金奖的,就是东浦镇云集周信记的"周清酒"。

根据规划,该片区以"大绍兴、大黄酒、大文化、大旅游"为战略目标,重点做好历史传承保护、黄酒民俗记忆和休闲文化旅游的文章。面积约 4.6 平方千米(含水面 1 平方千米),分为游客中心、越秀演艺广场、老镇区休闲街区、艺术村落、黄酒产业创意园区、民宿酒店酒吧街区、名人文化艺术中心、黄酒文化国际交流中心、健康养生产业园等 10 多个功能区。计划总投资 50 亿元,打造集产业创新、民俗体验、文化创意、休闲旅游于一体的黄酒文化小镇。

目前,绍兴黄酒小镇(东浦片区)的民俗街区、黄酒文化国际交流中心、黄酒产业创意园区、越秀演艺广场等 5 个项目已经启动。民俗街区是以东浦集镇老街为基础,对古镇建筑进行修缮整理,再现明清时期东浦"酒国"的繁华景象,力图打造成为集水乡古镇和绍兴黄酒文化于一体的体验街区。街区引入传统酒坊、工艺,并进行绍兴地方非物质文化遗产的展示和销售,增加游客的参与度和互动性。黄酒文化国际交流中心将成为集会议办公、文化交流、酒店住宿等多种功能于一体的高规格商业区块,承接国际性酒业盛会。黄酒产业创意园区,则涵盖黄酒产业研发中心、电商园、文创园和黄酒企业总部园区,并利用周边拥有千亩稻田的农耕生态村落,打造绍兴黄酒从源头到成品的酿造体验区。越秀演艺广场将借助大树江口的半岛及水面优势,呈现绍兴地方曲艺和戏剧文化的绚烂多彩,打造"坐乌篷、听社戏、品黄酒,过神仙般日子"的慢城生活。

2. 柯桥湖塘片区

在历史上,绍兴湖塘自古就有"十里湖塘,万里酒香"之说,是绍兴黄酒的主要产地之一。2006 年,该片区就建立了"中国绍兴黄酒产业基地"。目前,该片区先后集聚了会稽山、塔牌、鉴湖酒厂等绍兴黄酒企业 12 家,年产黄酒超过 23 万千升,占绍兴市黄酒产量的一半以上,年产值超过 20 多亿元。按照规划,该片区总体空间结构为"一湖两岸三大片区",以鉴湖景观为轴,北岸为十里湖塘休闲片和黄酒文化旅游片,南岸为黄酒小镇产业片,总投资将超过 60 亿元,总建设面积约 3.43 平方千米,其中核心区域建设面积约 1.2 平方千米。通过 3—5 年建设,预计湖塘片区的黄酒年产量将达 30 万千升,销售收入 40 亿元,占浙江省市场份额 30%。

绍兴黄酒小镇(湖塘片区)已初显成效。绍兴黄酒小镇客厅已开门迎客。整个"小镇客厅"由"黄酒史话""遇见绍兴""技艺传承""小镇规划""品饮体验"等功能区组成,在介绍绍兴酿酒史的同时,真实还原老绍兴黄酒酒家的原始风貌。并且,通过逼真塑像,运用互联网技术,通过八连屏,以影片形式展现浸米、蒸饭、摊饭、落缸、开耙、榨酒、煎酒、封坛这 8 道传统黄酒酿造工艺,以及机械化、智能化的黄酒生产流水线工艺流程。最具特色的是"品饮体验"区,由 500 个黄酒瓶组合而成的世界地图,取名为"黄酒天下",地图上标注了绍兴黄酒在海外畅销的 40 多个国家和地区。

目前,绍兴黄酒小镇(湖塘片区)正在着手对现有黄酒企业车间进行精品化改造,开辟专门的旅游参观通道,引进作坊式、体验式,集生产、消费、旅游于一体的新业态,将旅游新资源、工业新概念、产品新形势相融合。在不久的将来,该片区将建设成为融生产观光、展示体验、文化创意、休闲旅游于一体的特色小镇。同时,以此为节点,实施全域景区化战略,与柯岩风景区、东方金沙山水、兜率天宫等著名景点对接联动,打造以鉴湖为品牌的国家级旅游度假区。

第二节　绍兴黄酒质量技术的标准化

随着现代科学技术的突飞猛进和黄酒品质的日臻完善,黄酒理化、卫生、安全等指标有待完善,黄酒行业内的标准"乱象"还时有发生。进一步规范黄酒酿造,更好地传承黄酒传统酿造技艺,提高黄酒品质,促进黄酒产品优化升级,让更多的消费者认知黄酒品质及其文化内涵,满足人民对美好生活的需求,振兴黄酒产业,必须完善优化黄酒的系列行业标准。

一、黄酒质量技术标准化的历史沿革

黄酒质量标准是一把反映黄酒质量好坏及质量水平高低的标尺。为了加强对黄酒行业的管理,比较准确地衡量其生产业绩、统一规范黄酒产品质量以及降低原材料消耗,1966 年在绍兴起草制定了 QB525—1966《黄酒试验方法》部颁标准,同年 7 月颁布试行。主要包括两个方面:一是黄酒抽样方法和处理办法;二是试验分析方法。检测的理化指标有酒精度、总酸、总糖、总固形物、氨基酸态氮、氧化钙等 6 项。这是我国最早的一个黄酒试验方法标准,为当时规范统一检验方法,保证黄酒质量稳定起到一定的作用。但是,在当时全国还没有形成一个黄酒的统一标准。对于普通黄酒,行业中一般规定,酒精度在 15%vol 以上,总酸在 0.45%（以琥珀酸计）以下为合格品,允许出厂销售。此后,一直到 2019 年颁布 GB/T 13662—2018《黄酒》国家标准之前,在这半个多世纪,前后共颁布了《黄酒》1981 年版(部颁)、1992 年版(国颁)、2000 年版(国颁)、2008 年版(国颁)、2019 年版(国颁)及 2005 年版(行颁)《清爽型黄酒》等 7 版标准。与此同时,也相继出台了与黄酒相配套的 GB 2758《发酵酒卫生标准》、GB 12698《黄酒厂卫生规范》、GB 10344《预包装饮料酒标签通则》等。为充分保护民族特色产品,2000 年还制定了 GB 17946《绍兴黄酒》强制性国家标准。这些标准体系的颁布和实施,规范了黄酒生产经营活动,稳定了黄酒产品质量,保护了消费者的权益,提高了消费者对我国黄酒类型、品质及品牌的认知度。[1]

二、改革开放以来对《黄酒》国家标准的修订

随着改革开放的稳步深入和黄酒产业的迅速发展,原有的 QB 525—1966《黄酒试验方法》已不合时宜,特别是对于加饭酒、善酿酒、香雪酒、红曲酒和非稻米黄酒等品种,不能反映质量等级、糖分、氨基酸态氮和特有的个性风格。为此,根据各地黄酒生产和质量情况,1978 年 3 月,浙江省粮食厅制定出台了《浙江省粮食产品质量标准》,初步确立黄酒色、香、味和糖、酒、酸理化指标(如下表所示)。[2]

绍兴黄酒的质量标准(1978 年)

品名	感官指标			酒精度 / %vol	总酸 / (g*100mL)	糖分 / (g*100mL)
	色	香	味			
一般土黄酒	橙黄清澈不得翻花混浊	有黄酒特有醇香,无异臭	不得有酸败异味	14.5 ～ 17.0	0.45 或 0.5 以下	
绍兴元红酒	同上	同上	同上	15.0 ～ 16.5	0.45 以下	
绍兴加饭酒	同上	同上	同上	16.5 ～ 17.5	0.45 以下	
绍兴善酿酒	同上	同上	同上	15.0 以上	0.55 以下	6 以上
绍兴香雪酒	同上	同上	同上	18.0 ～ 22.0	0.4 以下	19 以上
仿绍酒	同上	同上	同上	15.0 ～ 16.5	0.45 以下	
宁式黄酒	同上	同上	同上	16.0 ～ 17.5	0.45 以下	
乌衣红曲酒	同上	同上	同上	15.0 ～ 16.5	0.5 以下	
红曲酒	同上	同上	同上	15.0 ～ 16.5	0.55 以下	

(一)与黄酒相关的国家标准

GB/T 13662《黄酒》作为黄酒国家标准是 1992 年制定的,经历了 2000 年、2008 年及 2018 年 3 次修订,新版黄酒国家标准于 2018 年 9 月 17 日发布,2019

---

① 奕水明、汪建国:《对我国黄酒质量技术标准的回顾与思考》,《中国酿造》2011 年第 2 期。
② 同上。

年4月1日实施。这样,在2018年版的国家标准实施之前,与黄酒相关的国家标准有4个。

1. 国家推荐性标准 GB/T 13662—2008《黄酒》

该标准由国家质量监督检验检疫总局于2008年6月25日发布,2009年6月1日正式开始实施。该标准替代了GB/T 13662—2000《黄酒》,并做了调整:一是修改了黄酒定义;二是参考了QB/T 2746—2005《清爽型黄酒》,并将其主要内容纳入该标准中,自该标准实施之日起,QB/T 2746—2005自行废止;三是分类中增加了按产品风格分类;四是非稻米黄酒增加了分级,分为优级和一级;五是对一些理化指标做了调整。

2. 国家推荐性标准 GB/T 17946—2008《绍兴酒(绍兴黄酒)》

该标准由国家质量监督检验检疫总局于2008年10月22日发布,2009年1月1日正式实施。该标准替代GB 17946—2000《绍兴酒(绍兴黄酒)》标准,并做了调整:一是由强制性国家标准改为推荐性国家标准;二是修改了标准的中英文名称;三是规定三年陈以上的陈酒应达到优等品,并在感官的香气要求上对陈年酒做了相应的规定;四是对绍兴加饭(花雕)酒酒精度和挥发酯要求做了适当调整,并增加了酒龄大于十年的酒的挥发酯要求;五是对绍兴香雪酒的非糖固形物要求做了适当调整。

3. 轻工行业标准 QB/T 2745—2005《烹饪黄酒》

该标准由国家发展和改革委员会于2005年7月26日发布,2006年1月1日开始实施。

4. 农业行业标准 NY/T 897—2004《绿色食品黄酒》

该标准由农业部于2005年1月4日发布,2005年2月1日开始实施。标准由农业部提出,归口中国绿色食品发展中心。

上述一系列黄酒国家标准的修订和实施,广泛地应用了现代科学技术,与旧标准相比,更加规范和客观,更加具有科学性和可操作性,同时,黄酒质量标准也更加合理细化,对保证黄酒产品质量的有效监管,推动黄酒整体质量水平的提升起到积极有效的推动作用。

(二)绍兴黄酒企业牵头起草或修订《黄酒》国标

古越龙山绍兴酒、会稽山绍兴酒等龙头企业作为绍兴黄酒的正宗嫡传,充分发挥"领头羊"作用,积极参与产品技术质量标准的研制工作。作为牵头起草单位,致力于起草或修订《黄酒》(GB/T 13662—2008)、《地理标志产品 绍兴酒(绍兴黄酒)》(GB/T 17946—2008),以及《黄酒企业良好生产规范》(GB/T 23542—2009)、《绿色食品黄酒》(NY/T 897—2004)、《出口黄酒检验规程》(SN 0047—1992)等国家标准。其主要贡献体现在以下几个方面。

1. 有利于提升黄酒产品质量和食品安全性

GB/T 13662—2008《黄酒》国家标准对各类型黄酒(传统型黄酒、清爽型黄酒、特型黄酒)进行规范化的定义,规定了各类型黄酒的术语和定义,产品分类(传统型、清爽型、特型),糖分分类(干、半干、半甜、甜型)要求、分析方法、检验规则以及标志、包装、运输、贮存要求等,体现了黄酒国家标准的广泛性和规范性。同时,在分类中增加了稻米黄酒和非稻米黄酒的分级,为优级、一级和二级,理化指标也做了相应调整;明确规定在特型黄酒生产过程中,允许添加符合国家规定的既可食用又可药用的物质以及黄酒中添加焦糖色必须符合 GB 8817 要求,不得添加其他任何非自身发酵产生的物质,使黄酒的产品质量和食品安全性大为提升。

2. 有利于推动我国黄酒独特个性风味的发展

GB/T 13662—2008《黄酒》国家标准对总糖、非糖固形物、总酸、氨基酸态氮、β–苯乙醇、酒精度、pH值范围等具体的理化指标都做了相应的调整和规定。标准中允许瓶(坛)底有少量或微量聚集物,黄酒在贮存期出现的这种物理与化学反应而形成的沉淀物,属自然现象。调整充分体现了黄酒国家标准对保护民族特色产品和维护民族特色工业的作用。

3. 有利于提高黄酒行业技术进步和创新

GB/T 13662—2008《黄酒》国家标准的分析方法体现了黄酒行业的技术进步,并吸收了黄酒分析的最新成果。应用精密酸度计或自动电位滴定仪、原子吸收分光光度计、气相色谱仪(配有氢火焰离子化检测器)等先进的检测设备和分析方法,有利于加快整个行业分析方法的技术创新。

三、修订新版《黄酒》国家标准的背景及条款解读

经过 10 年的试行,GB/T 13662—2008《黄酒》国家标准已暴露出诸多"短板"和弱项,在一定程度上制约了企业对黄酒新产品的研发和创新以及消费者对黄酒新口味的需求。黄酒企业也迫切需要对原黄酒标准进行修订和更新,从而规范新产品的技术质量要求。当前,在黄酒国际贸易中,技术性贸易壁垒的作用更加凸显,如绿色产品、有机产品和地理标志产品等"头衔",使黄酒的质量技术标

准与技术壁垒互动提高。因此,要通过更加严格的标准化管理模式,突破技术性壁垒,带动黄酒产业的发展和结构优化升级,拓展黄酒的出口规模,提高出口价格,获取更多的比较利益。在这样的背景下,由中国黄酒集团(古越龙山绍兴酒)牵头,携手会稽山绍兴酒、塔牌绍兴酒等绍兴黄酒企业,会同中国酒业协会、绍兴省轻工研究院等其他10余家单位共同承担GB/T 13662新版《黄酒》国家标准(2018年版)的修订起草工作。

按照"遵循法律法规,适应市场需求,规范企业生产,促进产业发展"的总体思路与原则,经过一年多时间的艰苦努力,改动、增补、删除的条款较多。与2008年版的国家标准相比,主要是对黄酒的定义与英文名、黄酒的分类、年份黄酒酒龄的标注、黄酒的理化指标及其分析方法等多个条款的内容进行修订。

(一)关于术语和定义

1. 将黄酒的英译名改为"Huangjiu",以展现中国文化自信

在2008年版黄酒国家标准中,黄酒的英译名为"Chinese rice wine",而许多外国人对此很难理解。新版国家标准中,黄酒的英译名改为"Huangjiu",与白酒英文名叫"Baijiu"保持一致性。这体现了黄酒是中国特有的酒种,是中国的国粹,也彰显了我们的文化自信,更有利于黄酒产品与国际接轨,走向全球市场。

2. 完善黄酒定义

与2008年版国家标准相比,主要是在糖化剂中增加了"酶制剂",酶制剂作为一种安全、高效的催化剂,在食品工业中已得到广泛应用,在保证产品质量的前提下,用酶制剂替代部分曲,不仅可以降低投料成本,还有利于提高原料的利用率,同时对自动化、精准化控制黄酒的发酵具有积极意义,有利于黄酒实现更大规模化酿造。而且新版标准将薯类、荞、麦、青稞等淀粉质原料也归入黄酒的酿造原料。

3. 标注酒龄

取消了"所标注酒龄的基酒不低于50%"的要求。黄酒(特别是传统黄酒)的质量与所酿造年份的气候、当年粮食原料的质量等有着十分密切的关系,当年的气候对黄酒酿造不利、原料质量差,那么该年份的原酒质量也必定比其他年份差,因此该要求的取消更有利于企业勾调出品质稳定、质量高的年份黄酒产品。

4. 增加"原酒""勾调""抑制发酵"等术语与定义

原酒是指酿造结束,直接或经煎酒后储存于容器中的基酒。这样定义,有利于原酒市场的健康发展。增加并界定"勾调""抑制发酵"等内涵,可为低度黄酒生产采用浓醪发酵加水后修饰、甜型和半甜型黄酒用食用酒精抑制酵母菌的发酵提供法律上的依据,也有利于黄酒产品的多元化发展。

(二)关于技术要求

1. 取消了 β-苯乙醇指标

黄酒中的 β-苯乙醇主要由苯丙氨酸经酵母菌代谢产生,是稻米黄酒中特有的高级醇,也是黄酒的重要风味物质之一。但由于高级醇有副作用,β-苯乙醇在黄酒中的含量并非越高越好,而且在市场抽样检测中发现许多配制黄酒均有人为添加的行为,按目前的检测技术难以辨别,因此取消该指标具有科学意义。

2. 增加了苯甲酸本底值要求

按 GB 2760—2014《食品安全国家标准食品添加剂使用标准》要求,作为防腐剂的苯甲酸在黄酒中不得添加。但是,同其他发酵酒一样,黄酒酵母菌在代谢过程中也会产生苯甲酸,其在黄酒贮存过程中会缓慢氧化成苯甲醛。且黄酒中苯甲酸的检测值很低,远未达到起防腐作用所需的剂量。因此,新标准以黄酒中苯甲酸含量科学的检测、评估结果为依据,制定了相应的天然本底值。

3. 部分理化指标的修改

主要是根据产品类型及等级不同,对黄酒的氨基酸态氮、除糖固形物、非稻米黄酒的总酸上限、清爽型黄酒的酒精度等指标做了适当调整。

与此同时,新版黄酒国家标准还对黄酒的检测方法、检验规则、标签标示等条款做了相应的规定或修订。此外,由中国酒业协会主办,中国黄酒传统酿制技艺研究中心(绍兴塔牌绍兴酒有限公司)承办的《工坊黄酒及其生产规范》团体标准制定工作已于 2019 年 7 月正式启动,对工坊黄酒的定义、生产及经营场所的基本要求、生产过程的控制、产品原料的管理、设备设施的原料要求等进行统一规范。GB/T 17946《地理标志产品 绍兴酒(绍兴黄酒)》国家标准的修订工作也将启动。

(三)T/ZZB0636—2018/ 浙江制造《本酒(本色黄酒)》标准的意义作用

本标准由绍兴市标准化研究院牵头组织制定。本标准主要起草单位为浙江塔牌绍兴酒有限公司。本标准参与起草单位为绍兴市标准化研究院、绍兴市标准化协会。本标准适用于以冬天的鉴湖水,基地产的优质太湖糯米和红皮软质冬小麦为主要原料,符合《地理标志产品保护规定》要求,经过独特的绍兴黄酒传统工艺手工酿造,不添加焦糖色等任何食品添加剂,并在特定条件下陈酿而成的具有本色、本香、本味的黄酒。

第三节　绍兴黄酒的品牌传播、品牌价值和品牌生态

国际营销大师"定位之父"艾·里斯指出,品牌是品类的代表,定位则是推动品类不断发展的动力。绍兴黄酒品牌的发展,始终离不开黄酒品类中领导品牌的引领。为此,拥有古越龙山、会稽山、塔牌、沈永和等带"国字号"的名牌产品或驰名商标的企业,必须运用战略思维,以文化创意为动力,重新擘画绍兴黄酒品牌的战略定位和战略取向,再造"绍兴黄酒"品牌新形象,为中国黄酒行业贡献更多智慧,成就更大作为。

一、绍兴黄酒的品牌传播

品牌传播是企业主体告知消费者品牌信息、劝说购买其品牌以及维持其品牌记忆的各种直接及间接的方法,是塑造黄酒品牌力、培养消费者品牌忠诚度的有效手段。要使品牌知名度、品牌认知度、品牌联想度等构成品牌生命力的要素信息进入消费者大众的认知,唯一途径是通过媒介传播。

绍兴黄酒是越地酒文化中的典型代表。早在民国建立之前,绍兴黄酒的品牌效应已崭露头角。据《山阴县志》记载,绍兴酒被评为全国十大名产品之一。宣统二年(1910),沈永和善酿酒和谦豫萃加饭酒,作为绍兴酒代表,参加南洋劝业会展评,获得清政府农工商部颁发的"超等文凭"和"优等文凭"奖状[1]。民国时期,政府大力发展商业,不仅建立劝业公会,定期举办商品博览会,还鼓励企业积极参加国际博览会,不少酒类企业应召参加,并且获得了优质的奖项。从在全国酒类在南洋劝业会、工商部中华国货展览会、西湖博览会和巴拿马太平洋万国博览会等四大国际性大型展会上获奖的名酒来看,江苏酒获得 61 枚奖牌,占奖

---

① 马相金:《民国时期我国酒业的发展及其分布特征》,《唐山师范学院学报》2011 年第 3 期。

牌总数的 27.8%，位居第一；浙江酒获得 45 枚奖牌，占总数的 20.5%，位居第二；广东酒获得 34 枚奖牌，占总数的 15.5%，位居第三。江苏、浙江和广东获得的奖牌数占总数的 63.8%。可见，东南沿海地区仍然延续了清代名酒中心的地位。

迄今为止，绍兴黄酒拥有 7 个"中华老字号"（古越龙山、会稽山、塔牌、女儿红、沈永和、王宝和等），具有相当的品牌规模。如此众多的中华老字号，相对集中在一个地区一个行业，在全国也属罕见。但在全国范围内，"绍兴黄酒"老字号总体上的品牌影响力还不大，更谈不上国际影响力了。[①] 因此，"绍兴黄酒"老字号的发展空间还非常大，迫切需要锲而不舍的品牌创新和坚持不懈的品牌传播。

以绍兴黄酒的杰出代表"古越龙山"为例。如前所述，古越龙山绍兴酒股份有限公司（以下简称"古越龙山"）由中国绍兴黄酒集团公司（以下简称"中黄集团"）出资组建。中黄集团则由始创于清康熙三年（1664）的沈永和酒厂和绍兴市酿酒总公司（前身为始创于 1951 年的地方国营绍兴酒厂）组建而成。300 多年来，尽管世事更迭，企业经营管理体制不断调整，但是绍兴酿酒人特有的"胆剑精神"薪火相承，生生不息。经过艰苦卓绝的创业创新，奋力开拓，绍兴黄酒的量和质都取得了跨越式发展。在品牌形象塑造及品牌传播度方面，取得了令人瞩目的成效。[②] 其主要传播媒介有以下几种。

（一）媒体广告

1. 高端广告

广告是塑造、涵养和传播品牌形象最重要的企业活动之一。一直以来，"古越龙山"始终具有超前的品牌宣传意识。早在 1979 年，就在《绍兴画报》上刊载广告。2004 年作为中国黄酒第一品牌首次以 6000 万元夺得央视"中国黄酒第一标"，打破了国内酒类广告被白酒、红酒所垄断的局面。两年后，继续与央视合作，共同迎接北京奥运，极大地强化了其品牌形象。"古越龙山"邀请大牌明星作为代言人，为其在全国赢得了较高的知名度和影响力。

2. 宣传口号

在诸多品牌宣传口号中，"古越龙山"为其品牌策划和凝练的独特广告宣传语——著名影星陈宝国在"竹林对酌"中的那一句"数风流人物，品古越龙山"，

---

① 周露阳、孟艳杰：《越商老字号品牌创新的战略取向——以绍兴黄酒老字号为例》，《绍兴文理学院学报》2015 年第 3 期。

② 刁寒钰、胡付照：《绍兴黄酒企业品牌形象传播研究——以古越龙山为例》，《商业经济》2018 年第 4 期。

给消费者留下了深刻印象,并在多种媒体迅速形成立体式传播攻势。这不仅强化了"古越龙山"的品牌形象,而且成为其进军全国黄酒市场的铮铮号角。

3. 影视作品

为了顺应媒体发展的新态势,"古越龙山"非常重视微电影、电视剧宣传。随着社会生活节奏的加快,微电影通过微信、互联网等媒介受到年轻人的追捧。2012年投拍"品青春"系列微电影,在年轻人中引起共鸣,成功塑造了绍兴黄酒"年轻、有活力"的企业品牌形象。2014年企业又斥巨资拍摄《女儿红》电视剧并成功在中央电视台黄金时段播放,将绍兴黄酒的悠久历史融入人们热捧的电视剧中,受到观众好评,在增加自身销量的同时,铸就了"深厚、有底蕴"的品牌形象。同时,"古越龙山"开设微博、微信公众号与消费者互动,在官网及时更新企业新闻与相关信息,确保相关人员的利益。集团公司董事长等"酒界精英"开设个人博客,发布自己对于"古越龙山"及绍兴黄酒的精彩观点,并积极与网友互动,采纳网友的建议,在社交媒体上积极推广"古越龙山"品牌。

(二)公共关系

诗韵山水城,酒香诱人醉。从1990年起,在绍兴,选择"立冬"这个黄酒冬酿的时间点,由中国酒业协会和绍兴市政府主办,"古越龙山"等牵头组织,举办规模盛大的绍兴黄酒节。一年一度,承续至今。比如,2018年举办第24届绍兴黄酒节暨首届中国(国际)黄酒产业博览会,2019年举办第25届绍兴黄酒节暨"一带一路"中国国际黄酒产业博览会等,主题突出,活动丰富。通过举办以"黄酒"命名的大型综合性节会,让越来越多的消费者了解绍兴黄酒及其文化内涵,拉近了消费者与绍兴黄酒的距离,提升了社会公众对绍兴黄酒品牌的忠诚度。

(三)产品营销

1. 研发新品

随着年轻一代逐渐成为黄酒消费的主力军,消费者不再单单满足于单纯黄酒的饮用,"绍兴黄酒 +"产品引领了中国黄酒发展的热潮,成为"网红"。"古越龙山"将黄酒与棒冰结合,利用周边的棒冰厂和黄酒博物馆构造完整的产业链,自产自销,引来许多黄酒企业的效仿,在众多年轻人中引发购买热潮。随即,黄酒奶茶、黄酒面膜等纷纷面世。"绍兴黄酒 +"新产品的出现,引发人们尤其是年轻人的追捧,从而塑造了绍兴黄酒"时尚"的品牌形象。

2. 创新包装

"古越龙山"绍兴黄酒包装依托绍兴"水乡美城""历史名城""文化圣城"等独特影响力,为其品牌传播奠定良好基础。比如,"古越龙山"包装上的越王台是为纪念越王勾践卧薪尝胆的传奇故事而建造的标志性建筑,历史文化底蕴深厚。沈永和20年陈花酿的瓶子设计与古饮酒酒杯等显示了绍兴黄酒的悠远历史。"鉴湖花雕酒"的鉴湖景、"组合古越醇"的绍兴水乡景等则体现了绍兴山水秀丽的特征。有浓重文化味的包装,成为传播黄酒品牌形象、强化品牌效应的助推器,使"古越龙山"绍兴酒的名声在世界更为响亮。

3. 终端市场

在一线终端市场,"古越龙山"定期举行促销活动。针对当期消费者需求,印发卖场宣传海报,为消费者提供相关饮食搭配建议等。这样,既顺应当前"健康饮酒"的社会趋势,又凸显绍兴黄酒的文化特色,在增加市场销量的同时塑造绍兴黄酒的品牌形象,起到了"一箭多雕"的作用。

(四)品牌文化

品牌文化能促使消费者对品牌在精神上产生认同、共鸣,并使之产生持久信仰该品牌的理念追求。"古越龙山"建立品牌文化主要有以下两种方式。

1. 游赏体验

"古越龙山"投资4.2亿元,在企业总部附近的古河道旁,建造融黄酒文化、酿酒工艺、旅游购物于一体的中国黄酒博物馆。让游客在参观游览过程中亲身体验黄酒的酿造工艺,观看黄酒文化表演,品尝现酿加饭酒、原酒、黄酒棒冰、黄酒奶茶等美味,在醉酒屋体验喝醉的"乐趣"等,从而将博大精深的黄酒文化渗透进游客的游赏之中。

2. 跨界创新

运用销售传播"品牌互换"的概念,拓展省外市场。2016年,作为东阿阿胶重要生产原料之一的"古越龙山"与山东东阿集团合作,宣传养生文化,并为东阿阿胶打造专用黄酒;东阿阿胶将在其全国2000余家熬胶平台、100余家自营专卖店进行绍兴黄酒的全渠道实物陈列展示及产品物料形象展示。2017年,与景阳冈集团签订产品互卖协议,成功进入华北市场。"古越龙山"通过"借船出海",树立起良好的品牌形象。

综上所述,"古越龙山"按照"绍兴制造"标准认证的要求,同步导入卓越绩效管理模式,进一步优化完善产品的"品字标"品牌建设,成效显著。近年来,"古越龙山"连续 12 年蝉联"亚洲品牌 500 强"、第六届"中国黄酒行业标志性品牌"和"中国最具价值品牌 500 强""中国酒业 30 年科技成果奖""中国酒业 30 年文化双创奖"等。目前,"古越龙山"已经赢得了高档、时尚、文化的品牌形象,成为业内最具竞争力的中高端黄酒品牌,也是唯一入选亚洲品牌 500 强的黄酒品牌和中国最有价值品牌。

二、绍兴黄酒的品牌生态

(一)品牌生态

生态是指有机体之间包括有机体与环境之间的相互关联和影响。"品牌生态"强调围绕着任何一个品牌都存在着一个复杂的生态系统。品牌是否具有生命力,是品牌(企业)自身因素和外部环境(经济、商业社会、文化等)的各种因素之间相互协调、共同发展的结果。

(二)绍兴黄酒品牌生态的二元性

绍兴黄酒不仅是商业品牌,更是文化品牌。相对于其他商业品牌,绍兴黄酒的品牌生态具有其特殊性。因此,只有将商业品牌与文化品牌融合互动,才能真正体现其应有的品牌生态。而且,绍兴黄酒品牌正因为拥有独特的文化属性和文化价值,才拥有超越商业生态的文化生态。当然,如果从品牌生态的利益相关者角度来看,绍兴黄酒品牌会比一般商业品牌涉及更广泛的社会层面。或者说,绍兴黄酒品牌会比普通商业品牌有着更多的利益相关者。

而当前的主要问题是,大多数人所理解的黄酒品牌,还只是停留在黄酒产品的商标、包装、店面形象和广告等形式上,这是一种典型的产品思维,离品牌新经济时代的思维还有较大的距离。显然,这种思维方式基本忽视了绍兴黄酒的商业生态,也就更感悟不到其蕴含的文化生态了。其实,绍兴黄酒品牌的二元属性是相辅相成的。如果只考虑商业生态,而忽略文化生态,就无法可持续发展。反之,如果只注重文化生态,而轻视商业生态,也会无法生存。

(三)从"品牌生命力"多维度指标看黄酒的品牌生态

为了量化评估绍兴黄酒产业及其品牌在当下的商业生态和文化生态中的生存与发展状况,本课题组决定,将调研分成两个部分。第一部分:从消费者视角出发的一般情况调研,即通过发布调查问卷,采集消费者和潜在消费者的信息,进行定量分析,来观察绍兴黄酒产业及其品牌的现状。第二部分:采取定量分析和定性分析相结合的方法,通过建立与消费者感知、认知和心智相关的多项指标,来考量评估绍兴黄酒产业品牌的生命力。

1. 调研方法与规则

为获得绍兴黄酒产业的"品牌生命力"总指数,需要建立多个可量化评估的一级指标。本课题组决定,以大卫·艾克(David A. Aaker)的品牌资产"五星"模型和凯文·莱恩·凯勒(Kevin Lane Keller)的"消费者心智五维度"作为基础来确立指标系统。

大卫·艾克的"五星"模型是衡量品牌资产的重要工具,由"品牌知名度""品牌认知度""品牌联想度""品牌忠诚度"和其他品牌专有资产五个部分组成。

(1)品牌知名度,是指消费者对某一品牌的记忆以及再识别程度,包括能否通过记忆与识别联系到与该品牌相关的产品、服务等内容。品牌知名度也可以理解为消费者心智中的品牌意识。

(2)品牌认知度,是指消费者对某一品牌在品质上的整体印象,包括品牌的特质、效用、可信赖度、商品与服务的品质评价等。消费者对品牌品质高低的评价,会直接影响到品牌的市场占有率,以及生存与发展的几率。

(3)品牌联想度,是指消费者通过某一品牌而产生的所有联想,包括品牌的独特性、产品的特征、带给消费者的利益、品牌好感度等。这些联想往往能组合出某些意义,形成品牌形象和品牌符号。品牌联想度即是品牌的感知属性,它是让消费者感到品牌满足他们需求的手段,为其提供购买的理由,因此,它是品牌活力和品牌价值的关键因素。

(4)品牌忠诚度,是消费者在购买决策中表现出来的对某一品牌的偏向性(而非随意的)心理反应。它表现为消费者对该品牌的坚持态度或依恋程度,忠诚度一旦树立起来,消费者往往就会拒绝改变。因此,这是一个品牌抵御各种负面因素的能力,比如当产品或服务出现问题时。品牌忠诚度是品牌资产的核心,如果没有消费者的忠诚,品牌只不过是没有价值的商标或符号。

(5)其他品牌专有资产包括品牌拥有的商标、专利等知识产权,品牌方拥有能带来经济效益的资源,比如客户、渠道、管理制度、企业文化、企业形象等。

在艾克的模型体系中,品牌认知度、品牌知名度、品牌联想度以及其他品牌专有资产是建立品牌忠诚度的基础。

在艾克提出品牌资产模型后不久,凯勒提出了"消费者心智五维度"。"五维度"包括"品牌意识""品牌联想""品牌态度""品牌依恋""品牌行动"。

（1）品牌意识，可以对应艾克的"品牌知名度"，一定程度上也包含了"品牌认知度"的内容。

（2）品牌联想，可以对应艾克的"品牌联想度"。

（3）品牌态度，介于"品牌联想度"和"品牌忠诚度"之间，是指消费者根据某品牌的质量和满意度对品牌进行的总体评价，约等于"品牌美誉度"。

（4）品牌依恋，可以对应艾克的"品牌忠诚度"。

（5）品牌行动，是指消费者购买某品牌产品的行为，以及愿意主动传播品牌，比如与他人谈论品牌、向他人推介品牌、主动搜索品牌的相关信息、促销活动及事件。

凯勒的消费者心智五维度存在着明显的层级关系：品牌意识支配着品牌联想，品牌联想带动着品牌态度，品牌态度会延伸至品牌依恋，最终导致品牌行动。当消费者有了广泛和深刻的品牌认知，有了丰富和充满意义的品牌联想，有了积极而带着偏好的品牌态度，有了强烈的品牌依恋感和忠诚度，并毫不犹豫地采取积极主动的品牌行动时，品牌价值就会呈现出来。

无论是艾克品牌资产模型中的"品牌忠诚"，还是凯勒消费者心智中的"品牌依恋"，都最终决定了品牌是否具有生存、发展和壮大的生命力。有鉴于此，课题组决定将一级指标建立在调研人群对绍兴黄酒产业品牌从感知到认知再到深入心智的层级关系基础上，包含了消费者从最初了解品牌到最终产生购买行为甚至愿意主动传播品牌的全过程。此外，将"品牌创新力"作为一个补充指标，这是绍兴黄酒产业品牌在当下及未来要生存和发展所必须考虑的因素。

以下是量化评估绍兴黄酒产业"品牌生命力"的七项指标及其定义：

——品牌感知度：品牌外在形象的能见度与强度。

——品牌认知度：品牌内在形象的明朗度与吸引力。

——品牌知名度：消费者对品牌的记忆和再识别程度。

——品牌联想度：消费者对品牌的利益联想和文化联想。

——品牌美誉度：消费者、各类官方机构和民间组织、同行对品牌的好感和赞誉。

——品牌忠诚度：消费者在购买决策中表现出来的对品牌的偏向性和依恋度。

——品牌创新力：品牌能否着眼于未来，能够以创新推动自身发展。

2. 绍兴黄酒产业"品牌生命力"的多维度评估

绍兴黄酒产业品牌的多维度分析采用定性定量相结合的方法。评估参与者为课题组全体成员。同时,邀请绍兴文理学院、浙江工业职业技术学院、浙江农商职业学院部分有一定品牌与市场分析和实践经验的大三学生作为参评者。

针对绍兴黄酒产业选取的 10 个单独品牌进行评估,内容包括:

(1)品牌形象、产品包装与广告的感知印象。

(2)使用经验或产品与服务体验。

(3)知名度。

(4)能否产生利益联想和文化联想。

(5)美誉度。

(6)购买和推荐意愿。

(7)创新力。

参评者对应以上 7 个评估指标,并参照前期调研的基础信息,以及本书中第一、二、三章涉及的相关内容,进行独立和主观的评分。

评分规则:参评者对绍兴黄酒产业选取的 10 个单独品牌按照 10%,15%,……,85%,90%(每 5% 一档)独立打分,最低不低于 10%,最高不超过 90%。计算总分后得出平均百分比。

(1)品牌感知度(%):该品牌外在形象的能见度与强度。该品牌通过视觉形象、产品包装、门店、广告等带给消费者的感官感知和印象。这一部分的评估完全基于参评者在品牌设计与传播领域的专业实践经验,得出主观评价结果。

(2)品牌认知度(%):该品牌内在形象的明朗度与吸引力,取决于消费品、服务等的使用体验和综合经验。具体体现为差异化认知与领导力认知,差异化认知取决于该品牌与其他品牌的定位区分,领导力认知可以从产品销售量得知,销量大的可认为领导力认知较强。这一部分需要有使用经验或有产品和服务体验的消费者参与,因此,参评者需要考量相应的消费者调研数据。

(3)品牌知名度(%):消费者对该品牌的记忆和再识别程度。参评者通过参考消费者对该品牌知名与否评价的基础数据,即可得出结果。

(4)品牌联想度(%):消费者对该品牌的利益联想和文化联想,比如该产品在功能性的利益点上是否与其他产品不同,产品是否能让人联想到该品牌的故事或与品牌相关的人物事件、历史传说等。参评者通过参考调研得到的该品牌联想关键词以及参网上的评论,可以进行主观评价。

（5）品牌美誉度（％）：消费者、各类官方机构和民间组织、同行等对该品牌的好感和赞誉。参评者一方面通过参考消费者评论可获取该指标的基础信息；另一方面参照各类官方认证和奖励，如是否为"中华老字号"、世界级或国家级"非物质文化遗产"、省市级"名牌产品"等，以此为该指标加权。

（6）品牌忠诚度（％）：消费者在购买决策中表现出来的对该品牌的偏向性和依恋度。包括再购买意愿、推荐意愿和溢价意愿。参评者通过分析该品牌再购买与主动推荐意愿的调研数据并参考消费者评论、公众号新闻等相关信息，进行主观评价。

（7）品牌创新力（％）：该品牌能否着眼于未来，是否能够以创新推动自身发展，包括产品创新、营销创新和文化创新。这部分的评估依据参评者在该品牌设计与传播领域的专业实践经验，同时参考来自不同渠道的新闻报道及微博、微信、淘宝/天猫、京东等网络渠道的相关信息，得出主观评价结果。

（8）品牌生命力（％）：全面考量该品牌在绍兴黄酒商业生态和文化生态两个层面中的活力总指数。按照前面7项指标，进行平均分值计算，得出结果。

毋庸讳言，尽管绍兴黄酒产业饱含着深厚的传统文化内涵并寄托了许多人的情感，但是，由于其商业生态和文化生态的变化，尤其是产业本身的老化，它不可避免地面临着产业及品牌的生态危机。

三、绍兴黄酒的品牌价值

品牌价值是指品牌在需求者心目中的综合形象，包括其属性、品质、品位、文化、个性等，代表着该品牌可以为需求者带来的价值。它是一个品牌区别于同类竞争品牌的重要标志。

绍兴黄酒品牌的聚合效应明显。目前，在中国黄酒十大品牌中，除了上海的"石库门"和"和酒"、山东的"即墨"、江苏的"沙洲"之外，绍兴黄酒拥有"古越龙山""会稽山""塔牌""女儿红"等四大品牌，并且拥有众多的中国驰名商标、中国名牌和中华老字号。

但是，黄酒行业的过度区域化等问题一直是品牌效应的软肋。固然，绍兴黄酒中的"古越龙山""会稽山""塔牌""女儿红"等四大品牌，在黄酒圈内有着不小的影响力，可是，如果放到整个黄酒行业，其品牌的扩散效应、磁场效应和时尚效应都是极为有限的。如果以整个酒类行业为参照，这些黄酒的品牌效应，就愈加显得孱弱不堪。

有人说,绍兴黄酒从来不缺市场,缺的是品牌。这种说法不无道理。客观地说,中国黄酒市场至今还没有形成一个全国性的品牌;即使像绍兴黄酒这样品牌如此"扎堆",但其品牌影响力还是相当有限。2019年8月28日,中国酒类流通协会和中华品牌战略研究院联合发布第11届"华樽杯"中国酒类品牌价值200强研究报告。榜单显示,茅台(3005.21亿元)、五粮液(2264.55亿元)和华润啤酒(1762.13亿元)蝉联品牌价值前三名。和往届一样,作为中国最古老的酒种和中华民族的独特品牌,黄酒的表现依然十分低迷。除了江浙沪地区的消费者,很多人根本不知道什么场合适宜喝黄酒。有数据显示,在全国黄酒的销量中,高达六成以上是作为料酒使用的,尤其在主销区江浙沪以外,人们基本上分不清高端黄酒与普通黄酒,一股脑儿地把黄酒等同于"料酒",这一潜在定位造成的"晕轮效应",无疑为高品位的绍兴黄酒营销带来巨大障碍,也限制了绍兴黄酒的消费空间。另一方面,由于绍兴黄酒品牌繁多,稀释了品牌价值,而且一味固守其传统特色,缺乏时代色彩,也导致长期以来绍兴黄酒的品牌力非常有限,江浙沪以外的市场空间始终没有得到更大的拓展。进入前200位的8家黄酒品牌价值共366.47亿元,只有茅台酒品牌的12.19%。排名前三的绍兴黄酒龙头企业(古越龙山、会稽山、塔牌)品牌价值共214.94亿元,只有白酒前三位的3.06%;排名第一的古越龙山在中国全部酒类排名中仅居第69位,品牌价值87.59亿元,只有茅台酒品牌的2.91%。

2019年中国酒类(黄酒)企业品牌价值200强名单

排名	所在区域	企业品牌	品牌价值（亿元）	在全部酒类排名
1	绍兴	古越龙山绍兴酒股份有限公司	87.59	69
2	绍兴	会稽山绍兴酒股份有限公司	71.27	82
3	绍兴	浙江塔牌绍兴酒有限公司	56.08	94
4	上海	金枫酒业股份有限公司	52.18	101
5	安徽	古南丰酒业有限公司	33.82	140
6	江苏	张家港酿酒有限公司	22.49	180
7	山东	即墨黄酒厂	22.01	182
8	福建	金丰酿酒有限公司	21.03	185

资料来源:《中国食品报》,2019年9月6日。

第六章
以文化创意赋能绍兴
黄酒产业品牌提升

"管理学之父"彼得·德鲁克说：战略不是研究我们未来"要做什么"，而是研究我们今天"应该做什么"才有未来。也就是说，战略的核心是围绕"终局"和"布局"两个关键词来展开的。"终局"就是预判 5—10 年后的行业态势，"布局"就是根据所掌握的行业态势来确定并部署当下的行动方略。两者相辅相成，不可或缺。为此，以文化创意赋能绍兴黄酒产业及其品牌提升，也应该从"终局"（行业态势）和"布局"（行动方略）两个方面入手。

第一节 绍兴黄酒产业发展的行业态势

黄酒有着深厚的文化底蕴与特殊的酿造工艺,是中国酒文化的符号与象征,也是最适合国人体质的酒。作为历史经典产业之一的绍兴黄酒,无论是产业规模还是品牌影响力,在全国乃至全球都居于重要地位。但是,长期以来,由于受地缘经济、传统生产经营理念等诸多因素限制,绍兴黄酒不但没有实现很好的发展,甚至还出现过停滞或衰退迹象,与白酒、啤酒、葡萄酒相比,绍兴黄酒体量小,产销利等指标与其自身地位极不相称。2018年,绍兴黄酒产业(规模以上的15家企业)年销售总额只有57.24亿元,不到洋河股份同年销售总额(241.6亿元,同行业排名第三)的1/4。如果不加以强力扶持,强势推动,极可能在激烈的市场竞争中越来越被小众化甚至边缘化。

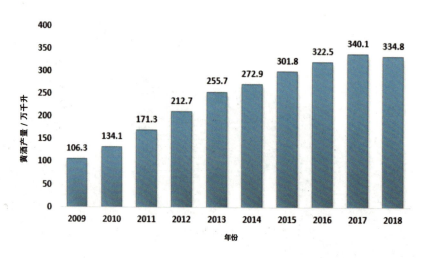

2009—2018 年我国黄酒产量走势

资料来源:国家统计局,智研咨询整理。

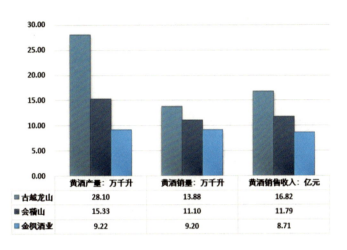

	黄酒产量：万千升	黄酒销量：万千升	黄酒销售收入：亿元
古越龙山	28.10	13.88	16.82
会稽山	15.33	11.10	11.79
金枫酒业	9.22	9.20	8.71

2018 年我国主要黄酒生产企业经营情况

资料来源：相关公司年报。

但是,分析表明,当前我国黄酒行业正处于从"劣势机会"向"优势机会"逐步过渡的战略机遇期。有资料表明,从 2001—2018 年以来,黄酒已经走出长三角地区的区域限制,市场逐步向南北延伸,其产销量的增长率逐年回升。近年来,我国黄酒行业的内需整体上呈现逐年上涨的态势(如下图所示)。

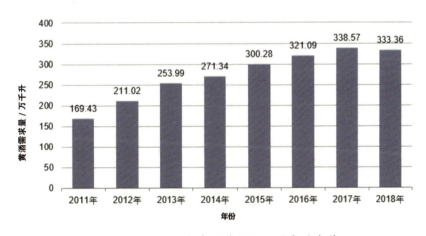

2011—2018 年我国黄酒行业需求量走势

资料来源：根据公开资料整理。

调查数据显示,目前国内年度黄酒人均消费为 1.4 升,比葡萄酒(0.26 升)略高,分别是白酒(2.6 升)和啤酒(21 升)的近 1/2 和 1/15。这也从侧面反映出黄酒行业有着极大的发展空间。未来的 5—10 年,随着改革开放不断深入,我国经济发展进入了产业大提升、动能大转换的新时代,黄酒产业也必将按下"快进键",释放出前所未有的新活力,可望迎来第二个巅峰时刻。

一、新常态带来新机遇

第一,随着我国经济发展进入新常态,"十四五"期间,黄酒产业发展将持续深度调整。随着资本的涌入以及行业内部的整合加速,黄酒行业必将再次迎来较快增长的契机。有数据显示,2011—2015 年间,黄酒行业产量逐年上涨,增长率迅速回升。2015 年,黄酒行业销量达到 185 万千升,虽然占整个酒类消费的比重不到 3%,但至少表明,黄酒市场已开始摆脱地域限制,向全国市场挺进。据中国酒业协会年报,2018 年,我国酿酒工业总产值约为 1 万亿元,而黄酒的份额只占 2%,说明黄酒产业的潜力还非常可观。黄酒行业有望成为大众酒类增速最快的细分品类,而且升值空间巨大,是酒类市场中的潜力股。2015 年,浙江省政府将黄酒列入历史经典产业,在随即出台的《关于推进黄酒产业传承发展的指导意见》(浙政办发〔2015〕115 号)中提出,浙江省要成为全国黄酒传承发展的引领区,绍兴市要将黄酒打造成千亿级产业。虽然,2020 年初的新冠疫情对中国经济影响巨大,但中国经济长期向好的基本面不会改变,中国黄酒产业稳步发展向好的基本面也同样不会改变。在短期内,黄酒行业的需求难免会受到一定的压制,但刚性需求并不会消失,而只是延迟消费,随着疫情解除,必将迎来新一轮的恢复性消费。

第二,随着"大健康"概念的推广应用,黄酒产业拥有了市场扩张的基础。黄酒属生物发酵产物,也是天然酿造产品。由于绍兴黄酒(以绍兴黄酒为代表)的工艺科学合理,黄酒中糖分、多肽、氨基酸、有机酸、维生素、微量元素和多酚物质等成分相互协调、反应、缔合和作用,从而形成了绍兴黄酒较高的营养价值和保健养生功能,特别是绍兴黄酒的精华国宴花雕加饭酒,它综合了当地的原料、水质、环境、土质和微生物群等外在因素,科学、自然巧妙地控制品温、发酵时间和贮藏等过程,产生了一些复杂的化合物和功能性成分,而这些化合物和功能性成分在一般饮品中是没有的,它们对人体健康大有益处。随着科学研究的不断深入,有着天然健康养生因子的绍兴黄酒对人体的养生保健作用,将会得到更准确、更完整的评价。[①] 现代研究发现,黄酒还具有舒筋活血、调节肠道微生态、抗衰老、降低胆固醇、参与机体代谢和免疫调节等功效,具有一定的药用功能。2016 年,古越龙山与东阿阿胶"绑定",阿胶用酒全部采用古越龙山的金五年花

---

① 汪建国、汪琦:《绍兴黄酒的保健养生功能》,《江苏调味副食品》2007 年第 1 期。

雕酒,这是黄酒与药品"抱团取暖,合作共赢"的成功尝试。同年,由中国食品科学技术学会、中国疾病预防控制中心、中国食品发酵工业研究院等单位牵头,携手绍兴"古越龙山""会稽山"等黄酒龙头企业启动了"黄酒与肠道健康研究"。主要是围绕黄酒对人体肠道微生态健康的作用,对黄酒成分、工艺技术、市场及消费、营养健康作用等方面进行研究。这个项目的实施必将有利于推动黄酒产业的技术升级和产品营养健康化。其实,古代医学家早就发现了黄酒的药用和保健功效,《汉书·食货志》中记载:"酒,百药之长,嘉会之好。"也就是说,黄酒是药物中的长者,是庆典聚会时的助兴佳品。李时珍在《本草纲目》中说:"诸酒醇不同,唯米酒入药用。"当时所说的米酒即黄酒。据徐明光主编的《生命的歌谣》分析表明,绍兴市百岁以上老年人(2015年3月前健在的359人)中,绝大多数人每天都喜欢喝适量绍兴黄酒。通过传播健康饮酒理念,也能为绍兴黄酒带来重要的发展突破口。为此,除了必要的体育锻炼、瑜伽健身等以外,人们会更加重视对包括黄酒在内的有益于健康养生的绿色食材的刚性需求,极有可能会给绍兴黄酒带来一个较长的稳健的增长周期。

二、新技术催生新模式

第一,移动互联网、物联网、大数据、云计算等新一代信息技术的迅速崛起并推广运用,必将推动黄酒产业融合发展,创新黄酒产业营销模式,为黄酒产业挖掘市场、智慧购物、精准营销等提供了重要支撑。如果充分运用互联网思维,基于多元品类发展需求,把着力点放在"渠道转变"上,让传统渠道供应商、新型酒类连锁店和电商三者握成拳、抱成团,形成合力,必将有力地助推黄酒走向全国市场。

第二,未来绍兴黄酒产业要做大做强,其生产流程必须向机械化、自动化、智能化、信息化方向发展。这是提高黄酒企业生产效率的必由之路。2014年,会稽山新建的全自动瓶酒生产流水线,是目前黄酒行业最先进的黄酒灌装线之一,进瓶、洗瓶、灌装、杀菌、贴标、装箱、码垛全程采用密闭式灌装、清洁化生产、自动化控制,集成多项智能化、信息化、数显化控制技术于一体。同年,古越龙山与浙江大学合作,计划用3—5年时间,通过实施黄酒生产领域系列化"机器换人"工程,将体力劳动用工量降低50%以上,生产环节的物流成本降低20%以上,同等生产规模的仓储空间需求降低30%以上。

三、新时尚创造新价值

近年来,随着黄酒消费向多样化、差别化、时尚化发展,传统黄酒也将逐渐由饮用型向多功用、中高度向低中高并存、简约型向时尚型转变,这为黄酒产业提升附加值创造了有利时机。黄酒本身"中和"的酒精度,迎合了人们追求时尚化、健康化的消费理念。不断升级的市场消费,必将成为黄酒市场定位新突破的助推器。造型时尚、度数较低、口感清爽的新型黄酒,在大众市场上具有独特的竞争优势。近年来,黄酒棒冰、黄酒奶茶、黄酒巧克力等黄酒衍生产品迅速成为"网红",从一个侧面说明拉长黄酒产业链大有可为。如果未来能够顺势而为,掌握消费市场新动向、健康需求新特点、绿色消费新方式,致力于做优工艺、做新产品、做响品牌,必然能够吸引更多的新兴消费群体,不断激活和拓展潜在市场,从而唤醒黄酒沉睡的价值,实现黄酒行业应有的价值回归。

四、新标准倒逼新作为

第一,随着我国经济的快速发展和人们生活水平的显著提高,对食品质量及安全的要求也越来越高。食品安全已成为当前及未来人们最急最忧最关注的焦点问题。食品安全升级势必对黄酒产业的健康发展提出更高的标准和要求。黄酒新国标的实施,既符合整个黄酒产业技术进步现状和发展方向,又迎合市场消费需求变化趋势。2020年初突如其来的那场新冠疫情让民众对健康的关注达到前所未有的高度,真切感受到生命安全的重要性,未来人们将对健康越来越关注,更加注重健康生活方式,对食品安全有更高的要求。作为满足物质、精神、嗜好需求的特殊食品,黄酒不但具有补血养颜、舒筋活血、怡神舒畅的作用,还提倡温文有度、儒雅谦恭的消费环境和氛围。绍兴黄酒如何成为"质量稳定,工艺保证、生产标准、品质安全、环境整洁、口感舒适、健康养生"的最受消费者欢迎的"一坛好酒",是每一位绍兴酿酒人都必须解答好的时代课题。因此,必须大力推进绍兴黄酒产业健康升级,勇当黄酒行业新标准"旗手",推动美酒与康养融合,叫响绍兴黄酒"做诚实人,酿良心酒"的质量安全宣言,在提高产品颜值的同时,增加口感舒适度,凸显绍兴黄酒的健康养生理念,以吸引更多潜在消费者选择黄酒。

第二,确保黄酒的质量与安全,最关键的是黄酒产业的标准化、生态化问题。绍兴黄酒的原料(糯米、小麦等)来源广泛且生产过程较长,使管控黄酒产业链的原料、水源、生产过程等方面有着极高的标准化要求。以绍兴黄酒为例，品质优异的糯米、水质优良的鉴湖水以及独树一帜的酿制技艺，是绍兴黄酒酿造的"三大法宝"，缺一不可。它依托碧水蓝天的自然环境和水质优良的鉴湖水，选用周边盛产的生态种植的原料圆头糯米、黄皮小麦，历经几十道复杂工序，纯天然发酵，纯手工酿造而成，高品质，生态化。绍兴黄酒是我国最贴近自然、最保持原生态的酒类产品之一。

五、新需求拓展新空间

回溯历史，绍兴黄酒在鸦片战争期间就已经是"中国第一酒"，其销量约占当时全国酒类的 2/3。对于绍兴黄酒而言，品质和产量都不是问题，关键是社会认知度不够。长期以来，我国黄酒市场按消费者成熟度可分为引导市场、成长市场和成熟市场。成熟市场上的消费者对各种类别的黄酒接受能力强，需求量大，对黄酒的品质要求高，在通常情况下，劣质、假冒黄酒很难入侵市场，此以绍兴、上海、苏南为代表。成长市场中有部分地区消费者也比较成熟，以福建、北京、广东、山东、河南为代表，其余地区则为引导市场（如东北、西北地区）。[1] 但是，近年来，受益于经济持续增长，黄酒行业也呈现由消费升级带来消费需求结构性多元化发展趋势：从消费区域看，有以江浙沪地区为主的局地消费向全国消费的转变，进而走出国门；从消费季节看，由冬季单季消费向全年四季消费转变；从消费渠道看，由线下销售为主向线上线下销售并存转变；从消费理念看，从不问品质向追求品牌转变。更值得关注的是，在原属成长市场或引导市场的部分地区，高度、烈性的不良饮酒观日益为人们所摒弃，而黄酒的低度、营养、保健的优势逐渐得到显现。与此相适应，黄酒的消费人群由中老年消费群体向青年消费群体扩张，由低收入人群向高收入人群转移，即使是在原消费人群中，对黄酒的需求也逐步从"单纯嗜好"向"营养保健"转变。"少喝酒、喝健康酒"的消费理念必将在全社会得到强化和认可，具有健康基因的黄酒产品将是顺应消费潮流的市场选择。显然，黄酒市场容量具有不断拓展的空间。

综上所述，"只有饱和的心态，没有饱和的市场"。从宏观背景来看，党的十八大以来强有力地压缩"三公"消费，对酒类政务消费的制约已到底部，大众自主消费成为酒类增长的主要动力。而黄酒低度健康的品类优势得到消费者的

---

① 林小燕：《后危机时代绍兴黄酒产业发展策略探讨》，《企业经济》2010 年第 4 期。

普遍认可,品类切换正在发生。绍兴黄酒行业已基本完成整合,大部分主流品牌聚集于上市公司中,成为品类全国化的主力,其他品牌跟随受益。龙头公司全国化的战略进一步明确,古越龙山继续在全国范围内打造品牌和建设渠道,会稽山在夯实江苏、上海市场的基础上,开始加大江浙沪以外的市场投入,金枫酒业通过收购尝试进入上海以外的市场。渠道商开始主动代理黄酒品类,新型酒类连锁终端持续扩张,黄酒全国化的壁垒明显降低。因此,黄酒正在进入全国化放量的拐点阶段。在未来的 5 ~ 10 年,由于人们对美好健康生活的需求趋势不变、黄酒品类向名酒集中化的趋势不变、消费市场品质化需求的升级趋势不变,绍兴黄酒产业的市场必然也蕴藏着巨大的增长空间,甚至可与一部分中低端白酒抢夺市场。从当前酒类消费的发展态势来看,中高端白酒逐渐恢复增长,而低端白酒仍处于低迷态势,"此消意味着彼长",这在客观上给绍兴黄酒创造了难得的赶超机会。为此,绍兴黄酒产业必将面临前所未有的历史机遇和壮大空间。

第二节　基于SWOT视角的绍兴黄酒产业

迈克尔·波特在其经典著作《竞争战略》中提出了行业结构分析模型，即所谓的"五力模型"（如下图所示），认为企业在拟定竞争战略时，必须深入了解决定产业吸引力的竞争法则。他指出，行业现有的竞争状况、供应商的议价能力、客户的议价能力、替代产品或服务的威胁、新进入者的威胁等五大竞争驱动力，决定了企业的盈利能力；公司战略的核心在于选择行业中最具有吸引力的竞争位置。SWOT模型是通过剖析某个产业或企业自身的内在条件，找出其优劣势及核心竞争力，从而来研判其战略导向及其竞争力的分析工具。这种分析模型及其分析工具能够把资源和行动聚集在自己的强项和有最多机会的地方，并让战略变得更加明朗。显然，绍兴黄酒产业的振兴战略是该产业"能够做的"（即组织的强项和弱项）和"可能做的"（即环境的机会和威胁）之间的有机组合。

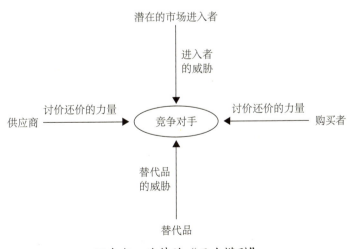

迈克尔·波特的"五力模型"

绍兴黄酒产业 SWOT 分析的矩阵图

优势	劣势
·行业规模居首 ·文化积淀深厚 ·品牌资源丰富 ·研发力量相对较强	·消费市场地域性太强导致市场拓展艰难 ·无序竞争导致价值低估、身价降低 ·传统观念影响导致创新能力不够强 ·过分强调传统的酿造技术导致生产效率难以提高
机遇	威胁
·健康理念的日益显现使人们的酒类饮料消费向健康、安全、低度转变 ·党和政府对民族产业的鼓励使黄酒行业能够享受更多的政策优惠 ·改革开放和经济发展使绍兴黄酒加速走向世界	·原辅料价格上升对绍兴黄酒行业带来影响 ·劳动力成本上升对绍兴黄酒业带来影响 ·海派、苏派等黄酒的兴起对绍兴黄酒造成影响

资料来源：何晓刚：《对绍兴黄酒业发展的思考》，《绍兴文理学院学报》（哲学社会科学）2011 年第 4 期。

一、优势分析

（一）行业规模的首位度显著

如前所述，目前，绍兴黄酒产业规模在全国的占比较高，是全国最大的黄酒生产和出口基地。产业规模、产品附加值与国内其他主要产区相比具有较大优势。最新数据显示，2018 年，绍兴市共有黄酒生产企业 77 家，可以使用"绍兴黄酒"原产地商标的黄酒企业 14 家。全市绍兴黄酒生产规模为 58 万千升，实现销售额 56.6 亿元，分别占浙江省黄酒企业总数的 74.8% 和 78.2%，足见绍兴黄酒在全省乃至我国黄酒行业中举足轻重的地位。

（二）文化底蕴独特深厚

绍兴是中国古代文明的发祥地之一，也是典型的山水江南，自南朝以来，物阜民丰，文化渊薮，被誉为"丝绸之府""鱼米之乡"，享有"文物之邦，旅游之地"的美誉。在绍兴，绍兴黄酒厚重的历史渊源赋予了其精深的文化内涵。人们可以从中挖掘并重新认识其文化价值。从技艺革新、标准构建、市场拓展、价值提升、健康养生、休闲旅游等方面，挖掘独特而深厚的黄酒文化底蕴，使之成为推动绍兴黄酒产业发展的原动力。"酒以城而闻名遐迩，城因酒而风望倍增。"[1] 从勾

---

[1]　陈桥驿：《绍兴酒文化序》，《吴越文化论丛》，中华书局，1999 年版，第 473 页。

践"箪醪劳师"、王羲之"曲水流觞"、李白与贺知章"金龟换酒"、陆游与唐琬"红酥手,黄縢酒",再到王阳明"共君醉卧"、徐渭"狂生醉酒"、秋瑾"貂裘换酒"、鲁迅"把酒论世"……绍兴黄酒与无数越地英豪雅士形影相随,渊源深厚。正如人们一提到葡萄酒就想到法国的波尔多一样,一提起黄酒,自然而然地就想到绍兴。所以,绍兴黄酒比其他地区的黄酒更为人们所认知、所接受。

不仅如此,绍兴黄酒文化积淀深厚,因其温顺平和的风格和品性,成为了中国文化的符号和象征。数千年来,不仅成就了一个偌大的产业,也成为一张亮丽的城市名片。经过千百年来历代酿酒人的口传心授,绍兴黄酒还形成了一整套精湛独特的古法酿制技艺:农历七月做酒药,八月制麦曲,九月做酒酿,立冬开酿,立春榨酒,独特的复式发酵工艺,长达90余天的发酵时间……正因为如此,"绍兴黄酒"成为中国第一只原产地域保护产品,其酿制技艺被列入国家首批非物质文化遗产名录。与此相联系,还形成了"敬献祭品、恭请酒神、诵读祭文、上香祭拜"立冬开酿仪式,蕴含着酿酒人对天地神的一种敬畏和敬畏自然、和谐共生的发展理念,也是不管时日多艰也要自觉恪守酿酒规范、酿出醇香美酒的行动宣言。如果说波尔多葡萄酒展现了法国人的浪漫,那么,绍兴黄酒则展现了中国人温润如玉、谦谦君子的儒家风范。

在绍兴,还拥有许多闻名遐迩的黄酒产业文化遗存。位于鉴湖源头的"绍兴鉴湖黄酒作坊",历来是绍兴黄酒的招牌之一。这家拥有近300年酿造历史,至今厂址未变、工艺未变、品牌未变的老酒坊,在中国黄酒界都是独一无二的存在。因此,可将其申报为国家工业文化遗产。一旦"申遗"成功,必将对绍兴打造"世界美酒产区"产生深远影响。

(三)品牌资源丰富

品牌是具有经济价值的无形资产。黄酒品牌的经济价值蕴含其知名度、美誉度和普及度等要素。以绍兴黄酒为例。目前,在中国黄酒十大品牌中,绍兴拥有"古越龙山""会稽山""塔牌""女儿红"四大品牌,拥有9个中国驰名商标、4个中国名牌和7家中华老字号。全国3家黄酒上市企业绍兴占了2家,说明这些知名品牌具有广泛而强大的基础。而且,"绍兴黄酒"作为区域性驰名商标,在全国酒类行业中也是唯一的。尤其是创立于1664年的"古越龙山"是唯一国宴专用酒,被誉为"东方名酒之冠"。分别创立于1743年的"会稽山"、1919年的"女儿红"都是中国驰名商标、中华老字号。近年来,以黄酒特色小镇为平台,通过与文商旅融合,绍兴黄酒的知名度、影响力和品牌传播力日益提升。

不仅如此,已经连续举办了25届的绍兴黄酒节,为打响绍兴乃至绍兴黄酒的品牌效应,发挥了巨大的助推作用。以第25届绍兴黄酒节(2019)为例。节会以"中国黄酒之都,扬帆'一带一路'"为主题,由开幕式、"一带一路"中国(国际)黄酒产业博览会、中国(国际)黄酒产业高峰论坛三大主体活动和"黄酒COSPLAY"节、京东11·8黄酒节、美酒与美食节三大配套活动构成。其间,不仅有古越龙山、会稽山,以及省外的上海金枫、沙洲优

绍兴黄酒四大品牌

黄、老恒和、即墨黄酒等中国黄酒的龙头企业参加,而且也邀请了福建红曲酒、河南南阳等极具地方特色的黄酒企业参与,俨然成为全国黄酒企业的"大聚会"。通过搭建最具专业性、最具前瞻性、最具国际视野的全产业链交流展示平台,绍兴乃至整个绍兴黄酒在消费者心目中的认知度得到较大幅度提升。

与此同时,近年来,绍兴黄酒的品牌战略正在改变。一方面,在建立强大的品牌形象,挖深、提升品牌价值以带动产品附属价值等方面,取得了令人满意的成效。比如,古越龙山摒弃了原先的促销推动型营销模式,采用了品牌拉动的营销方式,与央视合作,花巨资聘请陈宝国代言"古越龙山";借助央视平台和名人效应,全面开拓国内消费市场,企业销售收入和"古越龙山"品牌形象有了显著的提升;邀请马云参观黄酒小镇,与茅台一起亮相卡慕,在全球免税店开设"中华国酒"专区,成功开启了国际市场的大门。得益于一系列品牌战略带动的品牌营销方式,企业品牌形象大幅度提升。另一方面,除了新型黄酒营销模式——原酒交易之外,与时俱进地创造出了适合现代时尚年轻人的新型黄酒。比如,古越龙山向年轻消费者推出了新型黄酒"年代酒"系列,不但打破了黄酒销售的季节性,让人们在夏季也能喝到滋味纯正的黄酒,而且也培养了年轻的消费群体,起到了"一箭双雕"的效果。

(四)研发力量相对较强

绍兴黄酒的研发团队实力居全行业之首。2020届国家级黄酒评酒委员资深委员全国共56人,其中浙江省34人,绍兴市32人。现有国家级黄酒评委即

"评酒大师" 60 位,浙江省有 24 位,占全国总数的 40%。其中,绍兴市有国家级黄酒评委 21 名,占全省总数的 87.5%,大部分集中在 "古越龙山""会稽山""塔牌" 等龙头企业。全国黄酒行业共 9 位 "中国酿酒大师",其中绍兴 5 位,"古越龙山" 就占 3 位。产学研合作机制较为完备。"古越龙山" 拥有我国唯一的国家级黄酒工程技术研究中心;与江南大学联合开发的 "喝了不上头" 的 "国酿 2.5" 绍兴黄酒新品,荣获 2019 年度中国轻工业联合会科技进步奖一等奖,这是现代黄酒科技的重大突破。"会稽山" 的黄酒研究院是浙江省企业技术中心,研究水平处于行业领先地位。未来绍兴黄酒研发团队将着力探索适合黄酒酿造技术与装备研究运行的发展模式,推进黄酒产业的转型升级和持续发展。塔牌酒厂成功研发 "塔牌本酒",开创本色黄酒先河,引领黄酒行业向高质量发展。绍兴还建有中国黄酒产品质量监督检验中心。

(五)行业投资热情较高

黄酒行业具有三大投资优势,一是消费市场的巨大潜力,随着人民生活水平的日益提高,讲究文明饮酒和追求营养,是未来饮酒消费的主流趋势,黄酒很有竞争优势。二是较低的成本和新产品开发有较大的利润空间。三是投资风险小,黄酒市场寿命长,不怕库存积压,存在仓库里,质量越陈越好,售价越陈越高,能获得更为丰厚的利润。因此,近些年,黄酒行业吸引了越来越多企业家的关注,正在掀起新的投资热潮。

二、劣势分析

(一)消费市场的区域性太强而导致市场难以拓展

绍兴黄酒行业的集中度较低,而消费市场的集中度又极高,产业的区域分布严重不均衡。黄酒的消费群体主要集中在江浙沪地区(占 70% 以上)。这是黄酒产业的 "天然短板",在客观上限制了市场区域的扩张。造成这类情况的原因有三:一是,北方人一直以来习惯喝白酒,它的特点是酒精度高,但是挥发快,不容易上头;而黄酒是糯米酒,酒精度虽然低(16° ～ 18° 之间),但是后劲比较足,喝多了以后酒劲消散慢。二是,由于对绍兴黄酒的知识宣传不够,许多地方(特别是在东北和中西部地区)对绍兴黄酒的认知有误区,认为它只是料酒,把绍兴黄酒当做菜时的调味料使用,而忽略了它的饮用特性。三是,黄酒的消费行为具有明显的季节性,导致强烈的不规则需求存在。也就是说,绍兴黄酒的消费区域局限在以江浙沪为核心的较小范围,消费场景也局限在 "吃大闸蟹" 时才能想起来喝黄酒。这不仅影响了绍兴黄酒的市场拓展,也成为绍兴黄酒提升传统区域品牌价值的极大障碍。

(二)严重的同质化恶意竞争导致价值被低估

由于绍兴黄酒产品的定位不清晰,产品和营销的创新不足,以及行业标准化存在漏洞等原因,行业内存在严重的同质化竞争。为了获得更大的市场份额,许多绍兴黄酒企业都使出浑身解数,竞相抢占对方的"地盘"。在绍兴,已呈三足鼎立之势的"古越龙山""会稽山""塔牌"3家龙头企业为了赢得市场和消费者,往往采取低价倾销的手段,致使在当地出现"零售价低于出厂价"的怪现象;在宁波,为了在餐饮市场赢得更多的话语权,绍兴黄酒"三巨头"更是不惜血本地买断经营,阻止对手进入;在上海,以金枫酒业为代表的"海派黄酒"与以古越龙山、会稽山为主力军的"越派黄酒"短兵相接,前者是想把对手冻结在上海,自己抽身扩展,而后者是想破冰取水,重振上海滩"第一黄酒品牌"雄风。即使是绍兴市内14家共用"绍兴黄酒"商标的黄酒企业间,也存在竞相压价等不正当竞争手段。其他一些黄酒企业同质化竞争更为激烈,特别是由于对黄酒年份标准等重要指标尚无严格的鉴别方法,少数企业便"聪明"地钻空子,就连成立三五年的企业也推出了20年乃至50年的陈酿酒。一些黄酒企业不惜采用粗制滥造或者弄虚作假的方式,以价格低于合理成本的方式抢占市场,造成了黄酒市场"劣品驱逐良品"的局面。还有,在江浙沪以外的地区,一些企业利用消费者对黄酒认知的不足,打着绍兴黄酒的名头,以劣充优、以次充好,使绍兴黄酒的价值被严重低估。这严重损害了绍兴黄酒的声誉,使消费者对绍兴黄酒产生了不信任情绪,极大地扰乱了市场秩序,对行业造成了很大的危害,使得绍兴黄酒行业在全国化的进程中步履维艰。

(三)传统思维定式导致产品创新和传播能力不够

长期以来,绍兴黄酒的消费群体主要为中老年的男性消费人群。实际上,国内饮料酒市场上最具实力和潜力的消费群体是商务人士和年轻人,他们更趋向于选择那些设计前卫、时尚的饮料酒。喝黄酒"土气""落伍"的传统观念在人们心目中根深蒂固,在很大程度上束缚了消费群的拓展。若干年后,如果原来的中老年消费群都老去,黄酒可能会出现"消费断层",一旦达到临界点,会直接影响黄酒的市场销量。遗憾的是,许多黄酒生产企业对"年轻人"这一潜力巨大的消费市场熟视无睹,仍然片面地专注于挖掘传统风格酒市场,对目标消费群体的定位不清、把握不准,尤其缺乏对不同消费群体特别是年轻消费群体消费心理和消费需求的研究,即使新开发出来的新产品也口感不新鲜、包装不时尚,"新瓶装旧酒",与年轻消费群的市场融合度不够。在竞争激烈的酒业商战中,绍兴黄酒的历史价值和文化价值并未被很好地释放给消费者,没有向消费者很好地展示其固有的优秀品质。可以说,与白酒、葡萄酒相比,黄酒将自身禁锢在"最古老的酒""有几千年历史"上,缺少文化定位、文化传播的有效方式,没有在以文化创新为载体去拥抱年轻消费者、打造"时尚黄酒"等方面下功夫,久而久之,难免给年轻人以"老头儿才喝黄酒"的思维定式。在第 25 届绍兴黄酒节(2019)上举办了"黄酒 COSPLAY 节",通过年轻人喜欢的 COSPLAY 文化来创新消费场景,实现黄酒文化与时尚文化的结合,效果不错。近年来,"古越龙山"开设各种线上线下品鉴馆,加强与年轻人的互动;更新产品包装设计,提升产品颜值,吸引年轻人的目光;设计开发"冰饮黄酒""黄酒冰淇淋""黄酒面膜""黄酒鸡尾酒"等产品;通过抖音等新媒体平台的线上直播销售形式,吸引青年受众,帮助建立"年轻印象",做到既"守得住经典",又"当得了网红",收效甚佳。所有这些,从一个侧面反映出"时尚黄酒"蕴藏着巨大的市场空间。

(四)墨守成规的酿造技术导致高成本低效率

毋庸讳言,在发展理念上,绍兴黄酒或多或少地存在着"继承传统有余,创新谋变不足"的现象。由于故步自封、"倚老卖老"、"酒好不怕巷深"的思维定式,大多数黄酒企业还是以"低小散"的作坊式生产为主,生产仍然沿用着传统老工艺技术。全国 700 多家黄酒生产企业(其中规上企业 115 家),实现机械化和半机械化生产的不到 1/4;其中生产规模在千吨以下的企业占 80%,万吨以上的仅 30 多家。近年来,虽然绍兴黄酒的机械化程度有所提高,但总体上设备比较陈旧,再加上传统工艺的季节性限制,导致人力成本高、生产效率低、灵活性不够强。而且,机械化只是酿造过程的一个环节,酿造后的"煎酒—封坛—入库—贮藏(翻罈)—出库"等工序还需要用人工来完成。生产自动化任重而道远,生产智能化更是遥不可及。[①] 以绍兴黄酒为例,在现有的工艺和技术条件下,每年的黄酒生产主要集中在入冬以后,到了暑季便无法正常进行。因此,即便黄酒消费量不断增长,墨守成规的传统生产方式也已成为绍兴黄酒高质量发展的桎梏。

---

① 柏宏:《绍兴黄酒产业转型升级的对策研究》,《绍兴文理学院学报》(自然科学版)2015 年第 8 期。

三、机遇分析

（一）健康的消费理念

健康理念的日益显现使人们的酒类饮料消费理念向健康、安全、低度转变。随着人们生活水平的提高，健康、绿色的饮食消费理念逐渐深入人心，酒类产品的消费习惯也在逐渐地改变，高度酒消费转向低度酒消费的势头越来越明显。目前，白酒行业已经认识到了这一转变，白酒的酒精度已经开始降低。而北方地区等一些白酒消费量较大的市场，也已经出现了转向黄酒、葡萄酒等低度酒消费的现象。对于绍兴黄酒来说，这正是进军全国市场千载难逢的大好机会。

（二）丰厚的政策红利

我国酿酒行业的产业政策是：重点发展葡萄酒、水果酒，积极发展黄酒，稳步发展啤酒，控制白酒总量。由于黄酒出品率高，属低耗粮酿造酒，国家对黄酒的税收政策也比较优惠。目前，黄酒的消费税为240元/每千升，在三大酒类产品中消费税税负最轻。浙江省委、省政府十分重视黄酒这一历史经典产业发展，为全省黄酒行业的快速发展创造了丰厚的政策红利。改革开放以来，浙江省作为黄酒产业和文化强省，省委、市政府审时度势，精准施策，先后研究制定了《关于推进黄酒产业传承发展的指导意见》（2015）、《浙江省黄酒产业发展"十三五"规划》（2016）、《浙江省黄酒酿造产业环境准入指导意见》（2016）等等。这些政策为全省黄酒产业的传承发展注入了强大动力。作为全省黄酒产业的"龙头老大"，绍兴市委、市政府一直高度重视黄酒产业发展。早在"十二五"期间，在推动绍兴黄酒产业集群发展、提升黄酒业核心竞争力等方面，就研究出台了《绍兴黄酒产业提升规划》《关于进一步整合振兴绍兴黄酒业，打造"黄酒之都"的实施意见》等。更为可喜的是，2021年7月《绍兴黄酒保护和发展条例》经省人大常委会批准施行，从保护传承、创新发展、监督管理等方面对黄酒产业发展提出了新要求。通过立法进行保障，可以更好地优化黄酒产业布局，促进产业整合提升。近年来，为了强化产业规划引领，绍兴市将黄酒产业列入《绍兴市生命健康产业发展规划》，制订了《绍兴市黄酒产业传承发展行动方案》等政策意见，以打造"世界黄酒之都"为目标，按照"全产业链提升、全生态保护、全市域旅游"的发展思路，做大做强黄酒产业，扎实推进黄酒产业创新、消费升级和文化传承，把绍兴打造成为黄酒产业传承发展的引领区、振兴历史经典产业的标杆。通过推进企业整合提升、打造地域经典品牌、严格标准质量管控、提升科技创新能力、加强黄酒文化传承等方式，推动绍兴黄酒产业的大发展。随着黄酒企业发展环境趋好，加上消费习惯的逐渐形成，黄酒在未来有着更加广阔的空间。

（三）宽阔的国际空间

随着我国改革开放进入新时代，中国已经成为世界上第二大经济体，国际地位不断提高，为进一步拓展绍兴黄酒的国际市场奠定了坚实的基础。近些年，我国分别在杭州、上海等地成功举办了G20峰会、世博会和进博会等，再加上"长三角区域一体化"上升为国家战略，不少国家掀起了来华投资和旅游的热潮。绍兴黄酒作为中国特有的酒种和民族文化遗产，越来越受到国外友人的关注。早在1915年的巴拿马太平洋万国博览会（世博会的前身）上，绍兴黄酒就因一举夺得金奖而名扬海外。目前，绍兴黄酒已远销日本、东南亚和欧美等40多个国家和地区。2017年，绍兴黄酒出口亚洲占总出口量的54.98%（其中日本占总出口量36.36%），欧洲占32.36%（其中意大利和西班牙占16%）。[①] 随着"一带一路"倡议的落地见效，以及中国在世界经济中的影响力持续不断提升，未来绍兴黄酒一定会走向更多的国家和地区，像啤酒和葡萄酒一样成为世界性的酒类饮料，妥妥地摆上世界各国人民的餐桌。

四、挑战分析

（一）原辅材料及营销成本上涨导致黄酒行业盈利能力下降

2018年，纳入国家统计局范畴的规模以上黄酒生产企业115家，其中亏损企业8家，亏损面为6.96%。规模以上黄酒企业累计实现利润总额17.24亿元，同比下降7.20%；亏损企业累计亏损额0.31亿元，同比增长266.37%。究其原因有二：一是国内糯米价格上涨幅度加快导致黄酒的酿制成本大幅增加。2018年初糯米价格6.8元/每千升，同比上涨20%。以每斤糯米产1.8斤酒计算，每千升酒成本就上涨了0.8元。二是市场推广费用大幅提高。据中国酒业协会黄酒分会调查，2018年黄酒行业的销售成本和销售费用分别提高了6.28%和12.42%，造成黄酒行业整体盈利水平下降。

（二）劳动力成本高成为黄酒行业发展的重要瓶颈

黄酒是典型的劳动密集型行业。一段时间以来，东部沿海地区"招工难"

---

① 《2016—2018年绍兴市经济统计年鉴》。

的问题越来越突出。再加上,受到通货膨胀等因素的影响,企业不得不以提高工资来吸引和稳定职工,导致企业劳动用工成本越来越大。就绍兴酒企业来说,一方面,由于受制于传统酿造方式及生产的季节性影响,企业在每年10月至次年4月对从事原酒酿造的部分技术含量较低的工种刚需特别大,导致劳动力总体使用效率偏低;另一方面,从事黄酒行业"后酿造"工序的工人不但要身强力壮,还要有一定的技能,也造成企业中长期用工成本居高不下。而且,与其他行业相比,绍兴黄酒行业实施"机器换人"的智能化才刚刚起步,还没有实质性的进展。

(三)"海派""苏派"等黄酒的兴起对绍兴黄酒将造成巨大冲击

21世纪初,以上海"石库门"和"和酒"为代表的海派黄酒迅速崛起,曾一度使绍兴黄酒在上海的市场份额从70%下降到了30%。这些黄酒企业的机械化、自动化水平已远远超过绍兴黄酒企业,它们的生产成本不到绍兴黄酒生产成本的2/3。继海派黄酒之后,福建的闽越花雕、山东的即墨老酒、江苏的沙洲优黄、安徽的古南丰、广东的珍珠红、云南的香格里拉藏秘等品牌黄酒也异军突起,在当地拥有相对稳定的市场,对绍兴黄酒的市场份额产生了较大挤压和蚕食。[①]特别是江苏黄酒企业通过吸引外来资金,引进专业的营销策划公司参与市场运作,欲重树苏派黄酒的大旗,同绍兴黄酒、上海黄酒抢夺市场。这给绍兴黄酒销售带来巨大冲击,而其他省份的黄酒企业也借助各种优势纷纷拓展市场,竞争实力不可小觑。

(四)在国际市场上,许多黄酒(主要是绍兴黄酒)商标被恶意抢注,严重影响了绍兴黄酒的出口

出现这种情况,与黄酒企业的国际注册和国际保护意识淡薄有关。在绍兴,除了少数以出口为主要经营方式的黄酒企业之外,大多数黄酒企业都缺乏主动到境外注册商标的意识,使国际市场的经销权无故旁落。目前,绍兴黄酒的国际化水平较低,与此不无关系。以绍兴黄酒龙头企业古越龙山为例,2018年古越龙山的国外销售额4585万元,仅占主营业务收入的2.7%。

---

① 柏宏:《绍兴黄酒产业转型升级的对策研究》,《绍兴文理学院学报》(自然科学版)2015年第8期。

1994—2007 年绍兴黄酒商标被恶意抢注情况一览表

被抢注商标所在国或地区	被抢注商标名称	被抢注时间
日本	绍兴老酒／天女	1994 年 4 月 28 日
日本	绍兴酒物语	1994 年 8 月 31 日
日本	绍兴花雕酒	2000 年 8 月 25 日
日本	绍兴老酒	20 世纪 80 年代
日本	女儿红	1992 年
日本	沈永和	1991 年
日本	唐宋绍礼	2007 年
日本	宇塔	2007 年
新加坡	水仙王绍兴花雕酒	2004 年 8 月 25 日
澳大利亚	"古越龙山"文字加拼音	2006 年
香港特别行政区	牧童牌绍兴花雕酒	2007 年

第三节 振兴绍兴黄酒产业的行动方略

如果说"预判终局"是战略思考,那么"当下布局"就是战略行动。其实质就是:为了达成给定的战略目标,决策者提前配置所需资源的战略行动及其实施方案。

绍兴黄酒不仅是绍兴的名片,也是中国的名片。振兴绍兴黄酒产业要以产业现代化和品牌现代化两个维度作为切入点。最重要的是,要进一步强化责任感和使命感,立足高起点,对标高品位,解放思想、转变理念,守正创新、开放开拓,以更高的目标定位,更优的思路举措,更实的机制保障做大、做强、做优、做响绍兴黄酒产业。

一、高起点谋划,确立"建设世界名酒产区"战略导向

综观全球酒类产业,任何一款名酒的酿造都离不开独特的原料、水源、土壤、气候、微生物的生态环境。为此,"产区"已演变成全球消费者判断酒类品质优良与否的最重要标准,也成了全球名酒最好的品质表达方式之一。绍兴黄酒作为中国的"文化符号"迈出国门、走向世界,已势在必行。

在这样的国际大背景下,我们要因势利导,顺势而为,着眼于全国乃至全球酒业发展的最新动态,谋划和厘定高起点、高品位的发展目标。2019年11月,绍兴被中国轻工业联合会、中国酒业协会授予"中国黄酒之都"称号。振兴绍兴黄酒产业,要以此为契机,将"建设世界名酒产区"作为今后一个时期的奋斗目标。以"产业整合、品牌联合、跨业融合"为突破口,提升绍兴黄酒价值,擦亮这块金字招牌,真正把绍兴黄酒文化、旅游文化等融为一体,促进产业延伸和绍兴经济发展。要花大力气重塑绍兴黄酒产业新格局、表达绍兴黄酒品牌新文化、拓展绍兴黄酒营销新渠道、改进绍兴黄酒生产新工艺、推进绍兴黄酒业态新融合,

让绍兴黄酒更好地走向世界。

在"建设世界名酒产区"的战略定位引领下，在产业导向上，绍兴黄酒必须遵循"坚持两手抓，两手都要硬"的原则。

第一，一手抓传承保护，一手抓创新发展。在加强对黄酒传统文化、技艺、工艺等历史遗产的挖掘、传承与保护，进一步夯实黄酒产业文化根基的同时，顺应"互联网＋"、资源配置市场化发展趋势，加强黄酒产业工艺技艺及文化创新、体制机制创新，提升黄酒产业发展现代化水平。

第二，一手抓产业提升，一手抓文化旅游。进一步深入挖掘、提炼黄酒产业传统文化精髓，将古老悠久的黄酒文化融入黄酒生产、营销，加强黄酒产业与文化的整体宣传，推进黄酒"文化＋产业"有机协调发展。

第三，一手抓新品开发，一手抓市场拓展。顺应黄酒多元化消费趋势，精准定位预期客户，根据消费者的精神、情感需求推动营销变革。以满足黄酒新兴消费需求和各地黄酒消费习惯为导向，加快开发黄酒新产品，拓展黄酒国内中西部、北方地区消费市场以及国外消费市场，提高市场占有率。

第四，一手抓做精做强，一手抓绿色安全。鼓励黄酒企业在做精做大、提升产品附加值的同时，加强对黄酒酿制原料的监测、生产过程的管控、生产废料的综合利用，确保黄酒食品安全与绿色发展。

二、高品位施策，实施"守正创新传承发展"行动方略

要把绍兴黄酒作为构建绍兴现代产业体系、重塑绍兴城市文化体系的重要内容。在总体思路上，要围绕"讲好黄酒故事、弘扬黄酒文化、提升黄酒价值"三个着力点，花大力气做好三篇文章。一要做好"守正"文章。坚守绍兴黄酒的核心价值、非遗记忆和品牌文化，秉持工匠精神，传承千年酿造工艺，不断提高和改善绍兴黄酒的感官品质，让绍兴黄酒的味道更加醇厚，更加芬芳。二要做好"创新"文章。通过新的定位、新的变革和新的营销，为绍兴黄酒发展注入新的活力。加快产业链、产品和营销模式创新，构建形成绍兴黄酒全产业链发展新格局，推广绍兴黄酒产品个性化定制，实现"老树开新花""老枝发新芽"。主动顺应"互联网＋"发展趋势，积极探索新零售模式，让绍兴黄酒产业更加可持续。尤其是在新的消费格局下，黄酒行业想要实现产业复兴，必须在高端化、年轻化、全球化、数字化上下功夫。三要做好"融合"文章。大力弘扬绍兴黄酒文化，以规划建设绍兴黄酒小镇为载体，以"品黄酒，过慢生活"为主题，通过培育引进高端服务

业和文创业,深入挖掘绍兴黄酒文化内涵,重塑绍兴黄酒文化体系,展示绍兴黄酒的当代价值。大力推进绍兴黄酒制造、黄酒消费与城市旅游的深度融合,让更多国内外的年轻消费者认识绍兴黄酒、接受绍兴黄酒、喜欢绍兴黄酒,不断擦亮绍兴黄酒这张"金名片",让绍兴黄酒文化生机勃发,精彩纷呈。

(一)强化创新谋变

无论是在产品设计领域还是在生产技术领域,绍兴黄酒都要强化"创新谋变"的目标导向,通过产品、创新、渠道等全方位创新,推动整个绍兴黄酒产业的高质量发展。

建设黄酒省级重点企业研究院。要加大对绍兴黄酒的科研投入,用科学"武装"绍兴黄酒。鼓励有条件的黄酒龙头企业创建省级重点企业研究院,重点加强对黄酒原料、酿造工艺、发酵机理、工艺品质、节能减排、保健因子、食品安全等的基础性研究,以及黄酒产业新技术、新工艺、新装备的研究和开发,突破一批亟待解决的基础性、关键共性技术。运用新技术加强黄酒基础科学研究,对黄酒产品进行高舒适性生产和改造,增加饮酒体验感和互动性。

推进黄酒生产智能化。要以数字化改革为总抓手,运用现代化的科学技术改造生产过程,从原料到成品的每一个环节都要做精做细,全面提高企业的生产效率。鼓励黄酒骨干企业运用"传统工艺、现代装备、智能控制"的生产自动化控制系统改造提升黄酒酿造技术,提高黄酒生产的自动化、数字化、智能化水平,着力实施一批与黄酒智能化相关的省重大科技项目、技术改造重点项目和信息化与工业化融合项目,推进黄酒生产向机械化、自动化、信息化转变。围绕黄酒产业创新发展,推进实施一批黄酒产业技术改造、工艺创新、质量追溯体系建设等项目,加快提升黄酒产业核心竞争力。

加强黄酒产品创新。推进黄酒产品的多样化和时尚化,做到"传统的更加经典、现代的更加时尚"。把握各类消费需求升级的新趋势,按照不同层次、不同区域的多元消费需求,花大力气切实改善黄酒产品结构,剔除低利润、高成本、低质量、市场空间小的产品品种,加大新风格、新口味和功能性新产品的开发力度,加快开发一批面向不同年龄段消费群、高端消费群等细分市场的黄酒新产品,使绍兴黄酒的品种更加繁多、口味更加丰富,满足消费群体的多元需求,切实增强黄酒饮用群体的黏性。注重包装设计创新,加强传统图形、文字和色彩与新科技、新材料在黄酒包装上的融合应用,提升黄酒的文化感、艺术感和时尚感,赋予绍兴黄酒以更前卫、更时尚的文化魅力,从而激发年轻人对绍兴黄酒的消费需求。

以"绿色黄酒、人文黄酒、科技黄酒、和谐黄酒"作为未来绍兴黄酒行业的发展方向,运用现代技术改良黄酒品性,创新推出低度黄酒、养生黄酒、清爽黄酒、"不上头"黄酒和高端价值黄酒等不同类型的新品种。彻底摒弃人们对绍兴黄酒低价低值的固化观念,启动绍兴黄酒"新高端运动",着力推介一批战略高端黄酒品牌,打造黄酒价值新标杆,引领绍兴黄酒产业进入发展新时代。适时举办黄酒新品推介活动,在国际国内有广泛影响力的平台上,强力推介一批高端、时尚、生态的黄酒新产品。

(二)强化"四名"工程

就绍兴黄酒行业而言,黄酒"名企""名牌""名镇""名人"是振兴之道的"牛鼻子"。知名企业是创新发展的主力军,知名品牌是拓展市场的"金名片",知名集聚区(黄酒小镇)是高质量发展的"助推器",知名酿酒专业人才是酿酒队伍的"领头雁"。这"四名"是构成绍兴黄酒核心竞争力的"硬核"要素。大力实施"四名"工程,使绍兴黄酒这一延续数千年的传统经典产业焕发出新的生机、新的活力,点燃绍兴黄酒产业高质量发展的"新引擎"。

大力扶持黄酒龙头企业。鼓励黄酒企业围绕完善分工协作体系、提高产业集中度以及建立完善生产、研发、资源和服务体系等开展兼并重组,优化资金、技术、人才、管理等生产要素配置,实施业务流程再造和技术升级改造,实现优势互补,成为引领全国黄酒产业发展的大企业大集团。加快产业链、产品和营销模式创新,构建形成黄酒全产业链发展新格局。培育一批符合"四名"工程和"绍兴制造"先进标准的黄酒重点企业,打造一批具有绍兴特色的"综合性酒企典范",促进"绍兴制造"品牌建设。鼓励绍兴各地的黄酒企业通过产业整合,抱团取暖,实现优势互补、合作共赢,合力推动绍兴黄酒产业高质量发展。支持少数实力强劲的龙头企业兼并、收购中小酒厂,推动产业整合提升。

大力培育黄酒知名品牌。大力实施文化创新、品牌创新、质量创新和标准创新工程。以安全、可靠的产品质量作为打造黄酒知名品牌的关键,强化企业质量主体责任,加强质量技术攻关和质量监管,走以质为先的创牌之路。加快培育一批黄酒产业驰名商标、省著名商标、绍兴名牌产品,形成品牌梯队。通过品牌及其产区的培育与建设,不断提升中国黄酒产区价值,促进绍兴黄酒的真正价值与其知名度相匹配。加强对黄酒老字号企业的保护,用好"绍兴黄酒"证明商标品牌,坚决打击冒牌、抄袭模仿他人商标等违法行为。

大力打造黄酒产业集聚区。充分利用现有产业布局相对集中的优势,大力促进黄酒产业的集群化,推进黄酒企业整合集聚提升。按照"政府引导、企业主体、市场化运作"的建设原则,高标准、高品位、高强度推进黄酒文化产业园建设,打造集产业、文化、旅游、社区等功能于一体的黄酒文化小镇,使之成为全国最大的黄酒生产、销售、出口基地以及智能化产业平台。按照特色小镇建设理念,规划建设一批以企业为主体的集产品展示、工业旅游、科技研发等于一体的黄酒文化产业园。与黄酒特色小镇和黄酒文化产业园联动,打造一个集展示、体验等于一体的黄酒文化工业旅游参观区,让消费者感受到"酒巷子不深"的贴心服务等。尝试创设绍兴黄酒专属酒吧或绍兴黄酒"一条街",提供各式各样的酒器和新潮酒种,赋予绍兴黄酒产业新的生命力。

大力培养黄酒专业人才。建立健全黄酒专业人才培养体系,在有条件的高等院校和中职学校建设黄酒相关专业,加快培育一批适应我省黄酒产业发展的专业人才。鼓励黄酒企业与高等院校开展黄酒相关专业人才委托培养、定向培养合作。鼓励黄酒企业到高等院校设立黄酒相关专业奖学金、助学金和大学生创新创业基金。加强黄酒高技能人才的培养,重点培养一批黄酒产业传承发展需要的酿酒师和品酒师。重视黄酒传统技艺传承和创新,通过师带徒、建立实训基地等形式,培养一批国家级、省级黄酒酿制技艺代表性传承人。

(三)强化市场拓展

拓展黄酒消费市场。彻底破除"酒香不怕巷子深"的传统理念,积极利用全国重要媒体平台和网络等新媒体平台,主动出击,开展绍兴黄酒持续性整体广告宣传活动。以黄酒新品发布会、高端定制会、藏品拍卖会、珍品品鉴、原酒交易会等活动为载体,把"绍兴黄酒产业博览会"打造成为集文化弘扬、产品展示、购物营销于一体的全国性大型酒类展会。开拓黄酒国内消费区域,加强企业营销网络建设,开展黄酒百场展销和品鉴、饮用文化推介活动,实施"百城千店"拓展计划,在全面巩固江浙沪等黄酒传统消费区域的基础上,加快向中西部、北方等新消费区域开疆拓土,持续拓展新的消费群体。加大黄酒外贸出口,做大日本市场,做强东南亚市场,培育欧美市场,提升黄酒的国际市场占有率和影响力。

创新市场营销模式。主动顺应"互联网+"趋势,鼓励企业加快面向互联网的战略转型,积极探索新零售模式,创新线上线下营销、众筹营销、电子商务、网上个性化定制等新兴营销模式。鼓励黄酒企业开展网络营销,推荐一批符合标准的黄酒企业和产品入驻阿里巴巴"特色中国"平台,加强与京东等企业的无缝对接,拓展绍兴黄酒的销售渠道。鼓励企业聚焦年轻消费群体,开发黄酒营销的智能手机第三方应用程序(App)。坚持"优品、优质、优价"原则,支持因产品选代升级而合理提升其价格。实施一批黄酒销售渠道管理、营销网络建设、电子商务平台建设等重点项目。推进黄酒数据化营销,加强对黄酒电商平台大数据的整合利用,提升黄酒精准营销能力。做好绍兴黄酒的文化表达,通过创新体验消费"让黄酒的历史文化可观,让黄酒的消费可验,让黄酒的酿艺可学,让黄酒的陈酿可藏,让黄酒的美景可旅",形成文商一体化的新模式。

(四)强化文化传承

保护黄酒传统技艺。以风味与健康为导向,加强黄酒传统酿造工艺的保护和传承,重视挖掘运用传统手工技艺、加工方法打造经典黄酒,保留保存一批传统黄酒生产基地。加强对传统黄酒酿制技艺文化的整理挖掘,建立黄酒酿制技艺文化信息库,通过声、光、电等现代传媒技术,推进黄酒酿制技艺、历史文化、传承人等信息的记录和保存。要通过学习借鉴其他酒种,准确表达绍兴黄酒的品质和价值,构建中国黄酒品质价值的表达新体系。

弘扬黄酒文化。持续推动从传承"黄酒文化"到创新"文化黄酒"的跨越。鼓励开展绍兴黄酒历史文化的研究与挖掘,重点要对黄酒文化、品牌、酒俗、酒趣、酒典、酒故事进行研究、挖掘与拓展。利用传统与现代宣传形式,深入挖掘绍兴黄酒所蕴含的文化、健康、养生价值,讲好优秀经典的绍兴黄酒文化故事,促进绍兴黄酒产业与文化、旅游的融合发展。适应时代潮流,通过跨界联手各行业,利用"美酒 + 美食 + 美器"等多元化产品,打造泛黄酒文化。举办高品位的黄酒文化节,融合旅游、文化、音乐、美食等众多时尚元素,使之成为集文化弘扬、产品展示、业界交流、购物营销等于一体的大型活动。围绕黄酒产业传承保护,重点实施一批黄酒产业文化交流、工业旅游、遗址保护、文化宣传、黄酒节、技艺传承、黄酒养生等项目,以此为载体,切实做好绍兴黄酒文化的"物化、活化、产业化"三篇文章,着力打造国际化的酒文化旅游核心区,不断提升绍兴黄酒在国内外的文化影响力、知名度和美誉度。

(五)强化质量安全

强化鉴湖生态保护和原辅料生产基地建设。以绍兴黄酒为例,要深化"五水共治",加强对酿酒水源的保护,尤其是对绍兴鉴湖水域的保护,严格控制污染源,加大执法力度,确保酿制黄酒水质安全。引导绍兴黄酒产能向鉴湖水系中心区域转移。鼓励企业到省外建设一批专业化、规模化、标准化的种粮基地,积极探索"公司 + 基地 + 标准化"的生产管理模式,培育优质黄酒原辅料生产种植基地,逐步实现原料基地化。要严格按照新颁布的 GB/T 13662—2018《黄酒》国家标准,以及《绍兴酒(绍兴黄酒)生产技术和管理规范》(含《粮食原料基地管理》《原料验收》《生产过程控制》和《酿酒关键岗位技术人员要求》)组织黄酒的标准化生产。

推进黄酒企业质量安全诚信体系建设。建立健全黄酒产业生产标准化体系和黄酒产品安全标准体系,完善产品质量安全保障机制体系。积极落实黄酒企业食品安全主体责任,建立从原料到销售的全方位诚信体系,推进企业诚信管理体系的制度化、系统化和规范化。鼓励黄酒龙头企业健全企业内控、检测系统,加强生产全过程产品质量监(检)测,建立质量安全可追溯体系,确保黄酒生产、销售、消费全过程质量安全。加快推进低端落后黄酒企业的产能淘汰。

发挥行业协会作用。浙江省黄酒行业协会要在产区战略发展、产区标准提高建设、科研平台、人才培育、技术创新、产区品牌等各方面努力发挥积极作用。要制定绍兴黄酒企业的行规行约,以此规范企业行为,并督促黄酒企业自觉执行。引导企业友好竞争、有序竞争,齐心协力促进行业发展。定期组织会员研究行业发展形势,剖析问题,商量对策,并帮助会员解决一些实际问题。引导企业真诚团结,做到眼睛向内、练好内功、抱团出击。

加强行政监管和舆论监督。要充分发挥工商、质监、环保、卫生等部门的作用,对违法违纪、非法经营、损害绍兴酒整体利益的企业和经营者给予严厉的查处和打击。同时,发挥舆论监督的作用,对违法违纪的黄酒生产企业给予曝光,使其受到社会的谴责。

第四节　以文化创意赋能绍兴黄酒品牌升维战略

品牌创新就是赋予品牌要素以创造价值的创新能力。绍兴黄酒品牌创新，就是通过质量、技术、营销模式和文化创意等方式，以增强品牌的认知度、美誉度和忠诚度。长期以来，绍兴黄酒主要是通过视觉、听觉、味觉来进行品牌辨识和传播。

一、文化创意视域下绍兴黄酒品牌的升维战略

在战略取向上，绍兴黄酒要以文化创意为动力，综合运用视觉、听觉、味觉和嗅觉等感官体验，不断丰富品牌的文化内涵，形成品牌的崭新视点，使绍兴黄酒的品牌形象更加立体化。[①] 要在"六个化"取向上下功夫。

（一）民族化取向

如前所述，黄酒是中华民族文化的瑰宝。儒家的"中庸之道"与黄酒的文化品性是一脉相承的。经过中华儿女几千年的养育和呵护，黄酒已与中华民族的传统文化相融相随、密不可分。尤其是在"美饮不豪饮、韵饮不滥饮"的时代，黄酒文化与中华传统文化高度契合。绍兴黄酒在品牌管理中，必须强化自身作为民族历史文化传承载体的特质，这既是自身市场竞争的有力武器，也是中国梦时代的历史要求。在品牌创新中，绍兴黄酒要理直气壮地传承其优秀传统文化，使这份最可贵的民族品牌资产身强体健，活力焕发。

（二）时尚化取向

在绍兴黄酒品牌的营销管理中，要顺应新时代潮流，着力塑造品牌的时尚、

---

① 张莹莹:《乡村振兴视角下创意特产品牌创新与升级研究——以绍兴黄酒为例》,《工业设计》2019 年第 10 期。

年轻形象。凡至今仍然保持强势地位的百年国际品牌,都始终维系了一个时尚年轻的形象。比如,始创于1886年的“可口可乐”,一直使用当红的体育或影视明星为其形象代言人。这些年轻靓丽的“代言人”为消费者构建了时尚年轻的品牌联想。而绍兴黄酒过于强调自己的“老牌”,给人一种倚老卖老、老态龙钟的印象,导致绍兴黄酒品牌力受限而难以开拓更多的顾客群与消费者。因此,构建时尚化、年轻化的绍兴黄酒品牌形象已势在必行。要重新确立“年轻态·健康品”的品牌定位,强化绍兴黄酒独特的品牌个性,依靠“经典、健康、营养”的产品品性,放大其“新潮/酷”的现代价值元素,以此培养现代消费者追求“时尚”的消费心理。要忘掉“老字号”年龄,通过娱乐化、趣味性交互方式,抓住时尚潮流,以新的技术、新的创意赢得年轻人青睐。重点关注以90后、00后为核心的年轻消费群体对绍兴黄酒的感官体验,顺应他们的消费习惯和口感需求开发时尚新品,以工艺创新改变黄酒口感“难喝”的状况,让古老的黄酒绽放出崭新的生命力。

(三)高端化取向

总体上,绍兴黄酒还是给人以一种低端产品与品牌的形象。绍兴黄酒要想继续保持行业领先地位,掌握行业话语权,就必须采取“高端化”的竞争战略,塑造高端品牌的定位与形象。这方面,绍兴黄酒已做了诸多努力。比如,古越龙山“原酒交易”的营销模式,开拓了黄酒高端客户群,提升了自身的品牌价值。同时,古越龙山还成功开发“国酿1959”等高档新品系列,旨在打造国宴黄酒第一品牌,塑造绍兴黄酒品类的标杆形象。会稽山、塔牌、女儿红等知名品牌,也在高端化上进行了有益的探索,并取得了骄人的绩效。在今后若干年,要逐步发展黄酒中高端稀缺产品,提升黄酒产品整体档次和品牌价值,逐步实现黄酒的价值回归。要用情感营销和IP营销结合的方式打造高端黄酒品牌;借助“互联网+”平台,融合传统文化、创新精神,为高端用户打造个性化的定制等满足现代消费需求的经营模式。

(四)大众化取向

一个品牌的影响力在很大程度上取决于其产品使用的广泛度。或者说,维系品牌影响力、保持品牌强势的一个重要法宝,就是尽可能多地实现大众消费与普遍使用。接轨大众化的消费人群的产品最可能成为网红产品。为此,绍兴黄酒必须进一步强化其品牌的“亲和力”,瞄准大众化、平民化方向,着力打造强势产地品牌形象。一方面,尝试高档产品的大众化和普及性。比如,一些30年或50年陈酿的高端绍兴黄酒,应该推动其逐步走向大众化、平民化。马帝尼

（MATINT）X.O. 推出 50ml "小瓶装"的做法值得尝试与借鉴。另一方面，千方百计突破绍兴黄酒仅仅限制在江浙沪地区的消费格局,让琳琅满目的绍兴黄酒摆上国内外更多的酒店超市柜台和普通老百姓家庭的餐桌。

（五）智慧化取向

当下,消费者除了要求酒品包装实用美观,还有智能化诉求。要运用互联网思维,将绍兴黄酒的历史文化、酿造过程、衍生功能以及品牌信息等通过智能化、数字化、云数据包装进行充分展示,让更多的消费者了解绍兴黄酒品牌,实现黄酒包装智能化的主导地位。要运用包装设计的创造力来提升产品的内在价值,利用新型的终端设计塑造和提升品牌形象。同时,要加大品牌形象的文化传播,提升品牌信任度和公信力,并借助新闻媒介、自媒体的力量完成绍兴黄酒品牌形象的全国性渗透。

（六）国际化取向

品牌是不同市场不同经济体之间的桥梁纽带,能够促进全球资本、商品、信息、资源的流动和交流。绍兴黄酒品牌在国际化方面,还有很大的拓展空间。重点需要突破:如何设计国际化的品牌名与品牌标识? 如何塑造国际化的品牌形象与个性? 如何进行国际化的品牌沟通? 如何在品牌全球化与本土化之间进行权衡? 等等。

二、提振绍兴黄酒品牌生命力的逻辑基点和思维向度

产品质量能决定一个产业走多远,营销管理能决定一个产业跑多快,而品牌生命力则决定一个产业能飞多高。绍兴黄酒品牌也不例外。

如前所述,绍兴黄酒虽是兼顾健康养生与文化底蕴的古酒。但是,它在中国和全球的影响力仍然较低,未来应当加强绍兴黄酒传统酿制技艺和文化的国际化传播,扩大绍兴黄酒的国际影响力,进一步实现绍兴黄酒的价值回归。其着力点,就是要竭尽全力提振绍兴黄酒的品牌生命力。

（一）逻辑基点

要以未来市场为导向做好品牌战略规划、品牌／产品／市场定位、企业资源配置、品牌形象设计、品牌传播策略、品牌管理方法、品牌／企业文化塑造等内容。在此基础上,打造一个完整的品牌体系。其中,最核心的顶层设计工作就是品牌战略规划和品牌的定位。在绍兴黄酒产业中,每个企业都需要根据自身的能力、技术、营销等资源进行系统的分析和研究,明确自身在怎样的细分产品和

品类领域、市场和消费者领域具有优势,并针对竞争对手、消费者群体进行差异化定位。只有这样,才能够提炼出绍兴黄酒品牌的核心价值、设计出优秀的品牌形象,并制定好绍兴黄酒品牌的传播策略,打通绍兴黄酒品牌传播和市场推广的渠道,最终形成绍兴黄酒独特的文化品牌,以此提振绍兴黄酒的"品牌生命力"。

在这一过程中,必须强化以下几个逻辑基点:

一要强化契合性。绍兴黄酒品牌建设和对外传播的内容必须与黄酒企业的品牌定位、产品定位和市场与消费者定位保持高度契合,黄酒企业的所有资源都要为之保驾护航。

二要强化协同性。绍兴黄酒品牌形象——从标识到产品包装,从名片到企业建筑形象,以及企业员工的行为和品牌传播的所有形式与内容要尽可能保持协同统一,使看似零星的企业行为、品牌传播活动保持统一性和延续性,让消费者能持久感受到明确和稳定的绍兴黄酒品牌形象与核心价值。

三要强化目标性。绍兴黄酒品牌传播要有明确的目的和方向,其媒体渠道和传播方式应针对特定的目标人群,围绕其关注的利益点或兴趣点来展开,而不是一味蹭社会热点。

四要强化持续性。绍兴黄酒品牌的建设和维护是一项系统工程,品牌设计、品牌传播和品牌管理必须持之以恒地开展,以确保品牌战略按计划地循序渐进。当然,必要时品牌战略也需要根据企业自身发展阶段的不同和市场竞争态势的变化进行因时制宜、因事制宜的细微调整。

(二)思维向度

品牌理念决定企业、产品、服务的特质。这是基本的价值追求和情感认同。为此,要在洞察新的消费者需求的基础上,适时提出新的品牌理念,构建新的绍兴黄酒品牌的核心价值。要积极探索并搭建高端餐饮、优商强商、企业团购等三大高端渠道,联结意见领袖和核心消费者,并借助品鉴馆、定期拜访等培育方式增加客户黏性,以此带动高端品牌黄酒消费。

创设和塑造一套让黄酒企业从内到外(尤其是消费者)可以直观感受的形象体系。新的消费格局下,除了标识、色彩系统和字体版式系统之外,重在讲好绍兴黄酒的品牌故事。目的是让消费者对品牌产生联想,从而在消费者心智中勾勒出一个足以支撑品牌理念和核心价值的想象空间。这方面有两个有效途径:一是讲好绍兴黄酒的品牌故事(如"女儿红"的来历、"绍兴历代名人与黄酒"等),让黄酒成为消费者情感交流的媒介,通过高层次、高水平的"文化营销",为消费者营造浓厚的文化情感和与众不同的饮用场景;二是打造绍兴黄酒的品牌IP。IP就是"经过市场验证的可以承载人们情感的符号",具有商业和文化二元价值。绍兴作为国家级历史文化名城,拥有丰富的自然和人文景观资源、众多的文化名人,历史上有不少全国老百姓耳熟能详的神话、传说和历史人物,这些都可以通过内容的再加工和形式的再设计,转化为品牌IP,成为连接消费者特定情感诉求的桥梁和某种特定价值观的载体。当然,作为绍兴黄酒品牌的IP,不管它已经拥有怎样的形象和个性,承载着何种价值观,想要让更多的消费者对其产生情感认同,还是要拓展其能够和品牌发生关联的内容和形式。为此,在讲好品牌故事的同时,还要把品牌设计好。

通过强化绍兴黄酒的品牌特性、与竞争对手的品牌形成强烈反差、突出与其他品牌(比如啤酒、白酒和葡萄酒)不同的吸引消费者眼球的"亮点"、以品牌等级化形成差异性,以及强调性价比、文化符号等途径,实施绍兴黄酒品牌的差异化定位。特别要强调与绍兴历史、地域、名人等文化符号的有机联结,因为品牌文化符号正是绍兴黄酒品牌常驻消费者心中的关键所在。

实施绍兴黄酒品牌"集成化设计",即把绍兴黄酒企业的不同"子品牌"集成在一个"母品牌"之下,在主题、风格和形式上形成一个品牌共同体,将原来零碎分散的品牌感知整合成统一的"文化图像",以增强其整合营销功能和传播效应,从而获得更响亮的绍兴黄酒"品牌生命力"。

运用数字化思维,大胆尝试使用新的数字媒体和数字化传播手段,找到适合绍兴黄酒品牌特点的、新颖时尚的、为新一代消费者喜闻乐见的传播方式和内容。可以采用"虚拟现实"或者动画影像局部再现历史的情景与风貌,或采用"增强现实",以数字影像来补充产品信息和销售空间的文化内容。这种商业空间的数字化展示可以让消费者获得绍兴黄酒真实产品和虚拟场景相结合的视觉感知与情景体验,从而加强绍兴黄酒品牌的传播力度。

运用"蓝海战略"(新的市场定位)思维,推动绍兴黄酒品牌通过新产品、新服务、新商业模式,不断探索新的市场空间,寻找潜在消费者(尤其是年轻人)群体并占据其心智,借助各种新的创新手段,开拓更广泛的市场空间。

<h1 style="text-align:center">参考文献</h1>

一、史志文献类

[1] [西汉] 刘向.二十五别史:战国策,吴越春秋,越绝书,楚汉春秋,东观汉记 [M].济南:齐鲁书社,2000.

[2] [北魏] 贾思勰.齐民要术 [M].北京:中华书局,2015.

[3] [唐] 李白,杜甫,白居易,等.全唐诗(1—15)(精)[M].北京:中华书局,2008.

[4] [宋] 朱肱.北山酒经 [M].上海:上海书店出版社,2016.

[5] [宋] 沈作宾,[宋] 施宿.嘉泰会稽志 [M].北京:中华书局,1990.

[6] [明] 宋应星.天工开物 [M].上海:上海古籍出版社,2016.

[7] [清] 袁枚.随园食单 [M].天津:天津人民出版社,2017.

[8] [清] 李渔.闲情偶寄 [M].天津:天津人民出版社,2017.

[9] [清] 沈复.浮生六记 [M].天津:天津人民出版社,2017.

[10] 浙江省轻纺工业志编辑委员会.浙江省轻工业志 [M].北京:中华书局,2000.

[11] 周清.绍兴酒酿造法之研究 [M].上海:新学会社发行,1928.

[12] 金普森,陈剩勇.浙江通史(1—12 册)[M].杭州:浙江人民出版社,2005.

[13] 绍兴市地方志编纂委员会.绍兴市志 [M].杭州:浙江人民出版社,1997.

[14] 绍兴市地方志编纂委员会.绍兴市志(1979—2010)[M].杭州:浙江人民出版社,2018.

[15] 沈善洪,费君清.浙江文化史 [M].杭州:浙江大学出版社,2009.

二、当代专著类

[1] 洪光住 . 中国酿酒科技发展史 [M]. 北京:中国轻工业出版社,2018.

[2] 张向持 . 酒煮中国 [M]. 北京:民族出版社,2005.

[3] 董飞 . 中华酒典 [M]. 北京:线装书局,2010.

[4] 周卫东,等 . 中国酒文化大典(上中下)[M]. 北京:东方出版社,2010.

[5] 王赛时 . 中国酒史 [M]. 济南:山东大学出版社,2010.

[6] 单铭磊 . 窖藏中国:中国酒与中国酒文化 [M]. 北京:中国财富出版社,
    2014.

[7] 王拥军 . 中华美酒谈 [M]. 北京:中国三峡出版社,2007.

[8] 徐少华 . 中国酒与传统文化 [M]. 北京:中国轻工业出版社,2003.

[9] 顾国贤 . 酿造酒工艺学 [M]. 北京:中国轻工业出版社,2002.

[10] 黄苗子,等 . 明报·茶酒共和国 [M]. 北京:新星出版社,2008.

[11] 章甫,池远 . 中国酒文化史话 [M]. 合肥:黄山书社,1997.

[12] 蒋雁峰 . 中国酒文化研究 [M]. 长沙:湖南师范大学出版社,2004.

[13] 韩胜宝 . 华夏酒文化寻根 [M]. 上海:上海科学技术文献出版社,2003.

[14] 傅允生,徐吉军,卢敦基 . 中国酒文化 [M]. 北京:中国广播电视出版社,
    1992.

[15] 游五洋,等 . 酒与健康 [M]. 北京:中国林业出版社,2001.

[16] 罗启荣,何文丹 . 中国酒文化大观(上、下)[M]. 南宁:广西民族出版社,
    2001.

[17] 林超 . 杯里春秋——酒文化漫话 [M]. 广州:广东花城出版社,1992.

[18] 李纪亮 . 中外名酒文化与鉴赏 [M]. 武汉:华中科技大学出版社,2005.

[19] 朱宝镛,章克昌 . 中国酒经 [M]. 上海:上海文化出版社,2003.

[20] 李学忠 . 酒楼漫话 [M]. 北京:人民中国出版社,1993.

[21] 何满子 . 中国酒文化 [M]. 上海:上海古籍出版社,2001.

[22] 杜金鹏,岳祺彬,张帆 . 醉乡酒海 [M]. 成都:四川教育出版社,1998.

[23] 杜金鹏,岳洪彬 . 唇边的微笑——酒具 [M]. 上海:上海文艺出版社,2002.

[24] 刘军,莫福山,吴雅芝 . 中国古代的酒与饮酒 [M]. 北京:商务印书馆国际
    有限公司,1995.

[25] 朱年,朱迅芳 . 酒与文化 [M]. 上海:上海书店出版社,2001.

[26] 杜金鹏,焦天龙,杨哲峰.中国古代酒具[M].上海:上海文化出版社,1998.

[27] 夏家俊.中国人与酒[M].北京:中国商业出版社,1998.

[28] 胡小伟.中国酒文化[M].北京:中国国际广播出版社,2011.

[29] 长弓.中国酒文化大观[M].济南:山东人民出版社,2001.

[30] 宋宝镛,章克昌.中国酒经[M].上海:上海文艺出版社,2000.

[31] 萧家成.升华的魅力:中华民族酒文化[M],北京:华龄出版社.2007.

[32] 单铭磊.酒水与酒文化[M].北京:中国物资出版,2011.

[33] 翟文良.中国酒典[M].上海:上海科学普及出版社,2011.

[34] 段振离.红楼品酒:《红楼梦》中的酒文化与养生[M].上海:上海交通大学出版社,2011.

[35] 张长兴.壶觞清酌:中华酒文化大观[M].郑州:中原农民出版社,2015.

[36] 张大千,张寒.名人酒故事[M].南昌:江西人民出版社,2011.

[37] 天龙主编.民间酒俗[M].北京:中国社会出版社,2011.

[38] 王春瑜.明朝酒文化[M].北京:商务印书馆,2016.

[39] 白洁洁,孙亚南.世界酒文化[M].北京:时事出版社.2014.

[40] 刘志强.舌尖上的酒文化[M].北京:外文出版社,2013.

[41] 童书业.中国手工业商业发展史[M].北京:中华书局,2005.

[42] 李伯重,周生春.江南的城市工业与地方文化(960—1850)[M].北京:清华大学出版社,2004.

[43] 魏明孔.中国手工业经济通史[M].福州:福建人民出版社,2004.

[44] 陈国灿.浙江城镇发展史[M].杭州:杭州出版社,2008.

[45] 陈国灿.中国古代江南城市化研究[M].北京:人民出版社,2010.

[46] 张剑光.中古时期江南经济与文化论稿[M].上海:上海古籍出版社,2019.

[47] 复旦大学历史学系.明清江南经济发展与社会变迁(复旦史学集刊第六辑)[M].上海:复旦大学出版社,2018.

[48] 李剑农.中国古代经济史稿[M].武汉:武汉大学出版社,2006.

[49] 刘孟达,章融.越地经济文化论[M].北京:人民出版社,2011.

[50] 李学昌,董建波.近代江南农村经济研究[M].上海:华东师范大学出版社,2015.

[51] [日]斯波义信,宋代江南经济史研究[M].方健,何忠礼,译.南京:江苏

人民出版社,2001.

[52] 卢敦基.浙江历史文化研究(1)[M].杭州:浙江大学出版社,2009.

[53] 周丽.中国酒文化与酒文化产业[M].昆明:云南大学出版社,2018.

[54] 罗昌智.浙江文化教程[M].杭州:浙江工商大学出版社,2009.

[55] 谢广发.黄酒酿造技术[M].3版.北京:中国轻工业出版社,2020.

[56] 周家淇.黄酒生产工艺学[M].北京:中国轻工业出版社,1996.

[57] 顾国贤.酿造酒工艺学[M].北京:中国轻工业出版社,1996.

[58] 孙剑秋,等.黄酒酿造学[M].北京:科学出版社,2019.

[59] 何伏娟,等.黄酒生产工艺与技术[M].北京:化学工业出版社,2015.

[60] 余有贵.生态酿酒新技术[M].北京:中国轻工业出版社,2016.

[61] 胡普信,等.黄酒装备技术[M].北京:中国轻工业出版社,2019.

[62] 王阿牛.酒香人生:中国黄酒泰斗王阿牛回忆录[M].北京:中国轻工业
出版社,2014.

[63] 孙宝国.国酒[M].北京:化学工业出版社,2019.

[64] 徐兴海.酒与酒文化[M].北京:中国轻工业出版社,2018.

[65] 毛克强.酒文化意趣[M].北京:中国轻工业出版社,2017.

[66] 钱茂竹.越酒文化[M].杭州:浙江人民出版社,2013.

[67] 钱茂竹,杨国军.绍兴黄酒丛谈[M].宁波:宁波出版社,2012.

[68] 吴国群,等.中国绍兴酒文化[M].杭州:浙江摄影出版社,1990.

[69] 马忠.中国绍兴黄酒[M].北京:中国财政经济出版社,1999.

[70] 李永鑫.酒文化研究文集[M].北京:中华书局,2001.

[71] 李永鑫,张伟波.越文化研究文集[M].北京:中华书局,2001.

[72] 徐冰若,阮庆祥,杨乃浚.绍兴民俗文化[M].北京:中华书局.2004.

[73] 杨国军.绍兴黄酒酿造技艺[M].杭州:浙江摄影出版社,2009.

[74] 傅建伟.沉醉绍兴酒[M].香港:香港新闻出版社,2006.

[75] 傅建伟.一醉一世界[M].杭州:浙江科学技术出版社,2012.

[76] 杨国军.黄酒之源会稽山[M].杭州:西泠印社出版社,2008.

[77] 邓玉梅.千年酒文化[M].北京:清华大学出版社,2013.

[78] 赵荣光.中华酒文化[M].北京:中华书局,2014.

[79] 董淑燕.百情重觞中国古代酒文化[M].北京:中国书店,2012.

[80] 裘士雄.绍兴旧话[M].北京:中国戏剧出版社,2011.

[81] 徐岩.2013年国际酒文化学术研讨会论文集 [M].北京:中国轻工业出版社,2013.

[82] 徐明华,吴为民.新浙江现象 [M].北京:中国社会科学出版社,2019.

[83] 曾仲野.中国名酒志 [M].北京:中国旅游出版社,1982.

三、专业论文类

[1] 上海简速产业研究院.2018—2022年中国黄酒行业发展研究报告 [R].2018(1):12—21.

[2] 北京华经纵横科技有限责任公司.2020年浙江黄酒行业市场调研及中期发展预测报告 [R].2020(3):25—76.

[3] 王赛时.论中国酿酒的始源问题 [J].衡水学院学报,2020(2):11—16.

[4] 李睿.以"文旅融合"为核心的绍兴黄酒文化创意品牌创新性探索 [J].绍兴文理学院学报(社会科学版),2020(1):37—43.

[5] 张曼.基于旅游者需求的黄酒文化旅游研究——以浙江绍兴为例 [J].绍兴文理学院学报(社会科学版),2020(1):14—17.

[6] 苏全胜,聂正宁,王爽.浅析绍兴黄酒文化的内涵与传承 [J].大众文艺,2020(1):12—13.

[7] 宋书玉.黄酒如何传承经典,创领未来 [J].中国酒,2020(1):9—11.

[8] 沈振昌.重塑中国黄酒价值 实现黄酒价格回归 [J].中国酒,2019(12):8—9.

[9] 毛青钟,鲁瑞刚.传统善酿酒的酿造特点 [J].酿酒,2019(11):11—12.

[10] 胡其伟.运河酿造业遗产及其保护传承 [J].江南大学学报(人文社会科学版),2019(9):14—15.

[11] 唐诗伊.绍兴黄酒小镇创意产业培育与发展路径研究 [J].文化产业,2019(11):1—2.

[12] 金卫萍.基于促进绍兴黄酒出口的对策分析 [J].产业创新研究,2019(10):3—5.

[13] 张莹莹.乡村振兴视角下创意特产品牌创新与升级研究——以绍兴黄酒为例 [J].工业设计,2019(10):6—8.

[14] 朱梦岚,许必芳.我国特色小镇的发展现状与问题分析——以绍兴黄酒小镇为例 [J].科技经济导刊,2019(10):9—12.

[15] 张江宁,丁卫英,张玲.黄酒酿造技术的研究进展及发展态势 [J].农产品加工,2019 (9):11-13.

[16] 钱抒辰.关于绍兴推行城市会展发展模式的合理化研究——以"绍兴黄酒节"为例 [J].职业教育(中旬刊),2019 (9):15-17.

[17] 沈振昌.中国黄酒鉴赏之我见 [J].中国酒,2019 (9):19-20.

[18] 傅建伟.黄酒中的"道法自然" [J].中国酒,2019 (6):8-9.

[19] 傅建伟.黄酒中的"自然天成" [J].中国酒,2019 (7):6-7.

[20] 丁丹妮,裘洁洁.绍兴黄酒产业发展面临的问题及对策 [J].农村经济与科技,2019 (6):201-203.

[21] 周珈亦.地理标志产品发展问题研究——以绍兴黄酒为例 [J].山西农经,2019 (7):4-7.

[22] 李亚.地域文化在绍兴旅游开发建设中的整合研究——以黄酒小镇建设为例 [J].门窗,2019 (7):4-6.

[23] 徐岳正.黄酒健康功能的研究现状与发展 [J].中国酒,2018 (4):3-4.

[24] 冯苪菲,冯庆义,等.黄酒发展现状及营销策略 [J].中国市场,2019 (3):3.

[25] 韩惠敏,李新生.黄酒酿造原料及生产工艺研究现状与展望 [J].生物资源,2019 (3):6-7.

[26] 杨国军.绍兴酒与"中央陈贮仓库" [J].酿酒,2019 (1):2-3.

[27] 郭旭.国民政府时期酒税制度研究(1927—1949)[J].贵州社会科学,2019 (9):70-77.

[28] 傅建伟.黄酒中的哲学 [J].中国酒,2019 (2):3-4.

[29] 沈珉.文化生态观观照下的地域黄酒文化考察——兼谈食学的研究路径 [J].楚雄师范学院学报,2019 (1):2-5.

[30] 傅建伟.绍兴黄酒——有益于国人健康养生 [J].中国酒,2018 (5):2-3.

[31] 刁寒钰,胡付照.绍兴黄酒企业品牌形象传播研究——以古越龙山为例 [J].江苏商论,2018 (4):23-25.

[32] 傅立.绍兴黄酒的春夏秋冬 [J].中国酒,2018 (9):4-5.

[33] 徐悦超.浙江古越龙山绍兴酒股份有限公司竞争战略研究 [D].杭州:浙江工业大学,2018 (3):7-9.

[34] 余子安.传统与时尚相融 绍兴酒的年轻化 实践探索 [J].中国酒,2018 (2):2-3.

[35] 魏桃英,汪钊.黄酒酿造新工艺研究[J].发酵科技通讯,2018(9):4-5.

[36] 杨海玲.黄酒的酿制工艺及营养成分分析[J].现代农业科技,2018(11):6-7.

[37] 孙勇军,韩佳仪.特色小镇培育与地方经济税收——以绍兴市柯桥区湖塘黄酒特色小镇为例[J].绍兴文理学院学报(社会科学版),2016(9):12-14.

[38] 徐亚琴,姜萍.从社会型塑技术理论看绍兴黄酒技术变迁[J].山东科技大学学报,2017(4):7-9.

[39] 徐亚琴.社会型塑技术理论视角下绍兴黄酒技术变迁研究[D].南京:南京农业大学,2017:1-79.

[40] 金建顺.文化自信,绍兴黄酒的精神内核[J].中国酒,2017(2):3-4.

[41] 杨宗宝,程鹏宇,茹拥政.绍兴黄酒演绎传承创新"大戏"[J].中国酒,2017(2):2-3.

[42] 余舒锟.黄酒企业品牌策略研究[J].中外企业家,2017(2):3.

[43] 徐复沛.绍兴黄酒文化特色之研究[J].中国酒,2017(4):4.

[44] 潘兴祥.绍兴黄酒酿制技艺诠释[J].中国酒,2017(9):6.

[45] 石润润,梁靓.浙江历史经典产业发展的新动能与新模式——以绍兴黄酒产业为例[J].浙江经济,2017(9):58-59.

[46] 朱杏珍,盛佳瑜.绍兴黄酒产业供求状况及发展对策研究[J].绍兴文理学院学报(社会科学版),2017(8):19-22.

[47] 李赛,江权佳暾.《梦梁录》所见南宋临安酒俗文化研究[J].南宁职业技术学院学报,2017(2):17-19.

[48] 李睿.基于视觉行为的黄酒电子商务平台研究[J].绍兴文理学院学报,2017(7):17-19.

[49] 谢广发,胡志明,傅建伟.中国黄酒技术与装备研究新进展[J].食品与发酵工业,2017(9):6-7.

[50] 张会娟,邱聪.从文献分析看我国黄酒产业的发展态势[J].酿酒科技,2015(10):11-12.

[51] 廖卫民,高晶.非遗文化的传统传承与媒介融合研究——以绍兴黄酒技艺为例[J].戏剧之家,2015(12):16-17.

[52] 黄永.绍兴黄酒:民族特色中华瑰宝[J].上海商业,2016(9):11-12.

[53] 傅建伟.黄酒,历史经典产业的传承与发展[J].中国酒,2016(8):7-8.

[54] 李欣.从周密《武林旧事》看南宋临安城的酒文化 [J].陕西广播电视大学学报,2016 (12):6-9.

[55] 毛青钟,毛晟姗.民国初期绍兴酒的发展 [J].酿酒,2016 (9):2-3.

[56] 刘杰,陈国飞,等.黄酒曲和麦曲在机械化黄酒酿造中的应用比较 [J].酿酒科技,2016 (5):3-4.

[57] 朱越岭.浙江历史经典产业发展的新动能与路径探索——以"金华黄酒"为例 [J].产业与科技论坛,2016 (7):6-8.

[58] 张泽茜,景歌.媒介融合背景下黄酒非遗文化数字记忆的内容、路径与问题 [J].戏剧之家,2016 (6):7-8.

[59] 胡普信.中国传统黄酒技艺的传承与发展 [J].中国酒,2015 (4):4-5.

[60] 谢广发.科技与黄酒的未来 [J].中国酒,2015 (6):7.

[61] 周露阳,孟艳杰.越商老字号品牌创新的战略取向——以绍兴黄酒老字号为例 [J].绍兴文理学院学报(社会科学版),2015 (3):27-31.

[62] 陈俊华.绍兴黄酒行业商标战略研究 [J].中国商贸,2015 (6):6-7.

[63] 谢婧.唐宋酒政差异探析 [J].商丘师范学院学报,2015 (5):3-4.

[64] 徐岩.2015 年国际酒文化学术研讨会论文集 [C].北京:中国轻工业出版社,2015:179-181.

[65] 王益翔.东浦黄酒特色小镇建设与绍兴酒发展新商机 [J].中国酒,2015 (7):3-4.

[66] 沈振昌.浅谈绍兴酒技艺的传承与发展 [J].中国酒,2015 (7):6-7.

[67] 廖卫民.非遗文化的传统传承与媒介融合研究——以绍兴黄酒技艺为例 [J].戏剧之家,2015 (12):17-18.

[68] 王益翔.绍兴酒:大胆创新中积极拓展日本市场 [J].中国酒,2015 (5):11-12.

[69] 吴穹.魏晋南北朝酒政之禁与弛 [J].开封教育学院学报,2015 (7):18-20.

[70] 邵胜男.黄酒酿造工艺现状及行业发展 [J].吉林农业,2015 (12):3-5.

[71] 柏宏.绍兴黄酒产业转型升级的对策研究 [J].绍兴文理学院学报(社会科学版),2015 (6):39-41.

[72] 陈佩仁,陈江萍.黄酒产业发展的前世今生和未来浅析 [J].酿酒,2015 (7):6-7.

[73] 邵琦.产品外观设计在黄酒包装中的应用 [J].工业设计,2015 (10):7.

[74] 亢彩华.帝制中国时代的酒税政策 [J].赤峰学院学报(社会科学版),
2015 (10)

[75] 傅祖康.黄酒的"熟"定位 [J].中国酒,2014 (2):8-9.

[76] 廖青虎,陈通.农业扩散混合系统的稳定性——以绍兴黄酒产业集群为
例 [J].系统工程,2014 (1):11-12.

[77] 宋海燕,李博斌.绍兴黄酒产业规模与质量状况分析 [J].中国酿造,2014
(2):7.

[78] 信亚伟,孙惜时,谈甜甜.黄酒的营养价值及保健功能产品研发现状 [J].
酿酒,2014 (1):6-7.

[79] 褚小米,陶宏大.浅谈黄酒包装容器的优缺点及创新 [J].酿酒科技,2013
(10):7-8.

[80] 宋洁.论儒家学说与黄酒文化 [J].安徽文学(下半月),2013 (5):5-7.

[81] 马坤.黄酒行业:消费培养区域突破任重道远 [J].股市动态分析,2014
(5):6.

[82] 肖文达,李闯.反不正当竞争战略——以绍兴黄酒为例 [J].中国商贸,
2014 (9):11.

[83] 徐复沛.王充论衡明析越地酒酿 [J].中国酒,2014 (2):8.

[84] 张可飞.促进绍兴黄酒商标的保护与发展措施 [J].法制与社会,2014
(10):7-8.

[85] 李时初,徐保国,于泉.黄酒酿造过程的智能控制系统 [J].酿酒科技,
2015 (12):9.

[86] 邵胜男,于中玉.黄酒酿造工艺现状及行业发展 [J].吉林农业,2015
(12):11-12.

[87] 陈麟.试析浙江手工业社会主义改造及其影响 [J].党史研究与教学,
2015 (2):10-11.

[88] 秦善奎,王红琴,张万江.绍兴黄酒国际贸易之殇——黄酒企业知识产权
国际保护的困境与实践 [C]// 中华全国专利代理人协会.2015 年中华全
国专利代理人协会年会第六届知识产权论坛论文集.北京:知识产权出
版社,2015:79-86.

[89] 李琼.产业融合视角下绍兴黄酒文化旅游开发研究 [D].金华:浙江师范
大学,2015 (6):7-9.

[90] 徐一帆.绍兴黄酒文化遗产保护性旅游开发研究 [J].中国乡镇企业会计，
　　　2013 (3):11-12.

[91] 胡普信.中国黄酒的现状思考 [J].中国酒,2013 (4):16.

[92] 阙维民,周筱芳.工业遗产视角下的绍兴黄酒遗产保护 [J].中国园林,
　　　2013 (7):8-14.

[93] 王永奎,茹拥政.鉴湖与绍兴黄酒的渊源 [J].中国酒,2013 (10):12.

[94] 左楠楠.红曲黄酒酿造关键技术的研究 [D].金华:浙江师范大学,2013
　　　(3):21-23.

[95] 杨国军.中国黄酒的营销变革思考 [J].中国酒,2013 (9):3.

[96] 郑言成.黄酒彷徨中期待复兴 [J].新产经,2013 (11):11-12.

[97] 马青辉.被黄酒浸泡了千年的绍兴社戏 [J].资源与人居环境,2013
　　　(10):11-12.

[98] 傅立,傅保卫.论绍兴黄酒的"工匠精神"[J].中国酒,2016 (4):52-23.

[99] 陈强.企业专利战略研究——以绍兴黄酒企业为例 [J].中国商贸,2015
　　　(1):23-24.

[100] 郑燕飞,李博,孙东芳.关于绍兴黄酒企业酿制技艺传承、发展的调查
　　　和分析 [J].企业导报,2014 (12):11-12.

[101] 张可飞.促进绍兴黄酒商标的保护与发展措施 [J].法制与社会,2014
　　　(10):6-8.

[102] 王艺璇.绍兴黄酒国际营销战略 [J].中国商贸,2014 (8):7-8.

[103] 王培璇.中国黄酒出口竞争力研究 [D].无锡:江南大学,2014 (5):3-27.

[104] 胡普信.传统黄酒淋饭工艺的机械化改造 [J].中国酒,2014 (2):3.

[105] 陈宝良.论绍兴黄酒产品质量的提升 [J].酿酒,2013 (9):4-5.

[106] 谢静仪.酒香也惧巷子深——对浙江金华酒的调查与思考 [C].非物质
　　　文化遗产研究集刊,2013 (11):212-215.

[107] 茹拥政.丰子恺与绍兴酒 [J].中国酒,2013 (11):3-4.

[108] 杜锦凡.民国时期的酒政研究 [D].济南:山东师范大学,2013 (5):3-32.

[109] 马骏.绍兴花雕酒之变迁 [J].中国酒,2013 (3):4-5.

[110] 薛雪.汉代的酒政、酒业与酒俗 [D].南昌:南昌大学,2013 (5):3-30.

[111] 余培斌.改善绍兴黄酒麦曲品质的初步研究 [D].无锡:江南大学,2013
　　　(6):3-26.

[112] 蒋映.基于黄酒文化体验的绍兴旅游纪念品设计研究 [D].无锡:江南大学,2013 (5):3-21.

[113] 高蕙文,沈艺,杨春芳.关于黄酒标准的理解及探讨 [J].食品安全质量检测学报,2013 (4):17-18.

[114] 李俊秀,孙华强.绍兴传统花雕包装工艺的创新探索 [C].科技世界,2013 (26):11-13.

[115] 汪建国,沈玉根.我国黄酒研究现状与发展趋势 [J].中国酿造,2012 (11):12-16.

[116] 张敬雅.地理空间位移与元白唱和之关系 [J].安顺学院学报,2012(2):4.

[117] 翁礼华.隋文帝免酒税而兴唐诗 [J].中国财政,2012 (13):3.

[118] 马利清.从考古发现看中国古酒的起源及其与农业的关系 [J].酒史与酒文化研究,2012 (7):6-7.

[119] 杜锦凡.清朝酒政概述 [J].群文天地,2012 (3):17-18.

[120] 詹爱岚,毛姗姗.绍兴黄酒地理标志管理实践及启示 [J].浙江农业科学,2012 (5):27-29.

[121] 马王杰,张艺.绍兴黄酒产业的现状及发展研究 [J].中国商贸,2012 (3):11-12.

[122] 沈海风.绍兴黄酒产业竞争力弱化的经济学分析及对策建议 [J].山东省农业管理干部学院学报,2012 (1):29-31.

[123] 沈国君.网购:绍兴酒销售新渠道 [J].中国酒,2011 (12):6.

[124] 郭旭.清末民初酒税制度因革论 [J].贵州文史丛刊,2011 (4):11-12.

[125] 何晓刚.对绍兴黄酒业发展的思考 [J].绍兴文理学院学报,2011 (7):100-106.

[126] 沈子林.话说绍兴酒缸大事记 [J].酿酒,2011 (6):8.

[127] 马相金.历史地理视角下的中国酒业经济及酒文化研究 [D].南京:南京师范大学,2011 (3):3-29.

[128] 丁青.绍兴酒与日本的渊源研究 [J].酿酒科技,2010 (8):12-13.

[129] 傅建伟.《兰亭集序》中的绍兴酒趣闻 [J].长三角,2010 (6):19-20.

[130] 吕晓燕.绍兴黄酒旅游体验式旅游流程探析 [J].现代商贸工业,2010 (16):21-23.

[131] 林小燕.后危机时代绍兴黄酒产业发展策略探讨 [J].企业经济,2010

(4):11-12.

[132] 周全霞.清康雍乾时期的酒政与粮食安全[J].湖北社会科学,2010(7):23-25.

[133] 何徐麒.绍兴老酒:中国黄酒的品牌方阵[J].中国广告,2010(5):18-19.

[134] 朱炳华.转型升级背景下绍兴黄酒企业变革管理研究[J].企业经济,2010(5):16-17.

[135] 潘国旗,汪晓浩.民国时期的浙江营业税述论[J].浙江社会科学,2010(12):23-25.

[136] 张娟娟.魏晋南北朝时期的酒文化探析[D].济南:山东师范大学,2010(5):4-31.

[137] 江超.陈年绍兴黄酒风味物质的分析与品质鉴定[D].杭州:浙江大学,2010(1):5-28.

[138] 吴春.古越龙山黄酒的特征风味物质及其成因的初步研究[D].无锡:江南大学,2009(6):3-31.

[139] 邵建伟,俞灵燕.浙江黄酒制造业现状调查与发展研究[J].浙江统计,2009(8):11-21.

[140] 莫言.绍兴黄酒的品牌之路[J].观察与思考,2009(11):17-18.

[141] 周露阳.越文化困境与绍兴黄酒品牌国际化[J].绍兴文理学院学报(自然科学版):2008(12):75-79.

[142] 汪建国.我国北宋黄酒酿造名著——《北山酒经》[J].中国酿造,2008(10):11-12.

[143] 楼燕芳.绍兴黄酒与绍兴旅游浅析[J].河南商业高等专科学校学报,2008(11):13-14.

[144] 孟万化.黄酒网络营销策略研究——以绍兴黄酒为例[J].中国酿造,2008(12):11-12.

[145] 傅建伟.久醉亦能成酿师 从《东坡酒经》看宋代的黄酒酿造[J].中国酒,2008(2):13-15.

[146] 傅勤峰.黄酒品牌营销之我见[J].中国酒,2008(3):11-12.

[147] 傅祖康.突破发展瓶颈打造黄酒系统标准[J].酿酒,2008(7):10-11.

[148] 傅祖康.以战略创新推动绍兴黄酒业健康持续发展[J].中国酿造,2008(2):9-11.

[149] 汪建国,奕水明.我国名优黄酒的产生、特征、改革和发展[J].中国酿造, 2008 (5):10-11.

[150] 傅祖康.黄酒:走进价值营销时代[J].中国酒,2008 (6):10-11.

[151] 刘明放.绍兴黄酒生产存在的问题及建立糯米基地的探讨[J].浙江农 业科学,2008 (6):27-29.

[152] 谢广发.黄酒技术创新策略探讨[J].中国酿造,2008 (9):10-12.

[153] 胡普信.营养强化型黄酒产品的开发[J].酿酒科技,2008 (11):8.

[154] 茹拥政.国际金融危机下的黄酒行业走势[J].中国酒,2008 (11):10-11.

[155] 杨国军,杨百荣.绍兴黄酒酿制技艺价值及所临社会现实思考[J].饮食 文化研究,2007 (1):8-9.

[156] 胡周祥.文化重构是黄酒复兴的关键[J].中国酒,2007 (7):7.

[157] 邵秋莲.黄酒的药用价值[J].中国食物与营养,2007 (10):10-11.

[158] 茹拥政.解码:中国黄酒基因[J].中国酒,2007 (10):3-5.

[159] 胡周祥,谢广发.机械化酿造是绍兴黄酒发展的方向[J].中国酿造, 2007 (11):7-9.

[160] 傅祖康.中国黄酒发展的内因和外因[J].中国酒,2007 (11):9-11.

[161] 余群美.晚清浙江手工业及其市场初探[D].杭州:浙江大学,2007 (5):4-28.

[162] 傅金泉.黄酒煮酒起源及其技术发展[J].酿酒,2007 (11):7.

[163] 边佳娜.黄酒手工制曲与机械化制曲工艺之比较[J].江苏调味副食品, 2007 (6):10-12.

[164] 胡普信.绍兴酒道[J].中国酒,2007 (3):6-7.

[165] 傅保卫.绍兴酒文化之品牌篇[J].中国酒,2007 (2):11-12.

[166] 傅建伟.经典佳酿 神奇功效——浅析绍兴黄酒的药理功能和保健功能 [J].中国酒,2007 (5):10-11.

[167] 周露阳,朱杏珍.绍兴黄酒品牌对越文化的吸纳与超越[J].绍兴文理学 院学报(哲学社会科学版):2007 (4):37-40.

[168] 金丛林.瘦弱的绍兴黄酒,如何突围[J].中国品牌,2007 (12):11-12.

[169] 毛青钟,宣贤尧.绍兴黄酒的酿造特点[J].中国酿造,2006 (4):5-8.

[170] 汪建国,汪崎.水与黄酒酿造酒质的关系和要求[J].中国酿造,2006 (4):3-5.

[171] 王琦.也说黄酒创新 [J].中国酒,2006(3):7.

[172] 马元文.中国黄酒独旺长三角原因初探 [J].中国酒,2006(4):9.

[173] 傅建伟.李清照与绍兴酒的不解之缘 [J].中国酒,2006(9):11.

[174] 傅建伟.狂生醉酒出奇才——徐渭与绍兴酒 [J].中国酒,2006(5):8.

[175] 盛伟忠,庞飞.绍兴酒产业宏观环境分析 [J].商场现代化,2006(5):16-17.

[176] 傅建伟.百岁光阴半归酒——大诗人陆游与绍兴酒 [J].中国酒,2006(4):4-5.

[177] 倪赞.中国黄酒保健功能的研究 [D].杭州:浙江大学,2006(5):6-32.

[178] 杨国军.中国黄酒业调研报告 [J].中国酿造,2005(4):7.

[179] 英昂林.黄酒行业的复兴之路 [J].江西食品工业,2005(6):11-13.

[180] 兰新让.关于古代越国霸业兴衰的经济分析 [J].绍兴文理学院学报(社会科学版),2005(4):27-30.

[181] 吴建新.淋饭法、摊饭法在半甜型绍兴黄酒生产中的应用比较 [J].中国酿造,2005(9):10-11.

[182] 骆高远,罗守忠,胡恩勤.绍兴的黄酒文化与旅游 [J].经济地理,2005(9):11-13.

[183] 汪建国,徐亮.我国黄酒的特征及展望 [J].江苏调味副食品,2005(12):21-22.

[184] 栾金水.绍兴黄酒的传统酿制工艺 [J].中国酿造,2005(1):8-9.

[185] 傅建伟.阳春白雪 和众曲高——近、现代名人、伟人与绍兴酒的不解之缘 [J].中国酒,2005(8):3-5.

[186] 权美平.黄酒的生产工艺及其稳定性的研究 [D].西安:陕西师范大学,2005(5):3-29.

[187] 杨国军.绍兴酒的品评与欣赏 [J].中国酿造,2005(7):11-12.

[188] 傅建伟.琐谈绍兴黄酒之饮法 [J].中国酿造,2005(5):10-11.

[189] 毛青钟.绍兴酒醪的发酵特性 [J].酿酒科技,2005(6):8-9.

[190] 杨国军.绍兴酒的品评与欣赏 [J].酿酒科技,2005(6):12-13.

[191] 茹拥政.文化名人"吆喝"绍兴酒 [J].中国酒,2005(2):4-6.

[192] 钱茂竹.酒文化中的一朵奇葩——绍兴酒联漫话 [J].中国地名,2005(1):7.

[193] 黄修明. 中国古代酒禁论 [J]. 重庆大学学报, 2002 (1):36-39.

[194] 李学军. 酒与文化艺术 [J]. 民办教育研究杂志, 2010 (2):21-23.

[195] 李映发. 试论中国酒文化主题 [J]. 中华文化论坛, 2009 (4):15-16.

[196] 黄国柱. 漫话交杯酒与黄酒 [J]. 酿酒科技, 2004 (1):11-12.

[197] 谢广发, 胡志明. 试论绍兴黄酒工艺的成型年代 [J]. 酿酒科技, 2004 (1):6-7.

[198] 汪建国. 黄酒中色、香、味、体的构成和来源浅析 [J]. 中国酿造, 2004 (4):9-10.

[199] 杨国军. 关于黄酒业发展的若干思考 [J]. 中国酿造, 2004 (8):10-11.

[200] 傅金泉. 中国古代酿酒遗址及出土古酒文化 [J]. 中国酿造, 2004 (11):12-13.

[201] 胡普信. 依靠科学技术扬弃黄酒传统工艺 [J]. 中国酿造, 2004 (10):7-8.

[202] 王赛时. 论夏商周时期的酿酒与饮酒 [J]. 饮食文化研究, 2004 (3):9-10.

[203] 杨国祺, 赵宝成. 用传统工艺机械化酿造黄酒 [J]. 酿酒, 2004 (7):10-11.

[204] 徐其明. 我国黄酒生产消费现状及其发展的思考 [J]. 中国食物与营养, 2004 (11):12-14.

[205] 李朝霞, 牧人. 绍兴黄酒包装特色新探 [J]. 株洲工学院学报, 2004 (12):21-23.

[206] 阮桂芬. 实施标准化战略 促进中国黄酒走向世界 [J]. 酿酒, 2003 (7):11-12.

[207] 施晔. 黄酒行业发展态势及思路 [J]. 合作经济与科技, 2003 (3):17-18.

[208] 姚培锋, 任银丽. 南宋临安酒业简论 [J]. 杭州师范学院学报(社会科学版):2003 (6):27-29.

[209] 杨印民. 元代酒俗、酒业和酒政 [D]. 石家庄:河北师范大学, 2003 (5), 3-31.

[210] 胡普信. 黄酒新品的设计与开发 [J]. 中国酒, 2003 (4):6.

[211] 沈子林, 方娅倩. 中国绍兴酒的五大独特 [J]. 江苏调味副食品, 2002 (8):14-15.

[212] 钱茂竹. 天下一绝绍兴酒——绍兴酒文化探源 [J]. 今日浙江, 2002 (6):9-11.

[213] 胡普信. 绍兴酒的著名品牌及其文化内涵 [J]. 中国酒, 2001 (8):6-7.

[214] 胡普信.绍兴酒的著名品牌及其文化内涵(续)[J].中国酒,2001(10):8-9.

[215] 林文彪.绍兴成为中国"黄酒之乡"原因探析[J].绍兴文理学院学报,
2001(1):12-16.

[216] 祁传林.步入绍兴酒文化历史的殿堂[J].中国酒,2001(4):11-12.

[217] 华筠.绍兴酒的古典情愫与现实意义[J].化学清洗,2001(2):10-11.

[218] 王九杰.绍兴酒史话[J].浙江档案,2001(1):9-10.

[219] 陈成,殷子建,徐速.浅析黄酒的历史及营养价值[J].酿酒,2002
(1):55-56.

[220] 潘兴祥.黄酒机械化制曲工艺研究[J].酿酒,2002(3):92-93.

[221] 汪建国.黄酒工业的现状、前景和新世纪发展策略[J].中国酿造,2002
(2):7-10.

[222] 杨百荣.绍兴黄酒生产中米浆酸的控制技术[J].中国酿造,2002(10):32.

[223] 傅金泉.读《随园食单》谈黄酒开发[J].酿酒科技,2002(3):109-110.

[224] 汪建国,奕水明.嘉兴喂饭酒传统工艺剖析[J].中国酿造,2001(4):40-
42.

[225] 刘久年.中国黄酒工业发展探讨[J].食品工业,2000(8):26-27.

[226] 傅金泉.黄酒业技术创新的初步回顾[J].酿酒科技,2000(5):80-82.

[227] 乐承耀.河姆渡文化与越国经济发展[J].中共宁波市委党校学报,2000
(1):5.

[228] 张志旭,吴国杰.黄酒酿造技术的发展[J].酿酒,1999(2):3-5.

[229] 张健彬.唐代的禁酒、税酒、榷酒与"榷酒钱"[J].酿酒,1999(3):4.

[230] 邵法都,商理政.金华酒探源[J].酿酒科技,1999(9):1-3.

[231] 汪建国.嘉兴喂饭黄酒传统工艺初探[J].酿酒科技,1998(3):3-5.

[232] 胡普信.绍兴酒传统技艺及其延伸酿酒科技[J].中国酒,1998(7):3-4.

[233] 徐复沛.绍兴酒包装和商标的历史沿革(连载)[J].包装世界,1998
(2):46-48.

[234] 徐复沛.绍兴酒包装和商标的历史沿革(续上期·完)[J].包装世界,
1998(4):70-71.

[235] 徐少华.中国酒政概说[J].中国酿造,1998(2):1-7.

[236] 胡普信.论黄酒新工艺技术[J].中国酒,1998(4):33-35.

[237] 张志旭,吴国杰.黄酒酿造技术的发展[J].酿酒,1999(3):3-5.

[238] 邵法都,俞永良.金华寿生酒传统工艺及其剖析 [J].酿酒科技,1997
(7):68-69.

[239] 王赛时,杨恩业.浙江古酒钩沉 [J].中国烹饪研究,1997 (8):20-23.

[240] 颜吾芟.秦汉时期的酒政 [J].商业文化,1996 (1):2-3.

[241] 王赛时.唐代酒品考说 [J].中国烹饪研究,1996 (1):21-27.

[242] 邱之坤.嘉兴黄酒 [J].中国酿造,1996 (6):28-32.

[243] 包启安.我国古代黄酒的制醪发酵技术 [J].中国酿造,1996 (8):9-16.

[244] 王拈生.从黄酒工艺看传统工艺的保密 [J].科技成果纵横,1996(5):2-3.

[245] 黄志顺,傅陆平.加快绍兴黄酒业增长方式转换的对策探讨 [J].浙江经
济,1996 (6):31-32.

[246] 邓少平,朱必凤.论中国麦曲的南传——兼议绍兴黄酒工艺的成型年代
[J].中国酿造,1997 (4):1-4.

[247] 季敏波.强强联合促发展——绍兴黄酒集团企业改革案例分析 [J].浙
江丝绸工学院学报,1997 (3):6.

[248] 黄 集.绍兴黄酒集团实现强强联合的启示 [J].市场观察,1997 (11):33.

[249] 胡普信.绍兴黄酒机械化技艺及其发展(一) [J].中国酒,1997(2):29-31.

[250] 胡普信.绍兴黄酒机械化技艺及其发展(二) [J].中国酒,1997(6):23-24.

[251] 辛海庭.浅论酒业管理的调控作用 [J].中国酒,1996 (6):34-35.

[252] 陈靖显.黄酒与中国文化 [J].中国酒,1997 (2):45-46.

[253] 陈瑞苗.绍兴黄酒的起源及其演进 [J].浙江学刊,1995 (1):5.

[254] 王赛时.唐代酿酒业初探 [J].中国史研究,1995 (1):12.

[255] 颜吾芟.先秦时期的酒政 [J].商业文化,1995 (5):3.

[256] 包启安.从《东坡酒经》看黄酒的生产工艺 [J].中国酿造,1995(12):5-7,4.

[257] 王佐才,王向华.绍兴酒具初探 [J].南方文物,1994 (12):3.

[258] 王凌青.湖州酒文化及其急待开发的市场价值 [J].湖州师专学报,1994
(6):65-74.

[259] 傅金泉.中国黄酒的起源及其传统技术 [J].中国酿造,1991 (6):2-10.

[260] 傅金泉.中国黄酒的起源 [J].酿酒科技,1992 (8):58.

[261] 任伯群.宁波黄酒工业现状分析与发展对策初探 [J].宁波师院学报(社
会科学版):1993 (7):64-68.

[262] 傅金泉.试论我国黄酒的特点及其发展方向 [J].食品与发酵工业,1992

(4):43-47.

[263] 黎世英. 宋代的酒政 [J]. 江西大学学报(社会科学版):1992 (3):78-83.

[264] 陈定骞, 诗成花覆帽 酒列锦成围——薛昂夫和衢州元统雅集 [J]. 渤海学刊, 1992 (7):100-103.

[265] 叶闰桐. 金华酒、烧酒及其他——谈《金瓶梅》中的"金华酒"及我国烧酒的起源和流行 [J]. 贵州文史丛刊, 1992 (8):70-75.

[266] 徐呈祥. 绍兴酒探源酿酒 [J]. 酿酒, 1990 (12):36-38.

[267] 吴国群. 试论世界名酒——中国绍兴酒的文化价值 [J]. 绍兴师专学报, 1990 (5):8-15.

[268] 周志能. 绍兴酒酿造用传统酒药和麦曲生产技术的总结和提高 [J]. 酿酒科技, 1989 (3):13-16.

[269] 朱伯镭. 古酒史话 [J]. 商业科技, 1987 (3):31-33.

[270] 沈雨梧. 鸦片战争前浙江手工业商品性生产的提高 [J]. 浙江师范大学学报, 1986 (4):98-101,87.

[271] 徐洪顺, 梁衍章, 陈靖显. 中华古酒 欣欣向荣——黄酒三十五年的成就 [J]. 酿酒科技, 1985 (3):3-8.

[272] 傅金泉. 浙江的黄酒工业技术发展 [J]. 中国酿造, 1984 (8):12-20.

琥珀"国酿"的递演与蝶变

参考文献

后　记

　　在键盘上敲下书稿的最后一个字符时,我如释重负。可在收获了短暂的舒快和轻松之后,更多的却是莫名的惶恐和忐忑——生怕拙著挂一漏万,难以满足读者们的期许。

　　之前,我一直觉得写后记是画蛇添足,最多只是一种噱头而已。可转念一想,觉得这也许是惯例,就像拍完影视作品,在片后列出"鸣谢"的名单,长长的。"鸣谢"之前,还得来几句寒暄的话,聊一聊写作缘起或者感悟。

　　于是,我试着提起笔,也算是再添几笔"蛇足"。

　　往日时光,回萦难忘。15年前,我受好友委托,承担了绍兴文理学院越文化研究丛书之一《越地经济文化论》的撰写工作,这是浙江省哲学社会科学规划重大课题"越文化通论"(课题编号:06JDYW01ZD)的子课题。在课题研究过程中,我发现许多章节的内容涉及绍兴黄酒产业的历史沿革及其文化底蕴。于是,我网购了王赛时的《中国酒史》、章甫等的《中国酒文化史话》、周清的《绍兴酒酿造法之研究》、吴国群等的《中国绍兴酒文化》、钱茂竹的《越酒文化》、马忠的《中国绍兴黄酒》……,又从中国知网上下载了200多篇专业论文。我上班忙于事务,下班潜心课题,几乎是夙兴夜寐。在别人逛商场、喝咖啡的时候,我却独守书斋,一边精读论著,一边勤做笔记,或考证源流,或聆音察理,或探赜索隐。在完成课题的同时,也积累了许多关于绍兴黄酒的素材。我利用这些素材,撰写了一篇论文《历史文化视域下绍兴黄酒声名远播的成因新探》(发表于《老字号品牌营销》2020年第3期),犹如呼谷传响,也算是在此领域初窥门径。

真是无巧不成书。原以为这是"杀龙妙技",而一次偶然的机会,竟让它有了"用武之地"。2018年秋,我的故交傅建伟兄在浙江文化研究工程课题(浙江经典历史产业系列研究)的招投标中,中了一个标,名为"浙江黄酒产业历史和当代发展研究"(课题编号:17WH20017—3Z)。受他邀约,我加盟了他们的课题组,并负责该课题文稿的起草。从开题到调研,再到结题,栖栖遑遑,历时三年。我的电脑文件夹里,关于绍兴黄酒的素材也随之"富有"起来。

2019年春夏之交,我退居二线后,可以自由支配的时间更多了。我琢磨着:绍兴至今还没有《绍兴黄酒产业史》,何不利用这些素材,动手试试?在一次学术研讨会上,我碰到了两位老朋友,一位是浙江塔牌绍兴酒有限公司副总经理潘兴祥,另一位是浙江越秀外国语学院英语学院院长余卫华。那天,我谈了自己的想法,他们俩一致赞成。于是,我们仨商定:先申报课题,再动手写稿;先出版一部绍兴黄酒产业史的普及性读物,再用日语、英语翻译这部书稿,将绍兴黄酒推介到全世界,让更多的地球人读懂绍兴黄酒的"金名片"。作为课题牵头人,我除了申报省市课题之外,主要负责书稿的撰写和出版。兴祥兄是"中国酿酒大师""浙江工匠",也是中国黄酒泰斗王阿牛的得意门生、省级非物质文化遗产"绍兴黄酒酿制技艺"代表性传承人,他主要负责绍兴黄酒相关材料的整理、审核。卫华兄是二级教授(该学科绍兴唯一)、浙江省翻译协会副会长,他则主要负责国家社科基金相关课题的申报,以及书稿后期的外文翻译。

泰戈尔说:"天空没有翅膀的痕迹,而我已飞过。"一天到晚浸润在浩瀚的学术氛围中,总觉得时间不够用。两年来,在业余时间或节假日,我推掉了繁杂的应酬,读书写稿成了生活常态。初稿完成后,我便申报了绍兴市哲学社会科学规划重大课题。幸运的是,本课题被列为绍兴文化研究工程2021年度一般(后期资助)项目,名为"琥珀'国酿'的递演与蝶变"(课题编号:21WHYB09)。尔后,我们仨一起商讨20多次,或收集素材、认真审读,或各抒己见、反复研讨,日复一日,不断打磨。在十易其稿之后,拙著终于可以付梓了。

一位伟人说过,如果说他比别人看得更远些,那是因为他站在了巨人的肩膀上。在此,我要特别感谢为拙著无私奉献的那些"巨人"。首先,我代表其他两位合作者衷心感谢绍兴市人民政府原副市长、绍兴市黄酒行业协会会长徐明光先生,当我们将拙著的清样稿送给他时,恰逢他"阳康"不久,在身体尚未完全康复的情况下,他审读了全部书稿并欣然为拙著作序,令我们感动至深。近三年来,我们除了研读大量历史文献外,还参考或引用了王赛时、吴国群、钱茂竹、傅建伟、胡普信、杨国军、谢广发、沈振昌、毛青钟、朱杏珍、周露阳等许多专家、教授和学者的研究成果,我们深表敬意,诚致谢忱。在本课题的申报和研创过程中,我们得到了绍兴市委党校杨宏翔、罗新阳、廖家财三位教授,以及中国绍兴黄酒集团有限公司党委书记、董事长、总经理孙爱保,副总经理徐东良、胡志明、徐岳正,会稽山绍兴酒股份有限公司党委书记、副董事长傅祖康及总经理杨刚等绍兴黄酒业"大咖"的大力支持,在此表示衷心感谢。作为第一作者,我要由衷感谢我的爱妻高雅芳女士。为了确保我利用业余时间全身心投入研读和写作,她几乎包揽了所有家务,任劳任怨,默默奉献。最后,还要感谢袁云、鲁慧川、陈晓、夏天等摄影师,感谢浙江越生文化传媒集团和浙江工商大学出版社的设计及编辑团队。

平心而论,写作是一场孤独寂寞的远行,也是一门令人遗憾的艺术。由于作者水平所限,拙著中难免存在一些疏漏、不当乃至讹误之处,敬请读者批评指正。

刘孟达

2023 年 2 月 28 日　于半樵芳舍